Les nouveaux possédés

Jacques Ellul

자끄엘륄총서 34
새로운 신화에 사로잡힌 사람들

지은이	자끄 엘륄
역자	박 동 열
초판발행	2021년 9월 7일
펴낸이	배용하
책임편집	배용하
등록	제364-2008-000013호
펴낸곳	도서출판 대장간
	www.daejanggan.org
등록한곳	충남 논산시 매죽헌로 1176번길 8-54, 101호
편집부	전화 041-742-1424 전송 0303-0959-1424
분류	기독교	윤리	신화
ISBN	978-89-7071-567-4 03230
세트	978-89-7071-435-6

이 책은 한국어 저작권은 LIBRAIRIE ARTHEME FAYARD와 독점 계약한 대장간에 있습니다.
이 책은 저작권법에 의해 보호를 받는 출판물입니다.

 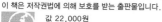 값 22,000원

새로운 신화에 사로잡힌 사람들
현대 사회의 새로운 악령들

자끄 엘륄 지음
박 동 열 옮김

목차

역자 서문

박 동 열

(서울대교수, 한국자끄엘뢸협회장)

   본서를 번역하기 시작했을 때, 한국 사회는 조국사태로 수백만 명이 광화문과 서초동으로 나뉘어 격하게 대립하고 있었다. 정치적 진영 간의 극렬한 논리적 대립과 공박은 단지 정당들과 정치인들에게서만 일어났던 것이 아니라, 일상의 일개 범부凡夫들 사이에서도 크게 일어났다. 마치 온 나라가 두 쪽으로 갈리는 듯이 보였다. 그런데, 이러한 갈등과 대립은 인터넷, 유튜브, 트위터, 페이스북 같은 정보통신기술의 발달로 더욱더 증폭되었다고 본다. 사실, 적지 않은 사람들은 정보통신기술의 발전이 다양한 집단과 다른 의견을 가진 대중들 간의 소통에 크게 일조하면서 그들을 통합시키는 것에 큰 역할을 할 것으로 예상했다. 또한 민주주의를 성숙시킴으로써 사회의 진보를 가져올 것으로 기대했다. 하지만 결과는 오히려 정반대로 나타났다. 즉, 역설적으로 우리의 민주주의가 후퇴되고 있는 징후가 노골화되었고, 대중들의 확증편향은 점점 심해져 정치 집단들은 철저히 분열되었다. 결국, SNS와 같은 기술을 통한 정보의 확산과 소통은 대개 자신이 속한 진영 내에서 증가했을 뿐, 진영을 벗어나 폭넓은 사회 구성원들 간에 활발히 일어나지 못했다. 그 결과, 우리 사회가 과거보다도 소통과 통합이 더 잘 이루어진다고 말하기가 어려워졌다. 이러한 소통의 폐쇄성은, 기실 알고 보면 역사와 사건을 단 하나의 시각으로 재단하려는 환원주의의 결과이다. 즉 자기 진영 내에서 하나의 설명체계만이 절대화되어 필연적으로 생긴 시각의 편향성이 야기한 문제다. 말하자면 언제나 자신들의 생각만이 더 사실적이고 더 진실하고, 반면에 다른 설명체계를 가지고 있는 집단은 언제나 부패하고 거짓된 세력이라고 쉽게 낙인 찍는 확증편향의 결과라는 것이다. 상대방의 편향성에 대한 이런 식의 강한 비판은 역으로 자신들의 시각을 정당화하는 수단이 된다.

이런 적대적 공생관계는 정치사회세력의 열성 지지자들의 본질이 광적인 팬덤fandom이라는 사실을 반증한다. 사실 팬덤 현상은 비단 한국에서만 일어나는 문제가 아니라 전지구적으로 일상화되고 있는 것이지만, 최근 우리 사회에서는 인터넷, 소셜 미디어 등을 힘입어 정치 팬덤이 여론과 사회를 뒤흔드는 거대한 힘과 구조로 등장하였다. 이것이 문제가 되는 이유는, 오늘날 정치 팬덤은 과거 3김 시대의 열성 지지자들과 그 성격이 완전히 다르다는 사실 때문이다. 즉 과거 지도자들은 자신의 정치적 지도력을 통해 자신의 정치 철학이나 정책을 자신의 지지자들이 따르도록 강한 영향력을 발휘할 수 있었다. 하지만 오늘날 열성 지지자들은 상품을 구매하듯이 자신들의 목소리를 대변할 특정 정치인을 선택한다. 말하자면 그들은 자신들이 듣고 싶은 것을 말해주는 정치인을 구매하고, 그로부터 자신들이 원하는 정책과 아젠다를 강제한다. 그들은 선거 때이건 아니건, 언제나 서로 끈끈하게 뭉쳐서 각종 정책과 사안마다 팬의 관점에서 총력전을 펴고 있고, 여기에 정치기술자들은 선택받은 정치인이 실천할 수밖에 없는 선전체제를 정교하게 짜놓는다. 이 과정에서 객관적 사고와 진실성은 중요한 요소가 아니다. 오직 권력 유지와 자신들의 신화를 위한 프레임들만이 중요할 뿐이다. 그래서 그들은 나름대로 진실의 검증 체계를 갖춘 소위 '레거시 미디어'를 신뢰하지 않고, 오히려 유튜

브나 SNS 등과 같은 확증편향이 가득한 매체를 통해 정보들을 수집하고, 자신들의 도그마dogma와 해석체계를 구성한다. 혹자는 이런 팬덤 현상을 직접 민주주의로 호도하고 있으나, 이는 이기적이고 저열한 정치현상일 뿐이다. 실제로 우리는 의회제도가 무력해지고, 권력분산과 감시기능이 약화되는 것을 목도하고 있으며, 또 우리는 고결하고 저들은 부패하다는 프레임에 빠져 있는 정치를 쉽게 볼 수 있다. 한편, 열성 지지자들은 상상을 통해 채워진 자신들의 설명체계가, 세상 모든 것을 설명할 수 있다고 믿는다. 그리고 자신들의 관점이 더 올바르며, 그런 자신들은 역사 속에서 더 깨어 있는 자들이라고 생각한다. 그래서 신성한 역사적 과업을 부여받은 자신의 집단은 언제나 부패한 악의 세력과 '지하드'를 수행해야만 하고, 후퇴는 절대 없다는 것이다. 비록 자신들에게 논리적 궤변과 도덕적 결여와 인권 감수성의 부족과 사회적 부패 등이 발생했더라도 말이다. 이들은 자신들의 잘못을 비판하면 극도의 공격성을 보이지만, 자신들이 응원하는 정치인들에 대해선 무비판적 태도를 취한다. 왜냐하면, 지지자들은 이미 그들에게 자신들의 욕망을 투영했기 때문이다. 그 결과, 상대에겐 한없이 모질고 자신에게는 극단적으로 관대한 종교 현상이 만들어졌다. 이런 팬덤 현상이 바로 자끄 엘륄이 본서에서 분석하고 있는, 새로운 신화, 새로운 세속 종교들 중 하나이다. 진실로 우리는 한국 사회에서 정치 종교가 잉태된 것을 보고 있다.

물론, 데카르트 이후, 비합리적이고 초월적이며 신화적이고 미신적인 모든 것을 제거한 세속사회에서, 또다시 무슨 신화고 무슨 종교 타령이냐고 반문할 수도 있을 것이다. 본서에서, 엘륄은 이러한 '세속화' 이론에 대해, 그것은 현대 사회의 다른 측면을 보지 못한 착각이라는 자신의 관점을 가감 없이 펼쳐 보였다. 그의 핵심적 주장은, '호모 릴리기오수스Homo Religiosus', 즉 '종교적 인간'이 현대 사회에서 새로운 종교적인 형태들을 출현시켰다는 것이다. 즉 근대에 들어서면서, 과학 기술의 발전은 강력한 힘으로 기존에 신성한 것으로 여긴 모든 것을 파괴했으나, 동시에 다른 한쪽에서는 바로 그 기술로 말미암아 정치 뿐만 아니라, 국민, 국가, 혁명, 기술, 돈, 섹스 등 다양한 영역에서, 신성한 것이 또다시 생성되었다는 것이다. 그 결과 현대 사회에서 다양한 새로운 신화들이 형성되었고, 인간은 그 신화에 사로잡혀 거기에 헌신하고 굴종하는 삶을 살고 있다는 것이다. 사실 이런 시각은 현대인에게 실로 가차 없이 냉정한 것이라, 수용하기에 매우 불편하다. 하지만 광화문과 서초동으로 표상되는 새로운 정치 종교 현상과 그것이 내포한 신화들을 생각한다면, 이런 분석이 결코 터무니없는 것이 아니라, 오히려 현대 사회의 본질을 보여주고 있는 것 같다.

오늘날, 한국 정치종교의 열성지지자들 간에는 두 가지 신화가 충돌하고 있다. 먼저 국가를 절대적으로 신뢰할 만한 것으로 믿고, 대한민국 부국강병의 꿈을 실현하려는 '국가주의' 신화가 있다. 이 신화는 역사의 어두운 측면을 드러내는 '자학사관'을 넘어서려는 의지가 강하고, 1948년 정부 수립을 건국 혁명으로 여기며, 한국전쟁이라는 처참한 폐허 위에서 '한강의 기적'을 일으킨 산업화 성공을 자양분 삼아 강력한 토대를 구축한다. 그리고 극복해야할 절대 악인 북한과의 적대적 공생관계는 이 신화의 매우 큰 원동력이다. '국가주의' 신화의 관점에서, 지금 대한민국은 종북 좌파에 의해 장악되었고, 북한의 영향력에 있으며, 선거를 통해 전체주의가 작동되기 시작했고, 문화 곳곳에는 네오막시즘 사상과 정책이 펼쳐지고 있다고 진단한다. 다음으로 '국가주의' 신화에 대립하여, 소위 민족해방NL, 민중민주주의PD의 이데올로기를 토대로 한 '민족주의' 신화가 있다. 이 신화는 외세를 배격하고 우리의 운명을 우리 민족이 결정하자는 다소 낭만적인 주장과 정책을 취하고, 민중과 민족을 앞세워 검찰, 사법부, 보수언론, 보수정당, 재벌, 토착왜구를 가상의 적으로 파악한다. 냉엄하고 현실적인 힘의 역학 관계가 작동하는 국제정치에서, 이 신화는 남북교류와 통일을 염원하지만, 이 신화에서 보는 북한의 현실은 실제 북한이 아니다. 그래서 이 신화의 지지자들이 북한에 대해서 기대하는 바는 매우 비현실적이다. 비현실적인 것은 북한 담론만이 아니라, 친일 담론도 마찬가지다. 오늘날 누굴 보고 친일파라고 하는지 알 수 없다. 어떤 정치인이 감히 일본 정권의 한국 정책들을 지지한단 말인가? 아무리 일본의 식민지배를 다르게 해석하는 몰상식한 소수 학자조차도 독도를 일본 땅이라고 주장하지 않는다.

이 두 극단적 신화는, 신화적 망상에 빠진 수많은 이들을 희생시켰던 우리 조상들의 잘못을 오늘도 그대로 답습하게 만들고 있다. 사실 역사 속에서 우리는 신화들을 통한 선동으로 가상의 적을 만들고, 기만과 조작 등 수단 방법을 가리지 않고 정적들을 공격하는 연성延性 파시즘을 충분히 경험했다. 오늘날에도 우리는 여전히 영도자의 존엄성, 선악의 이분법, 음모론, 언론장악, 시민 단체 및 어용 지식인을 통한 조작, 사법체계 교란, 정보 은폐, 열성 지지자들의 공격 등을 관찰할 수 있다. 이것은, 자끄 엘륄이 언급한 바처럼, 정치가 인간의 문제를 해결할 수 있으며, 국가가 현대 사회의 문제들을 해결하는 주체라고 여김으로써 정치와 국가 영역에 신성한 것을 편입시킨 결과이고, 정치의 종교화로 인하여 정치 신화에 사로잡힌 결과라고 볼 수 있다. 사실 인간은 끊임없이 신화를 부수고 창조하는 존재라고 주장한 사람은 엘륄이 처음이 아니다. 예를 들어 칼 귀스타브 융Carl Gustav Jung도, 인간의 근원에 '신화를 창조하는 의식의 기층'the myth-creating substratum of the mind이 있다고 보았다. 그는 이 신화 창조의 의식의 기층을 집단 무의식the collective unconscious이라고 명명했고, 이것이 어떤 보편적 인간의 의식구조를 반영하고 있다고 보았다. 그래서 신화의 언어는 그것이 객관적으로 사실이냐 아니냐가 중요한 것이 아니라, 우리에게 삶의 의미를 주느냐가 중요한 것이다. 신화들이 의미를 주기 때문에, 지능정보화 사회에서도 인간은 여전히 새로운 형태의 신화들을 만들어 가고 있지 않겠는가?

　본서는 21세기 현재 한국 사회에서 작동하는 각종 신화들, 즉 국가, 정치, 역사, 과학, 섹스, 기술, 진보, 젊음, 행복, 성장 등 다양한 신화들이 우리 삶에 어떤 의미와 목적을 주고 있는지 살펴보게 한다. 사실 어떤 측면에서, 우리의 신화들이 고대사회의 선조들의 신화보다 더 저열할 수도 있을 것이다. 따라서 우리 사회가 저열함과 비루함의 나락으로 추락하는 것을 피하기 위해서 우리는 지속적으로 싸워야 할 것이다. 하지만 이 싸움을 위해 우리는 인간을 대상으로 투쟁하지 말아야 한다. 우리의 투쟁 대상은 단연코 인간을 사로잡은 오늘날 신성한 것과 우상과 신비다. 그리고 우리의 직임은 신성한 것과 우상과 신비를 탈신성화하고 부수는 것이고, 동시에 새로운 세속 종교들의 허위를 철저히 파헤쳐야만 하는 것이다. 이것이야말로 그리스도 안에서 말과 행동의 주체로 다시 태어난 그리스도인이 세상 속에서 해야 할 진짜 혁명이다. 한 마디로 이 투쟁은, 우리 시대 인간에게 없어서 안 되는 유일한 것, 즉 복음이 가져다 준 유일한 것인 '자유'를 되찾기 위한 투쟁인 것이다. 아마도 본서를 읽는 독자들은, 역자가 되도록 그대로 반영한 엘륄의 거친 문장을 읽어내는 수고로부터 이 투쟁을 시작해야 할 것 같다.1 아무쪼록 저자의 응축된 생각이 뭉쳐 있는 그의 글이 우리 사회의 실상을 환기시키고, 비가시적으로 내재되어 있던 신화와 우상들의 실체를 파악할 수 있기를 바란다.

　마지막으로 이런 투쟁을 시작하도록 장을 만들어준 도서출판 대장간 배용

---

1) 각 장과 각 절의 제목은 엘륄이 쓴 것을 번역하였으나, 본서의 가독성을 위해 각 절의 하위제목은 역자가 임의적으로 부여하였다.

하 대표와 프랑스에서 기꺼이 우리의 작업과 번역을 지지해 준 프레데릭 호 농 교수에게 심심한 감사를 전하고 싶다.

추천사

프레데릭 호뇽

스트라스부르그 대학교, 개신교 신학대학 철학 교수

『새로운 신화에 사로잡힌 사람들』*Les nouveaux possédés* 1의 한국어 번역을 진심
으로 기쁘게 생각한다. 이 책은 1973년2 출간된 이래로 프랑스에서뿐만 아
니라, 1975년3 영어본 번역 이후 영어권에서도 많은 사람들을 감동시켰고,
그들의 삶을 변화시켰다. 한국에 대해 내가 아는 바를 고려해보면, 한국 독
자들에게 본서의 번역과 출판은 매우 적절하고 중요하다고 하겠다. 이에, 본
저서의 번역자, 박동열 교수와 도서출판 대장간의 배용하 대표에게 심심한
감사를 표한다.

자끄 엘륄은 가차 없는 예리한 비판 정신과 필적할 수 없는 예지적 통찰
력을 가지고, 현대 사회에서 종교심이 새로운 형태들로 출현하는 것을 분

---

1) 프랑스 원어 제목 'Les nouveaux possédés'에서 possédé라는 용어는 '악령(惡靈)'등 정신을 빼
   앗는 무엇에 사로잡힌 것을 의미한다. 그래서 원제목을 직역하면 '새로운 귀신 들린 자들'
   혹은 '새로운 사로잡힌 자들'이 된다. 그런데 본서에서 엘륄은 구체적으로 '악령'을 언급하
   지 않고, 현대인의 정신을 사로잡는 세속 종교와 신화를 기술하고 있기 때문에, 우리는 단
   순히 '새로운 신화에 사로잡힌 사람들'로 번역하였다. 비록 엘륄이 종교와 신화 구조 배후
   에 악령들을 의식했다고 하더라도 말이다.

2) [참조] Jacques Ellul, *Les nouveaux possédés*, Paris, Arthème-Fayard, 1973 ; réédition : Paris, Mille et
   une Nuits, 2003.

3) [참조] Jacques Ellul, *The New Demons*, Trans. C. Edward Hopkin, New York / London, Seabury /
   Mowbrays, 1975 ;

석했다. 그는 가장 예기치 못하고, 가장 비가시적인 실존의 영역 속에 있는 새로운 형태들을 찾아내기에 이르렀다. 물론, "세속 종교들", "수평적 종교들", "유사 종교들"의 실존을 끄집어낸 사람은 그가 처음이 아니었다. 그런데, 그가 밝힌 바는, 이 종교들의 신심信心은 초월적 신에게 말을 걸지 않고, 세속적이고 내재적인 대상들에게 작용하며, 종교로서 작용할 정도까지 그 대상들을 신성화한다는 점이다. 또한 이 신심들은 종교의 메커니즘과 유사한 메커니즘을 채택하는데, 즉 이들은 도그마, 준거準據 텍스트, 구원 개념, 예배 의식, 성직, 교회 유형의 조직, 가치 체계, 찬양 등을 받아들인다는 것이다. 한편, 제2차 세계대전 전, 루이 후지에Louis Rougier, 에릭 뵈즈랭Erich Voegelin 그리고 자꼽 슈뮈츠Jacob Schumutz는 일단의 정치적 현상들, 특히 공산주의, 파시즘, 나치즘을 종교 혹은 광신주의로서 해석했다.4 1944년, 레이몽 아롱 Raymond Aron 5도 마르크스주의를 "세속 종교"로서 분석했다. 자끄 엘륄도 이런 맥락과 함께 했지만, 엘륄은 상당히 그 범위를 넓혔다. 즉 그에게 종교심으로 치장할 수 있는 것은 오직 정치 운동과 이데올로기 운동만이 아니었다.

모든 사회학자들이 "종교의 출구", "대중적 세속화"에 대해서만 언급하는 반면에, 자끄 엘륄은 1963년부터 "현대 세상에서 신성한 것"6이라는 제목의 소논문을 출간했다. 모든 종교 현상 전문가들이 공유하고 있는 견해와 다른 흐름에서, 이 전위적인 소小논문은 10년 뒤에 출간이 될 "새로운 신화에 사로잡힌 사람들"을 예고했다.

4) [참조] Louis Rougier, *La mystique révolutionnaire*(혁명적 광신)(1926), *La mystique démocratique*(민주주의적 광신)(1929), *La mystique soviétique*(소비에트 광신)(1934), *Les mystiques politiques contemporaines et leurs incidences internationales*(현대의 정치적 광신들과 국제적 파급 효과들)(1935) ; Erich Voegelin et Jacob Schmutz, *Les religions politiques*(정치 종교들)(1933).

5) [참조] Raymond Aron, ≪L'avenir des religions séculières≫(세속 종교들의 미래)(juillet 1944), in *L'âge des empires et l'avenir de la France,*(제국들의 시대와 프랑스의 미래) Paris, Éditions Défense de la France, 1945, p. 287-318.

6) [참조] Jacques Ellul, ≪ Le Sacré dans le monde moderne ≫,(현대 세상에서 신성한 것) in *Le Semeur,* 1963/2, p. 24-36.

자끄 엘륄은 위 논문에서, 어떤 것을 믿는 것을 자제할 수 없는 호모 릴리기오수스Homo Religiosus, 즉 '종교적 인간'이란 명목으로, 세속화 이론에 이의를 제기했다. 즉 "인간은 언제나 굉장히 무의식적으로 종교적 영역의 경험에 따른다. 이런 경험으로부터 인간은, 그가 사는 세상과 그의 고유한 삶에, 의미와 목적과 한계를 부여하고야 만다."[7] 사실, "인간은 신성한 것에 참여하지 않고서 살 수 없다."[8] 따라서 18세기부터 작동된 탈신성화 과정과 병렬적으로 재신성화로의 반대 현상이 나타났다. 그런데 세상에 대한 환멸은 본질적으로 기술의 영향 때문이다. 즉 어떤 것도 기술의 통제와 지배를 벗어나는 것이 없게 되었다는 것이다. 기술은 모든 것의 신성성을 박탈했다. 즉 산과 샘과 대양과 깊은 숲은, 자신들에게 결합된 신성한 두려움을 제거했다. 그렇지만 신성한 것은 금지의 신성한 것과 위반의 신성한 것이란 양면을 가지고 있다. 우리는 이교도에 대한 기독교의 승리를 통해 강하게 지배했던 동일한 메커니즘을 기술을 통해 되찾았다. 즉 위반의 매개물이 금지의 대상이 된 것이었다. 따라서 "신성모독적 힘이 자신의 활동을 마친 후에 순차적으로 다시 신성화된다는 것은 신성한 것의 통상적인 특성이다. 또한 예전 신성한 형태들을 제거했던 신성한 것을 기술이 담당하게 된 것은, 오직 기술이 전통적인 신성한 것을 파괴하는 강력한 힘이기 때문이다."[9] 탈신성화의 매개물이, 사라졌다고 여겼던 신성성을 다시 덧입게 되었다. 이 과정은 기술이 합리성의 표현 그 자체인 만큼 더욱더 역설적이다. "그렇지만 그것은 사실이다. 기술은 현대인에 의해 신성한 현상으로 깊이 공감되었다. 기술은 범접할 수 없는 것이요, 유대교 신비학자들의 의미로 최고의 성과이며, 이론의 여지가 없는 결과다. 기술에 대한 모든 비판은, 열정적이고, 과도하며, 엄청난 반발을 야기한다. 기술은 기술자들 자신들의 눈에 신성한 것이다. 물론 기술자들은

---

7) Ibid., p.25
8) Ibid., p.29~30
9) Ibid., p.33

신성한 것을 믿지 않는다. 그들은 사람들이 신성한 것이라는 단어를 말할 때마다 비웃는다. 그러나 사람들이 기술의 타당성을 의심할 때, 그들은 이성을 상실한 분노에 휩쓸리고, 기술을 의심하는 사람을 구태의연한 사람이라고 판단한다."10

10년 뒤, 자끄 엘륄은 이러한 초기 직관들을, "새로운 신화에 사로잡힌 사람들"이라는 제목의 핵심적 저서로 발전시키기 위해서, 다시 붙잡았다. 그는 다른 사회학적 논거만이 아니라 신학적 논거들을 제시하면서, 세속화 이론을 다루기 시작했다. 세속화 이론에 따르면, 발전된 합리화 덕분에, 오늘날 성인이 된 인간은 신 존재 가설을 필요로 하지 않고, 정의와 연대와 평등과 인간의 존엄이란 비종교적 가치가 퍼질 수 있다는 것이다. 이 이론에 이의를 제기하기 전에, 엘륄은 먼저 기독교 역사에서 탈신성화 과정의 양태들이 어떤 것인지 보였다. 탈신성화 과정은 두 단계로 이루어졌다. 즉 먼저 이교도의 신성한 것에 대한 복음화가 있었고, 그다음 중세의 신성한 것에 대한 프로테스탄트 개혁이 있었다. 두 경우에서 신성한 것은 모두 복구되었다. 즉 이교도의 토단들土壇은 교회들과 성지순례의 장소들이 되었고, 16세기에 신성하게 된 것은 바로 성경과 도덕이었다. 따라서 신성화는 뿌리를 뽑지 못할 정도로 깊이 박혀 있는 치유불가능한 필연적인 것이다. 특히 신성화된 것은 다름 아닌 탈신성화의 도구였다. 한편, 자끄 엘륄은 유비類比적으로 이것을 현재 상황과 비교했다. 즉 신성한 것에 대한 두려움과 반감을 극복하게 만들었던 기술적 효율성은 동일한 뒤바뀜으로 신성화되었다. 그래서 탈신성화되어야만 하는 것은, 합리적 효율성과 제한 없는 수단 사용과 언제나 가장 깊은 곳에서부터 끌어 오르는 정복 욕구 속으로 인간이 빨려 들어가는 것이다. 왜냐하면 어떤 것도 이러한 것들의 영향력으로부터 벗어나 있을 수 없기 때문이다. 즉 이것은

10) Ibid., p.32-33.

여전히 협박이었고 심판이었다. 그러나 사람들이 알지 못했던 것은, 개발하려는 맹렬한 위세도 또한 신성한 것의 표현이었다는 것이다! 인간은 자신이 질서를 부여한 삶의 환경과 관련하여 신성한 것을 만든다. 그런데 자연은 더는 공포스럽지 않고, 심지어 즉각적인 가시적 광경으로부터 벗어났다. 반면에 인간과 자연환경 사이의 매개체인 기술이 인간 삶의 환경이 되었다. 그러므로 오늘날 인간의 새로운 신성한 것은 기술 자체이다. 사실 기술사회는 예전의 자연환경보다 더 이해할 수 없고, 더 안심되지도 않으며, 더 의미를 부여하지도 않는다. 하지만, 인간은 여전히 자연과 관련하여 위치할 필요가 있고, 의미와 원천을 발견할 필요도 있다. 간단히 말해서, 인간은 신성한 것을 생성할 필요가 있다.

따라서 세속화 이론은 매우 논쟁의 여지가 있는 것으로 드러났다. 사실 세속화는 없고, 신성한 것의 변신만이 있을 뿐이다. 몇 년 뒤에, 종교 사회학자들은, 체제와 교조주의를 넘어서서 "변형", "치환", "믿음의 재구성"을 이야기하면서, 그리고 경험과 감정에 더 높은 가치를 부여하면서, 이점을 인식했다.11 1973년부터 자끄 엘륄은 종교적인 모든 것에 대한 현대인의 관심을 열정적으로 불러일으켰다. 정치, 국민·국가, 혁명, 돈, 섹스와 같은 신성한 것의 다른 현대적 형태들 가운데, 기술은 가장 탁월한 것이다. 모든 신성한 것처럼, 기술은 핵심적인 신비이기 때문에 찬탄과 두려움의 혼합물을 만든다. 또한, 기술은 사람들을 자신에게 헌신하도록 부추긴다. 사실 "신성한"이란 용어는 "헌신하다", "제물로 바치다" 그리고 "신성모독"과 같은 계열에 속한다. 그런데, 기술이 인간의 새로운 신성한 것이라고 말하는 것은, 인간이 자신의 자동차 혹은 자신의 컴퓨터 앞에 엎드리는 것을 의미하는 것이 아니다. 이는, 인

---

11) Danièle Hervieu-Léger, *La religion pour mémoire,* (기억을 위한 종교) Paris, Les Éditions du Cerf(coll. Sciences humaines et relogions), 1993, p.95-120. 참조할 것.

간이 그것들을 획득하기 위하여 일하면서, 매일 그것들을 생각하면서, 그리고 그것들과 동행하는 시간을 보내면서, 자신의 삶을 그것들에게 "헌신하는 것"을 의미한다. 또한 이것은, 인간이 자동차와 컴퓨터가 아닌 모든 것, 즉 자신의 가족, 자신의 인간관계, 자신의 물리적이고 심리적인 건강을 "제물로 바치는 것"을 의미한다. 그리고 그것들을 문제 삼는 모든 것을 "신성모독"으로 여긴다는 것을 의미한다. 왜냐하면 기술적 힘들은 삶에 의미를 주기 때문이다. 말하자면, 만약 사람들이 자신의 집에서 이 힘들을 갖지 못하면, 어떤 것도 경험할 가치가 없다는 것이다. 과학과 기술의 진보의 역사로 말하자면, 이 역사는 세상에서 우리의 행군에 방향을 부여하는 신비한 청사진처럼 보이고, 구원의 역사를 위한 종말론적 의미처럼 보인다. 즉 역사를 이야기하는 방식은 신성한 것을 표시하는 것이다. 이것은 이제 더는 위대한 영웅의 역사나 전쟁의 역사나 카리스마의 역사나 신들의 역사가 아니다. 이것은 기술의 발전 속에서 조금씩 구축되는 역사이다. 그 점에 대해 착각할 수 없다. 이것은 세속 역사가 아니다. 이것은 또 다른 "거룩한 역사"이다.

사람들은 자끄 엘륄의 이런 분석들을 쉽게 구체적으로 경험할 수 있다. 즉 우리 동시대인들 중의 어떤 사람이, 잠에서 깰 때부터, 그리고 길에서나 지하철에서 시선을 끄고 좀비처럼 걸으면서 강박적으로 스마트폰을 두드리고, 또한 염려될 때마다 자신의 기기를 만지작거리고, 마침내 자기 전에 베개 밑으로 스마트폰을 집어넣기까지, 이렇게 하루 종일 스마트폰을 가지고 보낼 때, 우리는 무엇을 관찰할 수 있을까? 스마트폰이 아침 기도를 대체했고, 또 그것은 전통 종교와는 반대 효과, 즉 자신의 세계에 갇히는 것과 더불어, 하루를 끝내는 기도와 묵주를 대체했다는 것을 관찰할 수 있다. 그러나 우리가 마음껏 이용하는 기술적 물건들은, 우리가 현대적 환경을 지탱하기 위한 우리의 신성한 발판이 되었다.

"새로운 신화에 사로잡힌 사람들"의 핵심적이고 중심 메시지는 다음과 같다. "우리를 굴종시키는 것은 기술이 아니라, 기술에 전가된 신성한 것이고, 이 신성한 것은 우리가 비판적 기능을 소유하는 것을 막고, 기술을 인간의 발전에 사용하도록 하는 것을 막는다." 따라서 기술은 그 자체로 인간을 소외시키는 것이 아니다. 해롭고, 황폐하게 만드는 속박으로 밝혀진 것은 바로 기술의 신성화이다. 이어서 엘륄은 국가와 섹슈얼리티에 대해서도 같은 것을 말하는데, 이것들은 신성화되는 순간부터 우리를 소외시킨다는 것이다. 한편, "새로운 신화에 사로잡힌 사람들" 출간 이후 50년이 지난 오늘날, 사람들은, "우리를 굴종시키는 것은 인공지능혹은 스마트폰이 아니라, 인공지능에 전가된 신성한 것이다"라고 말할 수 있을 것이다. 인공지능에 적용된 자끄 엘륄의 분석은, 인공지능이 그가 기술의 엄청난 폭발로서 예견했던 것과 정확하게 일치할수록 더욱더 정당화된다. 다시 말해 인공지능이 우리의 삶의 방식과 일하는 방식과 소비하는 방식과 서로서로 관계를 맺는 방식을 뒤집을수록, 그의 분석은 더욱더 정당화된다.

그러나 자끄 엘륄 사상이 항상 사람들이 이해하길 원하는 것보다도 더 복잡하고 정교하다는 점, 즉 그와 관련하여 아주 빈번하게 야기되는 문제는 일단 제쳐두자. 그리고 주목해야 할 것은, 우리를 굴종시키는 것은 기술이 아니고 기술의 신성화라고 말하는 것이 기술이 중립적이라는 것을 의미하지 않다는 점이다! 사실 세 가지 고전적 입장이 우리에게 제시된다. 즉 기술이 그 자체로 좋은 것이라는 트랜스휴머니즘적 시각이 있고, 기술은 그 자체로 나쁘다는 산업 시대 이전의 고전적 시각이 있으며, 기술은 중립적이라고 보는 시각이 있다. 많은 지식인들과 대부분의 여론은 마지막 입장을 공유한다. 기술의 중립성 견해는, 기술이 우리의 영향력하에 있다고 간주하는 것을 전제한다. 또한 이것은, 우리의 도덕적 의식을 통해, 우리가 기술을 구성하기도 하고, 해체하기도 하며, 조절하기도 하고, 이성적으로 사용하기도 하며, 과도하게 그리고 비이성적으로 사용할 수 있다는 것을 전제한다. 또한 우리는 인공지능혹 스마트폰의 주인으로 남을 수 있을 것이며, 인간의 공공복지와 이익을 위해서 이것을 활용할 수 있다는 것을 가정한다. 하지만, 자끄 엘륄은 이런 환상에 대해 끊임없이 이의를 제기한다.

그런데, 개신교 신학자에게는 기술은 좋은 것도 아니고, 나쁜 것도 아니며, 중립적인 것도 아니다! 그러면 남은 것이 무엇인가? 기술은 양면성을 지닌 것이다. 이는, 동시에 그리고 분리할 수 없는 방식으로, 모든 기술적 혁신이 긍정적 효과와 해로운 효과를 생성한다는 것을 의미한다. 이는 결과적으로 부정적 효과를 겪지 않고는 긍정적 효과를 획득할 수 없다는 것을 의미한다. 말하자면, 매장할 핵 쓰레기 없이 원자력을 통한 전기 에너지는 없고, 황폐하게 만드는 중독 없이 엄청난 기억장치를 가진 컴퓨터는 없으며, 의존이란 비극적 상황 없이 희망적 삶의 연장은 없다. 현재 코로나 팬데믹 상황을 이롭게 누리고 있는 인공지능도 아마 마찬가지일 것이다. 즉 일자리 대량 파괴, 개인 간 관계의 탈인간화, 기계로 인간이 대체되는 미래라는 괴로움을 겪지 않고서, 우리의 일상적 편리함을 증대시키는 서비스들을 누릴 수 없을 것이다.

사실, 자끄 엘륄의 분석은 가차 없이 냉정하다. 우리를 굴종시키는 것이 기계가 아니라 그것의 신성화이지만, 이 신성화는 피할 수 없다! 그는 자신의 유명한 명제에 각주로 다음과 같은 내용을 덧붙였다. "인간은 절대적으로 기술을 신성화하든지 안 하든지 결정할 자유가 없다. 즉 기술를 통해서 삶의 의미를 재구축하는 것을 막을 수 없다." 우리가 인공지능에 가장 원시적인 우리의 욕망과 가장 깊은 희망을 부여하지 않는다면, 우리는 인공지능을 결코 개발할 수 없을 것이다. 왜냐하면 인공지능은 처음부터 끝까지 종교적이고, 신앙적이며, 신성하기 때문이다. 만약 기술이 전혀 중립적이지 않다면, 이것이 의미하는 것은, 우리 곁에 있는 스마트폰처럼 인공지능도 사람들이 필연적으로 또 반듯이 그것을 사용하도록 만들 것이라는 점이다. 이러한 이성의 상실 현상으로부터 벗어나는 유일한 길은, 살아있는 하나님의 이름으로 인공지능, 스마트폰, 컴퓨터, 자동차, 텔레비전에게 부여된 신성성을 박탈하는 것이다.

사실, 자끄 엘륄은, 자신의 저서의 에필로그 부분에서 그리스도인 독자에게, 기술의 신성한 것은 현대인에게 이 부조리한 사회에서 자신의 괴로운 상황을 수용하도록 한다고 말을 했다. 그래서, 신성 박탈을 통해 신성한 것을 부수는 것은 무수한 사람들을 광기와 자살로 몰아넣는 것일 수 있다. 하지만 "이것은 사람들이 탈신성화함과 동시에, 살아갈 충분한 이유와 실제적으로 살아가게 하는 이유를 부여한다면 가능할 것이고, 동시에 충분하고 실제적으로 명확히 밝혀주는 해답을 제공한다면 가능할 수 있다. 늘 해답과 사는 이유는 결합되어야만 한다. 그렇지 않으면, 이런 삶의 빛들을 지닐 수 없는 자는, 현대적이며 과학적인 인류의 나머지, 그가 중국인이든지 혹은 서구인이든지, 그 나머지를 종교적 꿈 속에서 평화롭게 잠들게 내버려둔다." 우리가 기억하지만, 장 뽈 사르트르는 "소비에트 이상향"의 현실에 관하여, "비양꾸르를 절망하게 하지 말아야만 한다"고 말했다. 즉 파리 지역의 불로뉴비양꾸르에 위치한 자동차 공장에서 일하던 노동자들이, 자신들이 종교적으로 믿고 있는 스탈린 체제의 독재적 현실에 대해 눈을 열게 하지 말아야만 한다는 것이다. 그렇지 않으면 그들이 절망 속으로 빠지는 고통을 겪게 되기 때문이다. 하지만 자끄 엘륄은 정확하게 반대 입장을 가졌다.

"화성에 도착한 로봇으로 인해 열광한 동시대 사람들, 또 기적 같은 기술에 의해 지배된 사람들, 그리고 자신들의 컴퓨터의 광명에 의해 잠이 든 사

람들의 눈을 뜨게 합시다.… 그들의 눈을 뜨게 합시다. 그래서 그들을 절망
하게 하는 위험을 무릅씁시다. 그러나 그들을 살도록 만드는 희망을 그들
에게 알리는 책임을 가지고서 말입니다. 오직 그들에게 사는 이유를 다시
줄 수 있는 살아있는 하나님의 사랑과 자유로 그들을 초청합시다."

여는 말

    현대세계는 세속화되어 버렸다. 이 사실은 이제 확실한 진리여서 어디든 퍼져있다. 우리는 오늘날 생시몽1 혹은 오귀스트 꽁트2가 주장한 세 번째 실증적 시대를 살고 있다. 종교 사회가 역사 속에서 이미 존재했으나 현재 우리는 종교 사회의 원초적 형태들에서 벗어나 있다. 오늘날 종교들이란 고고학자들에게나 연구될 수 있을 법한 허물 벗은 오래된 누에고치와 같아서, 종교들이 어떤 생명력을 표현하거나 내포할 수 없을 것이다. 비유하자면, 나비는 이미 번데기로부터 나와 버렸다. 즉 인간과 세상도 완전한 곤충의 발달과정, 말하자면 번성하고, 알을 낳고, 죽게 되는 것 같은 이런 발달과정을 확

---

1) [역주] 생시몽(Saint-Simon, 1760~1825)은 프랑스 사회주의 사상, 역사과학, 사회학, 실증주의의 선구자이다. 귀족의 장남으로 청년 시절에 미국 독립 전쟁에 참가하였고, 프랑스 혁명에서는 자코뱅파에 가까운 관점에 있었다. 그의 사상은 유물론에 가깝다. 그래서 그는 이신론(理神論)이나 독일의 고전 철학, 즉 관념론을 배격하였다. 그는 자연 연구를 중시하였고, 사회의 발전에도 일정한 법칙이 지배한다고 주장하였다. 특히 역사는, 종교가 지배하는 '신학적' 단계, 봉건제와 신학의 붕괴기인 '형이상학적' 단계를 거쳐, 과학에 기초한 미래사회가 생성되는 '실증적(實證的)' 단계로 발전한다고 예견했다. 대표 저서로는 『어느 제네바 주민이 동시대인에게 보내는 편지』(1802), 『인간과학에 관한 메모』(1813), 『산업』(1816-18), 『조직자』(1819-20), 『산업체제론』(1821-22), 『산업자의 교리문답』(1824), 『새로운 기독교』(1825)가 있다.
2) [역주] 오귀스트 꽁트(Auguste Comte,1798~1857)는 프랑스의 철학자이자 사회학의 창시자이다. 그는 여러 사회적 역사적 문제에 관하여, 온갖 추상적 사변을 배제하고, 과학적 수학적 방법에 의하여 설명하려고 하였다. 그도 인간의 지식의 발전단계를 신학적, 형이상학적, 실증적 단계라는 3단계로 이행된다고 주장하고, 최후의 실증적 단계가 참다운 과학적 지식의 단계라고 보았다. 대표 저서로는 『실증철학 강의』와 『실증정치학 체계』 등이 있다

보한 것이다. 종교가 이렇게 끝나버렸음에도 불구하고 종교 사회 혹은 종교라는 개념으로부터 변화를 생각할 수 있을 것인가? 물론 '원시 사회는 종교적이다'는 명제는 인정된 진리에 속한다. 그런데 조금이라도 진지한 사람들이라면, 마치 한 가지 유일한 해석 방식만 있는 것처럼, "종교"와 종교 사회를 한 개의 잡동사니 상자 속으로 쑤셔 넣지 말라고 요구할 것이다!3 만약 우리가 처해 있는 상황을 아무리 미미하더라도 이해하길 원한다면, 비록 저항했지만 우리가 출발했던 상황에 좀 더 가까이 다가가도록 애써야만 한다. 그런데 이 상황은, 고대 그리스와 고대 이집트 제국과 폴리네시아인 혹은 반투인들에게서4 경험할 수 있었던 종교 사회들과 관련된 것이 아니라, 기독교에서 비롯된 아주 특별한 유형의 사회이자, 크리스텐덤5이라고 부를 수밖에 없는 사회와 관련된 것이다. 한편, 현대사회는 일반적으로 종교 사회와 관련하여 규정되지 않는다. 오히려 현대사회는 종교 사회와 정반대가 되는 사회이다. 현대사회는, 사회 자체가 기독교적이기를 바랐던 특별한 사회에서 나온 것이고, 또 이 특별한 사회와 관련하여 규정된다. 따라서 "종교-사회"라는 추상적이고 일반적인 관계에 대해 숙고하는 것은 불필요하다. 하지만 다른 사회와 동일시할 수 없는, 종교 사회 유형들 중의 하나로서 크리스텐덤에 대해 집중적으로 검토하는 것은 매우 필요한 일이다. 달리 말해서, 우리가

---

3) ▲ 종교적이지 않은 많은 현상을 "종교"와 혼합하면서 말이다.

4) ▲ 이 네 가지 유형은 종교가 다르고 종교와 사회 간의 상관관계도 매우 다르다.

5) [역주] '크리스텐덤'(christendom)은 원어의 '크레띠앙떼'(chrétienté)를 번역한 용어이다. 이는 그리스도가 교회를 통해 세상을 지배하고 통치한다는 전제를 가지고, 교회가 세상의 주류로서 세상의 문화, 즉 법, 학문, 정치, 사회적 이념, 관습 등을 지배하는 국가나 사회를 의미한다. 이 단어는 기원후 313년 콘스탄티누스 황제의 밀라노 칙령에서 시작되었고, 서로마 제국의 몰락과 유럽 형성과 함께 교황제도가 발전하면서 생긴 중세적 개념이다. 이 용어는 '기독교 왕국', '기독교 국가', '기독교 세계', '기독교 제국주의', '크리스텐덤' 등으로 번역될 수 있는데, 본서에서는 긴 시간의 고민 끝에 '크리스텐덤'으로 표현하기로 했다. 왜냐하면, 최근 국내에서 이미 '크리스텐덤'이란 용어가 번역하지 않고 그대로 사용하는 추세가 이미 굳어졌고, 또 어떤 번역어도 본래 의미를 충분히 담지 못하고 있다고 판단했기 때문이다.

어디에 와 있는지를 정확히 알기 위해서는, 무엇보다 크리스텐덤이 무엇이었는지를 고찰해야만 한다. 그리고 나서야 우리는 우리의 고유한 무-종교적인 삶의 정황을 평가할 수 있을 것이다.

제1장 • 크리스텐덤

크리스텐덤과 다른 종교 사회

크리스텐덤이 무엇으로 구성되었는지 말하기 전에, 크리스텐덤과 거의 모든 다른 종교 사회 간의 엄청난 차이를 강조해야만 한다. 사실 아무리 시간을 거꾸로 거슬러 올라가더라도, 또 아무리 사회 형태와 종교 표현의 초기 모습을 포착하더라도, 사회와 종교는 연결되어 있다. 그리고 그 연결은 아마도 독창적일 것이다. 그런데 우리는 이런 현상을 원시적인 것으로 간주하는 것에 익숙해져 있다. 말하자면, 정치·경제적 구조가 종교적인 것의 형성과 동시에 만들어졌고, 상호관계 속에서 만들어졌다. 그래서 이 요소들은 서로 구별되지 않는다. 이와 반대로 기독교는 자신을 발전시킨 사회에 비하여 독특하지 않아 보이지만, 그 사회를 만든 것은 아니다. 아무튼, 이러한 종교 사회는 역사에서 존재했었다. 그런데, 이런 종교 사회에 새로운 종교가 침투하여 사회를 개혁하였을 때 각계각층의 반응은 얼마나 강력했었는가. 나는 참고할 만한 유일한 사례를 알고 있다. 그것은 이슬람의 사례이다. 이슬람은 매우 원시적 상태로 남아 있는 사회에서 아주 문명화되지 않은 민중들에게 영향을 끼쳤다. 그런데 이슬람이 발흥했던 베두인 종족과 이슬람 간에는, 기독교와 로마제국 간에 있었던 결별과 같은 결별은 없었다. 따라서 모든 종교 사회와 크리스텐덤 간의 거대한 차이는, 하나는 종교와 제도 간의 "본질적

합치"라는 특성과 연관되고1, 다른 하나는 자발적 특성과 연관된다. 그런데 자발적 특성이라는 것은 모든 사회에서, 제도와 삶의 방식과 종교 간의 상관관계가 자연발생적인 방식으로 이루어지는 특성을 말한다. 이 자발적 특성으로 인해, 종교는 식사예절이나 아동교육과 같은 삶의 양식의 일부분이 된다. 왕이 신성한 인물이라면, 그것은 어떤 교리의 결과가 아니라, 분명히 어떤 집단의식의 즉각적 표현의 결과이다.

그러나 이와 정반대로, 기독교는 자발적인 양식에 의거한 크리스텐덤을 구성하겠지만, 이는 기독교 사상의 적용으로서 그런 것이다. 즉 크리스텐덤은 구체적이고 제도적이며 체험된 형태로 기독교 교리를 표현하기 위한 시도인 것이다. 또한 크리스텐덤에서 삶의 행태는 정확히 그리스도에 대한 신앙의 자발적이고 긴장된 표현이기 때문에, 국가와 경제와 사회관계의 재구성은 마찬가지로 기독교 신앙의 적용과 성서해석의 개념적 산물이 된다. 크리스텐덤은 사회적 형태로 표현되는 인간의 오랜 종교적 기반으로부터 생성될 수도 있기 때문에, 이것은 종교 사회가 아니라, 의식적이고 자발적인 활동의 결과이다. 어떻게 사회를 기독교적으로 만들 수 있을까? 혹은 어떻게 기독교 신앙이 집단적 삶만이 아니라 개인적 삶의 모든 차원에 스며들 수 있도록 만들겠는가? 이것은, 예수 그리스도의 하나님이 만물의 하나님,2 즉 정치와 경제의 하나님이라는 개념을 통해서 이루어진다. 그러므로 크리스텐덤은 눈에 띌 수밖에 없는데, 이는 인간의 삶은 하나의 전체이며, 이 전체는 그 단면들에게서 분리될 수 없다는 개념에 의해서 그런 것이다. 우리는, 그리스도인들이 3세기 혹은 11세기에 믿었던 것에 대해 유난히 잘못된 시각을 가지고 있다. 즉 우리는 모든 시대의 모든 그리스도인들이 영혼과 육체를 분리하는 것을 경험했고 그렇게 생각했다고 확신한다. 왜냐하면, 우리는 그

---

1) ▲ 이슬람과 다르게, 기독교는 로마 헬레니즘 사회를 구성하는 모든 것과 실제로 대립하기 때문에, 크리스텐덤에서는 이러한 "본질적 합치"란 존재하지 않는다.
2) ▲ 어떤 것도 하나님에게서 벗어날 수 없다.

리스인들이 육체와 영혼을 나누고, 그리스도인들도 그들을 따랐다고 추측하는 것에 익숙하기 때문이다. 또 우리는 언제나 신학자들에게서 육체에 대한 경멸과 금욕적인 방향에 관한 동일한 텍스트를 찾아내기 때문이고, 마침내 18세기부터 부르주아에 의하여 이루어진 기독교의 영과 육의 분리 입장을 알기 때문이다. 심지어 이천년간 이런 오류를 겪은 후, 기독교의 진정성과 초기 유대 사상의 흐름을 재발견한, 복 있는 자들인 우리까지도 동일한 잘못된 시각을 가지고 있다. 이 얼마나 무지의 피라미드에 기초한 끝없는 추측이란 말인가! 비록 영과 육의 분리 견해가 일단의 신학자들에 의해 지지를 받을 수 있었을지라도, 이것은 공통된 것도 아니고, 일반적이지도 않으며, 지속적이지도 않았다. 만약 상황이 그러했다면, 크리스텐덤은 출현되지도 않았을 것이다. 사실 카타리파3나 영성주의자들은 행동의 측면에서 이러한 신학의 단 하나의 논리적 결과만을 끌어냈다. 즉, 이들은 영과 육의 단절을 따라야 했기 때문에, 세상에 대한 거부는 실제가 되어야만 했고, 그 결과 유일한 탈출구는 아주 짧은 기간 내 이루어지는 이 세상의 구체적인 종말이었다. 그런데, 세상의 종말은 반드시 하나님에 의하여 "주어질" 수 있는 것이 아니라, 인간에 의해 생겨날 수도 있다. 뮌처4 혹은 라이덴의 얀5의 폭동은

---

3) [역주] 카타리파(cathares). 12, 13세기에 유럽에서 발흥한 이원론적인 종교 운동 추종자들로서 기독교에서 이단(異端)으로 규정되었다. 그 중심 사상은 물질을 악의 근원으로 보고 하나님과 대립시키는 극단적 이원론이다. 즉 하나님이 창조한 보이지 않는 영원한 세계가 있고, 물질적인 세상은 타락한 천사에 의해 창조된 것으로 전제하면서, 육식, 결혼 생활, 사유재산 등을 부정하는 극단적 금욕주의가 그 특징이다. 특히 기독론에 대해서도 예수 그리스도는 실제 성육신한 것이 아니며, 인간의 겉모습을 띤 것으로 주장하여, 십자가의 고난과 죽음을 부정한다.

4) [역주] 토마스 뮌처(Thomas Müntzer, 1489-1525). 종교개혁 시기에 활동한 독일의 재세례파 지도자로서 급진 종교 개혁가이다. 급진적 사회개혁을 주창한 그는 압제자에게서 해방된 신정정치를 구현하려고 농민반란을 일으켰다. 그는 농민봉기를 돕기 위해 전쟁에 참여하였고, 그의 운동은 한때 성공적이었으나, 결국 영주 연합군과의 싸움에서 패해 참수되었다. 그는 영주제를 받아들이는 루터와 정면으로 대립했고, 가톨릭의 성례전과 유아세례를 배격하였다.

5) [역주] 라이덴의 얀(Jan van Leiden, 1509-1536). 과격한 방법을 동원해서라도 지상에 새 예루살렘을 건설해야 한다고 주장한 재세례파가 독일의 뮌스터(Münster)시에서 반란을 일

더는 세상이 아닌 하나님 나라로 귀결되는 최후의 행동일 수밖에 없었다. 예를 들어 카타리파가 아이를 갖는 것을 금지한 것은 인간성의 급속한 말살로 귀결되었다. 그러나 기독교 사상의 일반적인 방향은 구체적으로 이런 방향이 아니었다. 즉 우리는 세상을 하나님께 향하게 하고, 그의 뜻에 일치하게 만드는 것을 사명으로 삼아야 하며, 바로 이 세상을 사회에서 지속되도록 해야만 했다. 따라서, 영혼과 육체 사이에, 또 교회와 사회 사이에는 대립은 없다. 즉 이것들은 결합되어 있는데, 육체는 영혼에 굴복해야만 한다. 또한, 사회는 기독교적 사고와 의지와 거룩함이 온통 스며들어야만 하고, 이러한 것들로 빚어져야만 한다. 그리스도인들이 점진적으로 크리스텐덤을 만들어내면서 실제로 추구했던 것은 "사회적 도덕"이다.

그러나 그리스도인들은 이 도덕을 적용하고, 또 선과 진리를 위해 그들이 붙잡았던 바에 따라 실제로 사회구조들을 변모시키려는 과제를 용감하게 시작했다는 점에서, 그들은 우리보다 더 진지했다. 사실 그들은 이 목적을 이루었다. 3세기부터 15세기까지 윤리적 연구물들을 다시 읽는다면, 그들은 모든 문제를 제기했고, 온갖 어려움에 맞섰으며, 오늘날 우리가 처음으로 발견했다고 허황되게 믿는 거의 모든 해결책을 시도했다는 사실을 깨닫게 된다. 물론, 그들은 자신들 세대의 용어를 가지고, 또 자신들의 시대의 사회구조와 문화를 통해 그렇게 하였다! 따라서 우리는 이 크리스텐덤이 어느 정도로 기독교 신앙 그 자체 속에 뿌리를 박고 있었는지 파악하기 전에, 크리스텐덤이 무엇으로 구성되었는지를 이해하려고 시도해야 할 필요가 있다.

으키고 장악하였을 때 얀은 수장(首長)이었다. 그는 뮌스터시를 재산을 공유하는 신정국가를 만들려고 시도하였으나 결국 진압을 당하였다.

크리스텐덤의 첫째 특성 –동화

그러므로 우리가 다루어야 하는 문제는 "기독교 진리"에 의한 사회 전체의 모형 형성과 관련된다. 단지 교회 권위의 우월성 혹은 영적 권세에 대한 세속 권세의 종속만을 다루는 것은 유치하다.6 물론 세속 권세는 영적 권세에 속하는데, 그것이 화려함에도 불구하고 세속 권세는 부차적이다. 첫째로 고려해야 할 사실이 있는데, 그것은 기독교가 원하든, 원하지 않든 간에, 기독교는 매우 복잡하고 풍성한 문화 전체의 계승자란 관점에 있었다는 것이다.

그런데 문화를 가지고 무엇을 해야만 했는가? 기독교는 미리 계획한 것이 없었다. 하지만 교양을 갖춘 엘리트들, 정치인들, 행정가들, 수사학자들, 철학자들, 상인들이 개종해서, 진지하게 그리스도인이 될 때, 그들은 무엇을 해야만 했는가? 그리스도 신앙은 정치와 철학의 포기, 즉 앞에서 언급한 유심론7이라고 그들에게 설교할 것인가? 혹은, 그리스도 신앙이 이런 다양한 활동을 실행하기 위한 개인적인 도덕을 찾는 것인가? 또는, 기독교가 일반적 진리이고, 모든 사람을 개종시켜야 하기 때문에, 그리스도 신앙은 어려운 국면과 용감히 대결하는 것이고, 또 모든 것을 기독교 안으로 동화시키려면 단지 윤리적인 차원에서가 아니라, 더 근본적으로 이 모든 것을 변화시키려고 시도해야 한다고 말할 것인가? 한편, 그리스도인들은 "사회체계"를 의식했던 초기 사회에 참여했다. 그런데, 이 초기 사회에서 자체의 권력과 경제 등을 지닌 사회체계는, 단지 자발성, 전통, 형이상학적 규범의 산물이 아니라, 의도적으로 구상되고 조직된 체계였다. 그리고 초기 사회에서 사람들은

---

6) [역주] 세속 권세(pouvoir temporel)는 사회질서, 일상사, 몸, 재산 등에 행사되는 국가 권력, 시민 권력 같은 권한을 의미하고, 영적 권세는 교리, 종교 재판, 공의회 등 영혼에 행사되는 교권(教權)을 의미한다.

7) [역주] 유심론(spiritualisme, 唯心論)은 우주 만물의 참된 실재는 정신적인 것이며, 물질적인 것은 그 현상에 지나지 않는다고 주장하는 이론이다.

합리적인 방식을 따라 제도들을 변화시킬 수 있다는 확신도 가지고 있었다. 또 초기 사회에서 제도들은 과거 관습에 순응하는 것을 표현하는 것이 아니라, 인간의 자유, 결정, 선택을 표현해야만 했다. 그리스인들과 로마인들이 이같이 인류에 제공했던 굉장한 혁신은 충분히 평가되지 않은 것 같다. 하지만 사회체계가 이처럼 구상됨과 동시에, 그것은 처음으로 체계로 인정되었다. 다시 말해 사회체계는 개인적인 의지의 표현 혹은 막연한 운명의 표현이 아니라, 바로 메커니즘과 조직과 제도의 결합이란 것이다.

따라서 만약 예수 그리스도의 하나님이 진실로 보편적이라면, 하나님은 개인의 의식뿐만 아니라 사회구조 자체 속에, 그리고 모든 것 속에 나타나셔야만 한다. 이런 관점에서 동화同化는 준비되는 것이다. 그리고 기독교는 이 사회 전체의 상속자가 되기 때문에, 이 사회 전체에 동화되도록 독촉을 당했다. 따라서 기독교는 모든 종교적인 것과 예전의 모든 마법적인 것을 동화시켰다.[8] 하지만 사람들은 그리스도인들이 세례만 베풀면 충분하다고 생각하여 이교의 신과 제도에 세례를 주었거나 그런 방식으로 그들이 쉽게 대중을 끌어모았다고 말하면서, 이 시대 그리스도인들을 조롱하였다. 지역 수호자였던 제니우스Genius는 분명히 여기저기에서 성聖 제니스Genis 혹은 성 쥬네스Genès 등이 되었고, 브리지타Brigitta 여신은 성 브리지뜨Brigitte가 되었다. 사람들은 이러한 사실을 알고 있다. 마찬가지로, 황제가 그리스도인이 되었을 때, 황제 숭배 의식을 기독교적 시각 속에 융합시켜버렸고, 프로스키네시스[9]는 황제가 지상에서 하나님의 대리자라는 해석에 의거하여 또 다른 표현법이 되었다. 또한 찬양 가사와 글을 작성하는 4세기 그리스도인들도 단순히 신학적 어휘만을 바꾸면서 3세기의 이교도 전임자들과 정확히 동일한 찬양을

---

8) ▲ 이는 크리스텐덤의 첫째 본질적인 측면이다.

9) [역주] 프로스키네시스(proskinesis)는 그리스어 '공경'을 뜻하는 단어로서 이슬람교도들의 기도 자세와 비슷한 자세로 통치자 앞에 납작 엎드려 경의를 표하는 페르시아 특유의 의식이다.

작성했다. 나중에는, 기독교에 수용되었던 스칸디나비아와 게르만 형제단은 기독교 형제단으로 변화되어 동일한 계보가 되었다. 마찬가지로, 중세기 사의 무장은 명백히 구별된 두 부분으로 구성되었다. 말하자면 하나는 순전히 이교적이고 게르만적인 기원에 속한 부분, 즉 갑옷과 투구이며, 다른 한 부분은 정신적 무장, 기도, 영성체 같은 기독교적 부속물이다. 하지만, 우리에게 경박하고, 단순하며, 외적 치장으로 보이는 이 "기독교화"를 당연하다고 생각하지 말아야만 한다. 종종 이것이 격렬한 갈등의 계기가 되었다. 즉 이교도적 형태에서 기독교적 형태로 전환은 아주 단순하게 이루어지지 않았다! 예컨대, 형제단이 변화할 때 피와 맥주로 채워진 예식은 주교들에 의해 심하게 공격을 받았다. 그때 영성체 예식이 성찬식Eucharistie이던 형제단과, 기독교적이라고 자부하지만 단순한 축제가 되어버린 옛 이교적인 형태를 유지하고 있는 형제단 간의 대립이 있었다. 이 때문에 이들은 "미숙한 형제단"이다. 이 갈등은 6세기나 지속이 된 것 같다! 그런데, 이교적인 과거를 소화하여 기독교화하는 것이 단순한 실수였다고 여기는 것은 너무 쉬운 일이다. 비록 그렇게 여기는 것이 편리함을 주더라도 말이다. 왜냐하면, 결국 그렇든 아니든, 예수 그리스도가 역사의 주인이기 때문이 아닌가? 여기서 우리가 재발견했다고 생각하는 것은 중세 초기에 통상적이고 지속적인 사상이었다. 즉 예수 그리스도가 모든 역사의 주인이라면, 그는 자신에 앞서 나타난 역사의 주인이어야 했다. 더욱이 전체 역사는 그에게 수렴되고, 모든 역사는 성육신으로 표현되기 이전에 있는 성육신의 준비였다. 오직 유대인의 역사만이 아니라, 모든 역사가 그렇다. 따라서 거룩한 역사와 다른 역사란 없는 것이다. 말하자면 예수 그리스도를 예고하고, 하나님의 활동을 표현했던 것은 인간들의 역사 그 자체이다. 중세 초기 사람들은 이점을 깊게 확신했다. 그러나 이 역사는 하나님을 향한 엄청난 종교적 창조와 인간의 커다란 노력을 포함했다. 그런데 어떻게, 왜 사람들은, 메시아를 예고하는 엄청난 운동을 내포한 인간의 역사로부터 이러한 부분을 제거해 갔는가? 하지만 이교적 종교 속에서도 진짜 조상, 진짜 증인을 발견할 수도 있다. 즉 베르길리우스[10]의 네 번째 전원시나 고대 그리스 키미의 무녀巫女들은 아주 명백히 예수에 대해 예언을 하였다. 얼마나 많은 표현 형식들과 예식들과 전설들이 아주 정확하게 종교적 신앙심과 성찰의 흐름을 드러내고 있는가! 만약 철학이 의식적으로 기독교적 사고의 틀로서 사용되었다면, 종교들은 철학에 자신의 소재를 제공한다. 하지만 이것은 오직 기독교 보편주의의 추구를 의미할 뿐이다.

여기서 우리는 크리스텐덤의 첫째 측면을 찾아볼 수 있다. 즉 기독교는 고대 사회의 모든 신성한 것, 모든 종교적인 것, 모든 마법적인 것을 동화시켰다. 그런데, 그것은 쇠약함이나 제국주의 성향 때문이 아니라 내적 논리의 결과이기 때문이다. 오늘날 이러한 경향과 의지를 비판하는 것은 쉽다. 다시 말해, 오늘날 모든 것이 계시와 종교 간에 혹은 기독교 신앙과 종교 간에 보편적으로 드러난 파국적 혼란에 달려 있다고 말하는 것은 쉽다. 그러나 나는 도덕자연하는 이 단죄들이 아주 정당하다는 것을 확신할 수 없다. 나는 누군가가 종교적인 어떤 것도 기독교 속에 나타나지 않은 채, 기독교가 "지속되는 것"이 어떻게 가능한 지를 내게 설명해 주기를 기대한다. 그런데, 하나님 나라는 기독교 첫 세대 말기에 도래하지 않았다. 그 순간부터, 기독교 운명은 짧은 기간에 단죄를 받은 자발적 군소집단으로 겨우 명맥을 유지하면서 사라질 수밖에 없거나, 혹은 존속하기 위하여 조직적으로 제도화될 수밖에 없었다. 바로 이 순간에 사람들은 불가피하게 '종교적인 것'으로 들어갔다. 그래서 다음과 같은 문제가 어쩔 수 없이 제기되었다. 즉 세상은 하나님 나

10) 베르길리우스(Vergilius). 로마의 최고의 시인으로 북이탈리아의 만투아 태생이다. 그는 크레모나와 밀라노에서 교육을 받고 16세 때 로마로 가서 에피쿠로스파의 철학과 수사학을 공부했다. 그가 쓴 『농경시』(B.C. 37-38)는 날씨, 수학, 가축, 양봉 등을 노래한 '농업시'로 그 기교적 완성도는 이후의 걸작 『아이네이스』를 훨씬 능가한다고까지 한다.

라의 도래에 의하여 "순식간에" 변화하지 않았지만, 하나님이 원하는 이 거대한 결합체가 이교도 속에서 존속하도록 내버려 둘 수 없다는 문제이다. 따라서 이교도를 기독교회 시키는 것이 문제였는데, 이것은 세상을 하나님 나라에 종속시키는 것이었고, 세상을 어두움의 권세로부터 나오도록 만드는 것이었다.

크리스텐덤의 둘째 특성-외적 형식화

그러나 결과가 대단히 빠르게 나타났다. 즉 이런 종류의 시도 속에서 그리스도인들의 개별화된 믿음은 더는 고려될 수 없었다. 이제 크리스텐덤 구성원들은 더는 회심이나 긴 영적 탐색의 길을 통하여 주 예수 그리스도를 경험한 의식 있는 신자일 수 없었다. 그리고 더는 신앙에서 비롯된 성별聖別과 행동이 기대될 수 없었다. 거기에서 크리스텐덤의 본질적인 두 가지 특징이 생긴다. 하나는, 사람들이 세례와 같은 외적 표시에 의하여 크리스텐덤에 입회되거나, 또 크리스텐덤의 모든 거주민은 그리스도인으로 전제된다는 식의 어떤 가정에 기초하여 입회된다는 것이다. 그래서 사람들은 성사聖事의 표시들을 실제적 의미 속에서 해석하고, 그 표시들은 **성사적 효력**11을 내포한다. 다른 하나는, 신앙과 관련하여 "그리스도인"은 거대한 사람들의 집단 속으로 들어가게 되었는데, 이것은 교회로 인한 일종의 신앙과 행위의 공유 "연합체"이다. 그래서 각 사람은 개인적 신앙을 갖지 않을 수 있다. 왜냐하면, 각자는 타인들의 신앙, 즉 교회의 신앙으로 양육되고 또 이 신앙을 이용하기 때문이다. 이 교회는 하나의 **몸체**로서 견고하게 여기는데, 그 속에서

---

11) 사효론(事效論, ex opere oprato)은 성사의 은총이 그리스도의 행위인 성사적 예절에 내재하는 성령의 힘에 의하여 주어진다는 로마 가톨릭 교회의 이론이다. 즉 성사가 교회의 의향에 따라 거행되면 집전자의 개인적인 의로움과 관계없이 은총이 성사를 통해서 틀림없이 전해진다는 가르침이다. 왜냐하면, 성사를 통해서 본질적으로 활동하는 이는 그리스도이고, 성사 집전자는 단지 그의 도구이기 때문이다.

개개인은 자리를 잡고, 어떻게 보면 그 속에서 각자는 자신에게 적용된 신앙을 발견한다. 중세 사회가 크리스텐덤이라는 사실은 모든 교회 구성원이 예수 그리스도 안에서 내재화된 개인적 신앙을 지녔다는 것을 의미하는 것이 아니라, 모든 사람이 공통된 신앙을 이용했음을 의미한다. 그런데 이점은 불가피하게 기독교를 이데올로기로 변형시키는 경향을 보였다. 다시 말해 기독교가 일종의 집단적 전제가 되었다는 것이다. 즉, 사람들이 그리스도인이 되는 것은 당연했고, 그리스도인이 되지 않을 수도 없었으며, 세례에 의하여 절대적으로 그리스도인이 되었다. 기독교는, 공통된 가치 체계, 행동 및 태도 모형의 공통 토대, 판에 박은 사상들을 제공했다. 또 기독교는 말, 감정, 사고, 행동, 판단 기준, 실현해야 할 목표를 쉽게 결부시킬 수 있는 총체적인 준거들을 제공하였다. 사람들은 사회적이고 일반적인 확신에 바탕을 두었지만, 자신의 완전한 헌신과 최고의 열정이 더는 수반되지 않는 '신심'의 틀 속에 놓여 있었다. 비록 이 신심이 복음적 진리에 진지했고, 모든 사람들이 이 진리에 접근할 수 있도록 단조 음역으로의 변조처럼 진리를 변모시켰을지라도 말이다.

한편, 크리스텐덤의 둘째 결과는 외적인 형식화였다. 세상이 기독교 세상이 되었고, 모든 참여자들도 그리스도인이기 때문에 각자의 영적인 여정의 진정성을 더는 평가할 필요가 없었다. 신앙의 문제가 작동되는 곳은 바로 행위의 차원에서였다. 그래서 도덕이 신앙의 핵심이 되었다. 6세기 아일랜드의 참회규정서 제작은 이 변화의 결정적 순간이었다. 사람들은 도덕적인 것을 법적인 것으로 급속히 변형하기에 이르렀다. 크리스텐덤 교회는 도덕적 근심과 조직 구성에 대한 의욕으로 규정될 수 있었다.[12] 그런데 도덕적 염려와 조직 구성 의지는 거대한 결합체가 유지되고 작동되기 위한 두 가지 수

---

12) ▲ 진실로, 3세기와 6세기 사이에 서구가 겪었고, 직업적 역사가가 아니라면 상상하기조차 어려운 끔찍한 풍속의 타락 시대에, 도덕적 근심은 너무도 당연한 것이다!

단이 된다. 그러나 이것도 어떤 신학적 해석을 바탕으로 한다. 말하자면 신앙은 이미 획득된 것이었고, 이제 신앙에서 흘러나오는 행위를 생각하는 것만이 문제가 되었다는 것이다. 그리고 "암묵적 신앙"이 용인되는 한, 행위가 신앙에 영향을 미치는 것이 가능해졌다. 말하자면, 행동을 바로잡고, 그것을 기독교화하기 위하여 행동의 차원에 개입하면서, 행동에서부터 신앙으로 거슬러 올라가는 것이 가능해졌다는 것이다. 이는 먼저 신앙을 불러일으키거나 통제하는 것과 관련된 문제가 아니라, 신앙의 결과로부터 신앙을 상기하는 것과 관련된 문제였다. 그래서 모든 것은 정확하고 분명하게 표시되고, 평가되며, 구별되어야만 했다. 말하자면, 방탕한 행동에 대한 정죄만이 아니라 행동 모형도 정확하게 평가되고 식별될 수밖에 없고, 또 금지된 영역만이 아니라 생활과 교회의 조직 모형도 정확하게 표시되고, 평가되며, 식별될 수밖에 없었다. 바로 이런 방식으로 교회가 가장 큰 윤리적·법적 기관이 된 것이다.

크리스텐덤의 셋째 특성-문화 보존자

그러나 크리스텐덤은 다른 근본적 특성을 띤다. 즉 크리스텐덤이 과거 지나간 모든 종교적인 것을 받아들인다면, 그것은 좁은 의미에서 교회가 문화를 떠맡는 장소가 된다. 사람들은 이점을 종종 언급했고, 입증했기 때문에 여기서 강조할 필요는 없다. 그리스-로마 사회의 모든 사상, 지식, 지적인 삶은 교회 속에서 그리고 교회의 덕분으로 세심하게 유지되었다고 볼 수 있다. 수도원과 주교관의 끈기 있는 문서 필사자나 문서 수집자가 없이는, 우리는 그리스인과 로마인에 대해 실제로 아무것도 모를 것이다. 그런데 사람들은 흔히 중세의 무지몽매한 성격과 광신의 성격을 말하고 있다! 설혹 무지몽매하다고 할지라도, 이 사람들은 과거 사회들의 모든 지적 유산에 대해 진지하게 관심을 가지고 있었고, 설혹 광신적이라고 할지라도, 그들은 신앙과 도덕의 관점에서, 가장 추잡스러운 것들을 포함하여 이교도 문헌들 필사하였다. 그러나 나는 이런 측면을 그 자체로 자세히 설명하길 원하지 않는다. 왜냐하면, 문제는 더 광범위하기 때문이다. "교회는 왜 그러한 역할을 수행하는가?" 사람들은 이에 대해 "성직자들은 교육을 받은 유일한 사람들이었기 때문이다"라고 말하면서 바보와 같은 말을 한다. 진짜 질문은 "왜 성직자들은 교육을 받았는가?"이다. 결국 알렉산드리아의 고집스런 은자隱者들의 파괴적인 반응도 역시 기독교 신앙의 표현이었다! 사실 여기서 우리는 크리스텐덤의 핵심적 방향과 마주하고 있다. 사회가 존속할 수 있기 위하여 그리고 사람들이 사회 속에서 살 수 있기 위하여, 여러 가지 서비스는 필수적이다. 그런데 교회는 어느 누구도 보장하지 않은 모든 서비스를 보장하도록 요청받았다. 교회는 아무것도 형성되어 있지 않은 모든 장소에서 보편적인 하인이었다. 아무도 지적 문화나 철학에 관심을 갖지 않고, 누구도 더는 농업을 개량하거나 재배 면적을 늘리는 것에 관심이 없었다. 누구도 축제와 휴식으로 더는 인간의 삶에 리듬을 주지 않았다. 아무도 인간이 인간에 대해 늑대가 되지 않도록 공동체 삶에 관한 가능한 법률을 제정하지 않았다. 그렇지만 교회가 그것을 했다. 왜냐하면, 이 필수적인 서비스 없이는 인간이 살아남는 것은 불가능하기 때문이다. 크리스텐덤은 바로 이런 것이다! 하지만 그것은 이 사회를 위해 적용할 수 있는 여러 "기독교 원리들"이 교회에 의하여 확립되는 것을 전제한다. 그런데 문제에 접근하는 측면이 어떠하든 간에, 삶의 모든 분야와 관계되는 이 원리들로부터 구체적인 결과는 도출될 수 있을 것이다. 그리고 이 원리들은 신앙과 계시와 성서에서부터 끌어낸 원리들이다. 기독교는 아주 명백히 인간의 삶 전부와 관련있고[13] 또 사회적 삶 전체와도 관련되어 있다. 따라서 어떻게 정치적 활동 혹은 경제적 활동을 위한 지침들을 거기서부터 이끌어내지 않을 수 있겠는가? 또한 어떻게 이 지침들이 정

---

13) ▲ 도덕적이면서도 정치적이고 경제적인 인간의 삶과 관련있다.

치적 활동 원리 혹은 조직 원리로서 형성되지 않을 수 있겠는가? 그런데 이점은 즉 우리가 앞에서 암시했던 관점과 정확히 상응한다. 즉 누구도 이것에 관심을 두지 않기 때문에 교회가 그것을 해야만 한다는 것이다. 교회가 성서에 일치하는 경제적 삶의 원리들을 표명한 것은 과격한 제국주의가 아니다. 그것은 모든 것이 예수 그리스도의 주되심을 나타내야만 하고, 예수 그리스도를 벗어날 수 있는 인간의 삶의 어떤 영역도 없다는 명확한 비전이다. 만약 중세 경제가 자체 장단점을 가진 과거 방식의 경제 그대로가 되었다면, 현재 역사적 방식이 원하는 것과 반대로, 그것은 오직 상황만의 문제가 아니라, 교회를 통해 조직된, 의도적이고 의식적 행동의 문제이다. 상거래와 이자를 받는 대출에 대한 단죄[14], 경제적 행위에 대한 포괄적 중요성의 축소, 부유해지려는 열망으로부터 인간을 떼어내려는 걱정, 경제적 관계에서 균형과 정의의 추구, 교역이 없는 자급자족 조직의 개념,[15] 이 모든 것은 다만 "기독교 원리" 총체를 경제적 영역에 심사숙고하여 적용한 것일 뿐이다. 그런데 이는 예수 그리스도의 주되심을 삶에서 표명하려는 염려에서 비롯된 것이다.

크리스텐덤 개념의 첫째 결과—단일성

그러나 크리스텐덤 개념은 두 가지 종류의 결과를 초래하였다.[16] 먼저 크리스텐덤은 모든 개별 사회가 보편적 크리스텐덤에 연결된다는 것을 의미한다. 각 영지, 각 도시, 각 왕국은, 개별 사회가 크리스텐덤이라는 더 넓은 결합체에 속하고, 또 속하기를 바란다는 사실을 안다. 여기서 크리스텐덤이

---

14) ▲ 오늘날, 이 단죄는 사람들이 말하기 원하는 것보다 훨씬 더 많이 행해진다.

15) ▲ 이것은 불운에 저항하지 않는다는 것이 아니었다. 또 이것은 단지 의사소통의 어려움에서 생긴 것이 아니었다. 이것은 모든 삶의 개념을 표현하는 것이었다.

16) 이 주제와 관련하여 더 폭넓은 논리 전개를 위하여서 자끄 엘륄의 『제도사』 2권 (*Histoire des Institutions. tome* Ⅱ.)을 참조할 것.

라는 용어는 예전처럼 더는 질적인 차원이 아니라 지리적 차원을 띤다. 정치
적, 사회적인 각 인간 집단은 크리스텐덤이라는 전체에 종속된다. 따라서 궁
극적으로 크리스텐덤 전체 속에 나타나는 시민사회와 보편 교회 간에 일치
가 있고 또 있을 수밖에 없다. 그래서 이 두 실체는 지리적으로 서로 겹치고
또 서로서로 연결되어 조직된다. 따라서 크리스텐덤에서는 정치적 조직이
최고 권위를 갖는다는 것은 받아들일 수 없다. 또한 국가, 왕국, 영지 간의 경
계도 근본적이고 절대적이며 침투불가하다는 사실도 받아들일 수 없다. 왕
국이 되기 전에, 정치적 단일성은 효력이 있는 유일한 크리스텐덤 단일성의
부분이다.17 그렇지만, 크리스텐덤은 사회집단들의 합으로 구성되지 않는
다. 즉 크리스텐덤은 하나이고, 단지 행동의 편리함으로 인해서 집단으로 나
뉘는 것을 용인할 뿐이다. 이 정치·사회적 총체 안에는18 교회와 정치 권력
간의 혼동이 있을 수 없다. 이 두 영역은 서로 연관되어 조직된다. 교회는 정
치를 견인하는 것을 바라지 않지만, 교회는 정치적 삶이 신앙에 무관심한 것
을 용납할 수 없다. 인간의 삶 전부와 관계되는 기독교는 정치적 삶에 영감
을 주어야만 하는 것으로 보였다. 그래서 크리스텐덤의 단일성을 나타내기
위해서 하나의 교회만 존재하는 것과 마찬가지로, 모든 개별 권력 위에 최소
한 상징적인 유일한 정치 권력만이 있을 수밖에 없다. 게다가 교권과 속권(俗
權) 간의 혼동이 있을 수 없었으나, 마찬가지로 속권의 자율성과 독립성도 존
재할 수 없다. 왜냐하면, 기독교는 모든 것에 침투하고, 영감을 주었으며 모
든 것을 유발해야 했고, 그 결과 아주 빠르게 검증하고 통제해야만 했다. 사
람들은 권력들 간의 구분, 즉 그 자체 힘으로서가 아니라 기능을 표상함으로
서 존재하는 권력들 간의 이런 구분으로부터 나오는 수많은 어려움들을 알

---

17) ▲ 나는 구성원이라고 말하지 않는다. 왜냐하면, 그것은 바로 다른 왕국들과 결합하는 왕
   국이 선행되는 것을 의미할 수도 있기 때문이다.
18) ▲ 물론 크리스텐덤의 정치·사회적 실재는 로마 제국에 의하여 표현되었으나, 그 이미지
   는 그리스도의 몸의 단일성이다.

고 있다. 바로 이것이 종종 오해되고 있는 현실이다. 즉 교회 편에서 지배적이거나 혹은 주도적인 힘을 행사하려는 자만심은 없었지만, 수많은 서비스를 통해 표현되는 기능이 있었다. 그런데 이것은 이 기능을 실행할 가능성을 내포한다는 것인데, 이는 어떤 힘을 의미하는 것이었다. 물론 문제를 제기하는 이러한 방식은 권력을 향해 급속도로 방향을 틀게 되는데, 특히 교회, 교황권이 직접적으로 정치적 힘이 되는 순간부터, 즉 영토와 정치적 조직을 가진 교황이 국가 원수가 되는 순간부터, 급속도로 권력을 향한다. 게다가 이것은 이미 충분히 어려운 "두 권력" 간의 관계를 복잡하게 만든다! 그러나 처음 생각과 이 상황의 원천을 잊지 말아야만 한다.

크리스텐덤 개념의 둘째 결과-교회와 사회의 동일화

크리스텐덤 개념으로부터 발생된 두 번째 결과는 교회와 사회 간의 동일同一화로 표현될 수 있다. 교회와 사회는 지리적으로 서로 겹친다. 선교사들에 의하여 교회가 새로운 이방 국가로 침투하여 거기에 신앙을 이식시킬 때마다, 교회와 사회집단들은 사실상 크리스텐덤이라고 명명된 결합체 속으로 들어가며, 존재하는 정치적 혹은 경제적 양식에 동화된다. 그러나 역으로 시민사회에 속하기 위해서는, 최소한 우리가 정의했던 의미에서 그리스도인이 되어야만 한다. 시민사회 경계 내부에서는, 인간과 세계에 대한 같은 시각에 참여한 그리스도인, 즉 암묵적인 같은 신앙에 참여한 그리스도인만이 살 수 있다. 이교도들은 이 경계 너머에 있다. 그런데 이교도들과는 "정상적인" 관계를 가질 수 없고 오직 상호적이고 본능적인 적대감이 있을 따름이다. 더구나 이교도들은 크리스텐덤의 구성원의 눈에는 진정한 사회를 형성하지 못하는데, 왜냐하면, 기독교 사회 외에는 질서정연하고, 정의로운 사회를 생각할 수 없기 때문이다. 더구나 교회에 복종했던 왕은 기독교 민중에 대해서만 정의와 관용의 의무가 있었다. 대관식 서약에서 왕은 이 민중에 대해 맹세를 하지만, 왕이 민중에 대해 의무를 갖기 위해서는 그 민중은 그리스도인이어야만 한다. 따라서 이단자는 이교도보다 더 나쁜 자인데, 그는 교회로부터 뿐만 아니라, 동시에 크리스텐덤으로부터도 추방된다. 크리스텐덤 구역으로 들어오는 이교도는 오직 생존하기를 원한다면 개종해야만 한다. 바로 이것을 통해 풀리지 않고 짜증 나게 만드는 유대인 문제의 특징이 설명된다. 유대인들은 그리스도인이 아니어도 용인되는 유일한 사람들이다. 그러나 그들도 기독교 사회에서 마치 이 사회에서 살고 있지 않은 듯이 살고 있다. 다시 말해 그들은 어떤 권리도 의무도 가지고 있지 않다. 사람들은 그들이 물리적으로 존재한다는 것과 그들의 활동을 용인하지만, 그것이 어떤 것인지 알기를 원하지 않는다. 그들은 자신들의 고유의 규율과 신분을 가지고 공동체로 살아가지만, 법으로서 사회에 의해 인정을 받지 못한다. 그러나 그들은 이런 사회에 끊임없이 한 가지 문제를 제기하는데, 그것은 어떻게 그리스도인이 아니면서 인간일 수 있는가라는 문제이다. 이는 크리스텐덤의 근본적 개념 자체를 문제 삼는 것이었다.

크리스텐덤의 긍정적 효과

지금 우리는 뿌리 깊은 유물론적 편견과 같이 살고 있으며[19], 마음에 각인된 의심과 함께 살고 있다[20]. 그래서 우리는 명백히 크리스텐덤에 대해 부정확한 시각을 가지고 있다. 이제 우리는 현재 우리의 경험과 확증된 사실들을 8세기~19세기 시대로 전이시키고자 한다. 그러면 우리는 다음과 같은 사실을 확신하게 된다. 즉 십자군이 교황권의 자본주의적 이익의 결과로 생겼고, 대성당들은 프롤레타리아에 대한 공포스러운 압제 덕분으로 건설되었으며, 노예제도는 기술적 발전의 결과로 폐지되었고, 정치 혹은 경제에 관한

---

19) ▲ 모든 것이 경제적 종류의 동기들에 의해 이루어진다.
20) ▲ 고백한 것 뒤에는 고백할 수 없는 동기들이 감추어져 있다.

교회법들은 결코 적용되지 않았다는 것이다. 또 역으로 교회는 정치적이고 재정적인 권력으로 간주되었고, 황제와 교황 간의 분쟁은 단순한 권력 투쟁이었다. 이 모든 것은 완전히 부정확하지 않지만, 다만 거기에 "또한"이라는 말을 덧붙여야만 할 것이다. 즉 십자군은 또한 엄청난 신앙의 행위이며, 예루살렘이 다시 기독교화되었을 때 하나님 나라가 지상에 임할 것이라는 확신의 행위이다. 교단들과 교황들은 확실히 이것을 믿었지만, 이 거대한 계획을 실행하기 위해서는 또한 불가피한 많은 재정적 뒷거래가 있었다. 아무튼 우리는 이전 시대의 주장들과 대조적으로 크리스텐덤의 부정적인 결과들만을 생각하는 습관을 가지고 있다. 말하자면, 교황의 감당하기 어려운 정치적 요구, 성례전의 마법적인 형식주의, 퇴적층처럼 겹겹이 쌓여있는 신학적 오류, 미신, 가난한 자와 약자에 대한 부자와 권력자들의 "착취"의 용인, 사람의 관심을 낙원으로 쏠리도록 진지한 문제에서 돌려놓음으로써 발생하는 경제적 침체, 억압과 착취를 정당화하거나 혹은 위장하기 위해서 영적인 것을 활용함, 왕이 멋지게 기독교 권력이 되는 것을 용인함 등이 이에 해당한다. 앞선 사례들처럼 "또한"이라고 말하는 조건에서, 이 모든 것은 거짓이 아니다. 그런데 교회 활동과 크리스텐덤의 조직은 어느 정도까지는 긍정적이고 사람에 대해 우호적이었다는 것을 상기할 필요가 있다.[21] 먼저 노예제도 폐지를 상기해 보자. 노예제 폐지가 실제로 기독교에 의하여 초래된 결과라고 조용히 주장하던 시대가 지나가고, 1930년부터는 기독교가 노예제 폐지와 아무런 관련이 없으며, 또 노예제 폐지를 야기했던 것은 노예를 통한 생산 원천의 고갈이거나, 경제적 변동이거나, 기술적 발전이라고 단언하는 것이 유행이었다. 그러나 진지하고 정직한 어떤 역사가도 이것에 대해 결코 아무것도 증명할 수 없다. 오늘날, 이 주제가 다시 다루어지고 있는데, 노예제 폐지가 물질적인 원인에 의하여 설명될 수 없다는 데에 조금씩 동의하는

---

21) ▲ 이를 극도로 과장하지 않고 긍정적 측면만을 고려하지 않는다면 그렇다.

역사가들이 늘고 있다. 노예제 폐지에 결정적인 것은 기독교로 말미암은 정신상태의 변화였다. 만약 기술적 진보가 있었다면, 그것은 노예제의 폐지의 결과로 말미암아 갑작스런 노동력 상실에 직면하였기 때문이다.22 오늘날, 단순히 문헌에 충실한 비기독교 역사가들도 이러한 주장을 하고 있다. 크리스텐덤에는 총체적으로 부인할 수 없는 긍정적인 효과가 있었다. 예를 들어 약자들을 보호하는 것은 이 시대의 커다란 관심사들 중 하나였는데, 이는 헛되고 무익한 것이 아니라 조직적이고 실제적인 보호였다. 말하자면, 권력자들과 서민들, 부자들과 가난한 자들이 있었던 사회의 부정적인 요소들은 최소한으로 줄었다고 볼 수 있다. 나는, 약자를 보호한다는 면에서 한참 모자란 우리 사회를 포함하여, 역사에서 이보다 나은 다른 사회가 있었다고 확신하지 않는다. 약자들을 보호하는 경제적이고 정치적인 모든 형태들은 대개의 경우 성공적으로 적용되었다. 마찬가지로 평화를 위한 교회의 개입은 극도로 효율적이었다. 예를 들어 '평화동맹', '하나님의 휴전', '하나님의 평화' 체계는 눈에 띄는 제도였다. 그리고 이것들을 통해 교회는, 사람들 간의 평화에 대한 경건한 선언에 머무르지 않고, 평화에 이르기 위한 아주 견고한 제도에 초점을 맞추었다. 대단히 유동적이고 불안정하며, 간혹 신앙도 율법도 없는 상황에서, 교회는 질서와 정의라는 기적을 이루었다. 교회가 법률만능주의로 비난받기도 했지만, 법과 공익이란 의미를 모두 잃어버린 환경에서 법을 쇄신하는 일은 엄청난 방책이자 상당한 인간 진보가 아니었을까? 교회가 정치 개입으로 비난을 받았지만, 무질서와 권력 경쟁의 상황 속에서 교회는 살아갈만한 상황을 재건하기에 이르렀다. 완전히 혼돈스런 경제분

---

22) 길(B.Gille)과 린 화이트(Lynn White)의 연구 이래로 이 주제에 대한 논의가 더 이상 있을 수 없다. 그들의 연구는 이 문제를 다루지는 않았으나 고대의 침체와 대조를 이루는 중세 기술의 주목할 만한 비약적 발전을 보여준다. 노예제가 노동 문제의 해결책인 이상, 기술의 성장은 없었다. 노예제가 폐지되고 나서부터 다른 식으로 대처해야만 했는데, 바로 거기서 기술들이 양산되었다.

야에서도 교회는 규정과 제도를 확립했다. 무엇에든 적용되었던 공정 가격에 대한 원칙이나 고리대금업 금지는23 착취를 제한하고 경제적 삶의 균형을 이루기 위한 핵심적인 원리들이다. 이것은 확실히 발전의 원리가 아니라 침체의 원리이지만, 이를 통해 제기되었던 문제의식은 다음과 같았다. 즉 한 가지는 경제활동, 생산, 소비에 매우 큰 중요성을 부과하는 것인데, 이는 약자들에 대한 부자의 힘이 증하는 결과를 낳았다. 다른 하나는 무엇보다 약자들을 보호하고, 최고의 경제적 균형을 추구하는 것인데24, 이는 경제침체를 유발한다. 교회는 두 번째 측면을 선택했다. 하지만 교회의 이러한 선택에 대해서, 오직 진보 이데올로기, 그리고 선과 동일시되는 생산증가 신화의 관점에서만이 교회를 비난할 수 있다. 나는 교회의 긍정적 개입의 사례들을 무수히 들 수 있는데, 내가 방금 주장한 모든 것은 내가 가질 수 있는 단순한 견해 때문이 아니라, 마르크스주의 이래로 관습적이고 이데올로기적인 광대한 기술에 대립하는 정확하고 상세한 많은 역사적 연구의 결과들이다.25 결국, 중세교회는 일상적 혼란 속에서도 사회를 책임져야만 했던 것이다. 달리 말하면, 중세교회는 모든 어려운 문제들에 대해 구체적으로, 실제적으로 응전하는 용기를 가졌다. 중세교회는 오늘날 우리가 하는 것처럼 신앙의 구현의 필요성에 대해 장광설을 늘어놓는 것에 만족하지 않았고, 또 그것이 교

---

23) 이 주제와 관련하여, 유대인과 롬바르디아인이 고리대금업을 할 수 있었기 때문에 교회가 고리대금업조차 용인했다는 사실이 종종 주목받았다. 이러한 비난은 비판자들의 잘못된 신념을 여전히 보여준 것이다. 말하자면 교회는 유대인과 롬바르디아인이 그리스도인이 아니었기 때문에 그들이 고리대금업을 하는 것을 막을 수 없었다. 고리대금업의 금지는 그리스도인들에게만 유효한 것이었고, 교회는 이 금지조항을 보편적 법률로 바꾸지 못했다. 왜냐하면, 이렇게 함으로써 교회는 정치적 권력을 대치할 수도 있었기 때문이다.

24) ▲ 오늘날 우리가 정의를 평등과 동일시하는 것처럼, 균형 즉 오르도(ordo)는 정확히 정의와 동일시되기 때문이다.

25) 적어도 현대 역사적 연구물들 가운데 가장 평범한 유물론의 대표자로 남아 있는 르 고프(Le Goff)의 『중세 서구 문명』(Civilisation de l'Occident médiéval, 1965)을 예외로 한다면 그런 것이다.

회의 담화이든 세계교회협의회Conseil oeucuménique의 담화이든지 간에, 메시지 혹은 선언문을 발표하는 것에 만족하지 않았다. 물론, 교회의 이런 개입과 실천 때문에 교회의 손은 더럽혀졌다. 크리스텐덤은 사람들이 기독교 신앙을 집단적으로 실천하려고 애썼던 체제였다. 그리고 사람들이 중세교회에 가할 수 있던 비판은, 오염되지 않고서는 정치와 경제에 개입할 수 없다는 사실을 단지 확인하는 것이다.

성육신과 현실 개념

남은 한 가지 언급할 것은 교회와 그리스도인들이 크리스텐덤의 교리 뿐아니라 교리의 실천도 만들었을 때 그들이 이상한 사상에 물들어 그렇게 했던 것이 아니라는 사실이다. 그들은 자신들의 신앙과 신학으로 그렇게 했다. 기독교의 가장 근본적인 원리들은 그 자체로 크리스텐덤을 담고 있다. 아주 최근, 훌륭한 프랑스 신학자의 저서는 기독교가 시초부터 정치적이라는 점을 상기시켰다. 이점은 명백한 것이고 되풀이되는 주제이다. 그러나 다른 중심 진리는 성육신의 진리인데, 이 진리는 신앙의 실천에 영향을 끼친다. 사실 그리스도인은 신앙의 의지를 선언하는 단계에 머무는 것이 불가능하다. 더욱이 예수 그리스도가 역사의 보편적인 주±이시고, 이 주님 되심은 반드시 표출되어야만 한다. 이 세 가지 진리를 혼합해 보라. 적어도 당신이 진지한 사람이라면, 당신은 틀림없이 크리스텐덤 성향을 가지고 있다. 크리스텐덤의 실현은, 한편으로 오직 그리스도인의 에너지에 달려 있고, 다른 한편으로 사회의 무질서, 정치 권력의 취약함에 달려 있다. 그러나 어떻게 기독교 사회를 세우는 것을 거부할 수 있을까? 각각의 그리스도인이 개인적 삶에서 구체적으로 신앙을 체험하기를 원한다면, 왜 집단적으로 그러기를 원하지 않겠는가? 그리고 기독교가 정치적이라면, 어떻게 신앙으로부터 영감을 받은 정치를 하지 않겠는가? 이것이 현대 비기독교적 사고를 보여주는 현존하는 가장 뛰어난 저서들 중의 하나인 아우어바흐26의 『미메시스』Mimésis에서 놀랍게 조명되었던 바로 그것이다. 아우어바흐는 어떻게 성육신 교리가 집단적 존재 양식으로, 또 크리스텐덤을 내포한 '현실'을 표상하는 방식으로 도입되었는지를 보여주었다. 이러한 관점을 취하지 않는 것은 성육신을 경멸하는 것이든지, 자기 자신에 충실하지 않는 것이든지, 다시 말해 위선적이 된다는 것이다. 한편, 중세 사람들은 잘못 생각했고, 잘못된 신학을 가졌다고 확실히 주장할 수 있다. 우리가 중세의 모든 재난, 비극, 오류, 불의를 아는 것은 그리스도인에 의해 정리된 텍스트를 통해서인데, 그들은 지상에서 하나님 나라를 세우려는 확신을 조금도 가지지 않은 채, 정직하게 크리스텐덤을 시도했다고 주장할 수 있다. 그들은 크리스텐덤의 토대를 놓기를 원했으나, 하나님 나라에서 얼마만큼 거리를 두고 있는지를 알았다! 중요하고 결정적인 것은 이러한 연구가, 신학과 신앙 그리고 정치와 행동 사이의 매개로서, 아우어바흐가 분석했던 '현실'에 대한 태도를 표현했다는 점이다. 그런데 이 태도는, 가끔 언급했듯이, '현실'을 부정하는 것이 아니라, 그것을 진지하게 고려하는 근본적인 현실주의 태도이다. 그런데 이 태도는 하나의 형태figura인 이 '현실'에 멈추어 서는 것을 거부하면서 갖는 태도이다. 중세에는 '현실'에 대한 이러한 '구상적 개념'이 있었는데, 이것은 다음과 같은 것을 의미한다. "현 지상에서 일어난 사건은 단지 사건 자체만을 의미하는 것이 아니라, 지금 여기hic et nunc 구체적인 실재를 손상하지 않은 채, 그 사건을 확고히 하면서, 예고하거나 혹은 반복하는 또 다른 사건을 의미한다. 사건들 간의 관계는 본질적으로 순간적 혹은 인과적인 전개로서 간주되는 것이 아니

---

26) [역주] 에릭 아우어바흐(Erich Auerbach, 1892-1957)는 독일 문헌학자이자 문학비평가이다. 그는 특히 오디세우스의 서사시에서 버지니아 울프의 소설에 이르기까지 인류가 남긴 주요 작품들을 치밀하게 해석한 비평의 걸작 『미메시스』를 저술했다. 그는 이 책을 통해, '관습이 어떻게 역사를 통하여 예술적 표현을 제약하는가, 또 관습은 어떠한 사회 조건에 의하여 규정되는가, 그리고 예술은 어떻게 이러한 것을 개조하고 새로운 표현으로 나아갈 수 있는가'라는 예술에 관한 핵심적 문제를 던졌다.

라, 신의 계획 속에서 통일성을 이루는 것으로 간주된다. 즉 모든 사건은 신의 계획의 부분들을 구성하고 신의 계획을 반영한다.…"^{아우어바흐} 하지만 바로 이점이 중세 사람들이 행했던 것, 즉 현실을 근본적으로 신중하게 여기게 한다. 또 이것은 그들이 정치적 삶에 상당한 의미를 부여하면서 그것에 열광했던 이유이다. 왜냐하면, 그들은 민중과 왕의 행동 속에서, 군중의 결정 속에서, 저항 운동 속에서, '프랑크족을 통한 하나님의 행적', '모든 권세는 민중을 통한 하나님으로부터' 등의 표현에서 나타난 하나님의 활동을 보았기 때문이다.

그런데 이것이 바로 예수의 삶 속에서 나타난 성육신의 역사적 표현이 아닌가? 예수의 삶은 "일상적인 현실과 숭고한 비극의 근본적인 혼합"으로 이루어져 있고, 이 근본적 혼합은 현실을 성찰하게 하는 방식으로 정신적 변화를 일으킨다. "이런 기원을 가진 비극적 인물인 예수, 즉 진자의 왕복 운동처럼 아주 약하지만 자신의 약함 속에서 자신의 가장 강한 힘을 길어 올리는 주인공은" 그리스-로마 정신구조 속에서는 이해될 수 없고, 현실의 새로운 표상 방식의 토대를 만든다. 이런 새로운 표상 방식은, 현실을 근본적인 의미에 비추어 보면서 "현실의 추함, 비루함, 무력함과 함께 구체적인 현실을 보여준다." 왜냐하면, 이 현실은 또 다른 현실을 표현하기 때문이다. 말하자면, 예고하는 사건과 성취하는 사건, 두 사건은 인과 관계에 의해 단순히 수평적 차원에서 연결되지 않고, 전체가 시간 속에 놓여 있다.27 "사건의 수평적 연결은 해체되고, '지금 여기'는 더는 지상의 과정의 단순한 요소가 아니라, 언제나 존재했었고, 미래에 성취되는 어떤 것이다." 서구 크리스텐덤에서 구현되려고 애를 썼던 것이 바로 현실에 대한 이런 개념이다.28 왜냐하면,

---

27) ▲ 표상(figura)의 한 극단(極端)이 시간에 있고 다른 극단은 영원 속에 있는 것은 아니다.

28) ▲ 이 현실 개념은, 사람들이 하늘을 원했고, 지상을 무시했다는 너무 단순한 주장들이 확언한 바와는 정반대로, 결코 중세에서도 멸시되지 않았다. 또한 지상의 삶을 무시했다는 주장은 아마도 일단의 신비주의자들에게 해당되는 일이었지, 서구 기독교 민중에 해당

말씀의 성육신으로서 예수 그리스도의 인격 자체와 그의 삶 속에서 명백히 식별되었던 것이 바로 이 현실 개념이었기 때문이다.

.

되는 것은 아니었다.

제2장 • 포스트크리스텐덤 – 세속화

핵심 질문 – 종교의 시대는 끝났는가

현대 세상이 세속적이고, 세속화되었으며, 무신론적이고, 속화(俗化)되었으며, 탈신성화되었고, 탈신화화된 세상이라는 사실은 명백히 검증된 사회통념이다. 그런데, 속화laïcisation와 세속화sécularisation 1 사이 혹은 탈신성화désacralisation와 탈신비화démythisation 사이에 있을 수 있는 상당한 차이를 파악하지 않은 채 이 다양한 용어들은 오늘날 대부분의 글 속에서 같은 가치로 수용된다. 사람들이 이 용어들로 표현하고 싶어하는 생각은 대체로 다음과 같다. 즉 성년이 된 현대 세상은 더는 신앙을 갖지 않고 증거를 원하며, 더는 신심, 특히 종교적 신심에 순복하는 것이 아니라 이성에 순복한다는 생각이다. 말하자면 현대 세상은 성부 하나님을 청산했고, 이 세상에게 종교에 대해 말하는 것은 어떤 의미도 없다는 것이다. 또 현대 세상은 신화를 통해 표현되는 전통적 사고가 아니라, 새로운 사고방식 속으로 진입했다는 것이다.2 그래서 현

---

1) [역주] '속화'(俗化) 혹은 '정교(政敎)분리화'는 정치와 종교가, 정치, 교육, 행정 등 사회제도 전반에서 분리되는 원칙이다. 특히 프랑스의 경우는 가톨릭의 영향에서 벗어나 분리되는 것을 의미한다. 한편, 엘륄의 '세속화'는, 현대 세상이 종교와 무관한 무신론적 세상이고, 현대인은 종교적 신심(信心)을 갖지 않고, 이성과 명백한 증거를 따르는 통상적 개념을 의미하지 않는다. 그의 '세속화'는 현대인도 중세의 인간만큼 여전히 종교적 '신심'과 '신성한 것'을 개입시키면서 살아가는 존재임을 전제하고, 자신의 삶의 환경, 즉 과학, 기술, 국가, 역사, 대중매체, 기독교 등과 관련하여 '신성한 것'을 만들어 낸다는 사실을 내포한다.
2) 나는 이 논제에 대해 오랫동안 고찰한 것 같다. 즉 레비 스트로스(Lévy-Strausse)의『미개한 사고』에서, 그가 진정으로 현대 인간의 사고와 더 "원시적"인 사람의 사고 사이에는 차이

대 세상에서는 오직 초월적이지 않은 말만을 들을 수 있고, 구체적인 삶의 양식으로만 살 수 있을 뿐이다. 결국 종교의 시대는 끝났다. 이것은, 현재 대부분의 기독교 지식인층, 특히 '세계교회협의회'Conseil oecuménique에서의 습관적 담론이다. 그런데 이러한 논제에서, 이것이 사실 확인이나 소원이나 사회학적 확인과 관계되는 문제인지, 아니면 과학에 물든 인간이 만들 수 있는 개념에서 출발하여 추상적 인간 유형에 대한 상상적 구성물과 관련된 문제인지 분별하는 것은 종종 어렵다. 사실 이러한 주장을3 토대로 한 텍스트들을 검토해 보면, 거기서 훨씬 더 귀납적 설명과 연관된다는 사실을 알게 된다. 일반적으로 세속화 논리는 다음과 같은 명백한 점에서부터 출발한다. "현대인은 더는 기독교에 대해 말하는 것을 듣고 싶어하지 않는다. 그들은 신앙을 잃어버렸다. 교회는 이제 현대 사회를 파고들지 않으며, 더는 청중들을 장악하지 못한다. 기독교 메시지는 우리 사회의 사람들을 위해 더는 아무것도 명확히 말하려 들지 않는다." 그리고 기초과학과 기독교의 역사와 내용으로부터 행해진 비판과 이런 사실을을 연결하면서, 동시에 현대인은 다소간 기술적인 방향성을 수용하거나 그렇지 않으면 과학적인 방향성을 받아들인다는 점을 확증하면서, 사람들은 은연 중에 "현대인이 종교적이지 않은 것은 과학에 물들었기 때문이다."라는 결론을 내린다. 그리고 사람들은 비종교적이 된 인간의 새로운 특성과 기독교 거부를 동일시한다.

그런데 바로 이러한 확신에서 출발하여 이 인간을 새롭게 되찾기 위해 또 복음 메시지를 전하기 위해, 교회 안에서 인상적인 개혁이 시도된다. 교회의 새로운 신학과 새로운 구조, 현대 세상 속으로 편입, 종교적이지 않은 간증과 설교의 시도 등이 이 개혁에 해당한다. 사실 현재 교회의 모든 운동과 "위기"는 이러한 확신을 토대로 한다. 나는 이러한 이유 때문에 가부간에 그

가 없다는 점을 주장했다는 점에 대해 오랜 기간 생각한 것 같다.
3) ▲ 이런 주장들, 그 자체에 대한 연구는 드물다.

런 확증된 사실이 정확한 것인지와 실제로 우리는 종교가 박탈된 시대에 살고 있는지를 아는 것이 핵심이라고 생각한다. 만약 사람들이 착각했을 수도 있다면 어찌하겠는가? 만약 그 확실한 사실에 대해 사람들이, '어쨌든 오류가 있다고 하면, 그것은 다른 원인으로부터 기인하고 다른 식으로 해석될 수도 있을 것이다'라고 말할 수도 있다면 어찌할 것인가? 만약 사실들의 확증 차원에서 그리고 사실들의 해석 차원에서 오류가 있었다면 어찌할 것인가? 내가 이해하지 못하는 것은, 사람들이 이 질문을 배제할 수 있고 또 이 질문은 무시할 수 있다고 말할 수 있다는 점이고, 또 논의해야만 하는 것이 이 질문들에 대한 것이 아니라고 주장할 수 있다는 점이다. 또한 나는 사람들이 다음과 같이 말할 수 있다는 것을 잘 이해한다. "어쨌든 사실에 대해 오류가 있다고 할지라도, 본회퍼4와 불트만5에 의해 제기된 질문, 즉 현대 세상에서 신앙은 어떻게 되는가라는 질문은 올바르게 남아 있다." 이런 질문이 남아 있는 것은 확실하지만, 나는, "과거 역사와 마주한 본회퍼의 거침없는 태도를 통해서 본회퍼 분석의 정당성에 대한 논쟁을 피할 수 있다"고 여기면서 나머지가 모면될 수 있다고 생각하지 않는다. 본회퍼가 우리 사회에 관

---

4) [역주] 디트리히 본회퍼(Dietrich Bonhoeffer, 1906-1945)는 독일 고백교회의 목사이자 신학자로서, 히틀러 정권 하에서 '독일교회 투쟁'에 참가했고, 1941년 히틀러 암살계획에 가담하였으나 암살계획이 실패하자 1943년 게슈타포에게 체포되었다. 그는 1945년 강제수용소에서 처형되었다. 그는 정의와 평화를 위한 기독교의 책임과 의무를 강조하고 실천했던 증인이었다. 대표적 저서로는 『성도의 교제』, 『창조와 타락』, 『나를 따르라』, 『신도의 공동생활』, 『저항과 복종』 등이 있다.

5) [역주] 루돌프 불트만(Rudolf Bultman, 1884-1976))은 독일 신학자로서 1921년 『공관복음서 전승사』를 발간하였는데, 여기서 그는 전승된 예수의 말씀 대부분은 초대 교회가 환경의 영향을 받아 새롭게 구성한 것이며, 공관복음서는 역사적 사실에 기초한 전기가 아니라, 교회의 신앙과 예배를 위해 만들어진 예배서라고 주장했다. 그래서 그는 마태, 마가, 누가가 사용한 전승 자료들을 '양식사(樣式史)적 연구'에 기초하여 분석하여, 그들이 사용하기 이전에 형성된 여러 문헌들의 교회전승사를 추적하였다. 특히 그의 신학적 관심사는 예수 그리스도의 복음이 현대인에게 어떻게 해석되고 전달되어야 하는가였는데, 이를 위해 성서에 기록된 수많은 신화적 표현을 벗겨내는 '비신화화' 과정과, 1세기의 개념, 언어, 의미들을 인간 실존의 현실 상황에 일치하는 용어들로 전환하는 실존주의적 해석으로 접근할 것을 주장했다. 그러나 이러한 방법론은 당시 신학계에 큰 파문을 던졌다.

한 자신의 시각에 대해 오류를 범했을 때 우리가 문제 제기를 할 필요가 없는 이유는, 그가 역사에 관한 질문들에 대해 착각한 것이 아니기 때문이다. 사람들이 다음과 같은 질문에 대해 어떻게 말할 수 있겠는가? 즉 "인간과 현대 세상이 정말로 성숙되었는가?" 이 질문은 현대인의 비신화적 특성에 대한 논의만큼이나 쓸데없는가? 하지만, 사실상 모든 것이 시작되고 모든 것을 이탈시키는 것은, 신학적인 동기가 아니라 이러한 주장들로부터 말미암은 것이 아닌가?6 아무튼 현대인이 종교적인지 비종교적인지 가부간에 아는 것은 아주 중요하다.

후기 콘스탄틴주의-교회와 국가의 분리

그러나 먼저 이런 현상을 지적하기 위해 사용된 다른 형용어들을 명확히 밝혀야만 한다. 그런데 이 형용어들의 축적은 커다란 정신적 혼동을 야기한다. 우선, 우리는 "후기 콘스탄틴주의"post-constantinisme와 후기 크리스텐덤 post-chrétienté과 마주할 것이다. 후기 콘스탄틴주의에 첫 모습은 사실 매우 단순하다. 즉 콘스탄티누스 황제 이후부터 교회와 정치권력은 적극적으로 연합했다. 정치권력은 교회를 지원했고, 교회에 시혜를 베풀었으며, 교회의 발전과 사역들을 도왔고, 그 구성원들에게 특별하고 특권적 지위를 부여했으며, 재물과 인력을 보장했다. 또한 정치권력은 교회가 세속적 힘을 사용하게 했고, 교회의 조언을 수용했으며, 자신의 결정과 의결에 교회를 밀접히 끌어들였고, 기독교의 절대적 진리를 단정했다. 그러나 그 반대급부로 교회는 권력의 옹호자가 되어야만 했다. 또 교회는 권력과 사역을 연계해야만 했고, 정치권력의 선전부가 되었다. 그리고 정치가 교회 내부의 논의와 심지어 신학적 진리 문제들을 깔끔하게 정리하기 위해 개입할 정도까지, 교회는 교회의 영역을 권력이 간섭하는 것을 감내해야만 했다. 국가와 교회 간에는 결코 동

---

6) 한편 이 인용들은 본회퍼에 관한 뒤마(A.Dumas)의 훌륭하고 심오한 저서에서 발췌되었다.

등한 역할분할이 있지 않았다. 즉 때때로 국가가 교회를 통제하였고, 때때로 상황은 역전되었다. 이들의 결합은 오직 교회를 굴종시키려는 사악한 정치적 의도로 인해서만 기인된 것이 아니라, 국가의 수장이 그리스도인이 되었다는 사실로 교회를 섬기려는 선한 의지로 인해서도 야기되기도 했다.7 그런데 이런 결합은 순응주의와 권력 추구의 상황으로 교회를 끌어들였는데, 이것은 의심할 바 없이 당대의 오류이자, 근본적으로 이단이었다. 테오도시우스8 대제에 대해 밀라노의 주교 암브로시우스9가 가진 엄격하고 비타협적 태도를 교회가 유지하는 한, 두려워할 것은 그 무엇도 없었다. 그러나 이것은 예외적인 사례였다. 사실 교회는 권력 사용과 정치권력과의 결합을 통해 매수되었고 타락했다. 이는 크리스텐덤 시대를 통틀어 가장 암울한 양상이었다. 그런데 거시적 시각에서 이러한 정치권력과의 결합은 끝났다고 말할 수 있다. 먼저 프랑스 대혁명 동안, 그다음 1905년에10, 교회와 국가 사이

---

7) ▲ 국가 수장이 그리스도인이 되는 것에 저항하면 무엇을 할 수 있었겠는가?

8) [역주] 테오도시우스(Thodosius, 347-395)는 서로마 황제 그라티아누스로부터 동로마 제국의 공동황제로 임명받아 통치하였다. 서로마 황제는 그라티아누스가 제위 찬탈자 마그누스 막시무스에게 패하여 죽게 되어, 막시무스, 발렌티니아누스 2세로 이어져 갔다. 그러다가 발렌티아누스 2세도 의문의 죽음을 당한 후, 결국 테오도시우스가 동로마와 서로마 모두를 통치하게 되어 전 로마를 통치한 마지막 황제가 되었다. 그가 죽은 후 로마제국은 동로마와 서로마로 완전히 분리되어 다시는 통일되지 않았다. 그는 또한 기독교를 로마제국의 공식적인 국교로 만들었고, 그의 강력한 기독교 부흥 정책 때문에 그는 기독교계 역사가들로부터 '대제(大帝)'의 칭호를 받았다.

9) [역주] 암브로시우스(Ambrosius, 340-397)는 초대 가톨릭교회의 교부이자 교회학자이다. 그는 니케아 정통파의 관점에 서서 교회의 권위와 자유를 수호하는 데 노력하여 신앙·전례(典禮)·성가(聖歌) 활동 등에 큰 공을 남겼다. 뛰어난 설교가로 그가 남긴 기록이 바로 저서가 되었는데, 반(反)아리우스파의 여러 저술 외에도 『성직의 의무에 대하여』, 『6일 간의 천지창조론』 등이 유명하다.

10) [역주] 프랑스 대혁명 시기에, 모든 종교에 대해 중립적이며, 모든 성직자들로부터 독립적인, 일체의 신학적 개념이 제거된 정교분리적인 국가의 개념이 등장했다. 그리고 프랑스 제3공화국 수립시기인 1875년부터 초기 공화파들은 정치권력의 완전한 독립과 정치·사회 생활에서 가톨릭의 영향을 제한하려는 시도를 했다. 1902년, 에밀 꽁브가 권력을 잡고 난 후부터 반성직자주의 및 수도회에 대한 공격은 정점에 이루고 만 개 이상의 가톨릭 학교를 폐쇄했다. 1903년, 의회 내 특별위원회에게 교회와 국가의 분리 가능성과 방법을 연구할 임무가 부여되었고, 드디어 1905년 12월 9일 교회와 국가에 관한 법률, 즉 정교분리법(라이시떼법)이 제정되었다.

의 거대한 균열이 생긴 이후로, 프랑스는 국가와 교회 간의 엄격한 분리를 실행한 사회의 사례를 제공했다. 교회는 더는 조금도 권력으로서, 더더욱 정치권력으로서 간주될 수 없게 되었다. 한편, 교회와 국가 간의 싸움은 치열했다. 이를테면 교회를 완전히 굴복시키는 데에 성공한 콘스탄티누스주의는 나폴레옹에 의하여 절정에 이르렀고, 교회에 대한 국가의 굴종에 이른 콘스탄티누스주의는 왕정복고 하에서 절정에 다다랐다. 그러므로 후기 콘스탄틴주의는 주로 교회와 국가 간의 관계와 관련된다. 이들의 관계 단절은 모든 사회주의 체제 확립과 더불어 공고히 되었다. 이런 단절은 뒤늦게 다른 어느 곳에서든지 발생되고 있다. 이점에 대해서는 어떠한 의심도 있을 수 없다. 교회와 국가의 단절은 매우 명확하고, 그런 만큼 이 사실이 더 구체적이며 또 명백한 상황과 관련되어 있다고 밝히는 것은 쉽다. 하지만 후기 콘스탄틴주의라는 용어가 모든 상황을 설명하지 않는다. 그래서 우리는 후기 크리스텐덤, 정교분리, 세속화라는 용어를 가지고 더 막연한 영역 속으로 들어갈 것이다.

Ⅰ. 후기 크리스텐덤

후기 크리스텐덤 양상들

후기 크리스텐덤 혹은 "비-기독교 사회"는 탈脫기독교화 과정의 결과다. 확실히 나는 수많은 다른 현상들을 추적하여 탈기독교화 현상을 기술하는 웃음거리가 되지 않을 것이고, 몇 가지 알려진 사항들을 상기하는 것에 그칠 것이다. 후기 크리스텐덤에서, 기독교는 한편으로 자신의 역동성의 한 부분을 잃었다. 그래서 기독교는 도덕, 철학 체계, 교회 조직, 순응주의 되풀이, 위선 등이 되었다. 다른 한편으로, 사람들이 도덕과 종교의 상대주의를 발견함과 동시에, 비기독교적 사상들 혹은 반기독교적 사상들도 발달했다. 즉 세상 어디서든지 기독교와 다른 도덕과 종교가 있고, 이 도덕과 종교는 추종자들에 의해 참된 것으로 지지받았다. 그리스도인들 만큼 행실이 좋은 비그리스도인들도 있었다. 물론 국가와 단절도 이런 탈기독교화에 빠르게 기여했다. 또한 과학의 발전과 더불어, 특히 두 다른 차원에서 작용하는 물리학과 역사학의 발전과 더불어, 이런 탈기독교화는 결국 확고해졌다. 아주 잘 알려진 이 모든 것을 설명할 필요는 없다. 탈기독교화는 대단히 가시적인 방식으로 나타난다. 즉 예수 그리스도에 의해 제기된 문제들에 대한 개인들의 관심 부재로 나타난다.11 현대인의 주요 관심사는 정치적 유형이지 더는 영적인 것이 아니다. 그는 더 이상 기독교 어휘를 이해하지 못한다. 이제는 기독교 용어들에 무게감과 내용이 없다. 이것은 삶과 관련된 개념들이 너무나 생소하여 기독교 단어들이12 아무것도 불러일으키지 않거나, 정의와 평화 같은 정치적 내용의 허위 개념들만을 불러일으킨다. 또한 탈기독교화는 삶에 대한 유물론적 개념 속에서 표현되는데, 이 유물론은 지적이고 철학적인 것이 아니라, 사실에 기반을 두고 발전에 대한 신념과 연결된 구체적인 것, 즉 안락, 삶의 수준, 삶의 연장과 같은 것이다.13 우리는 현대인의 이데올로기적이고 감정적인 관점을 계속 나열할 수 있다. 현대인이 확신하는 것은 모든 것이 숙명에 의해 지배당하고, 인간의 삶은 행복을 위해 며, 인간은 자연히 선하다는 사실 등이다. 이 모든 것은, 기독교와는 근본적으로 다른 준거를 설정함과 더불어, 탈기독교화 방향으로 점진적으로 작동한다. 우리는 여기서 무엇이 원인인가라는 해결할 수 없는 어려운 질문들을 다루지 않을 것이

---

11) ▲ 이 문제들은 더는 개인들과 무관하고, 사람들은 이 신앙과 이 진리가 상황을 변화시키는 데에 어떤 효율성도 없다고 여긴다.

12) ▲ 불쌍히 여김, 구원, 은혜, 구속, 예수 그리스도의 주(主)되심 같은 단어들이다.

13) ▲ 즉 인간은 항상 더 나은 것을 향해 나아가고, 선(善)을 한층 실현한다는 신념이다. 그리고 선은 필연적인 물질적 발전이라는 긴 여정이 끝난 후에야 이루어진다는 신념이다.

다. 즉 기독교가 후퇴한 것은 적대적인 운동이 발전되었기 때문인가? 기독교가 세계와 인간에 대해 새로운 지평과 새로운 개념의 탄생을 유발한 것은 기독교가 부패했기 때문인가? 적대적 운동과 기독교 부패, 이 둘은 나란히 작동했던 것처럼 보인다. 어쨌든, 개인적 측면에서 하나님의 계시를 "믿는 것"에 훨씬 더 많은 심각한 어려움이 확인되고, 그리스도인이라고 밝히는 사람들이 매우 적다는 사실이 인정된다. 탈기독교화 운동은 우리가 "후기 크리스텐덤"이라고 부를 수 있는 상황으로 귀결된다. 즉 후기 크리스텐덤은 후기 콘스탄틴주의를 함의하지만, 실상은 그것을 훨씬 능가한다. 내가 1937년에 후기 크리스텐덤이라는 용어를 처음 사용한 사람들 중의 하나였지만, 이 용어는 몰이해를 유발했다. 즉 나는 칼 바르트로부터 냉정한 대답을 받았는데, 그는 어쨌든 예수 그리스도가 이 땅에 왔고, 그가 항상 이 세상과 역사의 주인이며, 그는 현존하기 때문에 후기 기독교 세상은 존재할 수 없다고 말했다. 즉 "후기"는 있을 수 없다는 것이다. 물론 후기 기독교 세상monde post-chrétien 14과 후기 크리스텐덤poste-chrétienté을 실제적으로 구분해야만 한다. 후기 크리스텐덤은 예수 그리스도의 진리에 대해 어떤 말도 하지 않은 채, 역사적이고 사회적인 차원에 위치되는 것이고, 그것은 내가 앞 장에서 기술했던 바, 오직 사람들이 크리스텐덤에서 빠져나온 것을 의미한다. 그러나 크리스텐덤이 있었고 지금은 그 이후에 위치한다고 말하는 것으로는 충분하지 않다. 왜냐하면, 후기 크리스텐덤에는 대단히 중요한 양상이 있기 때문이다. 첫째로, 기독교는 더는 자명한 원리가 아니다. 이제 기독교는 공통의 가치척도도 아니고, 모든 사상과 행동을 위하여 의식으로부터 자발적으로 제공된 참조기준도 아니고, 판단기준도 아니다. 기독교는 더 이상 "명백한 사회통념"이 아니다. 기독교는 집단의식에서 필수적인 이 역할을 사회주의에 넘겨주었다.

---

14) ▲ 칼 바르트가 이해했던 후기 기독교 세상에 대해 나는 완전히 그의 견해에 동의한다.

둘째로, 교회는 사회를 더는 감당할 수 없고, 더는 세상에서 힘을 가질 수도 없을 뿐만 아니라, 특히 어떤 역할에서는 엄격히 제한되어 있다. 후기 크리스텐덤의 주요 양상들 중 하나가 바로 이러한 역할의 제한이다. 사람들은 진지한 문제들에 대해 기독교 신앙에 입각한 영적인 혹은 윤리적인 판단을 전혀 고려하지 않는다. 교회와 국가 사이에 분리가 있었던 것처럼, 정확하게 다음의 두 영역이 분리된다. 즉 하나는, 교회와 기독교가 말할 것이 전혀 없는 사회적, 정치적, 지성적, 과학적 예술적 영역이다. 이 영역들은 특별한 자신들의 법칙을 따르기 때문에 교회가 할 말이 없다. 다른 하나는 종교적, 영적, 윤리적 영역인데, 여기서 사람들은 엄밀히 말해 기독교가 다른 이데올로기들과 경쟁하면서 자신의 자리를 차지하길 바란다. 그래서 교회는 이 영역으로 명백히 제한되었다. 사람들은 교회의 사라짐과 퇴출을 원하지 않지만, 그들은 교회에게 사회라는 거대한 대형 강의실에서 움직이지 말아야만 하는 작은 보조의자를 줄 뿐이다. 교회는 대학, 최고 행정재판소, 의사협회처럼 자신의 특수한 영역을 가지고 있고, 교회의 기능은 사회에 의해 부여된다. 거기서 교회는 영적인 것과 종교적인 것을 위해 존재하고, 종교예식과 인간의 어떤 열망에 부응하기 위해 존재한다. 하지만 교회는 정치적이거나 경제적이거나 진지한 어느 것과도 얽히지 말아야만 하는 것은 자명하다. 교회는 지배 권력, 예를 들어 프랑스와 미국에서처럼 사회적 안정을 위한 경제적 권력에 봉사해야 하고, 소련, 헝가리, 폴란드, 체코슬로바키아에서처럼 어떤 정치적 권력에 봉사해야 한다. 교회는 사람들이 교회에 요구하는 것을 행한다는 조건으로 용인되는 것이며, 그 이상은 아니다. 교회는 도덕을 보장하는데, 교회의 적대자들만이 아니라 지지자들도 바로 이것을 교회에게 기대한다. 만약 교회가 범죄, 간음, 마약에 대해 더는 저항하지 않는다면, 교회는 더는 후기 기독교 사회에서 기능을 상실할 것이다. 이처럼 교회는 후기 기독교 사회에서 어떤 것을 위해 존재하는데, 어떤 것이란 분명히 한정되었고, 모든 사람은 바로 이것에 대해 합의를 했다.

한편, 후기 기독교 사회의 마지막 양상은 이 사회가 직접 기독교를 경험했고, 이 경험으로부터 형성되었다는 점이다. 달리 말한다면, 후기 기독교 사회를 이교적 사회와 동일시 할 수 없다는 것이다. 그리고 이교적 사회는 기독교에 대한 무지와 기독교가 싫어 나른 모든 것에 대한 무지라는 순진함과 천진난만함을 더는 가지고 있지 않다. 이 후기 기독교 사회는 한편으로 기독교가 통과한 흔적을 지녔고, 다른 한편으로 기독교가 무엇으로부터 뒤돌아선 것인지를 안다고 믿는다. 후기 기독교 사회는 심각한 충격을 받았고, 원죄의 흔적, 구원과 소망과 하나님 나라에 대한 의지의 흔적, 구세주가 필요하다는 확신의 흔적, 궁극적 죄의식과 우리 자신으로부터 나올 수 없는 용서 사이의 불안과 고뇌의 흔적에서 벗어나지 못했다. 이 모든 것은 기독교 시대의 산물이다. 우리는 거기에서 빠져나오지 못했지만, 우리는 이 모든 것에서부터 "심리적인 것"을 지키기 위해 "기독교적인 것"을 제거했다. 후기 기독교 사회와 인간은, 기독교가 그들을 놓아둔 곳에 머물러 있지만, 더는 긍정적인 진리 속에서 계시를 믿지 않는다. 결국, 우리 사회는 기독교에 대한 모든 지식을 평가한다는 점에서 후기 기독교적이다. 바아니앙15이 말했던 것처럼, 기독교는 '종교심'religiosité이 되었다. 그런데 기독교 그 자체로 종교심이 된 것이 아니라. 이 세상에 사는 모든 사람들에게 계시와 종교심이 동일시되었다는 것이다.16 그래서 다시는 신앙에는 의미도 없고, 내용도 없

---

15) [역주] 가브리엘 바하니앙(Gabriel Vahanian, 1927-2012)은 프랑스 개신교 신학자로, 『신의 죽음』(The Death of God, 1961)과 『다른 신은 없다』(No Other God, 1966)에서 현대를 기독교가 종교적으로나 문화적으로 사멸한 기독교 이후 시대라고 주장하면서, 하나님을 부정하고 하나님 없는 '신의 죽음' 신학운동(사신신학)에 성과를 남겼다. 또한 그는 이 시대에 기독교가 물려줄 유일한 유산은 기독교의 자기 무효화밖에 없다고 하면서, 과학과 기술로 기독교를 대체하려 했다. 이는 복음의 본질을 과격하게 곡해하고 세속화하려 했던 신학운동으로 평가될 수 있다.

16) [역주] 계시(révélation)와 종교심은 겉보기에 차이가 없는 것 같으나, 엘륄은 이 두 가지를 본질적으로 매우 다르게 규정하고 있다. 즉 계시는 하나님이 인간의 의지와 상관없이 인간에 자신의 진리를 보여주어 진리에 이르게 하는 도구이다. 반면에 종교심은 역으로 인

다. 실제로 크리스텐덤에 영향을 끼친 운동, 즉 기독교가 인류의 종교사 전체를 담당하던 운동이 뒤집혔다. 그래서 기독교는 종교가 되었다! 말하자면, 이제 기독교는 거대 종교들 속에 위치하고, 인류의 만신전萬神殿에서 분류하고 있는 종교적 현상이 되었다. 그래서 사람들은 평온하고, 종교가 무엇인지 아주 정확히 안다고 생각한다. 또한 종교도 우리를 잘 안다고 믿는다. 기독교에는 사람들이 잘 아는 부르주아 도덕만이 남아 있다. 또 아주 인위적으로 만들어진 약간의 관념들만이 남았다. 예를 들어 성직자의 중요성, 성당들의 명백한 실체 등이 남았따. 그러므로 후기 크리스텐덤은 단순히 크리스텐덤 이후에 오는 사회가 아니라, 더는 "기독교적"이지 않은 사회이고, 과거 기독교적 경험을 거쳤던 사회이다. 또 후기 크리스텐덤은 특별히 기독교를 계승한 사회이고, 막연한 기독교 기억을 간직하고 자취를 보여주기 때문에 이 종교를 안다고 생각하는 사회이다. 그래서 새롭고 놀랍고 뜻밖인 어떤 것이 발생하지 않을 것이며, 더더욱 현실적인 어떤 것도 나올 리 없을 것이다. 말하자면 교회와 신앙은 과거의 흔적이 되었다. 상황이 이와 같기에, 이 상황을 다른 어떤 것도 아니고 더도 아닌, 딱 후기 크리스텐덤이라고 불러야만 한다. 교회의 쇠퇴, 신도들의 신앙의 미지근함, 주일 예배의 불참 등 모든 부차적인 객관적 사실들은 명백히 그 위에 접목된다.

후기 크리스텐덤의 첫 번째 명제 – 인간은 만물의 척도이다

후기 크리스텐덤이 이렇게 성립됨으로써 그 속에서 상응하는 인간적인 태도, 즉 무신론적 인본주의가 번창하는 것이 목격된다. 물론 여기서 우리가 문제 삼는 것은, 상대적으로 중요성이 없는 무신론적 인본주의 교리 혹은 철학이 아니라, 우리 사회에 속한 사람들의 확신 속에 들어찬 것들이다. 그런

간 자신의 삶의 안위와 행복을 위해 인간적 노력과 열정과 행위로 신에게 다가가려는 의지적 노력을 의미하는 부정적 개념이다.

데 이것은 사람들의 여론의 배경을 구성한다 동시에 이데올로기, 자명한 것, 자연발생적인 기준점, 그리고 의식적 차원에서는 거의 노출되지 않고 대개 암묵적으로 나타나는 부인할 수 없는 확신을 구성한다. 또한, 사람들의 확신 속에 있는 있는 모든 이들 사이에 일반적인 합의를 형성하는 것이고, 언어가 근거를 두는 것이며, 행동의 기준이다. 그뿐만 아니라, 이것은 신문과 광고에서 명백히 드러나는 것이다. 라디오, 영화, 정치담론, 좌파 혹은 우파 모든 집단의 프로그램, 즉 우리 사회에 관한 모든 추론의 전제들이다. 나에게 그것의 이데올로기적 내용은 '인간은 만물의 척도'라고 요약될 수 있을 듯하다. 말하자면, 사람들은 더는 절대자와 관련해서 혹은 계시 또는 초월과 관련하여 판단하지 않는다는 것이다. 모든 것은 인간으로 귀결되어야만 한다는 것이다. 따라서 모든 것은 인간 자신처럼 상대적이다. 그리고 인간은 재판자임과 동시에 기준이다. 인간은 홀로 판단하고, 결정하는 것에 있어서 홀로 내버려져 있다. 인간은 오직 자신이 만든 것에만 근거를 둘 수 있다. 그런 인간은 의지할 것이 없고, 용서도 없다. 그는 지상에서 홀로 존재한다. 따라서 인간은 일어나는 모든 것에 대해 혼자서 책임을 진다. 마찬가지로 모든 것은 이생의 시간 속에서 발생한다. 즉 인간은 자신의 탄생과 죽음 사이에 엄밀히 제한되어 있다. 그리고 그의 삶은 그 삶을 넘어서 어떤 것과도 관계가 없다. 말하자면 초월적인 것도 없고, '저편의 세계'도 없다. 결국, 모든 것은 이생의 시간 속에서 작용한다. 이러한 사실 때문에 인간의 삶은 특별한 중요성을 지닌다. 즉 산다는 것은 최고의 가치이다. 왜냐하면 죽음의 순간에 모든 것이 끝나고 상실되기 때문이다. 소설과 같은 삶의 모험들은 진지한 것이고, 이 짧은 기간에 자신의 모든 일을 실현해야만 한다. 그 때문에 물리적 삶을 공격하는 것은 진짜로 범죄이다.

한편, 인간에게는 "자신의 삶을 잘 되게 할" 시간이 주어져야만 한다. 왜냐하면, 사람들이 거기에 이르지 못한다면, 모든 것이 공허하고 어떤 보상도 없기 때문이다. 하지만 이 삶은 그 자체로 자신의 의미를 발견해야 한다. 그런데 인간이 만물의 척도라는 사실 때문에 인간은 자신의 삶에 가치를 부여할 수 없다. 그래서 삶의 의미를 발견하는 것이 완전히 인위적이 될 수도 있다. 하여간 남는 것은 바로 이 삶은 채워진다는 것이다. 따라서 삶에 의미를 부여하는 것은 오직 행복뿐이다. 거기에 다른 의미는 있을 수 없다. 왜냐하면, 궁극적으로 오직 주관적으로 경험하는 행복만이 홀로 객관적이기 때문이다.

두 번째 명제-인간은 자율적이다

첫 번째 명제에서 파생된 두 번째 명제는 인간이 자율적이라는 것이다. 즉 인간은 자기 자신의 규칙을 가지고 있거나 혹은 자기 자신에게 규칙을 부여한다. 인간 외부에는 어떠한 한계도, 어떤 가치도, 어떤 법칙도 없다. 그는 자기 자신 앞에서만 책임이 있다. 인간은 어떤 객관적이고, "영원하며", "자연적인" 법칙에 순응할 필요가 없고, 대법원 앞에서 자신이 행하는 것에 대해 반응할 필요도 없다. 모든 것은 그의 결정에 달려있다. 이전에 인간이 법의 내용을 결정했듯이, 도덕의 내용을 최종적으로 결정하는 것은 인간이다. 결국, 허용되는 것과 안 되는 것을 결정하는 것은 인간이다. 어떤 의미에서든지 아무것도 인간을 구속하지 않는다. 따라서 오늘날 가능하지 않거나 허용되지 않는 것이 내일에는 가능하거나 허용될 것이다. 이것은 사회도덕의 변화라는 단순한 문제인데, 이때 사회도덕의 변화는 절대적 명령에 의해 주도되거나 혹은 변화되지 않는다. 모든 경험과 모든 시도는 다소 빠르게 인정될 것이다.17 한편, 인간이 치열한 성찰 속에서 자신과 다른 어떤 것과 연결시키려고 애쓸 때, 또 그가 보편적인 의미를 찾고자 할 때, 그가 발견하고 또 의거하는 모든 것은 바로 역사와 같은 인간에게 속한 위대함이다. 이처럼 인

---

17) ▲ 늘 변화하는 기술사회에서 도덕이 이에 해당된다.

간이 의미를 주는 것을 선택하는 것은 명백하다. 왜냐하면, 인간의 삶은 그 자체로 의미가 없기 때문이다. 결국 인간의 삶은 어느 곳으로도 나아가지 않는다. 인간의 삶은 오직 역사가 짊어진다. 그리고 한 지점, 그것이 전부이다. 하지만 인간에게 주어진 이 자율성은 상당한 중압감을 초래한다. 즉 그는 모든 것에 대처하도록 오직 홀로 남겨져 있다. 그는 비참함과 고통과 번민과 불의와 죽음 등 이 모든 것에 직면하기 위하여 홀로 있다. 인간은 홀로 반응하고 행동할 수밖에 없다. 그는 의지할 것도 없고 소망도 없다. 사람들은 인간의 운명에 대해 매우 거만한 생각을 품고 있으나, 이에 대해 그는 매우 비싼 대가를 치른다. 그는 심지어 자기 불안감이라는 값을 치른다. 사람들은 인간의 가치를 매우 높은 곳에 올린다. 그리고 끊임없이 인간에 대해 말한다. 그러나 이것은 사실을 부정하는 정신 나간 이상주의로 귀결되거나, 혹은 끝없이 인간이 회피하려는 절망과 근거 없는 불안감으로 귀결된다. 따라서, 인간의 염려와 인간을 해방하려는 일반적 의지와 인간을 최정상에 두면서 인간을 유일하고 최후의 결정기관으로 확증하려는 의지는 인간을 극도로 위험한 상황 속에 놓이게 한다.

세 번째 명제-인간은 합리적이다

세 번째 신념은 인간이 합리적이라는 것이다. 그러나 여기서 사람들은 '당위성'과 '현실' 사이에서 끊임없이 주저한다. 또한 모든 것은 이성에 순응해야만 한다. 사람들은 합리적으로 증명되지 않은 것을 배제하려는 경향이 있는데, 종교, 도덕, 형이상학적 명령, 전통, 그리고 군주제와 같은 이성적 개념에 근거를 두지 않은 정치적 신념 등이 이에 해당한다. 그래서 사람들은 합리적인 사회 건설, 민주주의와 같은 합리적인 정치 국가 건설에 마음이 끌린다. 사회주의도 그것의 당연한 결과다. 그러나 무신론적 인본주의는 사람들에게서 비합리적인 것으로 인정됨으로써 실제로 반세기 전부터 맹렬히 공격을 받았다. 또한 공산주의의 어떤 방향, 나치주의, 그리고 오늘날 비합리적 운동의 분출과 함께 "어두운 힘들"이 재등장함으로써 무신론적 인본주의는 공격을 받았다. 말하자면 이것은 명백히 무신론적 인본주의의 아주 혹독한 실패이다. 견고하게 자리 잡은 확신, 즉 안심하게 만드는 명백성과 그와 상반된 행동들 사이의 모순은 오늘날 서구인들의 본질적인 불안 중의 하나이다.

네 번째 명제-인간은 선을 선택한다.

끝으로 마지막 주제를 살펴보자. 즉 인간이 선하다거나, 최소한 선 혹은 악을 선택하는데 자유롭다는 주제이고, 또한 오류, 정보의 부족, 이해할 수 없는 열정을 제외하고는 인간은 선을 선택한다는 주제이다. 인간은 절대적으로 선해야만 하는데, 그 이유는 인간은 만물의 척도이고 자기 자신의 주인이며 기술 같은 것을 통해 만물의 방향을 정하기 때문이다. 만일 인간이 악했다면, 인간이 그렇게 큰 힘을 지닌 세상에서 살아가는 것은 불가능했을 것이다. 만약 인간이 만물의 척도이고 이 척도가 잘못된 척도였다면, 이것은 상식에서 벗어난 것일 수 있을 것이다. 분명히 이것은 가능한 것이 아니다. 블랙 코미디[18] 작품들, 실존주의, 혐오 표명은 인간의 선함에 대한 확신의 변증법적인 반대급부이다. 만약 베케트Beckett 혹은 쥬네Genet에게 인간이 악하다고 말한다면, 그들은 경악을 금치 못할 것이다. 그런데 모든 악독함과 추잡함이 퍼지게 되는 것은 바로 인간은 반드시 선하다고 전제되기 때문이다. 왜냐하면, 악독과 추함은 인간이 아니고, 인간에 대한 부정이기 때문이다.[19]

---

18) [역주] 블랙 코미디는 희극의 한 형식으로서 현실 세계 속에서 인간의 조건이 본질적으로 불확실하며, 부조리하다는 인식을 표현한다. 특히 고통, 우연, 잔혹, 죽음 등의 비극적인 소재를 통해 웃음을 유발시키면서 동시에 환멸과 냉소를 표현한다. 이 형식은 도스토옙스키에서 카프카, 베케트에 이르는 실존주의 작가와 부조리 연극에서 현저하게 나타나고 있다.

19) ▲ 이것은 인간으로부터 나오지 않은 부정이다!

그런데 우리 동시대인들에게 깊이 뿌리내린 인간의 선함에 대한 확신은 두 가지 결과를 함의한다. 먼저, 악이 명백히 존재할 때, 그것은 인간의 잘못이 아니라는 것이다. 즉 악이 발생하는 것은 바로 제도와 사회와 교육과 자본주의 경제체제와 계층 간의 단절과 관료주의로부터라는 것이다. 악은 절대로 사람에서 나오는 것이 아니다. 인간을 자유롭고, 무정부주의적인 틀 속에서 규정하든, 정의롭고 평등한 틀 속에서 규정하든, 인간은 선하기 때문에 모든 것은 잘 될 것이라는 말이다. 또 다른 결과는, "정상적인" 모든 것, 즉 대다수 개인들의 일과 집단 안에서 그 자체로 가치가 있는 의견 혹은 태도가 선이고 도덕이라고 궁극적으로 주장하는 것이다. 그래서 이것은 결국 모든 것이 허용될 수 있다는 생각을 확고히 한다. 물론 이 무신론적 휴머니즘은 권력과 기술과 경제의 증대에 근거를 둠과 동시에 이 증대를 정당화한다. 즉 생활수준이 향상될수록 생산성도 더 커질 것이고, 인간은 더욱 지적이고 예술적이며 교양이 있고 정의로우며 선하게 될 것으로 본다. 그런데 지금 자연발생적이고, 명백하며, 모든 이가 공유하는, 인간에 관한 이러한 확신으로부터, 현대인이 어른이 되었다는 논리가 발전한다. 우리가 여기서 이론적인 작업을 하려고 애쓰지 않기 때문에, 나는 두 요소를 언급하는 것에 그칠 것이다. 어른이라는 것은 다음과 같은 점을 의미한다. 즉 어른이란, 사실은 현대 사회의 현대인이 자신의 구체적인 '현질' 속에서 자신의 삶을 담당할 수 있다는 것을 뜻하고 또한 그는 후견인도, 부성父性도, 외적 방향도 더는 필요하지 않는다는 것을 뜻한다. 다른 한편으로, 어른이라는 것은 현대인이 자유롭고 또 선택과 권위의 영역 속으로 들어간다는 것을 의미한다. 나는 여기서 이 주장을 논의하지는 않을 것이다. 다만 오직 일어났던 현상만을 강조할 것이다. 즉 우리는 일반화되고 모호하고 불분명한 '신심'으로부터 '실재'로서 제시되는 '교조'敎條로 이행하는 것을 목도하고 있다.

한편, 무신론적 인본주의는 당위성을 표현하는 '교조'가 된 이후에 사회통념과 혼잡한 확신과 '신심'이 되었다. 무신론적 인본주의는 인간으로 하여금 삶을 총체적으로 이해하게 했다. 그리고 이 '신심' 덕분에, 인간은 힘든 사회 속에서 살아갈 수 있었다. 그러나 '신심'의 범주에 속한 것을 독점하는 새로운 이론가들은, 새로운 개념들과 새로운 '교조'를 만들어 내면서, 존재하는 것에 대해 설명한다고 주장했다. 그리고 무신론적 인본주의가 인간의 이상으로 제시되었고 "성인 인간"이 사회학적으로 확증된 사실로 제시되었다. 예전에 그랬던 것처럼, 무신론적 인본주의가 집단적 이데올로기로 전환될 수 있었기 때문에, 구체적으로 현실에 충실하길 원하는 "성인 인간"도 돌이킬 수 없이 교조적이 되고, 현실에 기준을 두지 않은 채로 남아 있다. 오늘날 사람들이 주장하는 것의 한계들을 이해하기 위해서, 이런 움직임은 핵심적인 요소이다. 어쨌든 간에 이 "성인 인간"은 필히 비종교적으로 등장한다. 즉 하나님과 성부聖父의 사라짐은 인간이 존재하기 위하여 더는 필수적인 것이 아니지만[20], 이러한 사라짐은 이미 일어났고, 이제 인간은 이런 상황에 존재한다. 이것은 오늘날 인본주의가 귀결될 수 있는 총체적 신심들과는 아주 다른 것이다.

정교분리

지금 우리는 새로운 개념인 '정교분리'와 마주하는데, 이 개념은 우리에게 의미를 지닌 진보를 식별하게 만든다. 우리는 '정교분리'의 단순한 첫째 양상, 즉 '세속국가'[21]를 이해하고자 한다. 이것은 콘스탄티누스주의를 깨뜨리려는 의지에 해당하는 제한된 개념인데, 국가는 교회의 영향을 더는 받지 말아야 한다는 것이다. 오늘날 세속국가 개념은 상당히 확대되었다. 즉 국가는 종교적 영향력을 받지 말아야 하고, 종교에 우월한 지위를 부여하지도 말

---

20) 무신론적 인본주의 교조의 전통적 관점은 신과 성부의 사라짐이다.

21) [역주] '세속국가'(Etat laïque)는 사회제도나 그 운영 등에서 종교적 영역을 제거하고 세속과 종교가 각각 독립적 영역으로 구분되는 것을 인정하는 '정교분리' 국가를 의미한다.

아야만 한다. 이점으로부터 두 가지 새로운 방향성이 나타난다. 하나는 '정교분리주의'laïcisme인데, 이는 국가는 교회와 종교에 "공격적으로" 맞서야만 한다는 것이다. 그리고 '정교분리원칙'laïcité은 그 자체로 진리가 되어서, 더는 합리적 권력 개념이 아니다. 다른 하나는, 1944년부터 내가 지지했던 논리로서, 국가는 어떤 종류의 '신심'과 '종교'를 옹호하지 말아야 한다는 것이다. 다시 말해 국가는 정치적, 행정적, 경제적 영역에서 관리자가 되는 것에 만족해야 한다. 하지만 이는 훌륭한 국가 경영을 하려는 아이디어가 필요한 차원이지, 어떤 진리의 측면을 표명하는 것은 아니다. 국가는 참과 선善한 것뿐만 아니라 아름다움을 공유할 수도 없고 알 수도 없다. 국가가 참과 선을 공유하는 것은 분명히 '정교분리주의'와 근본적으로 대립된다. 어쨌든 '정교분리'가 어떻게 수용되든 간에, 국가의 '정교분리원칙'은 구체적인 상황과 관련된다. 즉 어떤 국가 개념은 바로 제도 속에서 표현될 수 있고, 어떤 조직체로 귀결될 수밖에 없다. 그런데 우리는 20년 전부터 정교분리된 사회를 향한 국가의 확장을 목도하고 있다. 정교분리된 사회는 '세속국가'의 산물이다. 바로 이 사회가 '세속국가'에 의해 견인되고 지배를 받는다. 그 결과 '세속국가' 속에서 종교는 진정한 위상이 없다. 하지만 역설적으로 '세속국가'가 특별히 교육, 교양 그리고 민주주의 덕분으로 형성한 것이 바로 종교이다.

'정교분리'와 연결된 종교는 어떤 정치적 토론도 종교적 주제를 다룰 수 없다는 것을 내포하고, 또 종교적 동기로부터 영감을 얻을 수 없다는 것을 내포한다. 만일 이런 일이 발생한다면, 분명히 종교적 요소는 진지한 논거로 등장하지 않고, 어떤 거북함만이 대화 속에 들어온다. '정교분리원칙'이 자유롭게 남아 있는 한, 이런 실수들이 용인되지만, 그것은 실수일 뿐이다. 게다가, 교육도 종교와 무관하다. 교육이 이런 방식으로 사고하는 인간을 양성하는 한, 사회·정치적인 논쟁에 종교적인 것이 침범할 위험이 점점 적어진다. 실제로 사람들은 종교적 기준들을 취하는 사람들을 "분파주의자", "당파주의자", 즉 국가의 통일성을 깨려는 사람으로 간주하려는 경향이 있다. 그러나 아주 분명히 해야만 할 점은, '세속국가'가 교회와 관련하여 이렇게 설립되었기 때문에, 세속국가에서 파생된 세속사회도, 종교로서 인정된 기독교와 관련하여 저절로 이해된다는 점이다. 그래서 '세속사회'가 그리스도인의 관점에서 탈기독교 혹은 후기 기독교 사회이듯이, 비非그리스도인의 관점에서도 탈기독교 혹은 후기 기독교 사회이다. 그러므로 거기에는 어떤 애매함도 없고, 어려움도 없다. 그렇지만 이점에 대해 앞으로 혼동이 예견되기 때문에 다음의 사실을 강조하는 것이 중요하다. 즉 정교분리 사회가 기술과 정보의 증가, 과학의 확산, 자유와 사회주의를 향한 인본주의적 행동으로부터 유래되었다는 것은 아주 잘 알려진 것이고 확인된 사실에 속한 것이며, 어떤 특별한 문제도 제기하지 않는다. 우리가 살도록 요구받은 곳이 바로 '후기 크리스텐덤', '정교분리된 사회'이다.

II. 세속화된 사회

'세속화된 사회'라는 교조주의

하지만, '세속화된 사회'[22]라는 개념을 다룰 때, 문제는 완전히 변한다. 사

---

22) 특히 꿀송(Coulson)의 의미 있는 논문, 예를 들어 "흩어진 자들의 공동체(La communauté des disséminés)"(1963) 16호를 참조할 수 있다. 즉 신성한 것이 우리 세대와 우리 세상의 일부를 이루는 것처럼, 세속화된 세상에서 사물과 과학 예찬에 의하여 비종교적인 것이 우리 세대와 우리 세상의 일부를 이룬다고 말하기에 이르렀다. 그러나 기독교와 종교 간의 차이를 받아들이면서, 저자는 우리 세상이 비종교적이고 세속화된 세상으로 간주하는 것에 조금도 주저하지 않는다. 마찬가지로 꽁바뤼지에(Cl. Combaluzier)에게서도(『하나님, 내일』, Dieu, demain, 1971), 우리는 "세 가지 상태 법칙"의 재언급을 발견하게 된다. 즉 "과학은 어디에도 하나님이 없다는 점을 보였다... 과학은 우리가 인류의 사춘기의 위기를 건너고 있다고 말하게 한다. 우주에서 위치와 진화 속에서 책임을 발견하는 '성인 인간'은 신을 수용하거나 거부하는 것에 자유롭다.…" 이런 논평은 문제에 대해 매우 진부

람들은 종종 용어들을 혼동하는데, 이 용어들은 궁극적으로는 공통된 것이 아무것도 없다. 특히 세속화된 사회라는 용어는 주로 미국에서 철학자들과 신학자들 가운데서 생겨났다. 그런데, 모아비Moabit에게 보낸 본회퍼의 유명한 『옥중서한』에서 우리는 오늘날 상황을 특징짓기 위한 '성인 인간', '무-종교적 사회', '무-종교적 기독교' 같은 개념들을 발견한다. 다음으로 불트만Bultmann식의 유행을 들 수 있는데, 이것은 다음과 같은 단순한 견해를 갖게 만든다. 즉 과학 발전이 현대인을 변화시켰다는 것이고, 또 과학적 토대에 대한 확신을 소유하고, 새로운 양식으로 진입하기 위해 신화적 사고방식을 버린 인간의 시각으로부터 출발해야 한다는 것이다. 이런 관점은 미국에서 니버23와 틸리히24의 연구와 아주 조화롭게 조우遭遇하였다. 그래서 '세속화된 사회'라는 개념의 광풍이 몰아쳤다. 이 개념은 '세계교회협의회'Conseil oecuménique des Eglises에 의하여 일괄적으로 채택되었고, 1950년부터 모든 주장들이 근거를 삼는 근본적인 '교조'가 되었으며, 모든 연구들에게 정당성을 부

한 생각들을 내포한 것이다. 반면에 세속화에 대한 시각을 담고 있는, 유일하게 진지한 다음 책, 즉 아까비바(S. Acquaviva), 『산업문명에서 성스러움의 소멸』(L'Eclipse du Sacré dans la civilisation industrielle, 불어번역, 1967)을 참고할 필요가 있다. 이 책은 우리에게 훌륭한 종교적 실천 도표와 오늘날 이교도화에 대한 좋은 연구와 우수한 종교사회학 연구를 제공하고 있고, 또 종교와 동질화된 기독교의 쇠퇴를 증거하고 있다.

23) [역주] 라인홀드 니버(Reinhold Niebuhr, 1892-1971)는 20세기 미국을 대표하는 신학자이자 정치사상가이다. 그는 학자이자 목사이면서도 매우 활발한 사회참여 활동을 했는데, 인종 문제, 빈곤 문제, 계급 문제 등 미국 문제만이 아니라, 공산주의 봉쇄, 미국 외교 정책 등 국제정치 문제도 개입했다. '위기의 신학'이라고 일컬어지는 그의 신학은, 기존의 신학자들이 조직신학에 집중했던 것과 달리, 인간과 윤리와 역사 등 현실문제를 다루었다. 대표 저서로는 『도덕적 인간과 비도덕적 사회』(1932), 『기독교 윤리해석학』(1935) 등이 있다.

24) [역주] 폴 틸리히(Paul Tillich, 1886-1965)는 독일 신학자이자 루터교 목사이다. 그는 자신의 주저 『조직신학』 서문에서, "신앙은 현대 문화를 수용해야 할 필요가 있고, 현대 문화도 신앙을 수용해야 할 필요가 있다"고 언급하면서, 문화와 신앙이 서로 상응하는 것을 추구했다. 따라서 그의 신학은 변증적인 경향을 보이며, 평범한 일상적인 삶에 적용할 수 있는 구체적인 신학적 답변을 추구한다. 또한 그는 종교의 근원인 계시가 이성을 반대하는 것이 아니라고 주장하고, 인간 주체 경험의 두 축인 계시와 이성의 화해를 추구했다. 이러한 관점은 신학에 문외한인 대중들에게 쉽게 수용되어 그의 대중적인 인기에 기여했다.

여하는 기저 해석이 되었다. 사실 사회가 세속화되었고, 현 기독교의 모든 어려움들은 이 사실에 기인한다는 점은 자명하고 분명하다. 그런데, 이런 종류의 사회에서 어떻게 여전히 사람들이 그리스도인으로 존재할 수 있을까? '세속화된 사회'란 개념이 프랑스에 스며드는 데에는 약간 더 많은 시간이 걸렸다. 프랑스인들이 '정교분리된' 사회 개념에 의하여 면역이 되었을 수도 있겠다. 아무튼 독일과 미국에만 좋은 신학이 존재한다는 확신이 프랑스에서 지배적이었기 때문에, 사람들은 우선 '세속화된 사회' 개념을 채택했다. 또 프랑스 지식인들도, "세 가지 상태의 법칙"을 언급한 생시몽Saint-Simon과 오귀스트 꽁뜨Auguste Comte의 사상에 대한 그들의 지식25에 의해 마음의 준비를 했던 탓에, '세속화된 사회' 개념을 채택했다. 시대는 **명백히** 옛 종교적 상태를 대신하는 산업적, 기술적, 과학적 상태로 넘어갔다. 적어도 세속화된 사회라는 '교조'는 명백하다는 장점을 제공했고, 예언으로서 제시되는 장점이 있었다. 이와 반대로 '세속화된 사회'에서 엄청나게 어렵게 보이는 것은, 이 사회가 지독한 혼합이라는 사실이다. 이것은 '세속화된 사회'에 대해 말하는 저자들의 다양한 경향에서 발견되는 공통된 특성이다. 도덕적 교리에 대한 표명26, 상황은 이러하다는 식의 일단의 사실들에 대한 이의제기, 사실들에 대한 해석27, 마지막 넷째 요소로 "재再교조화"re-doctrine, 즉 사실에 대한 해석들로부터 추출된 교조적인 표명28, 이것들 사이에는 언제나 완전한 혼동이 있다. 콕스29는 이런 방법론의 결여와 정신적 혼동이 야기한 인상적인 사

---

25) ▲ 정확하거나 막연한 지식이다.

26) ▲ 세속화는 인간을 위해 바람직하다는 당위성을 제시한다.

27) ▲ 사실들과 완전히 동일하고, 사실들과 혼동된 해석이다. 그래서 사실들은 있는 바대로 결코 인식될 수 없고 해석적 파고 속에 잠겨 있다.

28) ▲ 사태가 이와 같기 때문에 우리가 인간, 사회 등에 대해 말할 수 있는 것은 바로 이렇다. 따라서 두 번째 교조적 측면은 **경험적으로** 상황의 정당화로서 제시되며, 이렇게 상황이 아주 좋다는 것을 증명한다는 식이다.

29) [역주] 하비 콕스(Havey Cox, 1929-)는 하버드 대학에서 사회윤리학을 강의했던 신학자이다. 그는 대표 저서 『세속도시』에서 세속화와 개인주의 확산을 긍정하고, 성서에 대한 문

례이다. 이 정신적 혼동은 대중의 구미에 들어맞는 듯이 보이는 것이 사실이다. 왜냐하면, 이 혼동이 크면 클수록 더욱더 이런 사상의 성공은 현저히 눈에 띤다. 사실상 이런 상황은 우리가 무신론적 인본주의와 '성인 인간'에 대해 앞에서 파악했던 상황과 정확하게 비교될 수 있다. 사실 그 메커니즘은 다음과 같이 정리된다. 우선 우리는 어떤 현실 안으로 들어갈 수 있고, 실제로 구체적인 결과를 산출할 수 있는 '교조'를 가지고 있다. 이어서 우리는 사람들이 일반화하고 절대화하며 해석하는 이 결과들을 다시 포착한다. 사람들은 '교조'를 표명하면서도 사실상 사실의 상황을 설명한다고 주장한다. 그러나 '교조'는 무신론적 인본주의 혹은 정교분리 국가처럼 요구나 당위성이나 실행할 프로그램을 더는 제시하지 않기 때문에, '교조'는 구체적으로 적용될 수 있는 어떤 기회도 없다. '교조'는 '교조'로서 제시되길 바라지 않고, 그 반대로 '현실'이 이것이라고 선언하면서 사실에 대한 상황을 설명하는 것이라고 주장한다. 그러나 모든 것이, 잘못 해석된 분명한 사실들과 이데올로기적 일반화와 목적론적 교조주의에 근거를 두고 있기 때문에,30 이것은 '현실'과 어떤 종류의 관계도 없다. 우리는 존재하는 것과 존재하는 것에 대한 담론 간의 근본적인 단절을 목격하고 있다. 이것은 세속화된 사회선포가 가진 특징이다.

이와 같은 사회에서 종교의 자리는 없으며, 사람들은 다음 두 가지 요소를 토대로 산다. 첫째 요소는 현대사회가 "현대적"이기 때문에 부득불 세속

자적인 해석과 로고스 중심적인 해석을 배격해야 한다고 본다. 그에게 세속화는 기독교가 추구하는 가치로서 종교로부터 인간의 해방을 의미한다. 즉 그는 세속도시에서 인간은 종교의 자유를 획득하고, 일, 놀이, 성, 교육이 종교로부터 독립하여 더는 종교의 율법에 따라 행동하지 않는다고 주장한다. 또한 세속도시의 익명성과 이동성으로 인하여, 한곳에 고착되어 우상숭배의 위험에 빠질 확률도 줄어든다고 주장한다. 그래서 세속화는 역사의 자연스런 과정이며, 그 안에서 기독교는 새롭게 해석되어야 하고, 교회의 역할을 찾아야 한다고 주장한다.

30) ▲ 왜냐하면, 소위 사실에 대한 이런 보고들은 실제로는 사람들이 증명하기 원한 기본적 신심들을 설명하는 것이기 때문이다!

화된다는 것이다. 다시 말해 우리는 과거와 단절되었다는 것이다. 끊임없이 가속된 발전과 표현할 수 없는 변동 속에 내던져진 현대인은 과거 속에 어떤 뿌리도 내릴 수 없다는 것이다. 그런데 과거 사회들이 모두 종교적이었을 뿐만 아니라, 게다가 오직 과거 덕분으로만 종교가 존재할 수 있기에, 모든 종교는 과거와 관련되어 있고, 이 과거 속에서 종교의 원천을 찾고, 이 과거를 재통합한다. 이것이 종교의 메커니즘 그 자체이다. 하지만 이런 것은 끝이 났다. 과학과 기술은 우리를 돌이킬 수 없이 미래로 내던진다. 따라서 논쟁은 더는 세상을 다르게 설명하는 종교와 과학 사이에 있는 것이 아니라, 우리를 끝없이 가속된 미래를 향해 내던지기 위해 과거와 모든 연결을 단절시키는 것과, 과거를 참조하고 과거를 되풀이하며 과거를 지속시키는 것 사이에 있다. 한편 두 번째 요소는 현대인이 성인이 되었다는 점이다. 이것은 이미 탈기독교화된 인간이라는 사실과 '성인 인간'이란 해석적인 '교조' 간의 혼란 상태를 완전히 표현한다. 우리는 이 혼합을 밝히려고 시도할 것이다.

세속화의 첫째 정당화

우선[31] 선결되어야 하는 교조적 설명, 즉 "당위성"[32]이 있다. 즉 세속화는 "종교적 영역에 대하여 비종교적 영역의 고유한 일관성과 자율성에 대한 표명이다. 세속화는 형식적으로 객관적인 영역을 규정하는 것이 아니라 객관적 영역에 대한 인간의 태도를 규정하는 것이다.… 세속화는 자체의 실증적인 내용으로 정의된다.… 그것은 의지적 운동이다.… 그 대상은 문화와 실재와 가치들을 포함한다. 목표는 지적인 영역에 속하든지, 실존적 영역에 속

---

31) "우선"이란 어휘는 시간 혹은 선행과 관계된 것이 아니라, 정돈하려는 시도에서 사람들이 파악하고자 애쓸 수 있는 첫째 양상과 관련된다.
32) 이 교조 부분을 정리하고자 한다면 지라르디(G.Girardi)를 참조할 것. G.Girardi, 《Sécularisation et sens du problème de Dieu》, dans *L'Analyse du langage théologique*, 1969. "세속화와 하나님 문제 의미", 『신학 언어 분석』

하든지 한다. 간단히 말해, 세속화는 인간 태도의 진보인데, 이 진보는 인간을, 문화의 비종교적 양상들, 자연적 실재와 인간적인 실재의 비종교적 양상들, 그리고 그것들의 일관성과 자율성 속에서 가치들의 비종교적 양상들에서 파악하도록 이끌고, 결과적으로 이에 반응하게끔 한다." 그래서 과학의 세속화, 그다음 철학과 예술의 세속화를 상기해야만 한다. 이것들은 세상의 어떤 이미지를 내포하고 있다. 즉 마치 하나님이 존재하지 않는 것처럼 모든 일이 일어난다는 것이다. 여기서 우리는 "하나님 존재 가정은 더 유용하지 않다"라는 그 유명한 표현과 마주한다. 그러므로 우리는 연구 방법론과 함께 이 연구 영역을 다루고 있다.

세속화의 둘째 정당화

당위성의 두 번째 차원에서, 무신론적 인본주의 표현인 세속화는 정의, 사회연대, 평등, 인간의 존엄 그리고 새로운 땅과 미래 인류에 대한 계획이라는 포괄적 측면과 같은 비종교적 차원의 도덕적 가치들의 표명으로서 제시된다. "인간의 힘에 대한 의식은 인간의 권리와 의무 그리고 책임에 대한 의식을 배가시킨다…" 그런데 가치표명과 마찬가지로 과학적 연구에 있어서도 이와 같은 태도는 좋은 것이라고 간주된다. 즉 이러한 방식으로 과학은 발전할 수 있고, 또 실제로 발전했다. 또한 이와 같은 방식으로 인간은 완전히 자기 자신이 될 수 있는 것이다. 반 퍼슨33에 따르면, 세속화는 "인간이 먼저 종교적 통제에서 해방되고 다음으로 인간의 이성과 언어에 시행된 형

---

33) [역주] 반 퍼슨(Van Peursen, 1920-1996)은 네덜란드 기독교 철학자이다. 그는 문화를 어떤 고정된 상태나 종착점으로 보지 않고 하나의 이정표 혹은 과제로 보고 있다. 그는 3단계의 문화 발전 모형을 제시하였다. 즉 그는 신비로운 힘에 인간이 사로잡혀 있다고 생각하는 신화적 단계, 인간이 자립적으로 사태를 연구하는 존재론적 단계, 그리고 현대인들의 사고 태도인 기능적 단계를 제시하면서, 이러한 문화 모형이 우리 자신의 문화를 비판적으로 판단하고, 현대문화가 걸어갈 길을 우리 스스로 조종할 수 있는 도구를 제공하는 길이라고 확신했다. 대표 저서로는 『급변한 흐름 속의 문화』, 『문화의 전략』 등이 있다.

이상학적 통제에서 벗어나는 수단"이다. 그런데 이것은 실행되고 있다, 즉 현대인은 이 '교조'를 적용해 버린 것이다.

그러나 이러한 상황 때문에 '교조'와 사실들과 혼동이 시작된다. 그리고 세상에 대한 탈신성화가 공고해진다. 현대 사회 안에서 신성한 것은 불가능한 사회적 합의 전체 혹은 신경증 전체로서 간주된다. 지금까지 신성한 것은, 실제로 신성한 것에서 벗어나서 이제 건강함에 이른 인류의 일종의 질병이었다고 본다. 그 이유는 현대인이 더는 신성한 것을 믿지 않는다는 사실 때문이다. 신성한 영역은 더는 존재하지 않으며, 현대인은 앞선 세대가 신성하다고 여겼던 모든 것을 구체적으로 모독했다. 심지어 현대인은 신성한 모든 대상들의 신성을 박탈하려는 의지에 익숙해지기까지 했다. "세상은 자기 자신에 대해 지녔던 종교적 개념을 버린다." 따라서 세속화는 역사적 사실이 되었는데, 이 사실에 따르면 사회는 더 이상 종교적이지 않다. 세상은 실제적으로 "신성한 상징들"을 버리고, 인간은 더는 신성한 것에 관심을 두지 않는다. 게다가, 사람들은 즉시 혼동을 목도한다. 즉 "종교는 개인적 영역으로 밀려났다"고 콕스는 말하는데, 바로 이것이 바로 정교분리화이다. "전통적인 종교의 신들은 죽지 않았고, 그들은 일종의 개인적 숭배 대상이거나 혹은 어떤 집단들의 전유물이 되었다. 전통적 종교의 신들은 더는 공적인 삶에서는 어떤 역할도 하지 않는다.···" 이것은 문자 그대로 서구에서 후기 크리스텐덤이다. 따라서 우리는 새로운 시대로 들어왔다. 사실, 우리는 어떤 정신 상태와, 사회와 세상 등에 대한 인간의 태도를 통해 특징지어지는 무신앙의 시대에 들어온 것인데, 콕스는 이러한 정신 상태와 태도를, 실용주의와 비종교성의 전제조건으로 지칭하고 있다. 이 모든 것은 매우 단순하다. 현대인은 행동과 효율성에 목말라 있고, 결과와 행동의 가능성에 따라 모든 것을 판단한다. 한편, 현대인은 세상을 오직 종교와 상관없는 것으로만 이해할 수 있고, 그에게 종교적 위대함은 더는 존재하지 않는다. 현대인은 종교적인 것에 관한 모든 설명에 있어서 본능적으로 경제적 요인 혹은 상황적 요인에 의하여 설명하는 것에 동조한다. 마르크스, 니체, 프로이트를 전혀 읽지 않았을지라도, 현대인은 의심에 사로잡혀 버렸다. 나는 탈신성화된 이런 인간과 사회를 새롭게 기술하는 것에 몰두하지 않을 것이다. 수백 명의 저자들이 그것을 저술하였으나, 그것은 "재미없는 일"이다.

세속화의 셋째 정당화

내게 더 흥미로운 것은 세 번째 단계로 나아가는 것이다. 즉, 기독교 저자들은 불운에 용기 있게 저항하는데, 그들은 상황이 그대로이기 때문에 상황이 세속화되는 것도 아주 좋다고 여기고, 또 기독교가 완전히 세속화의 길에 들어설 수밖에 없다고 여긴다. 하지만 나는 다음과 같은 사실을 강조하려 한다. 즉 기독교와 그리스도인들은 다르게 행할 수 없다는 것이다. 그들은 더 이상 기독교에 관심이 없는 서구사회에서 살고 있으며, 스스로 불신자가 되어 하나님을 찾지 않는 사람들을 대면하고 있다. 이것은 있는 그대로 사실적인 상태이다. 그래서 그리스도인들이 세속화된 사회로 들어갈 것이라고 선언할 때, 그들은 더욱 믿으려고 애쓴다. 또 그리스도인들은 다른 식으로 행할 수 없으며, 자신들의 종교를 따르는 것이 아니라 단지 자신의 필요를 따른다. 콕스 같은 저자들이 세속화된 사회가 성서 안에 있었던 것과 정확히 일치한다는 점을 발견할 때, 그들은, 다른 많은 기독교 저자들처럼 습관적으로, 사실의 상태에 대해 **경험적으로 정당화**한다. 콕스는 감동적인 솔직함을 가지고 신학적 변증을 뒤에 덧붙인 기독교적 설명을 시도한 가장 확실한 사례이다. 아무튼, 학자들은 다양한 신학 노선에 들어섰다. 예컨대, 그리스도인들은 신성을 배제해야 하는 것을 추구해야만 한다고 기꺼이 선언하는 사람들도 있다. 즉 "탈신성화는 가톨릭교회 안에서 진행 중인데, 성모 마리아와 마찬가지로 하나님 자신도 이를 피하지 못한다. 왜냐하면, 하나님이 죽었다는 것이다. 또 성직자의 독신생활도 문제시되고, 사람들은 여전히 교회를 건축할 필요가 있는지 자문한다는 것이다." 기독교 출발의 시기에 자연의 신성을 박탈했던 것처럼, 마찬가지로 오늘날 탈신성화는 기독교에 호소하는 사회의 행위이다. 신성이 박탈되도록 내버려 두어야만 하는 것은 바로 기독교이다![34] 탈신성화라는 도전 앞에서 리꾀르Ricoeur 같은 이들이 취할 수 있는 기독교적 인식으로 두 가지 가능성이 열려있다. "하나의 가능성은 신앙이 신성한 것의 소멸로 인하여 해를 받지 않을 것이며, 신앙 역시 우주와 사회의 비신성화에 기여한다는 관점을 확고히 가지면서, 인간의 성장과 인간의 세상 지배가 불가피하게 종교가 소멸되는 것을 견인한다는 것이다. 또 다른 가능성은 종교를 견고히 실행하는 것인데, 이는 인간 의식에서 확고부동한 영역인 신성한 것을 보증하는 것이다." 그러나 두 번째 논점은 유지되기가 어렵다. 따라서 리꾀르Ricoeur 같은 이들은 첫 번째 것을 받아들여야만 했다. 즉 사람들은 종교를 내팽개치고, 신성이 박탈된 세상이 순조로운 길이며, 인간은 성인이 되었다는 점을 깨닫는다는 것이다. 또한 신앙을 종교와 대립시키면서, 그리고 일반적인 탈신성화 과정 안에 신앙을 포함시키면서, 신앙이 보전되거나 혹은 보존된다고 믿는 것이다. "인간은 눈가리개로 가리는 것을 거부한다. 다시 말해 인간은 신성한 상징들을 깨버린다"는 콕스의 선언을 따르는 것은 얼마나 신나는 일인가! 즉 세속화 덕분에 사람들은 선의 길에서 엄청난 발전을 이루었다는 것이다. 말하자면 "다원주의와 관용은 세속화의 산물이다. 또 이것들은 사회의 이미지들로서 시민들에게 세계관을 강요하는 것을 거부하게 한다." "세상은 도덕성을 유지하기 위한 종교적 규율을 점점 덜 필요로 한다." 세속화는 성서적 토대가 있고, 현재 일어나는 일

---

34) 1943년 나는 『개혁 소식』(Actualit de la Réforme)에서 이러한 사유의 과정을 개진했으나 다른 방향에서였다. "기독교가 자연의 신성을 박탈한 것처럼, 마찬가지로 기독교는 우리 문화와 사회의 신성을 박탈해야만 한다." 이것은 단순히 일어나고 있는 운동을 수용하는 것일 따름이다.

은 성서가 우리에게 말하는 것과 완전히 일치한다는 점을 콕스가 어떻게 증명하려고 시도했는가를 사람들은 안다.35 그에 따르면 사람들은 항상 이 발견들 앞에서 약간 몽상적으로 남아 있다. 이천 년 전부터 가련한 그리스도인들은 끊임없이 착각했고, 기독교의 진리는 세속화이라는 점을 결코 발견하지 못했다는 것이다. 어쨌든 이것이 바로 계시의 내용이라는 점을 발견하기 위해 여러 상황들을 통해 우리가 이 처지에 놓여야만 된다고 생각하는 것은 화가 난다! 콕스가 탈신성화의 성서적 근거에 대한 뛰어난 증명을 하자마자, 그는 궤도를 이탈해 버리고 마는데, 구체적으로 그 이유는, 우선 그의 신학이 성서적이 아니라 상황에 대한 정당화이기 때문이다. 또한 그가 도시의 익명성, 탈공간화로 인한 이동, 실용주의36, 세속화의 특징들이 어떤 점에서 예수 그리스도 안에서 계시된, 인간을 위한 하나님의 계획과 완벽히 일치하는가에 대해 설명하려고 애쓸 때도, 그는 이탈한다. 적어도 그 자체로 매몰된 사회로서 세속사회에 대한 타당성에 대해, 그가 어떻게 문제 제기하지 않는 것인가? 사실, 세속사회는 어떤 외적 준거準據도 모색하지 않는다. 세속적 인간은 이 땅의 지평 이외에 다른 지평은 없고, 자신의 인생을 결정할 수 있는 초자연적인 모든 실재는 사라졌다.37 그런데 그것은 결정적으로 출구 없이 효율성이라는 유일한 기준에 목을 맨 사회를 의미하는데, 어떻게 이 사실을 탁월한 것으로 간주할 수 있겠는가? 하지만 콕스는 이렇게 함으로써 바로 세속적 정신 상태의 특징을 나타낸다. 즉 "존재하는 것은 존재한다. 그것을 판단할 필요는 없다." 그런데 이런 태도는 적어도 두 가지 검토해야 할 점을 내포하고 있다는 것을 그가 깨닫지 못한 것이다. 즉 사실에 대한 확인이

---

35) 내가 그의 세 가지 주제, 즉 창조, 자연에 대한 환멸, 또 출애굽, 정치의 탈신성화, 그리고 언약, 가치들의 탈신성화, 이 주제들에 대해 그의 견해와 완전히 일치한다는 사실을 고려할 때, 내가 오래전부터 기술했던 모든 것을 그가 실제적으로 적용하지 않는다는 사실이 얼마나 유감인가!

36) ▲ 이것이 작동하고 있는가?

37) ▲ 적어도 콕스의 해석은 이렇다.

정확하다는 것이 분명해야만 하고, 또 모든 가치 판단과 일반화 등이 "존재하는 것" 안에서 뒤섞이지 않는다는 것이 분명해야만 한다는 것이다. 이어서, 판단하지 않는 것은 실제로 지지하는 것이 되니까 긍정적으로 판단하는 것이 된다는 점이다.

모든 기독교적 성향이 가지는 자세가 바로 이러하다. 즉 그리스도인들은 사실의 상황에 대해 평가를 내리는 것을 포기하고, 사실들이 믿음과 계시와 성서 등을 판단하는 것을 수용한다. 다르게 말하자면, 이런 그리스도인들의 태도 자체는 세속화의 주목할 만한 사례이다. 그들은 결국 사회에 의해 수용된 최종기준들, 즉 사실 숭배와 효율성을 받아들인다. 그래서 사람들은 가장 강력한 해결책을 사용한다. 즉 세속적 실용주의는 성서가 하나님의 활동에 대해 우리에게 보여주는 바와 일치한다는 점이다. 우선 하나님은 행동하는 분이라는 것이다. 그리고 인간은 행동을 위해, 그리고 모든 것에서 풍요를 추구하기 위해, 즉 효율성을 추구하기 위해, 하나님에 의해 지어졌다는 것이다. 한편, 세속적 세상의 비종교성은, 성서의 하나님이 세상 창조에서 인간에게 완전한 한 부분을 맡기신다는 사실을 표현한 것일 뿐이다. 인간은 다른 것에 신경 쓰지 않은 채, 세상을 지배하기 위하여 지어졌다. 그러나 오류로 말미암아 교회와 기독교는 인간과 사회를 보호의 상태에 두었다. 따라서 인간과 사회는 보호 상태를 벗어나 자유롭게 발전해야만 한다. 그리고 인간은 창조에 참여하고, 전개하기 위해, 말하자면 창조를 실행하고 구체화하기 위해 지어졌다. 그러므로 기술적 노력은 하나님의 뜻에 완전히 부합하고, 기술로부터 파생된 세속사회는 여전히 간접적으로 하나님의 표현방식이 된다. 다른 한편, 이러한 논증은 세속화라고 불리는 포괄적 현상을 특징적으로 잘 나타낸 것이다. 왜냐하면, 이 현상은 인간이 기독교의 하나님과 전통적인 종교형태들로부터 돌아섰다는 사실을 나타낼 뿐만이 아니라, 아마도 더 중요한 요소인데, 그것은 그리스도인들이 이 "사실들"을 재인식한다는 것을 나타낸다. 말하자면, 그리스도인들은 이 "사실들"에 대해 "세속화"라는 딱지를 붙이고, 그것들에 대해 극단적인 해석과 동시에 정당화하는 해석을 제공한다. 우리는 그 정당화를 방금 검토했다.

그리스도인의 극단주의

그러나 극단주의를 강조해야만 한다. 극단주의는 우리 시대의 특징을 잘 드러내는 것이다.[38] 오늘날 그리스도인이 문화적 사실을 확인할 때마다, 그리스도인은 거기에 집착할 뿐만 아니라, "도를 넘어서 말한다." 그들은 아마도 모든 것을 하나님의 관점에서 살피려는 자신의 성향에 의하여, 이런 경향을 극단적으로 몰고 가서 그것을 절대화한다. 하지만 나는 훨씬 더 평범하게 생각할 수도 있다. 왜냐하면, 그리스도인은 이 특별한 사회에서 주변부로 밀려나 있기 때문이다. 확실히 사회가 진정으로 세속화되었다면, 그리스도인도 교회도 설 자리가 없다. 더 정확히 말해서 우리가 후기 기독교 사회 속에서 인정했던, 존재감 없고 축소된 교회만이 제 자리가 없는 것이다. 바로 이런 이유로 인하여, 그리스도인들이 크고도 분명하게 말하면서, 자신을 모든 이에게 보이면서, 그리고 자신의 극단주의적 이야기로 이목을 끌면서, 그들을 이 사회 속으로 들어가도록 부추기고, 거기서 자리를 차지하도록 추동하는 것이 아니겠는가? 그래서 비그리스도인 청중은 약간은 놀람과 동시에 흥미를 갖게 되었고, 이런 자기 파괴적인 격분을 목격했을 것이다. 그 결과 기독교가 없는 그리스도인은, 자신이 누구보다 더 종교와 무관하고, 더 세속적임을 입증하면서, 어둠 속에 있는 보조 의자의 존재를 확신하는 것보다 조금 더 확신할 뿐이다.

그런데 세속사회가 그리스도인들의 발명품이었다는 점을 분명히 떠올려야 할 만큼, 이점은 더더욱 확실하다. 그래서 나도 비그리스도인들이 아마

---

38) ▲ 세속화가 의미하는 것이 바로 이것이다!

도 세속화되어 있고, 그들이 아마도 전능하신 하나님을 거부하는 길을 만들었고, 전적인 실용주의 속에 산다고 말하고 싶다. 그러나 이것은 비그리스도인의 관심사가 전혀 아니다. 비록 그들은 그렇게 존재하지만, 이것은 현세상에서 그들에게 의미가 있어 보이는 것은 아니다. 다시 말해 비그리스도인들은 "하나님의 문제"가 그들에게 제기되지 않는 한, 또 그들이 실증주의 속에 속해 있는 한, 그들의 사회를 세속사회로 특징짓지 않는다. 따라서 이 상황에 걱정하는 자들은 바로 그리스도인들이다. 왜냐하면, 그들은 기꺼이 시대를 쫓아가기 원하기 때문이고, 자신들의 역할을 열정적으로 감당하기를 원하기 때문이다. 하지만 그들은 뒤를 돌아볼 수밖에 없고, 사람들이 믿음을 가졌던 시대와 더 이상 믿지 않는 시대 사이의 차이점을 가름할 수밖에 없다. 그리스도인들이 세속화된 사회 개념을 내세우는 것은 바로 이런 상황들에서다. 그러나 그리스도인들은 이 경향을 극단적으로 몰아간다. 그들은 사실들을 수록하는 것에 만족하지 않고 그것들을 체계적으로 구성한다. 그들은 현실을 심사숙고하는 것에 만족하지 않고, 현실로부터 절대적인 결론들을 끌어낸다. 이점이, '세속화된 사회'라는 그들의 '교조'가, '정교분리된 사회'의 실재나 '후기 크리스텐덤'과 완전히 다르게끔 만드는 것이다. 즉 '세속화된 사회'는 종교가 전혀 없는 사회이고, 이 사회에서 인간은 신화의 언어에 무감각해졌는데, 이는 인간이 세속사회로 넘어갔고 자신의 사고를 전적으로 변화시켰기 때문이라는 것이다. 또한 세속사회에서 신성한 것은 사라졌다. 더욱이 그리스도인은 스스로의 열정으로 이런 것을 새로운 당위성으로 표명한다. 우리가 살펴본 바처럼, 한편으로, 어떤 철학적 태도를 가진 사실들, 상황들, 과학, 기술, 생산의 우선성 등이 이 당위성에 해당한다. 또 다른 한편으로, 모든 결과들을 조정하고, 산발적인 사실들을 정돈된 총체로 제시하며, 신심을 절대적 필요로 제시하는 '교조'가 이 당위성이다. 사람들은 '신 존재' 가설을 버린다. 그뿐만 아니라, 영광과 동시에 순교를 갈망하는 그리스도인도 현대인에게, 그가 인간이길 바라고 자신의 소명을 이루길 바란다면, 이 가설을 반드시 버려야 한다고 말하려 든다. 그리스도인에게 하나님에 대해 말하는 것은 하나님 아닌 것에 대해 말하는 것이 되고, 정치적이나 사회적 문제처럼 말하는 것이 된다. 이 순간 모든 것은 완성된다. 왜냐하면, 이 시대 인간의 이데올로기적 맥락 차원에서 말하면서, 그리스도인은 비그리스도인과 다른 것에 대해서 말하지 않는다. 다시 말해 그리스도인은 하나님에 대해 더 이상 말하지 않는다. 우리가 이것을, 순진하고 단순하게 부인하는 것으로 이루어진 부정적 세속화와 대립된 "긍정적 세속화"라고 아무리 불러보아도 소용이 없다. 비그리스도인은 거기서 오직 자신의 방향에 대한 확신을 볼 뿐이다. 푹스39 같은 사람들은 우리에게 '신의 죽음'이란 신학을 새로운 인간 의식의 여명으로 소개하는데, 나는 이것을 이해하고 싶다. 그러나 내가 알지 못한 점은, 그리스도인들이 집착하고 그들이 비그리스도인에게 확고히 하는 신 존재 가설의 폐기가 아무리 미미하더라도, 성숙된 세상에서 존속해야 할 기독교를 어떤 점에서 인정하고 있는가 하는 점이다. 물론 기독교를 이 사회와 일치하게 만들려는 의도가 있음이 분명하다. 따라서 이 세상이 무종교적인 것으로 규정되기 때문에, 무종교적 기독교를 표명하려는 의도가 있음이 확실하다.40 마지막으로 과학은 하나님 존재 가설을 버리는 것을 전제하기 때문에, 나는 그리스도인들 역시 종교적 개념으로서 이 가설을 버리는 것을 쉽게 목격한다. 그러나 이 모든 것이 기독교를 재발견하

---

39) 에른스트 푹스(Ernst Fuchs, 1903-1983)는 독일의 신학자이며, 해석학적 신학자인 에벨링과 더불어 언어 사건을 학문적으로 정립한 신 해석학파(New Hermeneutic)의 주창자이다. 여기서 언어사건(Sprachereignis, language event)이란 기록되거나 구술된 정보의 행위나 사건이다. 이것은 단지 정보가 아니라, 인격체로서 하나님과 소통하는 것을 의미한다. 그래서 신해석학자들은 사상이 언어를 선행하는 것이 아니라 언어가 사상을 선행한다고 주장하고, 우리가 말을 해석하는 것이 아니라 말이 우리를 해석하고, 인간의 생각과 사상을 만들고 조정한다고 본다. 따라서 예수의 말씀과 행동은 "언어 사건"을 구성하고, 믿음은 먼저 언어로 들어와서 "존재의 집"이라는 언어 안에서 실존적으로 가능하게 된다.

40) ▲ 세상과 기독교가 같은 길이의 파동(波動) 위에 있어야 하고, 전능한 문화의 이름으로 같은 것들을 이해해야만 한다는 전제에서 출발하기 때문에, 이것은 명확하다.

려는 방식이라는 주장에 대해서 나는 확신이 서지 않는다. 어쨌든 결과는 인간을 자기 자신의 체계 속에 확실하게 가두었다는 것이다. 먼저 해밀튼41은 하나님이 현대인의 의식에서 사라졌음을 유감스럽게 인정했다. 게다가 그는 이점을 받아들일 수 없기 때문에, 기꺼이 거기에 집착하며, 프루동42과 마르크스와 바쿠닌43과 함께 이것이 인간의 해방이라고 주장한다. 반 뷔렌44은 하나님이란 단어의 의미가 결정적으로 부재함을 주장하는데, 이것은 우리에게 복음에 대한 세속화된 해석을 강제한다. 이렇게 하나님의 의미를 부인하는 사람들이 있기 때문에, 하나님의 증인들은 그러한 흐름에 휩쓸리면서 이 변화를 확인하고 기록한다. 이것이 내가 앞에서 이야기했던 절대화이고 당위성의 표명이다. 만약 인간이 인간이기를 원한다면, 그래서 그가 보호자, 즉 성부 하나님을 더는 믿지 않는다면, 이것은 더는 "전문가들"의 확증

---

41) [역주] 윌리엄 해밀턴(William Hamilton, 1788년-1856년)는 스코틀랜드의 형이상학자이며 철학자이다.

42) [역주] 피에르 조셉 프루동(Pierre-Joseph Proudhon, 1809-1865)은 스스로를 아나키스트라고 칭한 프랑스 무정부주의 사상가이자 사회주의자다. 그는 정부를 없애고 노동자가 생산 수단을 소유하여 협동조합조직을 만들고 이 협동조합에 의한 지도체제 구축을 주장했다. 1848년 혁명 이후, 국회의원으로 선출되었으나 〈민중〉(Le Peuple)지에 나폴레옹 3세를 비판하는 글을 썼다가 3년의 징역과 벌금을 선고받고 벨기에로 피신했다. 그는 파리에 돌아와 체포되어 생트펠라지 감옥에 투옥되어 1852년 석방됐다. 그는 사적 소유는 권력과 착취의 수단으로 보고 모든 재산을 사회에 귀속시킬 것을 주장하였다. 그의 사상은 노동조합운동, 제1인터내셔널, 파리코뮌에 큰 영향을 주었다. 주요저서로는 《혁명가의 고백》, 《혁명과 교회의 정의론》, 《소유의 이론》, 《노동계급의 정치적 역량에 대해서》 등이 있다.

43) [역주] 미하일 바쿠닌(Mikhail Bakunin, 1814-1876)는 러시아의 무정부주의자이자 혁명가다. 1849년 드레스덴 무장 봉기에 참가하였다가 체포되고, 시베리아 유형 중 1861년에 탈주하여 런던으로 망명하고 제1인터내셔널에 참가하였다. 또한 그는 1863년 폴란드의 무장봉기에 참여하고 스위스에서 사회민주동맹을 설립하였다. 특히 그는 제1인터내셔널에서 마르크스와 격렬하게 대립되는 무정부주의를 주장하는데, 그의 무정부주의는 공동 소유, 상속제 폐지, 노동자 계급의 정치권력 수립, 일체의 국가 부정 등을 포함한 급진적 무정부주의이다. 주요 저서로는 《신과 국가》, 《국가와 무정부》 등이 있다.

44) [역주] 폴 매슈스 밴뷰런(Paul Matthews van Buren, 1924년~1998년)은 미국의 기독교 신학자이다. 성공회 사제로서 필라델피아 템플 대학교에서 종교학 교수로서 22년 동안 있었다. 그는 예루살렘에 있는 살렘 하트만 연구소에서 윤리와 종교 다원주의 연구소의 소장이었고, '신의 죽음' 신학의 대표적인 학자였다.

된 사실이 아니라 주장이다. 신학자들은 바쿠닌을 모른 채 그의 용어들을 사용하면서 바쿠닌의 주장과 같이 하기 때문에, 신학자 집단은 폐쇄적이 된다.

세속사회로의 전환의 실제

그런데, 사회가 이 신학자들이 기술한 것과 같다는 것은 절대 확실한 것이 아니다. 또한 현대인이 하나님을 버렸고, 하나님이란 단어가 그에게 더는 아무것도 의미하지 않는다는 점도 확실한 것이 아니다. 나는 그라넬Granel의 텍스트를45 잠시 언급할 것이다. 나중에 다시 다룰 예정이지만, 이 텍스트에서 그라넬은, 먼저 하나님 문제가 문제로서 사라졌지만, 하나님의 현존은 언제나 인간에게 불안하면서 확실하고, 전례 없이 생생하고 대화적이며 가장 현대적임을 분명히 보여주었다. 나는 지적 혹은 학문적 연구에서 신 존재 가설을 가설로서 덧붙일 것이다. 그런데 하나님의 현존은 오늘날의 무수한 사람들에 의하여 하나님으로 규정된 현존이다. 아무것도 신학자들에 의해 형성된 절대적 사실, 즉 현대인은 총체적으로 또 근본적으로 무신론자가 된다는 사실을 확증하지 못한다. 지금은 나는 이 방향으로 더 깊게 다루지 않을 것이다.

나의 질문은 다음과 같다. 우리는 후기 크리스텐덤에 존재하며, 사회는 정교분리가 되어 있다는 것은 쉽게 확인할 수 있다. 확실히 그렇다. 그러나 어떻게 거기서부터 단번에 이 유명한 '세속화된 사회'로 넘어가는 일이 생길 수 있는가? 내 짐작으로는 아마도 사소하면서 상황에 따른 첫 번째 사실이 무시되지 말아야 하는 것 같다. 세속사회 개념은 미국인들에게서 생겼다. 그런데 1930년에는 어느 나라도 미국보다 더 크리스텐덤 양상을 보유하지 않았다. 대통령은 늘 주님께 기도했고, 성서는 모든 호텔에 있었으며, 광고는 기독교적 어법을 토대로 하였다. 기독교가 광고 경쟁 속에 뛰어들지 않았을

---

45) ▲ 그의 텍스트는 기독교적 자기만족이라고 의심할 수 없다.

때, 사장이 하나님으로부터 축복을 받았기에 성공했다는 등, 미국식 생활방식과 기독교 간의 동일화가 이루어졌다. 모든 사람은 제도와 풍속과 사고의 기독교화에 놀랐고, 동시에 그것의 사회적이고 외적이며 엄격한 특성에 의해 놀랐다. 그런데 갑자기 모든 것이 무너졌다. 종교적 보수주의가 보인 용감한 노력에도 불구하고 모든 것이 흔들렸다. 다시 말해 기독교는, 어떤 상황에서든지 결정을 내리기 위해 자동적으로 근거로 내세우는 최종적 결정기구가 더는 아니다. 그러자 미국인들은 몹시 불안해하였다. 그들은 다른 지역에서 일어나고 있는 것에 대해 그토록 무지하면서도, 자신들에게 일어났던 것이 놀랍고, 유일하며, 총체적인 것이라고 생각했다. 예를 들어 그들은 반세기에 걸친 반기독교적인 독재 이후, 소련에서 발생한 기독교의 놀라운 부활이나 혹은 75년 전부터 정교분리가 된 프랑스에서46 교회로서 존속할 가능성을 생각하지 않았다. 사실, 프랑스인들은 소위 세속화 현상에 이제 익숙해졌기 때문에 세속화 현상 앞에서 더 냉담하다. 따라서 미국적 담화들을 '피포위 신경증상'47의 시기로 간주해야만 하고, 이 담화에 큰 중요성을 부여하지 말아야 한다.

그러나 이것은 '어떻게 세속사회로 넘어갔는가'라는 질문에 대한 세계기독교협의회의 엄청난 토론을 대변하는데, 이것은 일반화 과정을 설명하지 않는다. 실제로는 "현대인은 예수 그리스도를 더는 믿지 않는다"에서 "현대인은 무신론자이다"로 바뀌고, "현대인은 더는 그리스도인이 아니다"로부

---

46) [역주] 1905년 12월 9일, 프랑스 하원이 '정교(政敎)분리법'을 통과시켰다. 제도와 이데올로기로서 정부(국가)와 교회(종교단체)의 선을 명확히 긋고 44개 조항을 통해 구체적 방향을 가지고 양자를 분리했다. 즉 사적 영역에서의 종교 자유를 보장하되 공적 영역에서는 종교적 색채를 드러낼 수 없다는 내용이다. 정교분리는 부침을 거듭해 왔으나 1906년에야 마무리된 드레퓌스 사건을 둘러싸고 극한적 대립을 겪은 정치권은 사회통합을 위해서 정교분리가 필요하다는 판단 아래 '라이시떼(laïcité)법'으로 불리는 정교분리법을 통과한 것이다.

47) [역주] 피포위(披包圍) 신경증(fièvre obsidionale)은 적에게 포위된 도시에서 발생하는 집단적 심리현상을 말한다.

터 "현대인은 더는 종교적이지 않다"로 바뀌며, "현대인은 더는 성서를 읽지 않는다"에서 "현대인은 이성적이고, 더는 신화적 담화 속으로 들어가지 않는다"로 넘어간다. 마지막으로 현대인은 교회의 예식을 비웃고, 중세인이 신비로 받아들였던 것을 더는 신비로서 생각하지 않는다. 그래서 현대인은 신성한 것을 더는 믿지 않는다. 이제 이런 식의 일반화가 보인다. 그런데 나는 이점에 대해 다음과 같은 주장을 하고자 한다. 즉 기독교와 종교적인 것 간에, 또 계시의 신비와 신성한 것 간에, 성서 이야기와 신화 간에 완전한 동일시가 사전에 이루어졌다면 이런 일반화가 가능할 수도 있다는 점이다.

일반화에 대해서 다음과 같이 자세히 설명하는 것이 중요할 것이다. 첫째, 사회학적 관점에서 기독교는 하나의 종교라는 사실이 매우 잘 수용될 수 있다. "종교사"에서 기독교는 완전히 유일신 종교들의 계보 속에 분류되었다. 둘째, 성서 이야기들이 신화들의 범주에 속하고, 성서에는 명백하게 그런 것으로 제시된 신화들이 있으며, 신화적 사고가 끊임없이 잠재되어 있다는 사실은 분명하다. 마지막으로, 기독교 신앙의 의례, 예식, 표현은 신성한 것의 범주로 보일 수 있다는 것도 명백하다. 이 모든 것이 아주 단순하고, 아주 명백하지만, 이 모든 것이 탈기독교화로부터 세속사회로의 이행을 결과로 초래하는 것은 결코 아니다. 세속사회에 이르기 위해서는 이 주장들의 방향전환과 인과원리에 따른 형식화를 실행하는 것이 필요하다.48 방향전환은 다음과 같이 말하는 것에 있다. 즉 기독교는 가장 진화된 종교이고, 종교적 진화의 첨단이라는 것이다.49 그러나 기독교가 추락할 경우, 사라지는 것은 종교 자체이고 종교 전체이며 모든 종교이다. 인간이 비그리스도인이 되었다면, 인간은 결국 무-종교적이 된다. 하지만 먼저 이런 일반화는 큰 자만심에 토대를 두고 있고, 종교 현상의 축소에 근거를 두고 있다는 점을 어

---

48) ▲ 기독교 지식인들의 머리에서 일어났던 아주 희한한 현상이 바로 이런 것이다.
49) ▲ 이것은 한 세기 전에 그리스도인들이 매우 만족스럽게 주장하던 바이다.

떻게 보지 않겠는가? 그런데 다른 주장들을 위해서도 같은 논증을 되풀이할 수 있다. 예수 그리스도의 하나님은 '유일한 분'이시고 '진실한 분'이시라는 것은 앞선 세대들이 오만하지만, 사실 신중하게 내세운 주장이다. 그러나 인간이 예수 그리스도의 하나님을 더 이상 믿지 않는다면, 그는 결국 어떤 하나님도 믿지 않게 되고 무신론자가 된다. 이 하나님에 의해 계시된 신비는 가장 깊은 신비이고, 어떤 것도 하나님의 현존을 둘러싼 두려운 신비와 비교할 수 없다. 하나님과 관계되는 모든 것은 가장 완전한 방식으로 신성하다. 하나님은 유일한 하나님이기 때문에 어떤 신성한 것도 하나님에 비해 중요하지 않다. 그런데 사람들은 희생제물을 짓밟을 수 있고, 종교의식을 비웃을 수 있으며, 성스런 건물을 더럽힐 수 있고, 궁극적으로 어떤 결과를 초래하지 않은 채, 지성적이거나 물질적인 가능한 모든 방법으로 이 신성한 것을 파괴할 수 있다는 것을 알아차렸다.[50] 따라서 현대인은 '모든 것'의 신성성을 제거하였으며, 비신성한 세계에서 살게 된다. 이때 '모든 것'이라고 함은 바로 완전히 신성을 박탈하는 것이 가장 높은 수준의 신성한 것이기 때문이다. 다음은 더 최근 일이지만, 결국 성서는 가장 공교하고, 가장 의미가 풍성하며, 가장 설명적이면서 선언적인 신화들 중의 신화가 된다. 그러나 인간이 더는 이러한 신화적 말을 받아들이지 않는다면, 그것은 인간이 신화적 세계로부터 벗어났기 때문이고, 신화에 낯설게 된 사고방식을 갖게 되었기 때문이며, 탈신화적이 되었기 때문이다. 그래서 다음과 같은 사실이 목격된다. 즉 종교나 유신론 등에 대한 사회학적이고 심리학적인 범주들의 정점에 기독교를 놓는 경우에, 현대인이 기독교를 버리는 것은 세속화된 사회와 어른이 된 과학적이고 합리적인 인간이란 모습으로 귀결된다는 것이다.

그러나 이런 설명은 이런 체계를 만들어낸 사람들에게 충분하지 않았으

---

50) 진실로, 성경의 인물들은 더 일찍 이것들을 알아차렸다! 인간이 하나님을 비웃고, 덮거나 차지 않은 채 하나님을 둘러싼 거룩한 것을 비웃는다고 언급한 성경 본문이 무수히 많다. 그러나 우리 현대 그리스도인들은 그것을 잊은 것 같다!

며, 여전히 두 가지 전제들이 있다. 첫째는 궁극적으로 인간과 사회는 단 하나의 조각으로 된 체계들이라는 것이다. 불트만 혹은 틸리히 같은 아주 정교한 지식인들이 갑자기 한 가지로 일사불란한 관점을 취한다. 왜냐하면, 현대인은 과학을 과신하고 있고, 더는 전설과 과거의 신화를 믿지 않기 때문이며, 합리화된 동기를 따르기 때문이다. 또한 현대인은 추론하고, 기술에 열광하기에 신화적 정신 상태에서 벗어나 합리적이기 때문이고 세상에 대한 과학적 설명을 믿기에, 더는 종교를 믿지 않기 때문이다. 마치 현실이 모순적인 확신과 태도의 혼합이 결코 아닌 듯이 말이다. 우리 사회가 기술적이고, 경제적 성장에 헌납되었으며, 물질적 행복을 추구하는 것에 내던져져 있기 때문에, 우리 사회는 더는 신성화된 세상이 아니고, 신화적인 것과 초월적인 것을 배제한다. 마치 언제나 그 뒤섞임이 어떤 비중으로라도 있지 않았던 것처럼 말이다. 결국 현대인과 현대사회에 대한 이런 일사불란한 관점은 다음과 같은 확신으로 귀결된다. 즉 신성한 것, 신화적인 것, 종교적인 것 그리고 유신론은 시대에 뒤떨어지고, 폐기처분이 된 과거의 태도에 해당하는 범주들이며, 더는 아무것도 창출할 수 없다는 확신에 다다른다는 것이다. 그래서 사람들은 이것들을 박물관의 소장품처럼 내버리고 결연히 어떤 미래로 향한다. 그리고 미래에서 이런 개념과 범주들은 그 어떤 자리도 차지하지 못하며, 특히 이 미래에서는 이것들이 발전의 원동력이 되지 못하고 무엇을 산출할 수도 없다. 따라서 우선 보기에, 이 범주들과 개념들이 고갈되어 있기 때문에, 이것들은 새로운 형식으로 제시될 수 없다는 것이다. 이런 관점은 매우 흥미롭다. 왜냐하면, 이 관점은 기독교 철학자와 신학자들이 독단주의를 없앴다고 주장하면서 늘 독단적이었다는 것을 드러냈기 때문이다. 또 이 관점은 현대인과 현대사회가 사실들을 파악하고 이해할 능력이 없다는 것도 보여준다.[51]

---

51) 콕스(Cox)를 본떠서 기독교가 이 상황에 적응해야만 하고, 이것이 기독교의 기회이고 진

'세속화된 사회' 개념의 결함

후기 크리스텐덤에서부터 '세속화된 사회' 혹은 '세속 도시'로 이르게 했던 지적 노정에는 철학적 충동만이 아니라 방법적 결함도 있다. 특별히 전제와 선입견에 대한 비판이 완전히 부재한다. 따라서 사용된 개념에 관해서 완전히 결함이 있다.

즉, 사람들은, 현대인이 더는 종교적이지 않고, 또 종교와 마찬가지로 신성한 것이나 혹은 신화가 무엇인지 언급하는 것을 매우 조심스러워한다고 주장한다. 만약 사람들이 가끔 신성한 것의 정의를 언급하는 것에 조심스러워하지 않는다면, 그것은 언제나 정당화라는 아주 명확한 목적으로, 적절한 정의가 나중에 만들어진다. 그래서 사람들은 아직도 비판받지 않은 전제들에 분별없이 완전히 복종한다. 이렇게 사람들은 사회가 진보한다는 사실과 사회가 과거와 크나큰 공통점이 더는 없다는 사실, 그리고 자신들이 완전히 새로운 상황 속에 놓여 있다는 사실을 명백히 인식한다. 더구나 사람들은 일반적으로 새로운 것을 자세히 설명하려는 수고도 하지 않고, 과학과 기술에 대한 평범한 일반론에 만족한다. 그러나 이와 동시에, 사람들은 인간이 근본적으로 변했다는 점과 인간이 자신의 조상과 어떤 공통점도 없다는 점, 그 결과 복음적 메시지가 인간에게 더 이상 영향을 끼칠 수 없다는 점을 받아들인다. 사람들은 다음과 같은 문제를 가까이 살펴보는 것을 회피한다. 즉 성서의 인간은 결국 오늘날 인간과 아주 가깝지는 않은가, 그리고 인간의 태도

실이라는 사실을 보여주기 위해 성공의 나팔을 부는 그리스도인의 책들은 무수히 많다. 우리는 이미 꽁바뤼지에(Combaluzier)를 인용했다. 또한 해이든(J.K.Hadden)의 『근본적 전환 속의 종교(*Religion in Radical Transition*)』(1971), 뒤콕(C.Duquoc)의 『세속화 신학의 애매성(*Ambiquïté des théologies de la sécularisation*)』(1972)에서는 세속화 신학 과정이 매우 잘 설명되었는데, 이는 사회적 기능으로 기독교를 심각하게 성찰해야 할 필요성에 의해 보완될 필요가 있다. 기독교는 정치와 사회적 행동 속에서 미래를 갖는다. 그런데 지금 사람들은 이를 "그리스도 좌파"라고 부르는데(뒤끄네(J.Duquesne) 질문으로 만든 좋은 보고서, 1971), 특히 『교환과 대화(*Échanges et Dialogues*)와 세상의 형제들'(*Frères du Monde*)』에서 그렇게 부른다.

와 행동과 그 반응이 종교적 측면을 포함해서 성서에서 이미 정확하게 묘사되지 않는가라는 문제이다. 심지어 사람들은 다음과 같은 기초적인 질문조차 하지 않는다. 즉 현대인이 성서의 언어를 이해하지 못하고, 복음의 선포를 받아들이지 않는다는 사실을 우리는 확인하지만, 성서적으로 우리는 다른 것을 확인하지 않는가? 선지자들의 설교, 이어서 예수의 설교가 그들의 시대에 더 쉽게 수용되고, 이해되며, 받아들여졌는가?

성서 전체가 증명하는 바는, 이와 반대로 이러한 선포는 언제나 이해되지 않았고, 조롱과 물의의 대상이나 혹은 무관심의 대상이 되었던 것 같다. 달리 말해서, 우리는 성서와 관련해서, 즉 성서 메시지에 직면한 인간의 반응이란 원초적인 설명과 관련해서 상황을 판단하는 것이 아니라, 과거와 관련하여 상황을 판단하게 된다. 미국에서 이 과거는 가까운 과거이다. 50년 전만 해도, 기독교 종교를 수용하는 것은 통상적인 것이었으나, 지금은 이것이 변했다. 그러므로 인간은 변해야만 했고 사회는 완전히 변화되었다. 결국 이것으로부터 인간의 변화가 야기된다는 점을 분명하게 보기 때문에, 인간은 합리적·과학적이 되었고, 실용적·기술적이 되었으며, 비종교적·자율적이 되었다. 사람들은, 기독교 전파와 당연한 수용이 우연히 엄청난 오해에서 기인하지 않았는지를 전혀 묻지 않는다. 그러나 사람들이 이런 질문을 제기할 때, 이것은 다음과 같은 사실을 의미하는 것이다. 즉 기독교는 종교적이되었고, 이것은 크나큰 배반이었으며, 또 종교와 기독교 간에 대립이 있다는 것을 의미하는 것이다. 그리고 지금 기독교가 거부된다고 한다면, 그것은 인간이 무-종교적이 되었기 때문이다. 따라서 성서 시대의 인간은 종교적이었기 때문에 열정적으로 기독교를 거부했지만52, 지금은 인간이 무-종교적이 되었기 때문에 기독교를 거부한다. 성인 인간에 관해서도 마찬가지이다. 우리는 굉장한 논리적 비일관성 속에서 헤맨다. 즉 현대인은 성부 하나님과 신

---

52) ▲ 그가 종교적 체제 속으로 들어가기까지만 거부했다.

존재 가설과 종교의 유익을 거부하고, 자신의 운명을 책임지면서 어른이 되었다는 것이다. 사람들이 이런 이야기를 주장하는 것을 보는 경우에는, 사람들이 종교 거부라는 확인된 사실로부터 출발한다고 주장하기 때문에, 나는 이것이 사실인 것으로 생각한다. 그러나 어른이란 특징에 대해 의심하게 하는 사실로 인해 내가 반박할 때, 사람들이 내게 대답하기를, 나는 아무것도 이해하지 못했고, 이것은 인간이 어른이 될 수밖에 없거나 어른이 되어야만 하는 어떤 모형과 계획이며, 이 방향으로 가야만 한다고 말한다. 그러나 만약 내가 어른이 되는 계획 속에 있다고 한다면, 예를 들어 인간이 어른이 되었기 때문에 구체적으로 변할 수밖에 없는 복음 설교에 관한 결과들을 어떻게 이 계획에서부터 이끌어낸다고 주장하는가? 나는 이러한 혼란한 사례들을 많이 열거할 수 있을 것 같다. 따라서 본회퍼부터 알타이저[53]까지 모든 연구들에서 부족한 것은 완전히 기본적인 기초분석들이다. 만약 우리가 이 연구 영역에서 인간의 변신이 정말 발생했는지 알기 원한다면, 그리고 사람들이 종종 말하는 것처럼, 지금까지 인간이 신과 숙명의 엄격한 보호에 복종했을지라도, 인간이 자신 이전의 인간과는 어떤 공통된 척도도 없이 어른이 되었는지를 알기 원한다면, 적어도 무엇이 문제가 되는지 이해하고자 애써야만 한다. 그런데 이것은 우선 최대한의 사실들을 수집하는 작업을 의미한다. 즉 단 한 가지 종류의 사실들에 대해 만족하지 말아야만 하는데, 이는 오직 탈기독교화을 다룬 모든 연구들을 분석해야만 한다는 것이다. 그것은 기독교의 붕괴를 확인하려는 그리스도인들의 커다란 관심사라고 생각한다. 그러나 인간의 총체적인 변신은 절대적으로 그것으로부터 추론될 수 없다. 마찬가지로 사람들은 '기술사회, 기술인간, 탈기독교화된 인간'이라는 특수한 사실에서 일반적 원인들을 찾을 수도 없다. 즉 더 넓은 팔레트를 사용하

---

53) [역주] 토마스 요나단 잭슨 알타이저(Thomas Jonathan Jackson Altizer(1927~2018)는 미국의 '신의 죽음' 신학자이다. 그는 프리드리히 니체의 개념인 신의 죽음과 헤겔의 변증법적 철학으로 자신의 조직신학을 세웠다

는 것이 필요하고, 종교와 관련된 모든 사실들을 수집할 수 있다고 확실하게 주장하지 말고, 더 완전한 총체적 사실들을 성찰해야만 한다! 하지만 이것을 시작하려면 사람들이 무엇을 이야기하고자 하는지를 알려고 노력해야만 할 것이다.

형태와 기능 분석의 필요성

그래서 나는 여기서 연계된 방법을 자세히 설명하려고 한다. 사실, 신성한 것과 신화와 종교에 대한 선험적인 정의를 내리는 것은 불가능하다. 저자들 수만큼이나 정의들도 제각각일 것이다. 내가 수 년 전에 신화에 대해 하게 되었던 어떤 연구에서, 나는 1960년과 1966년 사이에 서로 양립할 수 없는 14가지 정의들을 모았었다. 이후에 상황은 나아지지 않았다. 사람들이 무엇을 말하는가를 알려면, 이 세계에 살았던 사람들이 신성한 것이라고 규정했던 바대로, 신성한 것이라고 볼 수 있는 확실한 현상들을 검토하는 것으로부터 시작해야만 하는 것 같다. 신화는 확실하게 신화이고, 종교는 분명하게 종교이다. 경계선 영역에 위치하지 말아야만 하는데, 거기에서는 현상들이 불확실하고 논란이 야기될 수 있다.

그러나 어떤 일련의 확실한 사실들을 확보했다고 하더라도, 이 모든 사실들에 대해 설명하는 완벽한 정의를 내리기란 실제적으로 불가능하다. 이와 같이 종교에 대해서도, 사람들은 유대교, 불교, 기독교, 이슬람교, 4개 주요 종교와 관련하여 정의를 내리고 싶어 할 것이다. 다른 사람들은 가설적인 기원을 통해 "원시"종교와 관련하여 정의를 내리기 좋아할 것이다. 그러나 모든 정의는 배타적이다. 말하자면 사람들은 다른 것에 자리를 만들어주지 않은 채, 파악된 대상을 가능한 최선을 다해 명확히 구분한다. 그런데 새로운 현상들은 정의 안에 들어오지 못한다. 극히 유동적인 이와 같은 영역에서는 다른 방식을 시도해야만 하는 듯이 보인다. 즉 어떤 정의를 정립하기 위해서 획득된 특성들을 분석하는 방식이 아니라 형태와 기능을 분석하는 방식 말이다.

　종교가 어떤 것이든지, 종교는 어떤 기능을 수행한다. 종교는 인간과 비교하여 일관적이지 않다. 마찬가지로 신성한 것과 신화는 인간 사회와 인간에게 어떤 기능을 지녔다. 그것들은 유용했었다. 그렇지 않았다면 인간이 거기에 애착을 갖지 않았을 것이다. 따라서 그것들의 기능이 어떤 것인지 파악하는 것이 중요하다.54 그리고 기능 파악으로부터, 사람들은 동일한 기능을 수행하는 것은 동일한 범주의 현상들이라고 주장할 수 있다. 만약 이것이 종교나 혹은 신화라고 말하기 위해 사람들이 의견이 일치하는55 모든 것을 검토하면서 내가 인간과 사회를 위한 복합적 기능을 거기서 발견한다면, 나는 확실히 다음과 같이 말할 것이다. 또한 만약 내가 명백히 종교 혹은 신화로 규정되지 않았으나 정확하게 같은 기능을 수행하는 현상들을 발견한다면, 마찬가지로 나는 다음과 같이 말할 것이다. 즉 어휘의 변화가 있으나 실질적인 실재는 그대로 동일하게 남아있고, 인간은 실제로 종교 혹은 신화에 직면해 있다는 것이다. 그런데 이것은 신성한 것의 형태들에 관한 연구를 통해 확인될 것이다. 우리는 거기에도 신성한 것의 구조로서 종교에 내재한 어떤 형식들이 있다는 점을 안다. 만약 그 기능이 내게 종교 혹은 신성한 것이라고 단언하도록 만든 현상들이 같은 형식과 구조를 가지고 있다면, 고찰된 사실이 언뜻 보기에 신화 혹은 신성한 것이 아닐지라도, 나는 완전히 종교나 신성한 것으로 확신할 것이다. 하지만, 내가 "기능들"로부터 출발하기 때문에, 내가 기능주의 사회학을 적용한다고 결론짓지 말아야만 한다. 기능주의를 불가능하게 만들었던 것은 여전히 배타주의와 독단주의이다. 오늘날 사

---

54)　▲ 포이어바흐(Feuerbach)는 종교와 관련하여 완벽하게 시작했다. 그는, 다른 것들 중에서, 지상에서 홀로 존재하는 것을 지탱할 수 없는 인간의 고뇌를 완화하는 기능을 종교에 부여했다.

55)　▲ 일차적으로 당사자들이다.

람들이 구조주의를 가지고 행했던 것처럼 말이다. 그러나 구조주의 초기 개념은 탁월했다. 추상적인 관점을 회피하기 위하여, 유일한 수단은 구체적으로 기능과 구조를 파악하는 것이다. 그러므로 우리가 우리 시대에서 신성한 것과 신화와 종교를 검토하기 위해 따르게 될 방식이 바로 이것이다.

제3장 • 오늘날 신성한 것

신성한 것에 대한 일반적 이해

다른 많은 이론을 다룬 후에 신성한 것에 대한 일반적 이론을 재구성하는 것은 문제가 될 수 없을 것이다. 여기서 나는 몇 가지 참조기준을 제시할 것이다. 무엇보다 먼저, 내가 보기에 신성한 것은 종교의 범주들 중의 하나가 아니라, 차라리 종교가 신성한 것의 가능한 표현들 중 하나임을 지적하고 싶다. 하지만 "모든 종교적 개념이[1] 신성한 것과 세속적인 것에 대한 구분을 내포하고 있다"라고 분명히 말할 수는 없다. 그 이유는 이런 구분조차 세상에 대한 신성한 개념의 표시이기 때문이다. 실제로 신성한 사회는, 신성하지 않은 것을 포함하여 신성한 것으로부터 모든 것이 판단되는 사회이다. 거기서 세속적인 것은 신성한 것과 관련되지 않고, 신성한 것과 관련하여 모든 것을 정돈하는 사회 속에서만 존재한다. 그런데 인간이 어떤 요소를 신성한 것으로 간주한다는 사실은 나머지가 신성하지 않다는 것을 의미하지 않는다. 왜냐하면, 세상은 하나의 전체이기 때문이다. 이 사실은 나머지가 언제나 현존하는 신성한 것과 관련하여 놓인다는 것을 의미한다. 물론 나는 그 자체로 객관적인 신성한 것의 존재에 대한 논쟁이나, 혹은 환영과 꾸며낸 것과 환상과 원초적 망상 같은 온갖 파편을 가지고, 인간이 만든 신성한 것에 대한 논쟁에 참여하지 않을 것이다. 또 나는 이런 신성한 것들에 대해 언급

---

1) ▲ '신성한 것'이란 용어는 종교보다 훨씬 더 넓은 의미이다.

하지 않겠다. 나는 단지 본질적 경험 차원이 절대적으로 존재함을 인정하는데, 이 본질적 경험은 이성적 범주들로 축소될 수 없고, 늘 복제를 전제하는 "설명들"로 축소될 수 없다.2 또한 이 경험들은 사람들이 이것들을 축소하거나, 심지어 배제한다고 우기는 경우에도 체험된다. 마찬가지로 내가 또 인정하는 것은, 인간이 빈번히 무의식적으로 이런 차원의 경험을 따르고야 만다는 것이고, 인간은 결국 이러한 경험으로부터 자신이 사는 세상과 자신의 고유한 삶에 의미와 목적과 한계를 부여한다는 것이다. 본질적 경험은 인간의 가장 심한 무관심 영역으로 볼 수 있는데, 그 이유는 인간은 그렇게 하면서 어떤 목적도 추구하지 않기 때문이다.3 하지만 동시에 이것은 인간의 전적인 관심 영역이 되기도 한다. 왜냐하면, 모든 인간은 신성한 것과 관련되어 있고, 결국은 거기서 자신의 의미와 무의미를 발견하기 때문이다. 그러나 이 모든 것이 파악되고 기술되기란 매우 어려울 따름이다. 결국, 인간은 신성한 것에 속한 "영역"을 정확하고 분명한 방식으로 설명하지 못한다. 하지만 우리는 모든 시대에서, 또 인간이 명백히 설명한다고 주장하는 것을 넘어서 모든 활동에서 은밀한 신성한 흔적들을 발견하고 있다.

　　본질적 경험을 식별하려고 노력하는 것은 온갖 '단순주의'에 대해 경계하는 것을 전제로 한다. 즉 자연의 장관壯觀과 거대한 힘 앞에서 감정을 표현하는 낭만적이고 신성한 단순주의, 종교예식에 몰두된 합리적 단순주의, 권력자들과 수장들이 그들의 권력을 세우고 유지하는 정치적 단순주의, 현실을 파악할 수 없는 환상인 물질적 단순주의가 이에 해당한다. 우리는 이런 식의 사례들을 계속 열거할 수 있을 것이다! 하지만 이와 반대로, 이 신성한 것에 대한 복잡하고 아주 모호한 설명에 대해 신중해야만 하는데, 이 신성한 것이 "인간에게 결정적으로 중요한 것이 되고", "그것으로부터 인간은 모든 것들

---

2)　▲ 지금까지 아무도 본질적 경험에서 벗어날 수 없었다.
3)　▲ 단, 인간이 이 신성한 것을 차지하려고 애쓸 경우에는 목적이 나타날 것이고, 인간에 사회학적 형태를 제공할 것이다.

을 판단하게 된다." 또한 "이 신성한 것은 다시 문제 삼을 수 없는 것이고, 인간의 역량을 넘어서 존재하는 것이며, 인간이 이것에 대해 논의하는 것조차 견딜 수 없고", 마침내 "궁극적인" 것이 된다. 그럴 것이다! 이 모든 것은 의심할 바 없이 정확하지만, 한없이 너무 넓고, 너무 불확실하다. 결국, 이런 접근들은 신성한 것을 훨씬 넘어서게 되고, 정확성이 완전히 부족하다. 인간이 궁극적으로 신성한 것을 만들어낸다면, 그것은 이유가 없는 것이 아니다. 한편, 내가 언제나 인정하기 어려운 것은 "원시인"이 노동자나 연설가나 예술가나 행정가처럼 대단한 능숙함과 엄청난 지성을 가지고 있다면, 종교적인 것, 신화적인 것, 신성한 것, 마법적인 것 같은 유형의 표현들과 관련된 것을 보자마자, 그는 그것들의 순진하고 단순한 어리석음 때문에 충격을 받을 수 있다는 사실이다. 정말로 원시인과 현대인 간에 전적인 단절이 있었다는 것은 가능하지 않다. 그러므로 나는 신성한 것이 최초의 도구 제작만큼이나 실제적인 의미를 지닐 수밖에 없다고 생각한다.

I. 기능과 형태

신성한 것의 공간적 기능

우리가 무시무시한 신성한 것, 즉 그 자체로 야기된 **공포심**을 넘어선다면, 우리는 이 신성한 것이 세상과 어떤 유형의 관계를 맺게 한다는 사실을 알아차린다. 신성화를 향한 인간의 움직임은 자신의 세계와 인간의 관계에 있어서 원천으로 작용한다. 힘들고 적대적이고 무서운 세계에서 인간은, 무의식적으로 또 본능적이지만 의도적으로, 자신을 위협하는 것과 자신을 보호하는 것에 신성한 가치들을 부여한다. 더 정확하게 말하자면 인간은 자신에게 새로운 원천이 되어 주고 자신을 세계와 조화시키는 것에 신성한 가치들을 부여한다. 이것은 원시시대에 이루어졌던 것이다. 그런데, 인간이 자신의 활력을 재창조했던, 위협적이나 안심하게 만든 총체성으로의 이런 통합은 이제 허물어졌고, 아마도 역사의 흐름 속에서 처음으로 재구성되어야 했다. 오늘날 인간성의 위기의 심연이 놓인 곳이 바로 여기이다. 그래서 인간은 이런 보편적 의사소통과 활력을 보장해 주는 것과, 자신의 원천을 되찾을 수 있는 도피처를 보장해 주는 것을 찾는다. 그러나 이런 탐색, 즉 이 새로운 신성화는 인간이 오늘날 할 수 있는 가장 완전하고, 가장 심오하며 가장 인상적인 경험에 의해서만 이루어진다. 신성한 것은 인간의 필요조건이자 불가피한 것이고, 인간에게 부과되는 것이며, 인간이 어김없이 체험하는 것과 반듯이 관련되어 있다. 이런 신성화 상황이 불가피하기 때문에, 인간은 이 상황에 궁극적 특성을 부여해야만 한다. 또한 이 상황이 인간에게 부과되기 때문에 인간은 이 상황에 가치를 부여해야만 한다. 그리고 신성한 것 자체는 그러한 영역을 벗어나 생각될 수 없기 때문에, 인간은 그러한 상황을 신성한 영역으로 변화시켜야만 한다. 그래서 신성한 것은 이 영역을 이탈하는 것에 대해 제어를 요구하고, 필연성 속에서 자유를 요구하는 필사적인 소명이다.

사람들은 금기와 제한과 규정을 부과하는 신성한 것의 제약적인 특성에 언제나 붙들려 있다. 하지만 실제로 신성한 것을 제정하는 것은, 인간이 알고, 인간이 지칭하며, 인간이 명명하는 세상의 영역에 대해 주장하는 인간이다. 인간에게 신성한 것이란, 인간이 일관성이 없는 공간으로 그리고 무한한 시간 속으로 던져지지 않는다는 보장이다. 정작 자유의 상황일 수도 있는데, 우리가 우리의 행동에 대한 제약이 "자유"에 대한 제약이라고 생각할 때, 우리는 언제나 "자유"에 대한 잘못된 시각을 갖게 된다. 즉 "아무 것이든" 할 수 있다는 것, 곧 "내 머리를 스쳐 지나가는 생각"을 할 수 있다는 것은 실현 가능하지 않다. 나는 어떤 영역에서만 있을 따름이다. 나의 자유가 어떤 영역에서 작동하는 경우에만 자유는 존재하는 것이다. 신성한 것, 그것은 세상의 영역이다. 하지만 이것을 자세히 설명할 필요가 있다. 즉 신성한 것 덕분으로 인간은 많은 판단 기준들을 소유한다. 그래서 그는 자신이 어디에 위치해야 하는지 알며, 자기가 끊임없이 지치게 하는 결정들을 내려야만 하는 것을 면한다. 즉 인간이 안정된 좌표를 갖게 된 것이다. 신성한 것 덕분으로 인간은 세상에서 방향을 정할 수 있고, 어디에서 어떻게 행동해야 하는지를 안다. 말하자면 인간은 치명적인 "무중력" 속에 있지 않고, 광적인 요지경 속에 있지도 않게 된다. 사실 세상에서 모든 것은 동일하지 않고 사소한 것도 아니다. 신성한 것은 이런 세상의 전체 지침과 판정 기준을 가리킨다. 그런데 지침과 판정은 모두 이미 만들어져 있었기에, 이것들은 이 세계에서 인간의 삶을 용이하게 해 준다. 그런데 사람들은 이것들이 잘못된 기준이며, 근거가 없는 판정이라고 반박할 수도 있다. 하지만 신성한 것이 인간의 집착에 그칠뿐 그 자체로 존재하지 않는다는 것을 내가 인정한다면, 또 신성한 것은 인간의 순수한 창작물임을 내가 인정한다면, 우리는 각자 다른 기준으로 판단하기 때문에, 적어도 나는 인간이 세상에 부여하는 이 질서는 거짓되고 우습게 보인다고 말할 것이다. 그러나 사람들은 상황을 이와 같이 인식하지 않았다고 볼 수 있다. 하지만, 나는 우리 현대과학에 의해 표현된 세상의 질서가 객관적으로 존재하는 질서라고 확신하지 못하겠다. 세상의 질서는 우리가 정확하고 뛰어나다고 판단하는 전체 방법론들을 통해 얻은 표상과 관련된 문제이다. 사실 그 방법론들은 다른 출발점에서 평가될 수도 있고, 웃음거리가 될 수도 있다는 사실을 무엇도 막지 못한다. 우리에게 보장되는 모든 것은 효율적 경험이다. 그런데 "원시인들"의 경우, 그들은 신성한 것을 통해 동일한 보장을 받는다고 주장했다! 신성한 것은 어떤 질서를 세우기 위해 식별 기능을 가진다. 모든 것은 '순수/불순'이나 '용인/금지' 등과 같은 대립 쌍으로 식별될 것이다. 신성한 것은 인간 앞과 주변에 상당한 수의 제약들과 경계들을 둔다. 이렇게 하여 신성한 것은 인간에게 자유로운 영역과, 금지된 영역 혹은 침범할 수 없는 영역을 결정한다. 예를 들어, 행위와 종교예식과 장소와 시간으로 구성된 영역인데, 그 경계들과 기준들은 항상 매우 확고한 의미가 있고, 결국은 아주 실용적인 의미를 가진다. 그래서 행할 수 있는 것이 무엇인지 아는 것이 언제나 중요하고, 때로는 그것을 어떻게, 어디에서 할 수 있는지 아는 것도 중요하다. 따라서 신성한 것은 어떤 행동 질서를 규정한다. 왜냐하면, 무의식적으로 실행할 수 없는 것이 바로 이런 행동이기 때문이다. 이 행동은 주어진 공간 속에서 구성된다. 그리고 신성한 것은 공간 속에서 행동을 조직화하는 것인 동시에, 행동이 실행될 수 있는 이 공간의 지리학을 정립하는 것이다. 즉 신성한 것은, 세상의 물질적이고 영적 측면, 초월적이고 내재적 측면 같은 모든 측면들을 포함하는, 세상에 대한 진정한 일반 지형학이다. 이러한 속성 때문에 신성한 것은 의미 제공자가 된다. 이 신성한 것에서는 의미와 방향이란 두 측면을 아주 명백히 분리되지 않기 때문에 분리하지 말아야 하기 때문에, 신성한 것은 이 지형학을 힘입어 방향을 설정할 수 있다. 이렇게 해서, 신성한 것은 내가 행하는 행동들에 대해 의미를 부여한다. 그래서 내가 하는 행동들은 더는 무분별하지 않게 된다. 그리고 그것들은, 내가 행하는 모든 것의 의미를 매번 분별할 수 있도록 만드는 모든 표지들로 정돈된다. 이와 같이 신성한 것은 공간 속에서 질서를 결정하고, 그 덕분으로 나는 의미를 받아들인다.[4]

신성한 것의 시간적 기능

그러나 신성한 것은 또한 시간과 연관된다. 즉 신성한 시간이 있다. 여기서 주목할 만한 사실은 신성한 것은 시간과 관련하여 정반대 역할을 하는 듯이 보인다는 점이다. 즉 신성한 시간은 축제의 시간, 위반의 시간, 정신착란

---

4) ▲ 게다가 이것은 완벽하게 일관성이 있다! 의미란 오직 어떤 질서와 관련하여서만이 또는 어떤 질서 속에서만이 가능하다.

의 시간, 따라서 무질서의 시간이다. 하지만 내가 정확하다고 생각하는 이 대립은 미묘한 의미 차이가 발생한다. 왜냐하면, 정당한 무질서의 시기와 질서 속에 내포된 위반의 시기로서, 신성한 시간은 신성한 전체 질서 속에 편입되어 있기 때문이다. 말하자면 신성한 시간을 가지고 혼란의 시기, 광기역사의 시기가 시작되는 것은 없으며, 다른 어떤 것의 절대적 시작도 없다. 신성한 시간은 제한된 시기, 앞서서 정해진 시기의 시간의 흐름 속에 개입되는데, 거기에서 위반은 예전의 금기의 계율과 마찬가지로 통상적이다. 신성한 시간은 시간들 사이의 시간이고, 말들 사이의 침묵이다. 이것은 절대적 원천 속으로 **빠지는** 것인데, 시작하기 위해서는 절대적 원천으로부터 **빠져나와야만** 한다. 또한 이것은 혼돈 속으로 **빠지는** 일인데, 질서가 힘과 효력과 타당성을 갖기 위해선, 혼돈으로부터 나와야만 한다. 그리고 이것은 시간을 한정하는 일인데, 거기서 어두운 권세들이 활동할 수 있다. 즉 인간이 불신하지만 제거할 수 없는 것을 향해 시간은 열리게 된다. 여기서 너무 현대적인 설명들을 피하기로 하자.5 그 권세들이 무엇이든 간에 어두운 권세들의 때를 한정하는 이런 특성에 집중하는 것이 더 낫다! 이처럼 신성한 시간역시 지형학의 한 요소이다. 결국 신성한 시간은 총체적 힘들을 격발시키고, 행동을 이끌고 거기에 효율성을 부여하도록 하는 전체 기준들을 제공한다.

신성한 것의 통합적 기능

마지막으로 신성한 것은 세 번째 기능, 즉 개인을 집단 속에 통합시키는 기능이 있다. 신성한 것은 그것이 집단적일 때만, 또한 공통으로 수용되고 경험될 때만이 존재한다. 역으로 모두가 동일한 신성한 것에 참여할 때만이 집단은 지속된다. 나는 신성한 것이 집단을 굳게 단결시키기 위하여 사용된

---

5) ▲ 정상적인 시간 속에서 너무 억압되어 있었기에 인간이 발산하는 시간이라는 식의 설명이다.

"수단"이라고 말하는 것이 아니다. 이런 말은 신성한 것의 제정에 있어서 결코 존재하지 않은 '지향성志向性'을 내포할 수도 있겠지만, 이것은 분명히 기능으로 볼 수 있다. 집단은 명백한 의도라는 토대 위에 존재하지 않는다. 한편 계약은 집단 구성 형태와는 반대가 된다. 우선 집단은 이 계약을 맺도록 밀어붙이는 충분히 강한 동기가 있었을 때만이 나타날 수 있다. 그리고 이런 동기들이 순전히 자발적이라면, 계약도 집단처럼 취약하다. 왜냐하면, 아무 것도 의도만큼 지속성이 있는 것이 없기 때문이다. 강하게 결속된 진짜 집단은, 모두가 받아들이고 인정하며. 모두가 자신을 맡기는 초월적인 것이나 절대적 필요성에 대한 열정 혹은 기준 삼기를 전제한다. 모두가 끊임없이 서로 거리를 두고, 각자가 개인적 길을 결정하며, 다른 사람들을 싫어한다는 온갖 이유에도 불구하고, 오직 신성한 것만이 집단의 기초를 세울 수 있고, 집단을 지속하게 할 수 있다.

그런데 만약 오늘날 우리가 우리 집단에 대해 아주 극심한 독립성을 보인다면, 또한 우리가 매우 개인주의적이라고 평가될 수 있다면, 그 이유는 오직 우리가 극도로 "보호되고, 보호하는" 사회 속에서 살고 있기 때문이다. 사회보장제도가 없는 곳에서, 가족과 이웃의 연대는 삶과 죽음의 문제가 된다.6 금세기 이전 세상 속에 사는 인간의 상황에서, 모든 것에 대해 책임지는 어떤 강력한 집단을 세우지 않고는 생존하는 것은 불가능했다. 하지만 이 집단은 이익이라는 유일한 토대로 충분한 권세를 누렸지만 살아남을 수 없었다. 달리 말해서, 인간은 오직 집단과 더불어 살 수 있지만, 집단은 인간의 삶의 조건이기 때문에 토대를 형성할 수 없고, 강하지도 않다. 인간은 모든 것에서 자신의 이익을 자동적으로 추구한다는, 너무나도 자주 묘사된 메커니즘이 결코 아니다. 인간에게는 고상한 충동, 공통으로 인정된 경험, 이성을

---

6) ▲ 그런데 상황을 거꾸로 바꾸어야만 한다. 즉 가족과 이웃의 연대가 없는 곳에서 개인은 심하게 위협을 받기 때문에 사회보장제도는 필수적이 된다.

벗어나는 이성이 필요하다. 우리가 우리 안에 단순히 내포된 것으로 느끼지 않은 동기이지만, 우리에게 그 자체로 부여된 것처럼 보이는 동기가 필요하다. 따라서 이것은 사랑이 담긴 열정이다. 사회집단은 모든 구성원이 공통된 "이성"으로 되돌아올 때만이 존속할 수 있고, 또 연대적 관계 속에 살면서, 초월적인 것으로 수용된 어떤 절대적 필요성에 종속될 때에만 존속할 수 있다. 그런데 이 연대적 관계는 확실히 항구적이지도 않고 명백히 인정되지도 않는다. 그러나 그것은 잠재적이며, 모든 사람들이 이 질서에 참여하기 때문에 너무도 본질적이어서, 출현하는 것이 드물기만 하다. 인간과 집단 간의 일치는, 신성한 것 덕분으로 그리고 오직 신성한 것만으로 있을 수 있다. 이와 같은 참여, 즉 신성한 것으로의 이런 편입을 통해서, 인간은 집단의 모든 행태들을 받아들이고 수용한다. 신성한 것의 표현으로서든, 감정 토로를 통하여 신성한 것 속으로 들어가기 때문이든, 가장 지나치고 가장 기괴하며 가장 일관성이 없는 요구들이 정상적인 것처럼 수용된다. 집단적 인신제사, 자기 인신제사, 왕의 신격화, 식인 풍습, 비정상적인 성적 행위 등, 이 모든 것이 정상적인 것이 된다. 신성한 것은 사실 그것이 제공하는 정당화에 의하여 비정상의 정상화를 야기한다. 이 신성한 질서에 참여하는 모든 것은 실제로 어떤 도덕적 문제도 더는 없다는 식으로 정당화된다. 도덕은 신성한 것이 사라지고 소멸되는 경향이 있는 사회의 발명품이다. 또 도덕은 예전에 근본적이고, 궁극적이며, 모든 훼손에서 벗어나 있는 견고한 것의 유약한 대체물이다. 그리고 도덕이 합리적이 될수록 도덕은 신성한 것에서부터 더 멀어지고, 동시에 그것은 약화된다. 신성한 질서에 참여하는 자는 아주 완벽히 의로운 나머지, 그는 어떤 양심의 가책도 있을 수 없다. 역으로 그가 이 질서에 복종하지 않는다면, 그것은 더는 그가 저지를 수 있었던 "악"의 문제나, 죄의 문제, 양심의 가책 문제가 아니다. 즉, 그것은 일종의 "벼락 맞는 것"과 같은 문제인데, 집단은 벼락치기의 행위자가 될 것이다. 한편, 그는 집단의 신성한 질서와 대립하면서 살아남을 수 없다. 그것은 단지 불순한 것에 의하여 집단을 오염시키는 문제가 아니고, 집단 속으로 사악한 힘이 접근하는 문제가 아니다. 그것은 단지 인간이 자신에게 부여했던 질서를 부인한다는 의미이거나, 또 어떤 질서가 되기 위하여 완전해져야 하는 자는 더는 존속할 수 없다는 의미이다. 만일 그렇지 않으면 이런 질서는 그 중 하나의 질서가 아니라는 증거가 형성될 것이다. 거기로부터 신성한 것의 전적 훼손이라는 돌이킬 수 없는 특징이 발생한다. 즉, 만일 '신성성을 훼손하는 자'가 존속한다면, 집단 전체가 문제가 되어 집단이 산산조각이 날 수밖에 없다. 따라서, 이 이야기들을 우리에게 전해주는 신화들 속에서 등장하고 있는 것은, 전체 질서와 집단의 권세들인 동시에 자연과 초자연의 권세들이다. 왜냐하면, 인간적이고 자연적이며 신적인 모든 질서가 동시에 훼손당하고 있기 때문이다.

신성한 것의 첫째 형태-권세들

인간 사회에서 신성한 것에 의하여 이행된 이 기능들로 인하여, 우리는 신성한 것이 채택한 형태들 중 어떤 것들과 모든 사람이 식별했던 어떤 양상들을 이해할 수 있다. 우선 신성한 것은 예기치 않거나, 어둡거나, 충격적인 권세들의 표현으로서 출현한다. 그리고 그것은 신비한 영역인데, 거기서 파악되지 않은 셀 수 없는 권세들이 활동한다고 여긴다. 신성한 것은 인간을 위협하고 구원하는 모든 것의 결집이다. 그런데 신성한 것이 질서이고 경계이며, 의미이고 정당화라면, 신성한 것은 그런 것이 되어야만 한다.

만약 인간이 이 기능들을 자기 자신과 분명히 연관시켰다고 한다면, 인간은 이 기능들을 진지하게 여길 수 없을 것이다. 인간이 신성한 것을 만들어내는 것은 번개와 천둥이 있기 때문이 아니다. 의미의 원천과 경계의 기원이 천둥이 일어난 장소에 투사되는 것은, 오직 세상에는 질서가 있어야만 하고, 행위는 정당화되어야만 하기 때문이다. 한편, 인간은 고기잡이나 혹은 사냥을 위해 자발성과 "본능"을 가질 수 있었는데, 그만큼 확실한 자발성과 "본능"을 지닌 인간은 자기 스스로가 정당화될 수 없다는 사실을 "알았고", 자신이 올바르다고 스스로에게 말할 수 없다는 점도 "알았다."7 더더욱 인간은 자신이 위치될 수 있는 질서를 세상에 세운다는 것은 생각할 수도 없다. 즉 인간은 이 질서의 수단들을 가지고 있지 않다. 이런 이유로 인하여 기술의 성장은 신성성을 제거할 것이다. 말하자면 탈신성화하는 순간에, 인간은 자신의 질서를 세우기 시작한다. 따라서 권세의 집중은 신성한 것이 떠맡아야만 했던 기능 자체와 연결되어 있다. 그리고 이것들은 어떤 구성도 없으며, 어떤 배열도 가능하지 않는 권세들이다. 모든 신성한 것의 위반은 불경하다. 즉 속죄받을 수 없다. 사람들은 선험先驗적인 정당화로부터 용서를 기대할 수 없으며, 후험적後驗으로도 결코 기대할 수 없다. 사람들은 죄가 씻길 수가 없다. 다시 말해 권세들은 냉혹하다. 세상의 질서는 이 권세에 달려 있다.

신성한 것의 둘째 형태- 절대적 가치, 참여 예식, 총괄적 개인의 결합

신성한 것은, 둘째 형태 혹은 특징으로 우리가 '절대적 가치'라고 부를 수 있는 것과 '참여 예식'과 '총괄적 개인' 사이의 놀라운 결합을 제시한다. 이 결합은 바로 어두움의 권세들을 인간적으로 형식화하는 일인데, 특히 이 세 가지 측면들을 분리하지 말아야만 한다. 신성한 것을 사회 안에 가시적이고 구체적이며 표현되도록 만드는 것은 이것들의 결합이다. 절대적 가치, 참여 예식, 총괄적 개인 같은 요소들은 각각이 다른 둘과 연관되었기 때문에, 이 셋의 '결합체'가 존재할 때만이 사회 안에 신성한 것이 존재한다. 먼저, 절대적 가치는 어떤 인간이나 어떤 집단이 신성하다고 여기는 것에 대한 분명한 징표 중의 하나이다. 말하자면, 접촉할 수 없는 것 혹은 문제시될 수 없는 것

---

7) ▲ 이러한 인정은 어떠한 가치도 없고, 인간을 가장 완벽한 불확실성 속에 내버려둠으로 해서 인간을 전혀 안심시키지 못한다.

이 있다는 것이다. 그런데 신성한 것의 경계는 거기를 넘어선다. 예를 들어, 사람들은 이러이러한 생각과 행태에 대해 논의할 수 있고, 농담할 수 있다. 또 사람들은 이러한 현실과 이러한 사람을 비판할 수도 있다. 그런데 갑자기 모든 것이 얼음장 같은 냉정함이나 불같은 분노로 중단된다. 우리의 대화 상대방의 신성한 것이 막 훼손된 것이다. 지속되는 이성도, 우정도, 지성도, 선의도 없다. 이제 더 웃는다는 것이 가능하지 않고, 더는 비판을 받아들일 수도 없다. 훼손당한 듯이 보이는 것은 당사자의 뿌리이며, 그는 뿌리가 뽑힐 위험이 있다는 느낌을 갖고 있기 때문에 반발한다. 화가 치밀어 치아의 신경이 노출될 정도다. 반발에 사활이 걸려있다. 대화 상대방이 신성한 것이 무엇인지 명백히 몰랐다고 할지라도, 또 그가 신성한 것을 명시할 수 없을지라도, 여기서 그는 노출된다. "원시인"의 신성한 것에 있어서도 정확하게 동일하다. 얼마나 많은 민속학자들이 그 경험을 했는가. 그들은 고인돌, 조각된 기둥, 가면 같은, 그들이 신성한 것으로 간주할 수 있던 이 모든 것을 건드렸다. 그들에게 그것이 허용되었던 것이다. 그 다음으로 그들은, 유폐된 열대 지방 전통 가옥의 구석진 곳의 골조 모서리 부분에 숨겨져 있는, 어떤 구체적인 것도 담지 않은 많은 보따리들을 건드렸다. 거기서 그들은 그것들을 들여다볼 권리도 없고, 옮길 권리도 없다. 절대적 가치는 신성한 것의 핵심인데, 그것으로부터 모든 것이 정돈된다. 이런 의미에서, 우리는 변화시키거나 혹은 다시 문제 삼을 수 없는 긍극적인 신성한 것이란 관념을 물론 수용할 수 있다. 하지만 이 절대적 가치는[8] '참여 예식'과 결합되어야만 한다. 사람들은 '입문 예식'에 대해 더 자주 언급한다. 물론 '통과 예식'과 '입문 예식'이 있다는 것은 틀림없다. 말하자면 '참여 예식'은 존재가 오직 어떤 교육을 받은 이후이고, 그 존재가 어떤 상태인지를 입증한 이후이며, 마침내 이 신성

---

8) ▲ 절대적 가치는 사물, 인간, 동물, 관념, 장소, 원리, 사회학적 실재 같은 아무런 것으로 표현될 수 있고 구체화될 수 있다.

한 세상 속으로 손상 없이 침투할 수 있고, 집단적인 신성한 것에 참여할 수 있다고 "인정받은" 이후이다. 그러나 이 모든 것은 하나 혹은 종종 여러 육체적 표식들을 내포한다는 점이 너무나 자주 무시된다. 즉 젊은 입문자에게 "표식이 남겨진다". 하지만 그 때문에 그는 참여하게 된다. 즉 그는 자신을 방금 전에 편입시킨 이 세상의 질서를 피할 수 없다. 그는 예식과 제례 형태의 참여자가 되는데, 이를 통해 그는 전체 질서의 참여자도 된다. 그런데 그 질서 속에서 그는 이제부터 수행할 자신의 역할을 가지게 된다. 그는 이렇게 집단에 참여한다. 그래서 그는 이 신성한 것을 부인할 수 없고, 그것을 위반할 수도 없으며, 자신의 역할을 감당하지 않겠다고 주장할 수도 없다. 집단의 최종 가치가 그의 궁극적 가치가 되어야만 하고, 자신 안에 사회의 신성한 것 전체를 통합한다. 그는 이런 질서 속에 존재하고, 적극적일 수밖에 없는 이 질서의 한 요소가 된다.

결국, 신성한 것은 '총괄적 개인'을 내포한다. 그런데 총괄적 개인은 구체화되어야만 한다. 그는 신성한 사물이나 개념과 동일한 것이 아니다. 총괄적 개인은 집단 속에서 신성한 것이 함의하는 모든 "덕목"을 자신 안에 집약하는 개인이다. 그는 살아 있고, 운동력이 있으며, 현실화된 신성한 것이다. 그는 자기 자신이 세상의 전체 조직의 기준점은 아니지만, 그는 신성한 것에 대하여 어떻게 행동해야만 하고, 어떻게 자신의 존재를 표현해야만 하며, 어떻게 처신해야만 하는가를 알기 위해, 모든 이들의 기준점이 된다. 따라서 신성한 것은 서로 관계되는 세 가지 요소가 있을 경우에만 존재한다. 참여 예식은 신성한 가치에 대한 참여를 내포하는 동시에, 모형으로서 본보기가 되는 인물을 고착하는 것을 함의하고 있다. 본이 되는 인물은 더 명백한 예식들을 통해 모든 사람 중 가장 깊게 참여한 자이고, 신성한 가치와 밀접한 관계에 있다. 신성한 가치는, 인간들이 신성한 것을 구체화한 인물을 따르기 위해 표식을 받을 때만이 의미를 지닌다. 따라서 신성한 것은, 애호가들이 어떤 관심을 가질 수도 있을 추상적인 형이상학이 아니라, 진실로 세상의 질서일 수 있다.

신성한 것의 세 번째 형태-이원대립 쌍

그러나 내가 다루길 원하는 것은 신성한 것의 마지막 형태이다. 오래 전에 입증된 것은, 신성한 것은 상반된 극단極端들, 즉 모순적이지만 동일하게 신성한 극단들에 따라 조직된다는 사실이다. 까이유와9가 증명했듯이, 이 점은 신성한 것의 "모호성"을 내포한 것이다. 신성한 것은 '순수/불순', '성스러움/타락', '응집/해체', '속됨/성스러움', '존중/위반', '삶/죽음' 같은 대립쌍으로 구성된다. 그런데 이 용어들 각각에 있어서, 예를 들어 하나는 신성하고 다른 하나는 비신성하거나 혹은 신성이 박탈되었다고 말할 수 없다는 점을 상기하는 것이 중요하다. 말하자면, 신성한 것은 이 둘 사이의 관계이다. 즉, 방향을 찾고 자신의 길을 정하려면, 남쪽과 북쪽, 오른쪽과 왼쪽이 필요한 것과 마찬가지로, 상반된 범주들은 다 같이 신성한 것이다. 따라서 신성한 것은 '존중'과 '질서'의 신성한 것인데, 이것은 '위반'의 신성한 것을 내포한다. 그러나 '위반'의 신성한 것은 '존중'과 '질서'의 신성한 것이 없다면 어떤 것도 의미하지 않을 수도 있다. 마찬가지로, 까이유와의 멋진 표현을 빌리면, 신성한 것은 "삶의 조건과 죽음의 문"이다. 상반된 용어들을 통한 이런 체계화는10 신성한 것이 보이는 특별한 면이다. 같은 단어는 같은 것을 종종 숨긴다. 그래서 신성한 것은 신성한 '존중'을 야기하는 것임과 동시에, 사회로부터 단죄되고 축출되며 신성성에 복종하는 것이다. 모든 것은

---

9) [역주] 로제 까이유아 (Roger Caillois, 1913-1978). 프랑스의 사회학자이며 평론가이다. 랭스출신으로 고등사범학교를 졸업한 뒤, 바타이유 등과 함께 '사회학 연구회'(Collège de Sociologie)를 조직하여 비평 활동을 폈다. 대표 저서로는 『신화와 인간』(Le Mythe et l'Homme), 『인간과 성스러운 것』(L'Homme et le Sacré), 『놀이와 인간』(Les jeux et les hommes) 등이 있다.
10) ▲ 이런 체계화는 사람들이 구조주의적 방법론을 적용하기 전에 발견했던 것이다!

두 극단을 표상하고 있는데, 그 사이에 중간단계도 없고, 점증漸增과정도 없다. 즉 전적으로 순수하거나 혹은 불순하거나이다. 하지만 이 두 극단 사이에는 하나가 다른 하나 없이는 존재할 수 없는 연결과 관계와 긴장과 균형이 있다. 세상과 사회의 모든 질서가 조직되는 것은 바로 이처럼 구축된 축軸들 주위에서이다. 이 질서는 우리에게 부조리하고, 합리적 이성이 없어 보일 수 있다. 그럴 수도 있다. 그러나 가장 중요한 것은 방향 축과 식별 기준이 있다는 점이다. 말하자면, 세상은 전체와 무無가 동일하게 현존하고 가능한, 무서운 혼란이 아니라는 점이다.

II. 탈신성화

서구의 탈신성화 시도-기독교와 종교개혁

이처럼 인간은 끊임없이 그리고 어디서든 같은 방식으로 질서를 세우려고 애썼는데, 그것은 어떤 신성한 것을 전제로 한다. 하지만 신성한 것도 종종 다시 문제시된다. 말하자면, 어떤 조직 원리가 적용될 경우, 이 조직 원리는, 이 세상 질서 밖에 위치해 이 질서를 부인하는 어떤 사람이나 집단에 의해, 한순간, 상당한 노력을 대가로 치루고, 반박당할 수 있다. 그래서 구르비치11는 이런 것이 종교와 관련된 마법의 역할이라고 주장했다. 서구에서 우리는 역사적으로 두 가지 시도들을 경험했다. 즉 이교적인 신성한 것을 문제 삼고 탈신성화한 기독교와, 중세의 신성한 것을 문제 삼고 탈신성화한 종

---

11) [역주] 조지 구르비치(Georges Gurvitch, 1894-1965)는 러시아 출신의 프랑스 사회학자이자 법학자다. 그는 러시아혁명 때 조국을 떠나 파리에 정착하여 보르도 대학, 스트라스부르그 대학의 교수를 역임하였다. 당대 최고의 사회학자 중 한 사람인 그는, 지식사회학 전문가로서 사회적 현실을 미시적 사회학과 거시적 사회학의 개념을 사용하여 분석하였다. 저서로는『사회학의 현대적 경향』등이 있다.

교개혁이 바로 그것이다. 이 두 경우에서는 과격한 탈신성화의 의지가 있었다. 창조자인 동시에 해방자인 하나님이고 역사의 주인이며 하나님 사랑의 구현인 예수 그리스도로 말미암아, 세상에서 신성한 조직을 갖는다는 것은 더는 필요가 없었다. 신성한 것은 성서적 계시 안에서 어떤 자리와 존재 근거도 없다. 원시 기독교는 자연이란 신성한 것을 공격했고, 지중해 세계에서의 권력이란 신성한 것을 공격했다. 종교개혁도 자연의 신성한 것과 다시 복원되었던 권력의 신성한 것을 공격했지만, 교회라는 신성한 것도 공격했다. 그런데 가장 깊었던 이 이중 공격에서 절대적으로 핵심적인 것은, 한편으로 신성한 것이 불가피하게 다시 출현한다는 점이고12, 다른 한편으로 탈신성화의 도구였던 것이 다시 신성하게 되었다는 점이다. 이와 같이 기독교는 200년 동안 창조와 성육신과 예수 그리스도의 주±되심의 교리의 이름으로 자연의 이교적 신성성과 권력의 신성성을 파괴하는 것에 성공했다. 그런데 그 다음으로 무엇이 신성해지는가? 그것은 신성 박탈의 도구였던 것인 교회와 계시된 진리이다. 하지만 이런 것들을 전제로 하여 나머지가 복구된다. 즉 창조의 자연적 질서와 그리스도의 대리자인 황제의 권력이 다시 신성해진다. 사실 신성한 것 주위에 있는 모호하고 모순된 구조 속에서, 이것은 불가피한 과정이라는 점을 잘 이해해야만 한다. 말하자면, 순수한 것과 불순한 것뿐 아니라, 신성한 것과 탈신성화하는 것도 사회적 세상을 불가피하게 구성하는 단편들이다. 신성한 것은 자신을 탈신성화하는 것을 반드시 흡수하는 식으로 존재한다. 이것은 종교개혁을 통해 경험한 것과 동일한 것이다. 종교개혁은 계시를 내포한 성서의 이름으로 교회와 교리의 신성한 것을 공격하는 동시에, 다시 복구된 이 모든 신성한 것을 공격했다. 종교개혁은 도덕규범에 대한 실제적인 위반을 범하였는데, 예를 들어, 경제에 대한 인간의

---

12) ▲ 이는, 신성한 것의 재출현이 인간이 만들어낸 것이며, 또 이것은 근절되지 않을 정도로 깊고, 동시에 확고한 생명력을 지니고 있어 돌이킬 수 없을 정도로 필수적인 것이라는 점을 입증한다고 볼 수 있다!

자유를 다시 세웠다. 그런데 무슨 일이 발생하는가? 성서는 "성스러운 텍스트"가 된다. 성서는 신성한 것의 작용 속에 들어오고, 모든 차원에서 신성을 모독하는 행위들이 신성한 행위가 된다.13 그리고 종교 전쟁들처럼 참여하는 갈등은 신성한 갈등의 전형이 된다. 이런 사실들로 시작하여, 모든 것은 다시 한번 복구된다. 말하자면, 개신교 군주들은 신성한 인물이 되고, 공화국도 신성해지며, 교회와 개신교 도덕은 전형적으로 신성해진다. 자연에 관해서, 그것은 그 자체로 더는 신성한 것으로 간주되지 않는다. 그러나 자연의 활용은 신성해지고, 개신교도들은 자연의 여건을 토대로 한 자연법을 제정했다.14

과학과 기술의 영향

그런데 우리는 새로운 탈신성화의 시도를 목격하고 있다. 이것은 지금 우리가 이 책에서 다루는 것이다. 18세기 말부터 19세기까지, 사람들은 탈신성화와 동시에 "탈종교화"의 경향을 알고 있다.15

물론, 사람들은 과학자들과 철학자들의 행동을 즉시 생각하는데, 이것은 중요하지 않은 것이 아니다. 그 시대의 과학적 과정은 모든 것을 확인할 수

---

13) ▲ 하나님이 말한 것처럼, 성상을 파괴하는 것이나 이자 대출을 하는 것이나 천연자원을 개발하는 것이 신성한 행위가 된다.

14) 보들리야르의 입증은(『소비사회』, 1970) 아주 특별히 매력적인데, 이 입증은 중세부터 20세기까지 육체를 위해 "영혼"에 대항하여 신성 박탈과 세속화라는 긴 전쟁이 있었다는 사실을 설명하고 있다. 육체의 가치는 주관적 가치였다. 그런데 오늘날 이 가치가 인정되었다. 하지만 "육체는 탈신화화 단계를 형성하기는커녕 아주 단순하게 구원의 교리와 도식처럼 신화적 단계로서 영혼의 뒤를 이은 것이다.""오랫동안 신성한 것을 비난했던 육체의 '발견'...하나님에 대한 인간의 투쟁은 오늘날 재신성화의 징후 속에서 형성된 것이다. 육체 숭배는 더는 영혼 숭배와 모순적이지 않다. 그것은 영혼 숭배를 이어 받고, 이데올로기적 기능을 유산으로 물려받았다." 우리는 앞에서 보였던 과정을 다시 마주하는데, 이 과정에 따르면 신성을 박탈하는 요소가 오늘날 새로운 신성한 것을 내포한 담지자가 된다. 육체는 종교의 대상이다. 모든 광고, 모든 외모지상주의 이데올로기가 그것을 증명한다.

15) ▲ 사실은 이것들은 동일한 것이 아니다.

있는 것과 감지할 수 있는 것으로 귀결하려는 경향이 있었는데, 이 과학적 과정은 확고한 기초였다. 아니 너무 지나쳤다! 사람들이 잊었던 것은, 사실을 확인하는 도구들이 제한되었다는 점과, 결국은 더 세련된 도구들을 가지고 다른 확인들을 하는 것이 불가능하지 않았다는 점이었다. 이와 동시에 과학적 방법을 적용할 수 있기 위해서 정확하게 대상을 한정해야만 하고, 그것을 분리해야만 했다. 그래서 이 경험 영역 속으로 들어오지 않았던 모든 것은 무의미한 것으로 간주되었다. 마침내 사람들은 매우 많은 현상들과 자연이해에 있어서 발전을 설명하도록 하는 좋은 추론 방법과 해석 방법을 창안했다. 이 방법은 일반적 이해로 간주되었던 하나의 이해이다. 그래서 순수하고 합리적인 이 방법은, 이런 종류의 추론과 설명이 가능하지 않은 모든 것을 배제했다. 이런 다양한 이유로 과학은 종교가 순전한 모순처럼 보였고, 인간이 지금까지 신성한 것으로 간주했던 모든 것이 신성모독으로 보였다. 그런데 인간 정신을 차지하기 시작한 '효율성'이란 시각에서, 지금까지 종교는 눈에 띄게 비효율성을 보였다는 사실은 명백하고 분명했다. 이와 반대로 과학은 항상 인간의 행동과 찬사가 주어진 모든 영역에서 더 효율적이었다. 더구나 신성한 것, 즉 식별할 수 없는 힘들이 활동한다고 여긴, 어둡고 신비한 이 영역도 역시 취약하고 토대가 없음이 드러났다. 하지만 신성모독자들이 항상 두려워했던 끔찍한 위협이나 보복은 일어나지 않았다.

과학은 지금까지 범접할 수 없는 것으로 간주된 영역들을 조용히 첨가하였고, 밤을 밝혔으며, 아무것도 일어나지 않았다. 적어도 외관상 신성모독은 벼락을 맞지 않았다. 환히 밝혀진 밤은 힘도 괴물도 포함하지 않았으나, 오직 대수학적 계산에 의존하는 육체들만을 포함했다. 사람들은 오직 이성이 잠들어서 괴물이 생겨났다고 조용히 주장할 수 있었다. 그런데 이 접근방식이 접근할 수 있는 모든 영역에서 추구되었다. 자연처럼 역사도 합리적인 사건들의 연쇄로 나타나는 신비와 기적의 장소가 더는 아니었다. 이 합리적인 사건들은, 아마도 확인할 수 있는 힘들의 하나의 작용이나 혹은 여러 작용들을 가지고, 식별할 수 있는 인과관계를 통해 연결된다. 이런 체계화와 어울리지 않는 나머지는 비역사적으로 간주되고, 전설과 거짓으로 여긴다. 거기다가 이러저러한 철학자는 모든 것을 합리성으로 귀결시키려고 개입했고, 이러저러한 사회학자는 종교의 나이가 아동기, 즉 이미지와 환영幻影의 시기라고 보고, 인류의 나이들을 설정했다. 하지만 이 아동기 단계는 끝났고, 근본적으로 지나갔다. 과학 덕분으로 인류는 어른이 되었고, 어른의 특징은 이성이었다. 우리는 새로운 시대에 도달했고, 진보는 돌이킬 수 없었다. 그럼에도 불구하고 우리가 상기해야 할 것은, 우리가 예언자적인 것으로 간주할 수 있는 특이한 방향전환을 통해, 사회학자 구르비치가 이성적 과학 시대에 새로운 종교의 토대를 세우고, "동정녀-성모"를 재발견하며, 예배를 복원한다고 주장했다는 점이다.

어쨌든, 이런 지적이고 과학적이며 철학적인 진보는, 순수한 합리성에 의해 탈신성화 방향으로 사회를 이끌어 가기에는 확실히 충분하지 않았을 것이다. 또한 진부함이 문제가 되는 한, 이 진보를 강조하는 것은 쓸데없는 것이다. 사건들이 필요했고, 집단적 흐름과 공통된 경험이 필요했다. 이 흐름과 경험은 인간을 결국 오메M.Homais16 수준의 통속적인 종류의 사고에 열리게 하고 접근하게 만든다. 그런데 사건들이 일어났다. 물론 우선권을 부여하는 것도 불가능하고, 사상이 사건에 앞섰던 것인지 혹은 그 반대인지 궁극적으로 아는 것도 불가능하다. 몇 가지 사건들을 회상해 보자. 이 영역들에서 너무 자주 무시된 중요한 사실은 루이 16세의 죽음이었다. 왕은 혼신의 힘을

---

16) [역주] 오메(M.Homais)는 1857년에 출간된 귀스타브 플로베르(G.Flaubert)소설, 『보봐리 부인』(Madame Bovary)의 소설에 등장하는 가상 인물이다. 그는 무신론자이며, 볼떼르의 제자라고 주장하는 반교권주의자이며, 잘 알지 못하는 과학에 대한 맹목적 신봉자인 약사이다. 야망을 가진 소시민인 그는, 현학적 허세와 해로운 기회주의 모습을 보이면서 소설에서 부정적 역할을 한다.

다해 신성한 인물로 남았다. 왕위의 신성함과 국가 기밀들은 18세기 민중의 잠재의식 속에 남았던 것인데, 이것은 정확히 12세기 혹은 심지어 기원전 7세기에 있었던 것이었다. 특히 신성한 인물이자, 신성한 힘들이 집중된 자이며, 생생한 힘을 유발하고 앞서 이끄는 아버지 같은 존재에 대한 단죄와 처형은 적출剔出과 심리적 "제거"라는 절단 경험이었다. 이 위대한 정신분석학자, 오메는 프랑스 민중이 1793년에 겪은 충격으로부터 아직 제자리로 돌아오지 않았고, 민중의 많은 반응이 이것을 설명한다고 생각했다.

동시에, 더 집단적이지만, 아마도 더 생각이 깊지 않은 민중은 신성을 박탈하는 이런 과학의 결과들에 대해 직접적인 경험을 할 수 있었다. 그것은 기술이었다. 증기선이나 철도 등과 같은 기술적 출현에 대한 이 시대의 개인들의 부정적인 반응들은, 관심에 따른 반응에서 기인된 것이 아니라, 신성한 영역에 따른 반응에서 기인되었다는 사실을 고려해야만 한다. 이것은 위반에 대한 두려움이고, 비밀한 힘들의 폭발에 대한 두려움이며, 침범할 수 없는 것과 형언할 수 없는 것으로 지금껏 간주되었던 것을 "실행"하는 것에 대한 두려움이다. 그러나 이 영역에서 그것이 언제나 발생하기 때문에, 방향전환은 그만큼 전적으로 일어났고, 사람들은 한 극단에서 다른 극단으로 넘어갔다. 왜냐하면, 위반의 신성한 것은 금지의 신성한 것의 다른 측면일 따름이기 때문이다.

이 침범할 수 없는 영역이 모독될 때, 이 영역은 그때 그 반대 영역이 된다. 신성이 박탈된 완전한 순수함은 타락의 장소 자체가 된다. 드러난 생생하고 은밀한 경험은 가장 평범하고 통속적으로 사용된 사실이 된다. 그런데 구체적으로 신성화된 공포와 증오를 물리친 기술의 효율성은 이와 동일한 뒤바꿈을 야기했다. 그리고 모독을 당할 수밖에 없는 것은, 효율적 합리성의 길과, 한없는 수단 사용의 길과, 늘 가장 깊은 것에 대한 가속화된 정복의 길에 서 있는 인간의 욕망 분출이었다. 왜냐하면, 아무것도 더는 이런 지배를 벗어나 남아 있을 수 없었기 때문이다. 즉 이것은 여전히 위협과 심판의 대상이었다. 그러나 사람들이 알지 못했던 것은, 이 개발을 열망하는 맹렬한 위세도 역시 신성한 것의 표현이었다는 사실이다! 아니다. 상황은 명확했고 아주 잘 설명되었다.

도시화

마지막으로17, 이것은 동시에 도시화의 순간임을 기억하자. 많은 이유로 점차 많아지는 사람들이 시골을 떠나고 도시로 밀집한다. 그들 대부분은 노동자들이고, 일부는 상인들이다. 도시화는 이중적인 차원에서 탈신성화 방향으로 작용한다. 먼저 첫째 차원에서, 인간은 자연과 생명의 원천과 자연적인 순환 등과의 관계를 깨트린다. 그런데 신성한 것은 항상 자연과 연결된 경험이었다. 인간은 자신에게 주어진 이런 결합체에 속했다. 신성한 영역은 언제나 자연 세계와 관계되었다. 지금까지 탄생과 죽음 같은 현상이나 발아와 달의 순환 주기 같은 현상에 대한 관계 설정과 거리 유지 속에서만이 신성한 것이 존재했었다. 이런 환경에서 빠져나온 인간은 아직도 이 신성한 것에서 기인하는 감정들과 이미지들에 사로잡혔다. 하지만 이 감정들과 이미지들은 더는 되살아나지 못하고, 경험을 통해 더는 활력을 찾지 못한다. 도시인은 자연환경과 분리되었고, 그로인해 신성한 의미작용은 더는 어떤 경험적 준거도 없다. 신성한 의미작용은 곧바로 경직화된다. 왜냐하면, 신성한 의미는 도시적이고 기술적인 인위적 세상의 인간이 겪는 새로운 경험에 의해 지탱될 수 없기 때문이다. 인위적인 것, 체계적인 것, 이성적인 것은 동일한 종류의 경험을 야기할 수 없어 보이는데, 그것들이 탈신성화 운동과 연관되는 만큼 더더욱 그러하고, 인간이 이 수단을 통해 경험하는 만큼 더욱 그러하다.

---

17) ▲ 여기서 우리가 다룰 수 없는 많은 다른 요소들 중에서 마지막 한 가지이다.

둘째 차원에서, 도시화된 인간은 자신의 일의 구조를 통해 탈신성화의 흐름 속에 참여한다. 시골에서 노동은 신성한 질서의 매개였고, 이 일을 통해 인간은 더 깊게 신성한 것에 참여할 수 있었다. 그것 역시 인간의 경험에 속했다. 이와 반대로 새로운 산업적 노동 유형, 즉 기계를 사용하는 유형의 노동은 본질적으로 합리적이고 신비함이 없으며, 깊이가 없다. 이 노동은 자연세계의 매개도 아니고, 독립적인 힘을 파악하는 것도 아니다. 또한 이것은 미지의 힘들과의 예측 불가능한 협력도 아니다. 그런데 미지의 힘들의 위협적인 축복은 우리의 활동에 비하여 언제나 지배적이었다. 이제 기계를 사용한 노동은 명확하고, 모호하지 않으며, 미리 계산할 수 있는 결과들을 획득하고, 외적인 전적 타자를 기준 삼지 않는다. 이와 반대로, 이런 차원의 개입은 오직 혼돈과 부정일 수밖에 없다. 게다가, 상인의 노동도 같은 종류에 속하는데, 말하자면 단순한 법적 관계, 확실한 회계 정리 그리고 설명이 가능하고 신비함이 없는 결과라는 것이다.

그러므로 노동은 이런 비밀과 단일한 세계에 은밀하게 참여하는 것으로 가득 차 있었는데, 사람들은 이 단일한 세계의 한 부분만을 손에 넣었다. 하지만 이렇게 함으로써 사람들은 항상 프로메테우스가 되었다. 지금은 이와 반대로 노동이 포괄적으로 세상을 장악의 길이 된다. 세상에서 노동이 이루어지면 질수록, 세상은 더욱더 자신의 깊이를 박탈당한다. 이런 인간은 탈신성화를 이처럼 경험한다. 그는 순수한 합리성을 가진 메시지를 듣고 수용할 준비가 완전히 되어 있다. 또한, 신성 모독이 선이며 진보라고 입증하는 것을 듣고 받아들일 준비도 되어 있다. 왜냐하면, 그는 이 신성 모독을 매일 경험하고, 자기 자신이 신성 모독을 실행하기 때문이다. 어떻게 인간이 동의하지 않을 수 있을까?

신성한 것이 부재된 사회

따라서 지금 인간은 명확하고 단순하며 설명이 가능한 세상과 관련하여서 존재한다. 세상은 질서를 바로잡아야 충분한데, 세상은 명확하고, 단순하며, 설명할 수 있다. 이것은 사물로 변화된 세상인데, 인간은 이 세상을 더 낮게 만들기 위해 몰두한다고 자부하고, 세상을 지배하기 위해 세상을 몰아내며, 자신의 기술들을 예측하기 위하여 세상으로부터 고립된다. 진실로 신성한 것은 더 이상 없다. 농부의 미신, 가톨릭 예식, 과거 시대로부터 존속하는 신심은 틀림없이 지속되나, 이것들은 결정적으로 단죄된다. 인간의 이런 진전과 상응하여, 계산과 명확한 여론에 입각한 조직체가 있다. 정치활동도 신성한 것에 참여하는 것을 박탈당할 것이다. 그리고 모든 것은 완전히 설명된다. 권력의 지배력처럼 법의 권위도 더는 어떤 신비한 집단이나 어떤 경이로운 카리스마에 도움을 청할 필요가 없다. 권력은 시스템의 문제가 된다. 거기서도 조직하는 것으로 충분하다.

이처럼 인간은 자신이 새롭다고 생각했고, 조상으로부터 내려온 신성한 것의 짓누르는 무게로부터 벗어났으며, 오직 자신의 이성과 의지에만 의존한다고 생각했다. 분명한 사실은, 파괴되어 내쫓기고, 모욕당한 과거의 신성한 것이 예전의 그것이 더는 될 수 없다는 것이다. 또한 과거에 신성한 영역에 통합되었고, 지금은 설명되고 합리화된 경험의 영역이 이미 흩날려서 진짜 배출된 재들로부터 더는 다시 만들어질 수 없다는 점이 분명한 사실이다. 이전의 종교들은 소멸되었고 더는 되살아나지 않을 것도 분명한 사실인데, 이는 기독교가 예전 그대로의 종교로 남을 수 없다거나 다시 될 수 없다는 사실을 의미한다. 기독교는 그 자체로 전적 타자의 계시에 대한 신앙이여야만 한다. 그 이외는 아무 것도 아니다.[18] 왜냐하면, 모독당한 신성한 것은 도

---

18) ▲ 다른 종교가 다시 되면서, 다른 길이 기독교에게 새로운 변조를 하도록 하지 않는다면 말이다!

취한 황홀경 상태에서조차 다시 신성해질 수 없기 때문이다. 신성한 것의 경험이 부재하여 참여가 금지될 경우에, 조예 깊은 우리의 무의식이 거부하는 의도적인 작용이 바로 이것이다.

1930년과 1950년 사이에 사회학자들과 심리학자들이, 우리 현대 세상의 "세속화"로서 떠들썩하게 선언한 것이 바로 이것이다. 진실로 그들은 늦었다. 우리가 기술했던 이런 현상들은 19세기를 특징짓는 것이었다.

III. 오늘날 신성한 것의 특징

현대 신성한 것의 첫째 특징 - 자연환경에서 기술환경으로

1961년 3월 3일, 나세르[19]에게 대화를 하는 흐루시초프[20]는 다음과 같이 분명한 의견을 피력했다. "저는 귀하께 성의를 가지고 진지하게 말씀드립니다. 말하자면, 공산주의는 신성하다고 귀하께 말씀드립니다."[21] 흐루시초프는 이후에도 여러 기회를 통해 그렇게 다시 말했다. 말한다는 것은 엄청난 정밀함을 가지고 함부로 단어들을 사용하지 않는다는 사실을 의미한다는 것을 그는 알기 때문에, 그가 공산주의가 신성하다고 엄숙한 방식으로 말할 때, 그것은 말하는 방식 문제가 아닐 수 있다! 공산주의는 보이지 않고 동시

---

19) [역주] 가말 압델 나세르(Gamal Abdel Nasser, 1918-1970)는 이집트 군인 겸 정치가다. 1954년 '자유장교단' 세력이 주도한 군부 구데타로 이집트 정권을 장악하고 대통령이 되어 '사회주의적 이슬람 국가'를 내세우면서 이집트의 근대화를 주도했다. 그는 범아랍주의를 내세우며 아랍 국가의 단결과 통일을 주창하였다.

20) [역주] 니키다 후르시초프(Nikita Khrushchoyov, 1894-1971)는 러시아의 혁명가이자 노동운동가. 1953년에서 1964년까지 소비에트 연방의 국가 원수 겸 공산당 서기장을 한 그는, 스탈린주의를 비판하였고 대외적으로 미국을 비롯한 서방 국가와 공존을 모색하였다. 그의 반스탈린주의 정책은 공산주의 국가들에 큰 반향을 불러일으켰다.

21) 소비에트 공산주의 사상의 주목할 만한 불변 요소. 브레즈네프(M.Brejnev)는 1971년 10월 28일에 다음과 같이 선언했다. "소비에트 공산주의에게 삶과 활동과 레닌의 이름과 관련된 모든 것은 **신성하다**.…" 정치기술자에게서 나온 이것은 아름답기까지 하다.…

에 만질 수 없으며 무섭고 신비로운 영역, 즉 벼락과 무지개가 조화를 이룬 영역 속에 들어섰다. 그리고 강력한 통치자가 이 변화를 입증하기 위해 등장했다.

사실상 거의 반세기 전부터, 종교적인 것과 마찬가지로 신성한 것이 우리 서구 세계 속으로 대량 침입하는 것을 우리는 목격하고 있다.[22] 합리적 인간은 자신의 합리성에 만족할 수 없다. 이 세상에는 결국 이중적이고 삼중적인 토대가 있다는 것이 드러났다. 게다가, 인간이 자기 스스로 앞으로 나아갈수록, 인간은 19세기 어렵사리 획득한 체계적 확실성에 대해 문제제기를 하게 된다. 우리는 더는 숨기는 것이 불가능한 배경들을 구별하고, 또 우리의 명확한 지성이 신비라는 받침돌 위해 초석을 두고 있다는 사실을 알았다. 우리는 합리적 인간이 불가사의한 광기의 물결에 휩쓸리는 것을 보았고, 야만인처럼 행동하는 것을 보았다. 우리는 초현실주의와 재즈로부터 에로티즘에 이르기까지 총체적 교감交感을 자극적으로 추구하는 것을 목격했다. 사실 인간은 신성한 것의 참여 없이는 살 수 없다. 우리가 다시 돌아가는 것은 인간의 반항이다. 하지만 인간은 더 이상 뒤로 물러설 수 없다. 오늘날 신성한 것의 형태와 의미는 더는 항구적인 신성한 것의 형태와 의미일 수 없다. 인간은 자신에게 신성한 것으로 구실할 수 있는 것을 창안해야만 한다. 그렇다면, 이것이 대체물인가 혹은 실재인가? 나는 그것을 말할 수 없다. 어쨌든 이것은 기독교가 더 이상 대중의 종교가 아니기 때문도 아니고, 오늘날 인간이 더는 종교적이지 않다고 말할 수 있기 때문도 아니다. 오히려 반대로 인간은 중세의 인간만큼 종교적이다! 이제 신성한 것은 더 이상 존재하지 않는다는 것은, 자연과 성性과 죽음이 가지고 있는 신성한 것을 몰아냈다고 우기기 때

---

22) 노먼 브라운(Norman Brown)의 경탄할만한 표현. (『에로스와 타나토스』, 1970년 프랑스어 판 번역)(우리가 연구한 현상들을 파악했던 선각자들 중의 한명). "신성한 것과 모욕적인 것 간의 절대적 반대의미에 의해 헤매지 말아야 하고, 단지 신성한 것의 변조일 뿐인 것을 세속화로 해석하지 않는 것이 적절하다."

문이다. 이와 반대로 신성한 것은 우리 주위에서 만개滿開하고 있다.

하지만, 신성한 것은 더는 예전과 똑같은 상태이지 않다는 점을 자각해야만 한다. 즉 무질서하고, 이해할 수 없으며, 일관성이 없는 것이 신성한 것이라면, 또 세상에 대한 이데올로기적 해석으로 인간이 제시하는, 부인할 수 없는 질서가 신성한 것이라면, 인간이 자신의 삶의 환경과 관련하여 이 신성한 것을 구성하는 것은 명백하다. 이것은 인간이 손댈 수 없는 신성한 질서 속에 존재하고, 거기서 행동할 수 있기 위해서이며, 인간이 처음으로 그 질서를 따르도록 하기 위해서이다. 인간은 바로 자신의 환경 속에서 질서와 기원과 삶과 미래의 가능성에 대한 보장을 필요로 한다. 그리고 바로 이 환경을 위해서 신성한 것을 통해 행동규칙을 가지고 있는 것이 인간에게 중요하다. 게다가 가장 포괄적이고, 가장 풍성하며, 가장 근본적인 경험을 인간에게 제공하는 것도 바로 이 환경이며, 신성한 것에 실체와 그 형태를 부여하는 것도 이 환경이다. 또 이 환경은 신성한 것을 가지고 무미건조한 지적 구성과 전혀 다른 것을 만든다. 그리고 바로 이 환경이 신성한 가치들을 부여받는다. 그런데 과거에 이 환경은 자연 환경이었다. 즉 신성한 것이 정돈된 것은 바로 숲과 달과 관련하여서이고, 대양 혹은 사막, 폭풍우와 태양, 비와 나무, 샘과 황소, 물소와 죽음과 관련하여서였다. 인간의 환경이 이런 자연이었던 만큼, 바로 자연은 신성한 것의 기원과 대상이었다. 그리고 인간은 이 자연과 관련된 신화와 종교로 양성되었다. 결국 이 신성한 것은 자연의 인간화된 '지형학'이었다. 물론 집단과 관련된 신성한 것도 확실히 있었지만, 이것은 부차적인 것이었다. 즉 집단의 규모가 커졌을 때, 그때 왕과 사제와 마법사 같은 신성한 인물들이 나타났다. 그러나 이 집단은 자연 속에 빠져들었고, 자연에 젖어 있었으며, 자연과 관련하여 구성되었다. 그래서 자연-문화의 대립은 모순이 아니라 한 쌍이었다.

레비 스트로스는, 자신이 총괄적인 자연적 실재 속에서 정립했던 분류에 의하여, 인간이 어떻게 자신의 집단을 구조화하려고 애썼는지를 보여주었다. 왜냐하면, 이 분류는 거기서 인간의 경험이었고, 세상에서 인간 존재의 가장 직접적인 현존이었기 때문이다. 그런데 이런 분류 시도는 수십 세기 동안 그렇게 다양하지 않았다. 왜냐하면, 환경과 인간의 실험은 근본적으로 동일하기 때문이었다. 하지만 현시대의 환경은 새로운 것이고, 현대인의 가장 깊은 경험은 더는 자연의 경험이 아니다. 실제로 현대인은 더는 자연과 관련이 없다. 그가 살아가는 것에 있어서 그는 출생 때부터 인위적인 세상만을 알고, 그가 마주치는 위험들은 인위적 영역에 속한다. 그의 의무는 자연과의 접촉이 아니라, 오직 집단과의 접촉을 통해서만 부과된다. 그리고 집단은, 자연 환경에서 생존의 이유로 규율과 구조와 계명을 제정하는 것이 아니라, 완전히 내재적인 이유로 이들을 제정한다. 다른 집단들과 집단의 관계는 더욱 안정이 되었고, 예전보다 더 절대적이 되었으며, 어쨌든 집단과 접촉은 자연과 관계보다 더 절대적이 되었다. 이제 자연은 길들여지고 통제되며 틀에 맞추어지고, 이용된다. 즉 자연은 더 이상 위협과 원천이 아니고, 신비와 침범이 아니며, 세상의 모양과 세상의 비밀이 아니다. 자연은 개인에게도, 집단에게도 더는 그런 것이 아니다. 그래서 자연은 신성한 것을 유발하는 것도 더 이상 아니고, 신성한 것의 장소도 아니다. 오늘날 인간의 기본적인 경험은 기술 환경의 경험이고[23], 사회의 경험이다. 이런 이유로 말미암아 개인적인 무의식과 집단적인 무의식 속에서 형성되고 있는 중인 신성한 것은 자연과 더는 연결된 것이 아니라, 사회와 기술에 연결되었다.

신성화된 '현실'은 점점 자연적 이미지와 자연적 관계와 덜 관련될 것이다. 왜냐하면, 예전에 권력이 신성한 것에 참여했을 때, 권력은 언제나 자연적 신성한 것에 속한 것이었기 때문이다.[24] 또한 옛날에는 자연의 신성한 것

---

23) ▲ 왜냐하면, 기술은 인간의 **환경**이 되기 위한 매개물로 존재하는 것을 그만두었기 때문이다.

24) ▲ 이는 번성하는 권력과 뤼페르시쿠스의 제관(祭官) 뤼페르시(Luperci)와 계시적이고 빛

을 기준 삼아 사회적 권력이 작동되었기 때문이다. 이와 반대로 오늘날은 이런 준거準據를 실행할 어떤 이유도 없다. 즉 이 준거는 더 이상 의미도 없고 내용도 없다. 바로 정치권력이 그 자체로 새로운 신성한 것의 원천이 되고, 새로운 신성한 것을 유발하는 것이다. 인간이 신성한 것으로 식별하거나 혹은 느끼는 힘들의 영역과 장소가 되는 것은 바로 사회이다. 하지만 이 사회는, 기술이 인간의 삶의 환경이 되었기 때문에 기술적 사회이다. 그런데 기술이 그 자체로 자신의 표현 속에서 이해될 수 있음에도 불구하고, 이 기술 환경은 "자연"환경보다도 더 이해할 수 없고 더 안심할 수 없으며 더 의미를 가질 수도 없다. 인간은 이 기술 환경을 대면하고 그 한복판에서 자리를 잡으려는 절박한 필요를 겪고 있고, 진정성이 없는 이 세상에서, 의미와 기원과 진실성을 발견하려는 절박한 요구를 느낀다. 또한 이해와 해석과 행동의 기본방향, 다시 말해 신성한 것을 발견하려는 절박한 필요를 느낀다. 따라서 자연과 우주와 전통적인 종교적 대상의 신성을 박탈하는 것은 기술로 말미암은 사회의 신성화 작업을 수반한다.

그런데, 이것은 우리가 앞에서 발견했던 것과 정확히 일치한다. 즉 새로운 신성한 것의 중심이 되는 것은 탈신성화 요소라는 것이다. 고대 질서의 위반을 유발했던 힘은 그 자체로 신성할 수밖에 없다. 이 힘이 신성화된 세계로 들어가고, 이 힘이 명백한 확실성을 부여받은 만큼 이 힘은 더욱더 원래 확실함을 뛰어넘었다. 브룅J.Brun이25 다음과 같은 내용을 기술할 때, 그는 동일한 메커니즘을 강조한다. 그는, 마르크스, 니체, 프로이트 같은 우리 현대 시대의 탈신성화의 거장들은 "이제부터 의심의 여지가 없는 것으로 간주

나는 권력들 등과 관련된다.

25) [역주] 장 브룅(Jean.Brun, 1919-1994)은 프랑스의 철학자로서 아리스토텔레스와 그리스 철학의 전문가다. 그는 키에르케고르와 기독교 철학에 대해서도 광범위하게 저술한 보수적인 기독교 사상가다. 대표 저서로는 『꿈과 기계』(Le Rêve et la Machine), 『진리와 기독교』(Vérité et Christianisme) 등이 있다.

된다. 사람들은 그들을 떠받들고, 그들을 신성화한다. 그들은 새로운 신성한 괴물들이 되었다. 그래서 사람들은 몰아냈다고 주장했던 이 신성한 것이 다시 자리 잡는 것을 목도한다"라고 서술했다. 게다가 그는 어떻게 우리의 정치적 선언과 우리의 청원이 신성한 특징을 띠고, "교황의 회칙回勅을 대체하는지"를 보여주었다. 또한 그는 "우리의 온갖 탈신성화의 의도가 표현으로서 신성한 것을 고발한다면, 탈신성화의 의도는 요구로서 신성한 것을 내포하고 있다"는 점을 보였다.26

현대 신성한 것의 둘째 특징-세상에 대한 직접성

그러나 우리가 강조하길 원하는 것은 현대 신성한 것의 두 번째 특성이며, 이것은 첫째 특성으로부터 기인한다. 신성한 것의 세계에서는, 세상에 대한 인간의 직접적인 관계가 있고, 주체와 객체의 불분명함이 있으며, 관계의 직접성과 총괄적 경험이 있다. 그런데 이것은 인간과 자연의 어떤 접촉 속에서 발생한다. 실제로 우리는 인간으로부터 대상까지의 거리가 사라지는 것을 목격하고, 직접성이 회복되는 것을 목도한다. 그러나 이 직접성은 더는 과거와 같은 의미가 아니다. 또 사람들이 기대하는 불합리성은 합리주의를 결코 넘어서는 것이 아니다. 그리고 직접성은 인간이 자신의 존재와 자신의 세계에 대해 보장할 수도 있는 새로운 디딤판도 아니다. 왜냐하면, 이 직접성은, 인간이 통합되고, 동화되며, 제한되는 곳인 사회의 구조화 자체로부터 유래하기 때문이다. 사람들은 통합이 더욱 완전해지고, 일치가 더 명백해지며, 마침내 일치가 인간 전체와 관련되도록 항상 노력한다.

더는 거리가 존재하지 않는다는 것은 신성한 것의 영역으로의 편입 때문이 아니다. 그것은 사회적 메커니즘 속으로의 편입에 의해서 이야기된 것이

---

26) 1971년 가톨릭 지성인의 주간에서 브뢍 강연, "탈신성화와 새로운 우상"(Désacralisation et Nouvelle Idoles)

다. 인간의 독특한 운명은, 인간이 자연에 자신의 통찰력과 분석과 언어를 부과하면서 자연으로부터 분리되고, 견딜 수 없는 교감交感의 부재라는 상황으로 들어가는 것을 원했다는 점이다. 그래서 인간에게는 신성한 것을 끊임없이 재발견하는 것이 필요하고, 심지어는 재구성하는 일이 필요하다. 이처럼 놀라운 대반전反轉을 통해 우리는 현시대에 전복된 과정을 목격하고야 만다. 다시말해, 사회에 인간의 이성과 기술과 절차를 부과했기 때문에 인간은 가장 내밀한 방식으로 사회에 연결될 수밖에 없게 된다. 하지만, 이 사회는 혼魂을 지니지 않고서는 더는 살 수 없고, 움직일 수도 없으며, 성장할 수도 없다. 사회는 인간의 혼과는 다른 혼을 지닐 수 없다. 그런데 사회는 혼을 요구한다. 어떻게 모든 약속과 모든 위협을 담는 이 강력한 큰 몸체에 혼을 부여하는 것을 거부하겠는가? 이 사회는 신성한 것에 접근함으로써만이 작동된다. 하지만 신성한 것은 인간의 직접성과 인간의 희생 속에서만 존재한다. 우리는 당장은 신성화된 교감이라는 견딜 수 없는 조건 속으로 들어가는데, 이는 우리가 자연적인 것 속으로 흡수되는 것을 막는데 사용했던 인위적인 것, 그 속으로 점진적으로 흡수됨을 통해서 이루어진다.

상징화

상징화 작용은 신성한 것의 본질적 표현 중의 하나이다. 우리는 여기서 또 한 번 같은 문제 앞에 놓이게 된다. 우리는 현대인이 더는 상징들의 의미를 가지고 있지 않고, 더는 상징적인 것이 없으며, 상징화를 수행하지 않는다는 확신을 가지고 있다. 그런데 우리가 말할 수 있는 것은 긴 전통에 의해 신성해진 상징들은 더 이상 어떤 것도 상징하지 않으며, 현대인에게 더는 말을 걸지 않는다는 사실이다. 이 상징들은 낡아빠져서, 더는 의미를 담고 있지 않다. 세례용 성수 같은 상징이나 혹은 성찬식의 포도주 같은 상징은 페니키아인이나 혹은 그랄 인에게 있어서와 마찬가지로 현대인에게 있어서도 아무런 의미가 없다. 우리는 여기서 분명히 상징과 상징화 그리고 상징들의 생성 혹은 폐기를 자세하게 다룰 수 있으나[27], 나는 단지 두 가지 측면만을 강조하길 원한다. 먼저 상징은 분명히 인간과 인간 집단의 의도적이고 합리적이며 의식적인 창조물이 아니다. 인간은 "자, 우리는 저것의 상징으로서 이것을 취할 것이다"라고 서로에게 말하지 않을 것이다. 상징과 집단 간에 혹은 상징과 표시된 진리들 간에 명백한 일치도 없고 만들어진 협약도 없다. 상징의 출현은 진리들 전체를 대면해 본 경험과 연관되어 있는데, 이 진리들은 확신되었고, 수용되었으며, 논란이 없게 되었고, 종종 선조들의 정신적 조직 속에 뿌리를 내린, 아마도 신화적인 진리들이자, 융Jung이 '원형原型'이라고 부른 진리들이다. 붉은색의 원형이 있다면, 붉은색은 이러저러한 상황에서 군사력의 상징이 될 것이고, 고대 로마 집정관의 상징 혹은 크메르 코끼리 포획자의 야생 제물의 상징 혹은 혁명 의지의 상징이 될 것이다. 하지만 사실이 발생하는 것은, 원형들에 대한 지식에 의해서도 아니고 상징과 실재 간의 일치에 대한 명확한 의식에 의해서도 아니다. 상징은 공동으로 체험되고 알려진 진리를 아주 명확하게 표현하기 위하여, 주어진 어떤 변화의 단계에서 주어진 집단 속에 놓인 인간에게 그러한 것으로 부여된다. 상징은 이와 다른 것이 될 수 없는, 바로 그것이다. 즉 오직 상징만이 이 진리를 표현하고, 이 진리는 이 독점적 상징에 의해서만 표상될 수 있다. 그러나 집단이 진화하면서 점진적으로 상징의 명백함은 돌출되어 부각되는 속성을 잃게 된다. 상징은 쇠퇴한다. 확신되고 체험된 진리들이 변화함에 따라서 상징은 쇠퇴한다. 상징은 어떤 기간 동안 이 진리에 활력을 불어넣을 수 있지만, 무한적으로 그런 것은 아니다. 수용된 진리들과 고정된 상징화 사이의 불일치가 증

---

27) 상징에 대해, 나는 무엇보다 카스텔리(Castelli)와 리꾀르(Ricoeur)의 연구들을 살펴볼 것이다. 리꾀르에 의하면, 상징 언어는 첫 의미가 계속적인 충격파에 의해 연속된 파생의미들을 표현하는 언어이다. 이것은 하나의 표현으로 수렴하는 대신에 연상의미들로 분산하는 언어이다.

가한다. 그러면 상징에 대해 자각하는 일이 발생한다. 즉 인간은, 이것이 논의 불가능한 현존하는 진리 자체가 아니라 하나의 상징이었음을 파악한다. 어떤 체계적 분석은 이 상징을 지속하도록 하겠지만, 동시에 그것은 상징을 정당화하거나 무너뜨리기도 한다. 이런 대상, 이런 색채, 이런 몸짓이 상징이라는 자각이 생기자마자, 또 사람들이 상징을 알자마자, 상징은 더는 상징이 아니다. 왜냐하면, 자각과 분석이 상징을 파괴하기 때문인데, 이 상징은 더는 그러한 것으로 언급되지 않고 오직 다음과 같은 담화에 의해서만 나타난다. 즉 이 담화는 오직 전문가들을 통해서만이, 엄밀히 말해, 의미를 파악하기 위해 설명을 필요로 하는 충직한 자들을 통해서만 들을 수 있다. 그런데 의미란 정확히 상징과는 반대되는 것이다.

그럼에도 불구하고, 아무것도 현대인이 상징들의 의미를 더는 가지고 있지 않다고 확신하도록 만들지 못한다. 분명히 현대인은 생선의 의미나 만卍자형 십자가의 의미를 직접적으로 알지 못한다. 더구나 만卍자형 십자가는 매우 교훈적이다. 왜냐하면, 이 십자가는 현대인에게 다시 상징이 되었으나, 이것은 3천 년 전에 표현한 바와 전혀 다른 것의 상징이 되었기 때문이다. 이와 반대로, 나는 상징이 본질적인 현대 표현 방식이 다시 되었다고 말하고 싶다. "미디어"의 영향, 특히 텔레비전의 영향 때문에 모든 현대적 사고가 이미 신화적이고 상징적이 되었고 또 될 것이라는 맥루한28의 극단적인 결론에 이르지 않는다면, 광고 혹은 선전이 그토록 영향력을 지니고 있는 것은 바로 현대인의 정신 혹은 마음 속에 살아 있는 상징들에 통해서라는 점을 우

---

28) [역주] 마샬 맥루한(Marshall McLuhan, 1911-1980)는 캐나다 미디어 이론가이자 문화비평가다. 1964년 『미디어 이해』(*Understanding Media*)에서 '미디어는 메시지다', '미디어는 인간의 확장이다' 등의 명제를 제시하여 오늘날 미디어 개념을 정립하였다. 또한 그는 '지구촌(global village)' 개념을 제시하고 미디어의 발전이 문명과 인류에게 끼치는 영향을 연구하였다. 주요 저서로 『미디어는 마사지다』,(*The Medium is the Massage*) 『구텐베르크 은하계』(*The Gutenberg Galaxy*) 등이 있다.

리는 인정할 수밖에 없다. 밴스 패커드29의 광고 상징체계에 대한 연구가 알려져 있다.30 그러나 상징들을 만드는 것은 광고업자들이 아니다. 이런 상징체계를 사용하는 것이 효율적일 수 있고, "유연有緣성" 연구에 단서를 제공하는 것은, 현대인이 이 상징체계를 이미 체험하고 있기 때문이다. 이 유연성은 공동 상징들을 촉발시키는 것에 대한 개인의 반응일 따름이다. 마찬가지로, 지나치게 체계적인 특성에도 불구하고, 보들리야르31가 설정한 다양한 기술적 대상들의 성적 상징체계, 즉 대상들의 체계는, 기술과 현대인 사이에 존재하는 관계들의 질서를 이해하는 것에 핵심이다. 명백히 현대인은 상징으로서 자동차나 혹은 냉장고에 대해 아무것도 모른다. 그러나 단지 자동차나 냉장고가 편리한 물건이고, 어떤 의미도 없는 물건일 따름이라면, 그것들은 거의 어떤 매력도 있을 수 없고, 그것들이 삶에서 차지하는 위상도 지닐 수 없을 것이다. 그것들은 삶의 어떤 깊은 진리를 상징해야만 하고, 그것을 만들어야만 한다. 이처럼 우리 서구사회는 낡은 상징들을 무참히 파괴하고 살아 있는 상징들을 엄청나게 소비하는 것으로 드러났는데, 이는 이 새로운 세상을 존재의 가장 깊은 뿌리에 연결시키고, 신성한 것에 자신의 위풍당당한 위상을 다시 회복시키면서 이루어졌다.

---

29) [역주] 밴스 패커드(Vance Packard, 1914-1996)는 미국의 저널리스트이자 사회비평가다. 『숨어 있는 설득자』(The Hidden Persuaders)라는 책에서 기업과 마케터들 그리고 광고업체들이 소비자들의 마음을 홀리고 물건을 사도록 부추기기 위해 활용하는 심리적 전략과 전술 속에 감춰진 비밀들을 폭로했다.

30) 이 모든 것은 1970년 보들리아르(Baudrillard) 『소비사회』(La société de consommation)에서 다시 다루어졌고, 훌륭하게 입증되었다.

31) [역주] 장 보들리아르(Jean Baudrillard, 1929-2007)는 대중과 대중문화 그리고 미디어와 소비사회에 대한 이론으로 유명한 사회학자, 미디어 이론가이다. 현대인은 물건의 기능보다 기호(signe)를 소비한다고 주장하고, 모사된 이미지가 현실을 대체한다는 시뮐라시옹(simulation)이론을 주창했다. 또 현대사회를 '소비사회'로 규정하면서 현대인은 생산된 물건의 기능을 따지지 않고 상품을 통해 얻는 위신과 권위, 곧 기호를 소비한다고 설명한다. 주요저서로는 『기호의 소비』(La consommation des signes), 『시뮐라크르와 시뮐라시옹』(Simulacre et simulation), 『기호의 정치경제학에 대한 비판을 위하여』(Pour une critique de l'economie politique du seigne) 등이 있다.

Ⅳ. 현대에 신성한 것은 무엇인가?

네 가지 신성한 요소

현대 기술 과학적인 우리 서구세계는 신성화된 세계이다. 우리는 이 신성화된 세계가 질서와 위반 그리고 세상에 대한 지형학typologie을 내포하지만, 이것은 오늘날 자연에 대한 지형학이 아니라 현대 사회에 대한 지형학이라는 사실을 살펴보았다. 나는 현대 신성한 것이 전체적으로 두 개의 축을 중심으로 정돈된다는 사실을 주장하고자 하는데, 각각의 축은 두 가지 극단, 하나는 존중과 질서이고 다른 하나는 위반이라는 두 극단을 포함한다는 사실을 주장할 것이다.[32] 첫째 축은 "기술/섹스"라는 축이고, 둘째 축은 "국가-국민/혁명"[33]이라는 축이다. 이것들은 내가 보기에 우리 현대 사회에서 독점적으로 나타나는 신성한 네 가지 요소들이다. 모든 신성한 것이 항상 모순되는 대립 쌍으로 구성되었던 것과 마찬가지로, 실제로 우리는 동일한 구조를 발견한다.

돈

언뜻 보기에, 기술은 신성화될 가능성이 없을 것 같았다. 왜냐하면, 기술은 모든 면에서 합리적이고 수학적이며 설명할 수 있기에, 사람들은 어떻게 기술과 근본적으로 대립된 신성한 세계로 기술이 들어설 수 있을지를 모르기 때문이다. 그렇지만 기술이 들어선 것이 사실이다. 기술은 현대인에 의해

---

32) 이 주장은 필요한 분석을 마친 후에 할 것인데, 이 주장은 내가 기술하려는 신성한 것의 축들이 정확히 우리가 첫 장에서 구분하였던 신성한 것의 기능들과 형태들에 해당된다는 내용이다.

33) [역주] '국가-국민'은 정치조직을 의미하는 '국가'(État) 개념과 동일 집단에 속한 것으로 간주되는 개인들을 의미하는 '국민'(Nation) 개념이 병렬적으로 병치되어 사용되는 이론적, 정치적, 역사적 개념이다. 이 개념은 집단에 소속됨으로써 발생하는 동일성 개념인 '국민'과 이 '국민'에게 영향과 권력을 행사하는 정치적, 행정적 통치권과 조직 형태를 나타내는 법적 개념인 '국가'간의 일치를 보여준다.

신성한 현상으로 깊이 체감되고 있다. 기술은 신성불가침한 것이고, 유대교 신비학자의 관점에서 논란의 여지가 없는 최고의 작품이다. 그리고 기술이 갑작스런 강한 두려움을 유발하는 한, 모든 기술에 대한 비판은 열정적이고 터무니없으며 지나치게 과도한 반발을 야기한다. 물론 돈이란 신성한 것에 대해서도 무척 언급되는데, 돈이 신성하다는 것은 정확한 말이다. 이점에 대해 너무도 이야기되었기 때문에, 내가 여기서 이것을 재론할 필요는 없겠다. 하지만 단지 나는 두 가지만을 말하고 싶다. 먼저, 이것은 우리 시대와 우리 사회만의 특징이 아니라는 것이다. 돈은 항상 처음부터 신성했다.[34] 신성한 것에 대한 이 감정은 시대에 따라 다양한 형태를 취했지만, 돈은 언제나 권세의 영역에 속했다. 그래서 거기에는 새로운 현상이란 것이 없다. 19세기, 다른 전통적인 "신성한 것들"이 사라지는 경향을 보이는 순간에, 돈의 지배가 확산되고, 돈이 보편화되었기에, 또 믿을 수 없는 돈의 힘으로 인하여 사람들은 단순히 돈을 과대평가할 수 있었다. 돈의 이데올로기, 자본을 위한 종교적 열정,[35] 돈의 역할과 위력에 대한 찬양은 19세기와 20세기 초에 가장 명백한 신성한 것의 표현이었다. 흡혈귀로서 자본, 모든 것을 할 수 있는 돈, 유일하게 진정한 욕구가 된 돈의 욕구, 이것들에 대한 마르크스의 경탄할만한 텍스트들은, 증대되는 돈이란 신성한 것의 특징을 기술하는 데에 충분하다. 그러나 나는 두 번째 지적을 할 필요가 있다. 즉 나는 1929년부터 이 신성한 것이 감소하는 경향이 있다는 인상을 받았다. 신성한 돈은 더 이상 세상의 주요한 축이 아니다. 돈은 언제나 "소비 사회"에서 존재를 보장하기 때문에, 돈의 종교는 확실히 항상 존재한다. 그러나 자본주의 메커니즘과 기술 사회 메커니즘은 너무 복잡해져서 돈이 내포한 명백한 직접성은 점점 더 작아진다. 우리 미래를 보장하는 것이 돈이라는 사실은 집단의식에서 명백하

---

34) 나의 연구 『하나님이냐 돈이냐』 (L'homme et l'Argent)을 참조할 것.

35) ▲ 자본을 위한 종교적 열정은 더는 구두쇠가 자신의 금화에 부여할 수 있었던 종류의 감정은 아니었다.

지 않다. 즉 사회보장제도가 있다는 것이다. 또 돈이 사회와 과학과 국가를 지배한다는 점도 명백하지 않다. 돈이 우리가 깊이 느끼고 있는 새로운 위협에 대항하여 우리를 보호해준다는 점도 확실하지 않다. 분명히 우리는 돈을 가지고 많은 것을 할 수 있지만, 점점 모든 것을 할 수 있는 것은 아니다. 게다가 1929년부터 돈에 대한 신뢰의 위기가 있었다. 마침내 돈은 사회주의뿐만 아니라 다양한 인본주의로부터 어찌나 일반화된 비판의 대상이 되었던지, 돈에 대한 집단의식과 공공여론은 훼손되고 말았다. 비록 돈이 권세로 남아있을지라도, 그것은 정죄당한 잘못된 권세이다. 비록 돈이 여전히 신성한 것에 속하더라도, 또 돈으로부터 모든 것을 계속적으로 설명하려는 노력에도 불구하고, 돈은 더는 세상의 질서를 세우지 못한다. 그러나 일반 여론은 이런 일반화에 점점 덜 민감하다. 비록 돈이 신神으로 남더라도, 이것은 쇠락하는 신이며, 오직 양심의 가책과 더불어 은밀한 방식으로만 사랑받는 신이다. 돈은 자신의 승리를 늘어놓는 영광스런 신이 아니다. 오히려 돈은 자신의 승리를 감추려고 애쓴다. 돈의 사제司祭들인 은행가들이나 주식 중매인들이나 자본가들이 나쁜 마술사로 손가락질을 당하는 동안, 점차적으로 돈은 신도들의 마음에서 다른 사회적 권세들이나 다른 이로운 신들에 의해 대체된다. 오늘날 돈은 이제는 신성한 것의 중심이 아니다. 비록 대중이 돈을 원하고 칭송할지라도, 인간의 공간이 돈의 내적, 외적 조화 속에서 돈을 중심으로 정돈되는 것이 아니고, 돈이 이 세상의 축이 되는 것도 아니다. 왜냐하면, 우리가 존재하는 세상에서 핵심적인 신비로움이 된 것은 기술이기 때문이다. 그리고 그것은 환경과 인종에 따라서 다양한 형태들로 나타난다. 이것은 마법 개념을 가지고 있던 사람들에게 기계에 대한 공포가 혼합된 감탄이다. 텔레비전 수상기는 설명할 수 없는 신비이자 새로운 모습을 띠는 명백한 신비를 제시한다. 그리고 텔레비전 수상기는 최고의 마법적인 연출만큼이나 놀랍다. 사람들은 그 단순함과 두려움 이전에 마치 텔레비전을 우상으로 삼을 수 있기나 한 듯이 텔레비전에 열광한다.

기술

그러나 습관과 기적의 반복은 이 원시적인 숭배를 내버려 두고 만다. 사실 노동자 계층 혹은 농민계층 같은 프롤레타리아 계층이 모터사이클과 무선전신과 전기기구 같은 자신들의 노예인 작은 신에 대해 오만한 태도를 취하는 유럽 국가에서, 사람들은 결코 이런 숭배를 하지 않아야 한다. 프롤레타리아의 태도는 건방진 오만이고, 사용 중인 사물 속에 구현된 삶의 이상이다. 그렇지만 사람들이 자신의 집에서 신성한 것의 힘을 갖지 못할 때, 아무것도 체험할 만한 가치가 없다고 하면서, 오히려 신성한 것의 감정을 모두가 갖게 된다. 특히 사람들이 의식을 가진 프롤레타리아 계층에 속할 경우, 이것은 훨씬 더 심각해진다. 여기서 기술은 우연한 몇 가지 양상들 속에서 나타난 것이 아니라, 전체 속에서 나타난다. 그래서 기술은 프롤레타리아의 해방의 도구가 된다. 프롤레타리아가 자신의 족쇄로부터 좀 더 해방되기 위해서는 기술이 발전하는 것으로 충분하다. 스탈린은 공산주의의 유일한 실현 조건으로서 산업화를 제시했다. 기술이 획득한 모든 것은 프롤레타리아가 차지했다.

문제가 되는 것은 신성한 것에 대한 믿음이다. 기술은 구원하는 신이다. 즉 기술은 본질적으로 선하다. 말하자면 자본주의는 혐오스럽고, 간혹 기술에 대립하는 악마적이라는 말이다. 기술은 프롤레타리아의 희망이고, 적어도 프롤레타리아의 기술들은 가시적이고 진보하고 있는 중이기 때문에, 프롤레타리아는 기술을 신뢰할 수 있다. 거기에는 큰 신비한 부분이 남아있다. 왜냐하면, 칼 마르크스Karl Marx가 어떻게 기술이 프롤레타리아를 해방시키는지 설명할 수 있었다면, 이것은 확실히 신비한 방법을 절대로 알지 못하는 프롤레타리아의 눈높이에 있지 않기 때문이다. 그들은 단지 신앙의 표현만을 갖고 있다. 그리고 그들의 신앙은 신비롭게 작동하는 그들의 해방 도구를 열광적으로 동원하는 일이다.

지적이지 않은 부르주아 계층은 아마도 기술 숭배에 덜 민감하지만, 부르주아 계층의 기술전문가들은 틀림없이 가장 강력하게 이 숭배에 사로잡혀 있다. 그들에게 기술은 바로 신성한 것이다. 왜냐하면, 그들은 기술에 대해 이런 열정을 가질 어떠한 이유도 없기 때문이다. 사람들이 그들에게 그들의 신앙의 동기를 물을 때에, 그들은 언제나 당황하게 된다. 그렇다. 그들은 해방을 기다리지 않고 기술로부터 아무것도 기대하지 않는다. 그렇지만 그들은 공장을 발전시키고 은행을 만드는 것에 열광적으로 그들의 삶을 희생하고 바친다. 인류의 행복이나 다른 장광설長廣舌은 더는 정당성의 구실이 될 수 없고, 이런 열정과 아무런 관계도 없는 고리타분한 표현이다. 물론 그들은 신성한 것을 믿지 않고, 누군가가 이런 말을 내뱉을 때, 미소를 짓는다. 그러나 사람들이 기술의 타당성에 이의를 제기할 때, 그들은 비이성적인 분노에 빠지고, 이로부터 개인 인격에 대한 돌이킬 수 없는 판단을 내린다.

기술전문가는 아마도 이것이 자신의 직업이기 때문에 기술을 공부하지만, 이것이 자신에게 신성한 것의 영역이기 때문에 열광적 태도로 기술을 만들어 낸다. 그의 태도에는 이유가 전혀 없고, 설명도 없다. 완전히 과학적이긴 하지만 약간 신비한 이런 힘은, 기술 물결과 흐름과 서류의 그물망으로 지구를 덮는다. 그런데 이 힘은 기술자에게 살아갈 이유와 기쁨마저 주는 추상적 우상이다. 기술 앞에서 인간이 느끼는 신성한 것에 대한 신호는 기술을 친밀하게 다루려는 인간의 관심이다. 사람들은 종종 웃음과 유머가 신성한 것을 직면한 인간의 반응이라는 사실을 안다. 이점은 원시인들의 경우에도 사실이다. 그러나 이런 이유로 인하여 첫 원자폭탄은 '길다'Guilda라고 불렸고, 로스 앨러모스36의 거대한 사이클로트론37은 '클레멘타인'Clementine이라고 명명되었으며, 원자로는 "물병"이고, 방사능 오염은 "화상火傷"이 되었다. 결국, 로스 앨러모스의 기술자들은 자신들의 언어에서 "원자"라는 단어를 완전히 몰아냈다. 그 모든 것은 의미심장하다.

이처럼 기술의 형태들이 아주 다양하기 때문에, 기술의 종교가 문제되는 것이 아니라, 사람들에 따라 다른 방식으로 표현되는 신성한 것의 감정이 바로 문제가 된다. 결국 모든 사람들에게 있어서 신성한 것은 언제나 신비와 마법에 연결된, 본능적인 놀라운 힘의 도구로 표현된다.

자신의 우월함을 즐겁게 확인하기 때문에 자신의 직위를 힘껏 붙들고 놓지 않는 노동자이든지, 자신의 포르쉐 자동차로 도로 위를 시속 200킬로로 질주하는 속물근성에 물든 젊은이이든지, 통계 수치가 목표로 하는 수치의 상승을 검토하는 기술자이든지 간에, 신성한 것은 놀라운 힘의 도구로 표현된다. 어쨌든, 기술은 인간의 힘에 대한 공통적 표현이기 때문에 신성하다. 그리고 기술 없이는 인간은 가난하고, 외롭고, 헐벗고, 치장할 수 없기 때문에 기술은 신성하다. 또 인간이 동력만 있다면 상당히 쉽게 될 수 있는 영웅이나 천재나 능력자도 기술 없이는 되지 못하기에 기술은 신성하다. 결국 기술은 현실 인간에게 미래를 보장해 주는 것이고, 그 결과 기술은 성장 영역 자체이다. 그런데 이런 확신과는 반대로, 인간은 원래가 항상 호모 파베르38

---

36) [역주] 로스 엘러모스(Los Alamos)는 미국 서부 뉴멕시코주 중북부에 있는 작은 도시다. 미국 정부는 이 지역이 외부와 고립되어 있고 자연조건이 적합하다고 판단하여, 1942년 이곳에 국립연구소를 설치하였다. 이 연구소에서 맨해튼 계획에 의하여 최초의 원자폭탄이 개발되었다. 산간지대에 있는 조용한 이 연구도시는 원자력 외에도 첨단 과학 분야의 연구가 이루어지고 있다.

37) [역주] 사이클로트론(cyclotron)은 고주파의 전극과 자기장을 사용하여 입자를 나선 모양으로 가속시키는 입자 가속기이다. 운동하는 하전 입자가 자기장 속에서 원을 그린다는 것을 이용해서, 자기장 속에서 입자를 회전시키면서 그 회전 주기에 맞추어 고주파 전압을 가해 가속하는 장치이다.

38) [역주] 호모 파베르(Homo Faber), '도구적 인간' 즉 '공작인'(工作人)을 의미한다. 이는 인간과 동물의 차이가 무엇인가에 대해, 인간의 본질은 물건을 만들고, 도구를 사용하는 것

였다고 자처한다. 과거로 향한 기술의 귀속 그리고 인간이 오직 **파베르**, 즉 기술자였던 순간부터만이 인간이었을 따름이라는 주장은, 아마도 신성한 것의 가장 확실한 흔적들 중 하나이다. 왜냐하면, 인간이 자신의 기원을 확립하는 것은 언제나 자신의 신성한 것 속에서 찾기 때문이다. 신들로 가득 찬 세상에서 인간은 천상을 회상하는, 천상에서 떨어진 신이다. 그러나 기계들로 가득한 세상 속에서 인간은 기술이라는 출발점만을 기원으로 삼고 있다. 자신의 출발점을 표현하는 인간의 방식과 인간의 절대적인 첫째 특징은, 자신의 신성한 것이 어디에 있는지 즉시 나타낸다. 그것에서부터, 인간은 기술에 의하여 자신의 역사를 재구성한다. 거기서 여전히 역사를 말하는 방식은 신성한 것으로부터 표시된다. 그런데 지금은 더는 위대한 영웅과 전쟁과 카리스마와 신들의 역사가 아니라, 기술의 진보 속에 조심씩 정립된 역사이다. 하지만 인간은 그것에 헷갈리지 말아야만 한다. 이것은 세속 역사가 아니라, 또 다른 신성한 역사이다. 결국, 그것에 대해 진지한 동기가 있었든지 없었든지 간에, 현실에서 모든 사회적 현상들은 기술들과 관계를 맺는다.39

이라고 보는 견해이다. 예부터 계속 주창되어 온 '예지인'(叡智人, homo sapiens, 호모 사피엔스)이라고 하는 인간관과 대립한다.

39) 『질식과 외침』(*L'Asphyxie et le Cri*)이란 경탄할만한 작은 수필에서, 청춘의 종교적 열광을 강조하는 장 오니뮈(Jean Onimus)는 당연히 젊은이들이 가진 종교성에 대한 놀라운 특징을 강조한다. 그것은 기술적 사실이다. 그들은 종교적인 것에서 신학적 본질을 제거할 뿐만 아니라, 모든 사유 요소를 제거한다. 그들은 강력한 창의적 기술과 공동체적 참여 기술과 황홀경에 빠지는 기술과 사회적 자아 배제 기술을 추구한다. 다양한 요가 수행, 불교적 선은 묵언의 종교적 효력, 즉 "담화 구조를 해체하고, 부조리에 대한 놀랄만하고 결정적인 가정假定)에 의하여 의식을 해방시키는 수단들을 생산한다.··· 사람들이 시효가 다했다고 믿었던 제사가 부활하는 것을 목도하고 있다. 즉 하와이 열도에서 밤에 나체와 고행의 형식으로 태양에 제사 드리는 태양 숭배자들, 자기 행성들로 세상을 비추고 자신을 빛의 구현체로 포장하는 놀랄만한 태양신 라(R)등이 이에 해당한다. 이 제사들은 경쟁 관계에 들어섰고, 결과로 판단을 받는다. 그 신봉자들은 그들의 경험을 이야기하고, 비교한다. 즉 경쟁은 이데올로기 차원에서 수립되는 것이 아니라 기술 차원에서 이루어진다. 이제 곳곳에서 그릇이 내용을 대신하려고 있기 때문에, 방법이 의미를 추방하고, 표준화된 처방집이 종교들과 마약류와 축제, 즉 도피와 합일과 내적 갱신의 도구들을 대체하려고 한다." 그러나 실제로 그런 것은 종교를 대체 하지 않는다. 오히려 이것은 전통적 종교 기술에 부과된 우리 기술사회의 확실한 특징들을 수용한 종교 그 자체이다.

지금 기술은 합리적인 성찰을 유발하는 것보다 더 종말론적 망상들 혹은 하나님 나라에 대한 이미지들을40 불러일으킨다. 기술적인 '정신적 외상外傷'에서 기인한 사이비 설명식의 반응들은 신성한 것의 현존이 드러내 보이는 망상 자체 때문에 아주 명확히 모든 것을 밝혀준다. 그러나 문제가 되는 것은 질서와 조직과 조정이란 신성한 것인데, 이것은 인간 파트너에게 있어서 신성한 것의 존중을 유발한다.

섹스

그런데 모든 신성한 것을 존중하는 것은 자체의 위반을 내포하고 있다. 기술의 위반이란 신성한 것으로서 내가 섹스를 제시했다는 것은 특이하고 역설적이게 보일 수 있는데, 그것은 두 가지 시각에서 그러하다. 첫째, 기술과 섹스, 두 현상 사이에는 어떠한 관계도 없다는 사실은 전적으로 명백한 듯이 보인다. 창의적 기술자이자 일반화된 중재자로서 역할을 하는 기술자의 활동과, 자신에게 특별한 의미를 부여하기 위하여 생식 본능으로부터 섹스를 이끌어냈던 인간의 활동 사이에 무슨 비교할 만한 것이 있겠는가. 둘째, 섹스가 아주 명백히 탈신성화 되었는데도, 오늘날 어떻게 성적인 신성한 것에 대해 말할 수 있단 말인가. 당연히 요구되었고, 획득하게 된 "성적 자유"는, 서구인들, 특히 젊은이들이 성적인 금기를 깼고, 금지사항을 위반했으며, 성행위를 신비롭지도 않고, 정상적이며, 거리낌 없는 활동으로 만들었다는 사실을 분명히 보여주고 있다. 마치 사람들이 함께 점심식사를 하듯이 함께 동침한다. 토플러41는 우리에게 젊은이들에 대해 언급하는데, 그들

---

40) ▲ 토플러(Toffler)!

41) [역주] 앨빈 토플러(Alvin Toffler). 저명한 미국의 미래학자. 그는 디지털 혁명과 통신 혁명을 예고한 연구 작업으로 알려져 있다. 1980년 대표작 『제3의 물결』을 내놓으며 정보화 혁명을 예고했고, 1991년 『권력이동』에서는 권력의 3대 원천을 규정했다. 즉 폭력을 저품질 권력, 부를 중품질 권력, 지식을 고품질 권력으로 분류했고, 누가 새 지식 네트워크를 통해 권력을 쥘 것인가가 미래를 결정할 것으로 보았다. 2006년 저서 『부의 미래』에서

에게 함께 동침하는 것은 사람을 알 수 있는 빠른 수단이라는 것이다. 즉 우리 문명에서는 인간관계를 빨리 맺을 필요가 있다는 것이다. 사실, 사람들은 섬세하게 접근하기 위해 필요한 시간을 취하지 않고, 가능한 한 빨리 서로에 대해 잘 알기 위하여 또 친구가 되기 위하여 모든 수단을 사용한다. 이 수단들 중 하나가 섹스인데, 그 관계는 완성이 아니라 출발점이 된다. 피임약과 프로이트적 탈신성화는 섹스와 성행위 전 영역을 무의미하게 만든다. 그런데, 여기서 한 가지 중요한 사실을 주목해 보자. 그것은 탈신성화와 탈신화화를 통해 무의미성이 유발된다는 점이다. 신성한 것이 없어지는 것은 행위들을 어떤 가치도 없고 의미도 없게 만든다. 인간의 행위와 동물의 행위를 구별하는 것은 구체적으로 인간이 행할 수 있는 의미 부여이다. 왜냐하면, 이 의미부여가 인간 행위 자체의 새로운 조직과 새로운 배열에 상응하기 때문이다. 그런데 그것은 신성한 것을 통해서만 실행된다. 신성한 것으로 간주된 섹스는 풍부함과 깊음을 지녔으나, 이제 외관상 더는 신성한 것이 없다. 섹스 영역에서 공공연한 과시와 무관심과 순간성은 탈신성화를 나타낸다. 성행위가 신성했던 것은 옛날 원시종교에서였고, 이어서 지난날에는 부르주아적 도덕에서였다. 금기와 금지와 조롱 행태와 집단적 정죄와 비밀의 복합 체계 전체는 어떤 신성한 것이 거기에 존재했음을 분명히 보여준다. 아마도 이것이 가장 중요한데, 이런 인위적인 구성물에서부터 인간의 깊은 인격과 사회구조가 만들어져 버렸기 때문이다. 그러나 우리가 오늘날 행하는 모든 것은, 이 신성한 것이 사라졌다는 사실을 분명히 입증한다. 우리는 명백히 비종교적이고 무관심하고 무의미한 영역 속에 살고 있다, 이것은 강한 실망감을 유발하는 무미건조한 섹스를 통해 표현되는 것이며, 결국 유희를 격화시킴으로써 의미의 공백을 메우기 위하여 더 정교하게 만들어진 성적 기

는 새로운 부의 창출 시스템에 주목하고, 시간, 공간, 지식이란 세 요소가 함께 변화하는 '동시성'이 부를 창출하는 핵심으로 보았다.

술을 추구하는 것을 통해 표현되는 것이다.

그런데 이 모든 것은 아마도 정확한 것이지만 내게는 아주 불충분한 듯이 보인다. 예컨대, 사람들은 섹스 현상의 양상들 중 한 가지만을 본다. 왜냐하면, 실제로 성행위가 탈신성화되었다면, 이것은 예전에 섹스가 신성한 영역으로서, 축제의 '위반'의 신성한 것과 더불어 금기와 터부의 영역이었고, 신성한 어떤 수단이 되었기 때문이다. 우리 시대에 섹스는 탈신성화됨과 동시에, 즉시 섹스를 다시 신성화했다. 여기서 내게 중요한 것은, 콕스를 통해 상기된 성적인 신성한 것의 전통적인 어떤 측면들을42 유지하는 것이 전혀 아니다. 이러한 전통적 측면들은 콕스가 플레이보이나 미스아메리카의 중요성을 통해 상징적으로 표현한 것이다. 하지만 고조된 성적 자유의 요구와 공공연하게 드러난 광기는 오늘날 매우 심각하고 매우 철저하다. 그런데 이것은 단순히 사람들이 억제된 욕구들을 자유롭게 충족시키길 원하기 때문이 아니고, 지나간 낡은 편견들과 싸우길 원하는 것 때문도 아니다.43 사람들이 거기에 결부시키는 심각성과, 사람들이 이점에 반대할 때 거기에 첨가하는 분노는 실상의 깊이를 보여준다. 섹스는 더는 자유로운 자연적 활동 영역이 아니라, 투쟁의 도구, 즉 자유를 위한 투쟁의 도구가 된다. 이것이 성적 자유인가? 결코 그렇지 않다. 이것은 아주 짧은 자유로서, 성의 자유는 단순히 어떤 기호이며 구체적인 표현일 뿐이다. 이것은 자율적이고 스스로 살아갈 수 있다고 확신하기 위한 투쟁이고, 질서와 맞서는 투쟁이다. 그래서 성적 영역을 탈신성화하는 것은 더는 중요한 것이 아니라, 성적 위반을 통해 질서를 탈신성화하는 것이 중요하다.44 1968년 5월 나는 대학위원회 회의실에서 매

---

42) ▲ 콕스는 이것을 과거의 유물이라고 불렀다.

43) ▲ 성적 윤리는 한 세기 전부터 상당히 부스러졌거나 아니면 완전히 부스러졌!

44) 데카메론 Ⅰ, Ⅱ와 같은 영화의 성공은 구체적으로 에로티시즘과 종교적인 것 간의 결합과 관련이 있다. 대중에 흥미를 끄는 것은 오직 에로틱한 성격만이 아니다. 조롱을 통한 기독교에 대한 신랄한 비판이, 감정과 종교적 경험으로 이루어진 독특한 종교적 에로티시즘 복합체 속에서 이루어졌다. 대중이 찾고자 한 것이 정확하게 그것이다. 게다가 이

우 의미심장한 멋진 낙서를 보았다. "이 장소는 탈신성화되었고, 사람들은 이 의자들 위에 xxx를 가지고 있다." 이와 같이 섹스는 신성한 것을 파괴하는 수단이었고, 사회질서를 위반하는 수단이었다. 그리고 특권적 지식인들의 회의실은 사회질서의 최고로 높은 장소이다. 하지만 모든 위반의 힘처럼, 이 위반도 즉시 신성해진다. 오직 신성한 것만이 신성한 것을 무너뜨릴 수 있다. 인간의 삶이 신성하고, 암살자와 사형집행인과 전사戰士와 전쟁 현상도 신성하다. 성에 대한 투쟁은 다음과 같은 식상함과 아무런 상관이 없다. "왜 자연적인 사물을 신비로 만들었는가? 조상으로부터 내려오는 편견으로부터 해방되어야 한다." 성에 대한 투쟁이 오직 식상함이라면, 나는 18세기부터 부르주아가 자신의 수지 타산을 위한 작업을 놀라울 정도로 잘 해내었다는 점을 회상시킬 것이다.45 다음으로, 현재 젊은이 속에서 분명히 나타난 이런 결과가 완성될 때, 사람들은 투쟁을 지속하지 않을 수도 있었다.

그런데 투쟁은 지속되고 있다. 따라서 추구되고 있는 것은 성에 대한 투쟁이 아니다. 가장 의식이 있는 사람들은 이 투쟁을 통해 전형적인 혁명적 행동을 한다. 즉 속박으로부터 벗어난 '성'은 혁명이고, 그들은 프로이트Freud 보다는 차라리 라이히46를 따른다! 섹스는 삶의 전환 수단이다. 그런데 오

────────

것은 두 가지 충동 간에 깊은 연관으로 잘 알려진 예증일 뿐이다. 그런데 월터 슈바르트(Walter Schubart)의 책 『에로스와 종교』(Éros et religion, 1971년 프랑스 출판)는 현대 종교적 사고의 매우 특징적인 범주에 속한다. 저자는 성적인 사랑과 이웃 사랑 그리고 하나님의 사랑 사이에 연속성이 있다는 것을 보여주려고 한다. 그는 부여된 것, 즉 소여(所與)인 에로스와 종교 간의 유사성을 보이는 것에 그치지 않는다. 그는 소여를 정당화하길 원하고, 그것을 당위성(devoir-être)으로 전환하길 원한다. 신에 대한 인식은 에로스적 사랑과 함께 시작하고, 종교는 에로스와 반론과 접촉을 잃는 순간부터 메말라진다. 이것은, 과학적 인식과 소비사회에서 인간의 상황에 부합하는 현대화라는 미명하에, 예를 들어 다산(多産) 같은 전통적 종교의 재출현을 완전히 잘 드러낸다. 즉 에로스-종교 간의 상관관계는 기술사회가 가져오는 모든 것을 누리길 바라는 인간의 종교적 욕구를 표현한다.

45) ▲ 아마도 18세기와 19세기는 부르주아 계급에서 섹스가 흥미가 있으면서도 실제적으로 있는 그대로 순화되었고, 생리화되었으며, 신비가 사라진 유일한 세기였다!

46) [역주] 빌헬름 라이히(Wilhelm Reich, 1897-1957)는 오스트리아 태생의 성과학자, 정신분석학자이다. 그는 부권제, 결혼제도에서 나오는 권위주의와 성적 억압 성향은 파탄을 일으키고, 성에 대한 완전한 금욕은 불가능하기 때문에, 성의 쾌락에 대해 긍정적인 사고를

늘날 혁명은 이 차원에 위치한다. 모든 것은 조직화되었고 삶 전체는 조직에 흡수되었고, 동화되었다. 모든 활동과 정치적 말의 절제는 불가피하며, 순응주의가 전체적으로 발생한다. 게다가 서로 연결된 섹스와 폭력만이 해방을 위한 적절한 수단일 수 있다. 따라서 문제가 되는 것이 바로 수단인데, 이 수단을 사람들은 그토록 고양高揚시킨다. 뿐만 아니라, 사람들은 이 수단에 그토록 많은 힘과 효능을 부여하는데, 명성이 주어진 혁명가의 모든 삶과 모든 활동도 이 수단 주위로 굉장히 잘 재구성되어서, 사람들은 이성을 잃고 열광 속에서 신성한 현상을 혁명가에게서 볼 수밖에 없다. 약간의 개성적인 성행위이든, 비정상적 성행위이든, 성행위를 하는 사람은47 어떤 시도를 실행했고, 대단한 모험에 참여했다는 감정을 갖게 된다. 섹스가 진부하게 된 이후부터, 그만큼 섹스가 예찬되고 찬양되었던 적은 결코 없었다. 성적 자유와 혁명 간의 관계는 마법적 사고 영역에 속한다.. 다시 말해 탈신성화됨과 동시에 신성한 영역에 속한다. 이미지나 혹은 말하는 방식이 아니라, 현 시대의 성적 폭발과 성적 광란은 진정으로 디오니소스적이다. 우리의 장벽 속에 새롭게 존재하는 것은 바로 디오니소스48의 신성한 것이다. 이것은 '질서'의 위반, '위반'의 신성한 것이다. 그러나 오늘날 누가 질서인가? 결국 사회 전체와 개인에게 있어서 오직 하나의 질서만이 있을 따름인데, 그것은 기술이다. 우리 시대의 위대한 주관자는, 바로 우리가 그 신성한 특징을 보았던

가져야 한다고 급진적인 주장을 했다. 그는 1928년부터 1933년까지 성정치(Sex-Pol) 운동을 전개하였는데, 이는 기존의 사회를 해체하고 재구성하려는 의도를 갖고, 마르크스주의와 프로이트의 사상을 결합하여 성 해방 또는 인간 해방을 주장한 것이다. 대표 저서로는 『파시즘의 대중심리』 *Die Massenpsychologie des Faschismus* (1933), 『성혁명』 *Die Sexualität im Kulturkampf* (1936) 등이 있다

47) ▲ 스웨덴 영화를 보러 가는 것처럼 대수롭지 않은 성행위도 마찬가지다.

48) [역주] 디오니소스(Dionysios). 고대 그리스 신화에서 포도주와 풍요, 광기, 다산, 황홀경, 연극의 신이며, 또 죽음과 재생의 신으로 분류되기도 한다. 제우스와 세멜레의 아들이고 아리아드네의 남편이다. 로마 신화에서는 바쿠스(Bacchus)에 해당한다. 디오니소스는 생명력, 피, 포도주, 물, 정액 등을 상징하기 때문에 농부들에 의해 사랑을 받는 신이며, 디오니소스 축제는 도취와 열광의 도가니가 된다.

기술이다. 성적 폭발이 일어나는 것은, 아무것도 의미하지 않은 "부르주아적" 영역이나 혹은 "도덕적" 영역에 대해서가 아니라, 기술의 영역과 관련하여서이다. 한편 신성한 것의 "복원"에 대한 두려움은 기술체계의 동화의 힘과 연결되어 있다.[49] 사람들이 섹스를 도발하고 성적 열광에 빠져든다면, 그것은 기술을 통한 인간의 흡혈귀화와 연관된 기술 조직의 억센 고리를 깨뜨리기 위한 것이다. 한편, 섹스와 기술 사이의 관계는 이미 여러 번 지적된 바이다. 예를 들어 맥루한Mac Luhan은 지금의 "대중매체" 속에서 섹스 심벌과 기계의 융합이 어떻게 발생했는지 보여주었다.[50] 그리고 이것을 보드리아르Baudrillard가 다시 수용했다.

그러나 이 현상에 확실하게 가장 가까이 다가갔던 사람은 바로 브룅[51]인데, 그는 기술이 에로스에서 파생되고, 기계는 "디오니소스의 외부조직체"라는 점을 보여주었다. 즉 "기계는 실존적인 힘을 이미 담고 있기 때문에, 오늘날 기계는 에로틱한 힘을 담고 있다." 그는 기술체계의 사회적 특성을 완벽히 보았고, 또 공통된 기원으로 인한 기술과 성 사이의 연관 관계를 완벽히 보았다. 하지만 그는 아마도 기술과 성의 관계 방식을 충분히 강조하지 않았다고 볼 수 있는데, 즉 '금기와 질서'의 신성한 것과 동시에 '위반과 분출'의 신성한 것 같은 신성한 것의 모호함을 충분히 강조하지 않았다고 할 수 있다. 그런데 이 메커니즘이 작용하기 위해서, 이 둘은 자연스러워야 하며 성은 강력해야 할 뿐만 아니라 신성해야만 한다. 기술체계는 더는 "성적인 금기"나 디오니소스적 "통음 난무의 축제"가 아니다. 체계는 보편화되고 더 깊어짐과 동시에, 우리 사회 전체처럼 더 복잡해졌다. 기술체계는 동일한 기능을 수행하는 "기술적 질서"와 "에로틱한 축제"가 되었다. 틀림없이 기

---

49) ▲ 이 동화력은 잘못 분석되지만 깊이 느끼고 있고, 확인된 것이고, 경험된 것이다.
50) 『기계적 신부』, *The Mechanical Bride*, 1957.
51) 장 브룅(Jean Brun), 『디오니소스의 귀환』(*Le Retour de Dionysos*)

술적 광란과 기술적 난교**※파티가 있다고 말할 수 있지만, 이것들은 '위반'의 신성한 것의 영역에 전혀 속하지 않는다. 즉 이것은 인간 통합의 한 측면이라고 볼 수 있다. 실제로 신성한 질서는 외적이고 냉혹하며 행정적인 질서가 아니라는 점을 결코 잊지 말아야만 한다. 그것은 숭배, 교감, 자아 포기, 자기 봉헌, 신성화하는 이 힘에 대한 예찬을 전제한다. "헌신"이 있을 때만 이 신성한 것이 있다. 현대인을 사로잡는 기술적 도취가 의미하는 바가 바로 이것이다. 현대인은 기술에 헌신하지만, 기술은 단지 질서를 창출한다. 그런데, 도취가 무엇이든 간에, 그리고 헌신이 무엇이든 간에, 결국 질서는 견디기 힘들게 되는데, 인간이 기술에 완전히 연루된 만큼 더욱더 그러하다. 그래서 이 질서와는 명백하게 이질적이지만, 같은 원천에 속한 수단에 의하여 이 질서와 단절해야만 한다. 지금 상황이 이러하다. 공통적 경험에서 섹스와 기술보다 더 이질적인 것이 무엇이란 말인가? 그렇지만 우리는 앞에서 섹스와 기술의 본질적 유사성을 입증하는 주요 연구들을 상기시켰다. '위반'의 성적 신성한 것이 가장 기술화된 국가에서 출현되는 것은 바로 이런 이유에서이다. 이런 출현은 빼앗기고 짓눌린 인간 "본성"에 대한 단순한 항의가 아니다. 이것은 몹시 혐오 받는 만큼 더 강력할 뿐만 아니라, 신성한 기술로부터 파생된 모든 것을 전적으로 문제 삼고, 근본적으로 거부하는 것이다. 즉 모든 것, 예를들어 소비, 관료주의, 성장, 힘, 기술고도화, 이 동일한 특성들이, 동시에 그리고 동일한 운동을 통해, '위반'의 신성한 것으로 전환된다. 왜냐하면, 섹스는 힘의 표현이 되고, 성적 행위들은 점점 기발해져 가고, 성적 소비는 한계를 벗어나기 때문이다. 이것은 '질서'의 신성한 것과 '위반'의 신성한 것의 특성들이 보이는 상호성이다. 우리는 앞에서 주로 보드리야르 주장과 함께 기술적 대상에 대한 성적 특성 부여를 암시했는데, 여기서 우리는 섹스의 기술화를 확인할 수 있다. 즉 현대 신성한 것의 유희는 여기서 완벽히 나타난다.

국가

우리는 이 시대에 신성한 것의 또 다른 거대한 축은 '국가·국민'Ètat-Nation과 혁명이라고 언급했다. '국가·국민'은 우리 사회를 확립시키는 두 번째 현상이다. 이것들은 기술과 함께 일어난 유일한 두 현상이다. 하지만 '국가·국민' 복합체를 함께 살펴봐야 하지, 오직 '국가'나 혹은 '국민'만을 따로 살펴보지 말아야 한다. '국가'가 이 시대의 신성한 현상들 중 하나인 점은 이론의 여지가 없어 보인다. 여기서 여전히 내가 강조하는 것은, '국가'라는 용어를 막연하고 불명확한 의미에서가 아니라, 신성한 것을 연구했던 사회학자와 민족학자에 의해 부여될 수 있는 가장 엄밀한 의미에서 파악해야만 한다는 것이다. '국가'는 그것으로부터 모든 것이 의미를 띠는 궁극적 가치이고, 사람들이 모든 것을 기대하는 섭리이며, 진리와 정의를 정하고 그 구성원들의 생사를 좌우하는 최고의 힘이고 법을 정하는 자의적이지 않고 조정되지도 않는 지배자이며, 사회 작용 전체가 의존하는 객관적인 최고의 규범이다. 물론 오늘날은 권력이 신비한 것도 아니고, 권력이 신성한 것의 영역에 참여하는 것도 아니다. 이것은 왕의 신성한 기원, 카리스마, 생사여탈권의 정당성 같은 신성한 것에 대한 사회적 통념들 중 하나이다. 이 주제들에 대해 기술된 서적들을 강조하는 것은 쓸데없는 일이다. 그렇다. 정치권력은 언제나 신성한 것의 영역에 속했고, 항상 '질서'와 '존중'의 신성한 것을 나타낸다. 하지만 새롭고, 특이하게 보이는 것은, 오늘날 권력이 더는 동일한 양상을 제시하지 않는다는 것이다.

권력은 왕 같은 인간 속에서 더는 구현되지 않는다. 이제 권력은 추상적이다. 즉 현대국가는 합리적이고, 합법적이며, 행정적인 조직체인데, 그 구조와 역량은 알려져 있고 분석되어 있다. 여기서 신비가 어디에 숨어 있을 것이며, 어떤 점에서 우리는 **공포심과 매력**을 찾을 것인가? 그렇지만 19세기, 국가를 관리 역할과 사법적 역할로 귀착시키려는 탈신성화 의지의 시대 이후에, 우리는 신성한 것이 어쩔 수 없이 떠오르는 것을 목격했다. 이 신성한 것은 모든 희생을 요구하고, 모든 것을 마음대로 하는 전체 집행자로서 국가이고 이 국가는 통찰력이 있음과 동시에 맹목적인 기계이며, 신성성의 완벽한 대체자이다. 겉모습 혹은 선전을 위하여 국가를 다른 '실재'로 위장하면서, 이 국가를 토대로 신성한 것을 자의적으로 어리석게 구성한 것은 파시즘이 아니다. 오히려 파시즘이 가능하게 되었던 것은 현대국가가 다시 신성화되었기 때문이다. 파시즘을 확정하고 유발시켰던 것은, 계급투쟁 혹은 다른 투쟁 같은 여타 사회·경제적 조건보다, 바로 국가라는 신성한 것이다. 그렇지 않다며, 볼셰비키 국가가 다른 경제적 상황과 다른 이데올로기에서부터 출발했고 또 반대된 목표를 가지고 있었는데도, 파시스트 국가와 동일하게 된 것을 어떻게 이해할 것인가? 현대 국가 조직이 모든 공산주의 국가들에게도 부과되었고, 지금은 중국과 쿠바에 강요된 것을 어떻게 이해할 것인가? 오늘날 권력의 신비가 머무는 것이 바로 거기이고, 우리가 가장 전통적인 신성한 것을 재발견하는 곳은, 권력의 유사성과 연결된 권력의 보편성과 초월성 속에서다. 이점은 두 가지 이데올로기적 운동을 통해 이미 예견된 바인데, 특히 계몽주의와 프랑스 대혁명을 통해서 권력의 퇴보^{자유주의}, 권력의 탈신성화^{카리스마를 가진 왕의 제거}, 권력의 합리화^{헌법과 행정} 시대를 향하여 영광스럽게 진화한다고 믿었던 시기에 예견되었다.

이 운동은 헤겔^{Hegel}과 무정부주의자들과 관련된 운동이다. 즉 하나는 역사가 의미를 갖게 되는 '관념변증법'52의 귀결점으로서 '국가 이데올로기'이다. 다른 하나는 모든 압제가 집중되는 곳, 즉 계시록의 '짐승 이데올로기'

---

52) [역주] 유물 변증법에 대립된 개념으로서, 헤겔의 철학, 논리학을 지칭한다. 헤겔은 내용과 분리된 사유(思惟)의 외적 형식만을 문제로 삼는 형식논리학에 대하여, 인식의 내용을 문제로 삼아 그 내용의 이행과 발전의 법칙을 변증법이라고 규정했다. 이런 점에서 그의 생각은 유물론적이지만, 그는 내용으로서의 존재의 본질을 사유로 간주하고 객관적 법칙으로서 변증법을 신(神)의 이념과 동일시한다. 이런 맥락에서 그의 변증법적 방법과 논리학을 '관념변증법'이라고 한다.

다. 국가에 대한 무정부주의자들의 분노어린 망상과 모든 국가의 집행자들에 대한 맹목적인 적개심은 역으로 그들에게 국가가 어느 정도로 신성한 것인지 드러냈다. 국가와 무정부주의자들은 시대에 앞서 나갔다. 국가는 1914년 제1차 세계대전 동안에 다시 신성해졌다. 여기서 국가는, 반복해서 말하지만, 권력으로서 국가가 아니라 우리의 국가였다. 국가는 전쟁의 신과 질서의 신이다. 그런데 신을 신성하게 만드는 것은 신이 스스로 신으로 설정되기 때문이 아니다. 그것은 사람들이 신을 받아들이고, 체험하며, 신을 위대한 조정자이자 불가피한 최고의 섭리로 간주하기 때문이다. 또한 사람들이 신으로부터 모든 것을 기대하며, 모든 뜻을 받아들이고, 인간의 존재와 인간 사회를 불가피하게 그리고 준엄하게 신과 관련하여 구상한다는 사실 때문이다. 신성한 것이란 바로 이런 것이다. 그런데 신성한 것이 없으면 우리의 국가는 아무것도 아니다. 현대국가에는, 예를 들어 투표할 때처럼, 시민들의 단순한 이성적인 지지나 합리적인 참여로는 충분하지 않다. 이것은 세속국가와 법치국가의 목표에 상응하였다. 지금 현대국가에는 사랑과 헌신이 필요하다. 현대국가는 우리가 궁극적인 숭배를 쏟아붓는 신성한 것이 되었다. 내가 과장한 것인가? 우리는 정치종교들을 다루는 부분에서 이것을 상세히 살펴볼 것이다. 국가가 신성한 것이 되었다면, 현대국가는 한없이 자신의 역량을 늘리고 동시에 자신의 요구를 늘린 것이다. 따라서 현대국가는 신비적인 측면에서만 용인될 수 있을 따름이다. 시민이 반응하는 것은 바로 신비적인 것을 통해서이다. 시민이 무언가를 요구받을수록, 시민은 더욱더 위험에 처하게 된다. 또 시민이 억눌릴수록, 이에 대응하여 시민은 점점 더 국가를 숭배한다. 왜냐하면, 시민은 이런 상황에서 숭배하지 않을 수 없기 때문이다. 이것은 분명 신성한 것의 명백한 증표이고, 가장 큰 강도의 신성함을 촉발하는 가장 두려운 것이다. 하지만 이런 신성한 것은 정치라는 인간적 표현 속에서 구현된다.

국민

그런데, 이와 동시에 맞은편에서 '국민'nation이라는 또 다른 거대한 신성한 세력이 확대되고 있었다. 이러한 상황은 너무 알려져 있어서, 나는 강조하지 않을 것이다. 18세기에 단순한 현상인 '국민'으로부터, 19세기에 당위성으로서 '국민'으로 변했다.53 그리고 20세기에는 신성한 '국민'으로 변했다.54 '국민'은 선과 악의 기준이 되었다. 즉 '국민'에게 봉사하는 모든 것은 선이고, '국민'을 위해 봉사하지 않는 모든 것은 악이다. 그래서 악도 '국민'의 위력에 의하여 선이 되고, '국민'을 위해서는 거짓말을 하고, 죽이고, 속이는 것도 좋은 것이 된다. 재외국민들의 간첩행위는 탁월한 선이고, 다른 국민들에 기인한 간첩행위는 절대적 악이다. 전통적 가치들은 국가적인 틀 안으로 그것들이 통합됨으로써만 의미를 지닌다. 사람들은 다음과 같은 바레스55의 유명한 비판을 기억한다. 즉 정의와 진리와 미, 이 모든 것은 프랑스 정의와 프랑스의 진리와 관련되었던 경우에만이 존재했다. 수식어가 명사보다 더 본질적이었거나, 오히려 수식어가 명사 그 자체가 되게 만들었다. 따라서 이런 상황 속에서 어떻게 '국민'이 신성화되었다고 말하지 않을 수 있을까? '국

---

53) ▲ 모든 민족들은 '국민'으로 구성되어야만 한다. 이는 오스트리아-헝가리 제국처럼 제국으로 집단화된 민족들이 해방되어야 한다는 필요성을 가진 '민족주의'(nationalisme) 시대이다. 역으로 이탈리아와 독일처럼 공국(公國)으로 나뉜 민족들, 그들 역시, '국민'을 형성하기 위하여 합쳐져야만 한다.

54) ▲ 사실은 이 신성한 '국민'은 이미 1793년, 프랑스에서 갑자기 예언적으로 나타났다. 그러나 이것은 또 다른 신성한 것이 없음으로써 나타난 일시적인 것이었고, 미성숙한 것이었다. 즉 예전의 신성한 질서가 죽지 않았던 것이다.

55) [역주] 모리스 바레스(Maurice Barrès, 1862-1923). 프랑스 작가, 시사평론가, 정치인. 어린 시절 보불 전쟁 때 패군의 참상을 경험한 것이 일생의 큰 영향을 미쳤고, 19세기 이후 정치, 철학, 문학의 각 방면에 걸친 사유를 하였다. 특히 정치적 혼란과 독일 사상의 침입 그리고 결정론의 무기력에 반발하여 에고티즘을 강조하여 섬세한 자아의 특이한 감수성에 최고의 가치를 부여하였다. 3부작 『자아 예배』에서 자아 이외의 현실을 인정하지 않는 진지한 개인주의는 당시 젊은이들에게 각광을 받았다. 두 번째 3부작 『국가적 역량에 대한 소설』을 발표하여 일류작가 대열에 들어섰고, 세 번째 3부작 『동방의 요새』는 외국의 영향으로부터 프랑스 문화를 지키는 정신의 성채로서의 고향 로렌을 묘사하여 민족주의를 찬미하였다.

민'은 가치들에 자체의 가치들을 부여하는 최고의 탁월한 진리이다. '국민'
이, 신성한 것의 온갖 특징들, 특히 비합리적인 것, 매혹적인 것, 도발과 숭배
같은 것에 개입한다는 것을 입증하는 것은 쉬운 일일 것이다. 게다가 이것은
'조국은 신성하다'와 같은 가장 진부한 표현이었다. 이것은, 자신이 말하는
것이 무엇인지 알지 못한 채, 전장의 전사자들의 희생에 대해 말하는 것과
마찬가지이다. 왜냐하면, 국민적인 신성한 것도 모든 신성한 것처럼 피와 죽
음과 고통의 대가 위에서 이룩되기 때문이다. 국가적 차원이 되어 버린 전쟁
들이 엄청난 병력을 동원하고 대량 살육을 초래하는 "학살 전쟁"이 일어났
을 때, 정확히 국민적인 신성한 것이 출현하였다. 국민적인 신성한 것은, 모
든 이성을 넘어선 엄청난 대의명분에 의해 정당화되어야만 했다. 오직 신성
한 것만이 이런 잔혹성을 받아들이게 할 수 있었다.

　까이우아Caillois는 현대 전쟁이 원시 부족 전쟁들의 특성들 중 하나를 재발
견하게 한다는 사실을 완벽히 보여주었다. 즉 전쟁은 "신성한 것의 공현公現
"이라는 점이다. 이것은 로마 이후부터나 아마도 그전에 사라졌던 것이다.
하지만 원시 민족들에게서 전쟁이 '위반'의 신성한 것에 속한 것인 반면에,
이제 전쟁은 '국가'와 '국민'을 표상하는 '질서'의 신성한 것에 속한다. 전쟁
은 전체적이고 처참한 특성을 지니고 있기 때문에, 전쟁은 민족 전체를 가담
시키고, 모두의 희생이 된다. 바로 이점에서 전쟁은 '신성한 것의 공현公現'이
다. 이것은 믿을 수 없는 모순이다. 거의 아무도 이해하지 못한 것처럼 보이
는 사실은, 선과 대기업과 진보를 조직화하는 동시에 가장 끔직한 살육에 의
하여 표현되는 현대 국가를 상정하는 것이다. 너무도 명백하게 모순된 두 실
재, 즉 현대 국가와 전쟁 간의 관계는, 이 두 실재가 신성한 것의 표현일 때만
이, 또 이 두 실재가 신성한 것에 의해 연결되었을 때만이 설명된다.

국가·국민

결국, 이러한 신성화된 기능은 국가와 국민 간의 융합을 통해 그리고 "국가-국민"이라고 불린 새로운 '실재' 속에서 열광의 정점에 이를 것이다. 여기서 그 후속 과정도, 이 결합의 이유도 검토할 필요는 없다. 소련에서 미국까지 포함한 모든 서구 국가에서 이런 현실은 확실하게 나타난다. 국가는 그 국민을 책임지고, 필수적인 서비스 전체를 보장하며, 모든 국가적인 힘들에 집중하고, 그것들을 결합한다. 또한 국가는 모든 국가적 문제들을 해결하고, 역으로 국민은 중앙집권적이고, 주관하는 국가가 아니더라도, 강하고 조정하는 국가에서만 자신을 표현한다. 융합은 총체적이다. 즉 국민적인 어느 것도 국가를 벗어나서는 존재하지 않는다. 국가는 국민적이 아니라면 더는 힘도 의미도 없다. 그런데 정치적이고 경제적인 현상과 더불어. 우리가 목격하는 것은 오직 두 "신성한 것"의 융합이다. 이들의 결합은 거부할 수 없는 힘을 제공한다. 국가는 국민이라는 신성한 것에 의해 완전히 정당화된다. 국민은 국가라는 신성한 것에 의해 완전히 고양된다. 전체는 우리가 잘 아는 이 최고의 질서로 귀결한다.

혁명

하지만 '질서'라는 신성한 것 맞은편에서 '위반'이란 신성한 것, 곧 혁명이 필수적으로 나타난다. 예를 들어 사람들이 1968년 5월, 젊은 혁명가들의 열광 속에서 있을 때, 혁명이 신성한 것에 속한다는 것은 의심할 수 없다. 이치에 맞는 어떤 것도 없고, 합리적인 어떤 것도 없으며, 논의할 만한 어떤 것도 없다. 즉 모든 것은 그냥 폭발이고, 망상이며, 정신착란이다. 가장 통일성이 없는 담론도 혁명의 이름으로 고귀한 지혜로 대접받는다. 혁명은 새롭고, 젊고, 정화된 사회가 태동하도록 무질서 속에 빠진다. 신성한 것으로 선포된 혁명은 교리도 비판도 없다. 혁명은 명백한 것이고, 가담하는 것이고, 공감하는 것이다. 그리스도인들은 혁명에 속지 않았는데, 그들은 곧바로 혁명에서 자신들의 신앙과 유사성을 보았다. 어떤 이들에게 있어서는 1968년 5월은 오순절이고, 다른 이들에게는 요한계시록의 시작이었다. 이 두 경우에서 신비적인 융합이나 혹은 공포는 신성한 감정의 표현이었다. 혁명적 담론이 열광과 몰상식의 수준에서 유지된다. 이 실존적인 가담 앞에서 그 어떤 이성도 우세하지 못하고, 혁명가는 통일적 세계 속에 갇히게 되는데, 성찰도 사실도 경험도 논증도, 그 어떤 것도 혁명가를 그 세계에서 끌어낼 수 없다. 혁명가는 지성에 대해 무관심한 만큼이나 현실에 대해서도 무관심하다. 혁명가는 총체적 담론 속에 놓이게 되는데, 이 담론 속에서 모든 것은 현실과 일치하지 않는 방식으로 설명될 뿐이지만, 그에게는 완벽히 만족스럽다. 혁명이란 단어는 모든 것에 부합한다. 혁명에 의한 변화는 모든 문제의 해결책이다. 그것이 무엇인가에 대해 성찰해봐야 소용이 없고, 혁명을 하는 것으로 충분하다. 내용과 의미와 계획을 탐구하는 것, 이 모든 것은 완전히 신성을 모독하는 일이다. 젊은 혁명가는 그것이 아무리 미미하더라도 이런 절대성을 축소시킬 수 있는 어떤 것도 수용하지 않는다.

그런데 이러한 사회적 태도는, 역사적으로 '국가'와 '국민'이라는 정치적 영역의 두 신성한 것이 구성된 순간에서 출현한다. 이 순간까지 사람들은 혁명에 대해 거의 말하지 않았다. 어쨌든 혁명적 현상들은 어떤 신성한 특성도 제시하지 않았다. 하지만, 바로 '국가'가 신성한 것을 열망하기 시작할 때, '국민'이 최고의 가치가 될 때, 혁명은 이러한 동일한 영예를 취했다. 현대국가를 결정적으로 이루었던 것은 국왕의 처형 같은 혁명의 성별聖別된 봉헌 행위에 의해서였다. 혁명은 새로운 도성 건설이라는 희생을 치렀다. 그리고 신성화된 세력들이 함께 생겨났다. 하지만 이 세력들은 곧바로 '질서와 위반'이란 대립된 신성한 것들로 구성되었다. 국가가 더 많은 사랑을 요구함에 따라, 혁명은 점점 더 신격화되고 신성해졌다.56 '질서'의 신성한 것은 헌신을 내포하지만, 이와 동시에 성별聖別의 상실일 수 있는 '거부'를 산출하는 것은 당연했다. 왜냐하면, 국가는 사랑을 요구하고, 이런 헌신적 참여에 의해서만 존속할 수 있기 때문이다. 또한 국가는 집단의 합일을 전제로 하고, 국가에 대한 투쟁도 집단적 수준에서 대가를 치를 수밖에 없기 때문이다. 즉 국가에 대한 투쟁은 합리적 투쟁이 아니라, 격한 증오심이고 저주이기 때문이다. 이 점은 혁명의 과도함, 비일관성, 현실 인식의 부족을 내포한 혁명 담론을 설명한다. 혁명은 더 이상 여론이나 교조의 문제가 되는 것이 아니라, 신성한 사랑에 대한 전체적인 거부의 문제가 된다. 그래서 사람들은 전술과 전략에 몰두한다. 즉 운동의 합법성이 절대적 여건이기에, 사람들은 이런 공적 의식儀式과 실천에 대해서만 몰두한다. 왜냐하면, '위반'의 신성한 것은 '존중'과 '가담'의 신성한 것과 반대되기 때문이다. 그리고 혁명운동은 신성한 것에 내재된 이 모순을 자기 곁에 두어야 한다. 즉 일반적으로 혁명운동은 특별히 현대 국가의 정치권력의 성스러운 것을 해제하는 것이지만, 실제 현실 속에서 혁명운동은 이 힘의 쟁취로 인해 이루어진다.

신성한 것의 모호함은 여기서 충분히 나타나는데, 혁명이 이런 모호함을 지닌 것은 바로 혁명이 신성하기 때문이다. 신성한 것은 즉시 '존중'에서 '위반'으로 전환되거나, '위반'에서 '존중'으로 전환된다. 우리가 신성한 것을 로마의 싸케르57라고 상기시켰듯이, 혁명은 동일하게 신성한 것이다. 따라서 혁명이 권력을 차지하는 것에 성공하자마자, '위반'의 신성한 것인 혁명은 근본적인 '존중'의 신성한 것을 창안한다. 혁명은 변하지 않았고, 배반하지도 않았다. 단순히 혁명을 의미하는 신성한 것이 혁명의 징표를 변조시켰다.

---

56) ▲ 파리 개선문의 기둥 벽면에 새겨진 뤼드(Rude)의 '마르세유 의용군'의 모습과 들라크루아(Delacroix)의 '바리케이드' 위의 혁명의 모습과 비교해 보라. 그것은 동일하다!

57) [역주] 사케르(sacer)는 라틴어로 '신에게 바친, 성별된, 신성한, 거룩한, 성스러운'이란 뜻이다.

그래서 국가적이고 국민적인 '질서'의 신성한 것의 맞은편에, 혁명에 해당하는 '위반'의 신성한 것이 배치된다. 그러나 이것은 어떠한 변형을 초래한다. 즉 혁명은 더는 고립되고 분리된 행동이 아니고, 더는 맑은 하늘에서 일어나는 종말적인 끔찍한 폭발도 아니다. 고요하고 순간이 없는 시기들과 반대된 어떤 혁명적 순간이란 더는 존재하지 않는다. 단순한 판화가 혁명을 나타내듯이, 혁명은 더는 정복하는 행위나 혹은 권력을 파괴하는 행위가 아니다. 혁명이 신성한 영역에 속하는 한, 혁명은 영속적인 상태이다. 혁명은 순간적인 '위반'들을 통해 표현되는 지속적인 '위반'이란 신성한 것인데, 이 순간적인 '위반'들이 저항이다. 말하자면, 저항은 '위반'의 순간적이고, 즉각적이며, 실제적인 행위이다. 그런데 이 저항이 그와 같은 것은, 오직 저항이 신화적이고 보편화된 혁명 속에 놓여 있기 때문이고, 저항자들이 저항을 역사의 불가피한 운동으로서 여기고 있다는 사실 때문이며, 혁명에 대한 신비적 담론 속에 저항을 두기 때문이다. 완전히 무의미한 저항 행위들은 혁명의 신성한 것과의 관계를 통해서만이 가치를 지니지만, 혁명의 신성한 것은 혁명이 전혀 아니다. 그것은 하나의 신성한 상태이다. 최근 몇 년 전부터, "혁명적인" 축제에 대한 주장은 이 상황의 특징을 나타낸다. "혁명"이 축제라고 주장하는 것은 완전히 잘못된 것이다.

그러나 만약 축제가 특별하고 전통적인 표현들 중의 하나이고, '위반'이라는 신성한 것의 진정한 확립이라고 사람들이 생각한다면, 이런 의미에서 이 주장은 정확한 것이 된다. 축제를 순간적인 혁명의 표현으로 분석되는 이유는 혁명이 신성한 영역에 속하기 때문이다. 혁명은 단순히 쇠퇴하는 고대 축제들의 대체물이 아니다. 혁명이 동일한 역할을 수행하고, 동일한 소명을 떠맡기 때문에, 혁명 그 자체는 분명 고대 축제의 대체물이긴 하지만, 그 역할과 소명은 신성하다. 끝으로, 마지막 특성은 폭발이 아니라 영속적인 상태로서 혁명에 대한 이런 평가가 어느 정도까지 진실한 것인지를 보여준다. 최근 몇 년 동안 지속적으로 주장된 목표는 '참여'58 혹은 '노동자 자주관리自主管理'이다. 그런데, 이 목표는 '질서'의 신성한 것과 '위반'의 신성한 것 간의 관계를 특징짓는다. '위반'의 신성한 것은 결국 축제처럼 인간을 질서 속으로 재편입시키는 결과를 가져온다. 질서를 깨뜨려야 하지만, 이것은 질서를 없애기 위해서가 아니라, 그것을 신성한 것으로 재구성하기 위해서이고, 질서에 다시 병합되기 위해서이다. 혁명의 말이 지금 이런 표현들로 귀착된다는 것은, '질서'의 신성한 것이 회복되어야만 하고, 그것을 제거하는 일이 문제가 되지 않는다는 것을 정확하게 의미한다. 그리고 '질서'의 신성한 것과 '위반'의 신성한 것, 이 둘은 모순적이기는 하지만, 이들은 서로서로 연결되면서 모순적이다. 이점은 예전에는 축제의 제정을 통하여 표현되었거나, '위반'을 시간과 공간 속에 한정함으로써 표현되었다. 지금은 더는 이러하지 않다. '질서'와 '위반'이란 신성한 두 형태가 언제나 문제가 되는 한, "모순적이고 동시에 보완적인" 그들 관계는 '참여'라는 혁명적 요구와 연결됨으로써 표현된다. 무엇에 참여인가? '질서'라는 신성한 것, 결국은 '국가-국민'에 참여이다.

현대 신성한 것의 두 축이 이러한데, 우리의 사회적 세상은 '국가'와 '국민'이란 두 축을 중심으로 정돈된다. 그리고 사회적 세상 속에서 신화와 종교는 발전된다. 그런데 이 신화와 종교는 신성한 것의 네 "극점"59과 관련하여 위치되고, 신성한 것의 표현이자 설명이 된다. 그러나 실제로는 분리된 요소들, 흩어진 요소들은 없고, 신성한 것과 신화들과, 그 다음 "세속 종교들"이 있다. 우리는 정반대로 세속화된 사회에서, 전통사회에서와 동일한 종교적 조직을 재발견하는데, 신성한 세상의 조직화된 결합체를 구성하는 신성한 것과 신화와 종교들 사이의 관계 체계도 함께 재발견한다.

---

58) ▲ 물론 드골주의자 관점에서가 아니라, 말 본래 뜻에서 '참여'다.

59) [역주] 네 극점은 '존중'과 '질서'의 신성한 것과 '위반'과 '참여'의 신성한 것으로 볼 수 있다.

제4장 • 현대 신화들

I. 신화로의 회귀

신화의 재발견

오늘날은 가끔 전설을 통해 표현되었던 신화를 청명한 눈으로 고찰할 수 있는 시대가 아니다. 또한 리트레^{Littré} 사전이 다음과 같이 신화에 대한 정의를 제공할 수 있는 시대도 더는 아니다. "역사가 밝히지 못하는 시대나 사실과 관련된 이야기, 그리고 종교 개념으로 변모된 실제 사실이든 혹은 어떤 개념의 도움으로 어떤 사실을 만들어낸 것이든, 이것을 내포한 시대 혹은 사실과 관련된 이야기". 신화는 명백히 신성과 관련있고 이 신성과 인간 간의 관계에 대한 표현양식이라고 차분히 주장되었다. 그리고 이 표현양식으로부터 신화들이 가장 자주 채택한 역사적 형태가 생겨난다. 하지만, 어쨌든 그것은 과거의 문제였다. 신들은 분명히 죽었고, 그들의 이야기는 우리와 더는 관련이 없다. 이성의 세기인 19세기는 신화들이 없었다. 오직 "시인들"만이, 그것도 거짓 시인들만이 이점을 애통해했다. 그러나 심층 심리학, 이어서 사회학과 역사학이 새로운 방향을 제시하였다. 그것들을 통해 그리스-로마 신화들에서 요약된 시대에 뒤떨어진 이야기들은 활력을 갖게 되었다. 신화들은 너무 단순한 종교를 채색하기 위한 꾸며낸 유치한 이야기가 더는 아니다. 우리는 인간의 심오하고 복잡한 성향에 대한 미묘한 표현들을 거기서 직면하게 되었다. 그렇지만 이 신화들 속에서 작동된 신성들은 더 이상 징계를 내리고 시간을 주관하는 단순한 신들이 아니었다. 신들의 인격들은 복잡한 특성들로 풍부해졌고, 신들은 기이한 측면들을 보였다. 크로노스와 제우스는 신비, 곧 인간의 신비를 감추었다. 그리고 특이한 방향전환을 통해서, 유치해 보였던 것이 상상적인 신화가 아니라, 신화를 이해하지 못해서 그것을 문제 삼았던 합리주의 철학이었다는 것을 알게 되었다. 키케로는 호메로스보다 훨씬 더 지나치게 단순한 것으로 드러났다. 그리고 신화 자체의 분석을 통해, 인간의 어떤 영속성과 우주와의 어떤 관계와 인간 영혼의 어떤 구조가 훨씬 더 깊이 있게 이해되기에 이르렀다. 사람들은 아주 다양한 방향에서 신화연구들을 알고 있는데, 이 연구들은 융과 까이우아와 미르체아 엘리아데와 뒤메질의 핵심적 요소와 일치한다.1 동시에 사람들은 이러한 신화들이 다양한 기능을 수행한다는 점을 인식하게 되었다. 또한 장소와 민족의 명칭, 관습과 제도의 기원을 밝혀주는 설명적이고 기원적인 신화들과, 영원한 인간의 깊은 실재를 표현하고 또 자기 자신을 성찰하는 인간을 표현하는 존

---

1) 예를 들어 융의 『영혼을 찾는 현대인』, 호제 까이우아의 『신화와 인간』, 엘리아데의 『종교사 개론』, 조르쥬 뒤메질의 『로마의 신화들』 등이다. 까이우아에서 두르느(Dournes, 『인간과 신화』)까지, 레비 스트로스부터 리꾀르까지, 소렐에서 불트만까지 신화 분석은 말할 것 없고, 참고문헌조차 소개할 필요는 없을 것 같다. 그 범위는 무척 방대하다. 하지만, 이것들은, 신화가 시대에 뒤떨어지고 비과학적인 인간의 무력함을 증명하는 고전적 표현이 아니라고 주장하는 듯이 내게 보인다. 또 신화는 다른 어떤 것으로 환원될 수 없는 원초적 경험으로 간주되고, 인생 설계, 즉 무기력한 억압 기제가 아니라, 정반대로 자신의 인생 설계를 책임지는 인간의 능력을 증명하는 원초적 경험으로 간주되는 것처럼 보인다(두르느). 또한 사람들은 신화를 모순들 간의 논리적 중재 도구, 즉 혼돈 속에서 질서를 세우는 도구로도 여기는 것 같다. 하지만, 이 도구는 그것이 적용되는 현실의 측면에 의해서만 과학적 사고와 구별되는데, 이런 사실로 인해 그것은 삶의 메시지로서 그리고 논리적 연산자로서(레비 스트로스) 의미를 상실한다. 신화에 대한 이 두 극단적인 해석 속에서 사람들은 신화의 영원성과 현실성을 인정하고 있다. 탈신화화된 세계는 생명이 없게 될 것이다. 진실로 이런 세계는 어원적 의미에서 생각할 수 없다! 끝으로 우리 사회에서 신화의 중요성에 관하여 피에트로 크레스피(P. Crespi)의 놀라운 책, 『신화의식. 변화 중인 사회에서 신성의 현상학』을 참고할 수 있다. 이 책의 분석은 정확히 나의 분석과 일치한다.

재론적 신화들 사이의 구분이 가능할 수 있다는 점도 인식하였다. 이런 맥락에서, 인간은 아마도 신화 이외에 다음과 같은 생각을 표현할 다른 방식이 없는 듯이 보였다. 즉 과거 오래된 기원부터, 자기 자신의 가장 깊은 곳과, 직접적인 방식으로 표현될 수 없는 것에 적합한 특이한 언어를 발견했다는 생각이다. 한편, 신화의 진실성에 대한 같은 질문들은 분명히 다시는 제기되지 않았다. "신화는 신성한 역사로 간주되고, 또 신화는 실재들과 항상 관련되기 때문에, 진실한 역사로 간주된다. 세상의 존재는 창세 신화를 입증하기 위해 거기에 존재하기 때문에 창세 신화는 '진실'하다. 죽음의 기원 신화는 인간의 필연적인 죽음이 그 신화를 입증하기 때문에 마찬가지로 진실하다."2

이것은 첫 단계였다. 그러나 곧바로, 신화에 대한 이해는 점점 더 본질적이 되었고, 신화연구들은 온갖 방향으로 나아갔다. 사람들은 신화를 말, 즉 태동하는 폭발적인 말로 다시 받아들였고, 이야기와 담론과 역사로서 다시 수용했다. 이 순간부터, 사람들은 어떤 의미에서 리트레Littré 사전에 나오는, 사용되지 않은 정의를 인정할 수 있었다. 신화는 가공의 이야기로서 여긴다고 볼 수 있지만, "신화는 역사의 중심에 있는 말로서 그리고 어떤 문명의 토대를 이루는 영웅적 전설로서 간주되었다. 이와 같이 모든 것 중심에서 유지된 기원 담화인 신화가 문명 속에서 반영되는 만큼, 이 문명은 더 확실한 토대를 지닌다. 그다음 이러한 반영은 문명의 정당성에 대한 흔들리지 않는 보장책을, 인간의 시간 밖에 위치한 어느 다른 곳으로 되돌려 보낼 것이다."3 이처럼 신화는 인간의 근본적 표현일 뿐만 아니라, 사회와 문명의 토대를 이룬다. 이것은, 자신의 저서 『신화론』Mythologies에서 출발하여, 언어로서 신화4

---

2) 미르체아 엘리아데(Mircea Éliade), 『신화의 양상들』(Aspects de Mtyhe) 1963년.

3) 롤렝(J.-F.Rollin), 「에스프리」(Esprit), 1971년.

4) ▲ 그런데 지금 사람들은 언어로서 신화라는 용어에 근본적인 의미를 부여하고 있다.

에 대한 롤랑 바르뜨5의 연구 모음집과 일반적으로는 구조주의 연구 모음집에서 제시된 내용이었다.

하지만, 이러한 발견들은 결국 우리 현대 세상에서 신화들의 부재라는 문제를 제기하게 되었다. 만약 이런 이미지가 인간의 영속적인 충동을 나타내고, 사회를 정당화하는 동시에 문명의 토대를 이루는 말을 나타내는 것이 사실이라면, 오늘날에 이런 충동과 말이 전혀 없을 수 있을까? 어떤 사람들은 신화가 오늘날 삶의 본질적 활동 분야에서 더 이상 지배적이지 않다고 여겼다. 그러나 20세기 전반기의 인간이 신성한 것이나 신비한 것과 관련되지 않는다고 할 수 있을까? 왜냐하면, 명백히 20세기가 오직 겉보기에만 또 표면상으로만 신성한 것과 신비한 것을 몰아냈기 때문이다. 확실히 겉으로만 그리고 표면상으로는 그것들은 존재하지 않는다. 비록 신화가 그런 식으로 인정된 형식적 신성성들에 대한 신심과 연결되지 않았을지라도, 또 신성성들이 오직 겉모양이고 표현방식이며 다른 것을 가리키는 화살표일 뿐일지라도, 이것이 신화가 존재하지 않는다는 이유가 되지 못한다. 왜냐하면, 이 형식적 신성성은 통용되지 않기 때문이다. 사실 사람들은 신화가 존재했다는 사실을 꽤 빨리 알아차렸다. 하지만, 신화를 포착하는 것은 단순하지 않았고, 하물며 그것을 분석하는 것도 단순하지 않았다. 신화의 영역은 범위가 잘못 설정되었고, 그것의 속성은 사라져 버리고 있으며, 학자들은 일치하지 않은 정의들을 쌓기만 했다. 어려움 중의 하나는, 그리스-로마 신화나 셈족의 신화나 20세기 서구의 신화와 마찬가지로 힌두 신화에 있어서, 신화에 대해 일반적이고 타당한 정의를 부여하려는 의도에서부터 분명히 유래했다.

---

5) [역주] Roland Barthes(1915-1980)는 프랑스 문화비평가이자 기호학자다. 프랑스 구조주의와 기호학을 이끈 중심인물 중 한 사람으로서, 신비평(新批評)의 대표적 인물이다. 그는 사회학, 정신분석학, 언어학의 성과를 활용하여 다양한 문화 현상을 분석하고 이론을 전개하였다. 대표 저서로는『신화론』(Mythologies), 『기호학의 요소』(Eléments de sémiologie)가 있다.

일반적 정의에 대한 유혹은 컸다. 왜냐하면, 신화가 심오하고 영속적인 경향들을 표현한다면, 우리가 신화에 대한 보편적 정의를 부여할 수 없는 것인가라는 질문 때문이다. 그러나 사람들은 너무 일반화하길 원함으로써 지나친 추상화로 귀결되고 말았다. 그리고 지나친 추상화는 신화 그 자체에서, 신화의 활력과 진화능력과 공격성이라는 가장 중요하게 보이는 것을 상실하게 만들었다. 신화의 "정의"에 대해 적어도 가능한 세 가지 흐름이 구분될 수 있다. 어떤 이들에 따르면, 신화는 '저편의 시계'와 '말로 표현할 수 없는 것'과 '이름을 붙일 수 없는 것'과의 관계이다. 그래서 신화는 달리 언급될 수 없는 것을 완곡한 방식으로 또 '거울 놀이'6를 통해 설명하는 간접적 수단이다.7 다른 이들에게 있어서, 신화는 주된 균열의 표현인데,8 이 균열에 따라 제도적 체계가 유기적으로 구성된다. 결국 레비 스트로스의 관점대로, "인간이 합리적 방식으로 문화의 문제를 해결하기에 충분한 지식을 가지고 있지 않은 바, 신화는 문화의 문제를 매개할 수 있도록 하는 논리적 도구를 제공하는 일종의 다리로 간주할 수 있다." 문화의 문제를 없애는 것은 불가능하지만, 인간은 이 문제와 더불어 살아가는 것이 가능해지도록 이 문제를 조정해야만 한다.

　　신화에 대한 단일한 정의는 신화로 하여금 신화가 되도록 하는 것을 제거

---

6) [역주] 거울 놀이(jeu de miroir)는 2개 이상의 거울을 서로 마주 보게 하거나 서로 비치도록 하여 각 거울 속에서 끊임없이 이어져 보이게 하는 놀이이다.

7) 한편, 이 개념은 이런 노선을 추구하는 학자들의 종교적 관점과 연결되었다고 생각할 필요는 없다. 즉 라캉(Lacan) 다음과 같은 "정의"를 제시한다. (1971년 「에스프리」(Esprit) 잡지에서 디스(This)가 인용함) "신화는 구체적으로 진리에 대한 정의로 옮길 수 없는 어떤 것에게 담론적 형태를 부여하는 것으로 정의될 수 있는 것이다. 왜냐하면, 진리에 대한 정의는 오직 정의 그 자체에 의거할 수밖에 없기 때문이고, 또 말이 진리를 구성할 수 있는 것은, 말이 말 그 자체에 의해 진리의 영역 속으로 확대되기 때문이다. 말은 포착될 수 없고, 객관적 진리처럼 진리에 접근하는 운동을 포착할 수 없다. 말은 신화적 방식으로 진리를 표현할 수밖에 없다. 바로 이런 의미에서, 분석적 학설 속에서 (외디푸스 콤플렉스) 드러난 바, 근본적 상호주체적인 말이 구체화 된 것은 어느 정도까지는 분석이론 내부에서 신화의 가치를 지닌다고 말할 수 있다."

8) ▲ 그것이 이미지화된 표현이든, 신학적으로 혹은 법적으로 개념화된 표현이든 상관없다.

한다. 즉 인간과 삶의 시간적 구조 간의 매우 직접적 관계에 대한 해석이 신화에서 제거된다. 이 관계를 벗어나서 신화는 단지 하찮은 것과 부조리한 것일 따름이다. 내가 보기에, 20세기의 우리 신화들과 3천 년 전의 신화들에 있어 가능한 공통적인 정의는 존재하지 않은 듯이 보인다. 왜냐하면, 나는 3천 년 전의 사람과 같은 상황에 있지 않기 때문이다. 만일 신화가 성찰하는 인간을 비추는 거울이고, 행동하는 인간을 설명하는 것이라면, 또한 신화가 인간의 '지금 여기'의 상황을 정당화하고 지배하며, 인간이 자신의 가장 신비스런 내면의 심층에서 주어진 '실재'와 맞서는 이미지라면, 신화는 결국 그 속성 자체로 여기저기에서 동일할 수는 없다.

그런데 신화는 필연적으로 자신의 겉모습에서는 특별하지만, 반대로 신화의 특성들과 근거들은 지속적이고 공통적이다. 하지만, 주어진 문명에 직접적으로 속한 이 표현방식은 이 문명의 인간에게 가장 적합한 형식을 분명히 채택할 것이다. 한편, 우리 문명이 무신론적인 한,9) 오늘날 신화는 행동하는 어떤 신들의 가면을 쓰지 않았을 것이다. 사람들은 이 신들에게 집단적으로 혹은 개인적으로 말을 걸고 이 신들을 위해 신성성과의 전통적인 관계 방식을 형성한다. 하지만, 신화는 언제나 신심과 종교적 신봉과 불합리라는 요소들을 포함하는데, 이 요소 없이 신화는, 인간을 위해 자기가 표현하기로 책임진 것을 결코 표현할 수 없을 것이다. 종교적 감정은 형식적 신성성과 아주 다른 것에 분명히 집중될 수 있다. 여기서 우리는 분명히 실상을 밝히는 과정에 직면하고 있다고 할 수 있다. 게다가 문명과 연결된 신화가 문명의 깊은 의미를 표현한다면, 또 신화가 인간이 문명에 통합되는 수단이고 동시에 인간의 환경과 인간 자신 간의 긴장을 감소시키는 수단이라고 한다면, 분명한 것은 이 신화가 오직 자연적이고 또 사회적 구조의 급소와만 관련된

---

9) ▲ 우리 문명이 전혀 무-종교적인 것이 아니라, 단순히 그런 것으로서 숭배된 형식적 신성성을 인정하지 않는 한, 그렇다는 것이다.

다는 점이다. 그런데 이 구조는 처세 기법과 정보로 이루어진 복합체인데, 인간은 여기서 살도록 부름을 받았다. 과거에 인간은 흐르는 시간과 위협하는 자연과 연관되어 끌려다녔지만, 이제는 시간과 자연과의 이 대립은 진실로 현재의 인간을 사로잡고 있는 대립이 결코 아니다. 인간은 사물들에 대한 지나친 지배자가 되었다. 인간은 이제 홀로인 인간이다. 인간에게 떠나지 않는 것은, 자기 자신과 관련하여 덕과 확실성이 부재하다는 사실이다. 자연적 장애물들이 제거되고, 인간이 더는 자신의 최선의 행동에 대한 평형추가 아닌 오늘날, 인간을 보장해 주는 것들은 어떻게 될 것인가? 예를 들어, 원자력을 보유하는 것은 좋다. 하지만, 알아야 할 것은, 인간은 이제 수중에 원자로와 함께 살 수밖에 없다는 것이고, 결정에 대해 책임져야 한다는 것과, 오직 자신의 힘만을 의지할 수밖에 없다는 것이다. 그런데 이 상황은 견딜 수 없다. 이 상황에서, 인간은 더는 고독하지 않을 것이기 때문에 안심할 것이라는 '환경재건' 신화와, 과거가 미래를 보장한다는 모험의 '재의미화' 신화가 생긴다. 그 신화들이 무엇이든 간에, 이 신화들은 현문명에 속한 모든 인간들에게 반듯이 공통된다. 우리가 말할 수 있는 것은, 현재 문명과 관련하여 모든 인간은 공통적 상황과 동일한 질문 앞에 놓여 있기 때문에, 문명이 신화로서 우리에게 드러날 수 있는 경우는 이미지가 모두에게 공통되는 경우라는 것이다.

신화의 기능

신화의 현실성과 우리 사회에서 신화의 현존은 이제 더는 이의제기가 되지 않는다. 그러나 사람들은 신화를 축소하고, 신화를 사회학적으로 너무 명백한 기능으로 귀결시키고, 신화를 합리화하는 경향이 있다. 바르뜨Barthes가 신화를 뒤르껭Durkheim의 "집단 표상"이나 '사회적 결정체'나 '반영', 즉 '뒤집어진 반영'의 등가물로 바꾸어 놓고서, 이점에 대해 독특한 견해를 제시한다. "신화는 문화를 자연으로 뒤집어 놓는 것으로 이루어지거나, 적어도 사회적인 것, 문화적인 것, 이데올로기적인 것을 자연으로 뒤집어 놓는 것으로 이루어진다. 신화가 오직 계급 구분의 부산물일 따름이고, 도덕적이고 문화적이고 미학적 여파의 부산물일 뿐이라는 것은 자명하게 제시된다. 발화체의 우발적인 토대들은 신화적인 반전反轉의 영향으로 상식과 당연함.… 즉 한마디로 '독싸'doxa 10가 된다." 이보다 더 평범한 주장은 없다.11 또한 바르뜨가 모든 신화의 필수적인 내용, 즉 "초월적" 차원의 내용을 전혀 암시하지 않기 때문에, 이보다 더 부정확한 것은 없다. 초월적인 차원은 즉각적으로 문화적인 것을 다시 도입한다! 신화는 문화적이 되는 것을 결코 숨기지 않는다! 바르뜨가 신화의 양상들 중 하나를 여기서 제시한다고 주장한다면, 이것은 자명하다. 오류는 신화를 이 유일한 기능에만 집중하여 설명한다는 것에 있다.12 그리고 바르뜨가 자신의 과학적 연구를 위하여 '계급투쟁'의 신화를 따른다는 것도 설명하지 않았다. 우리는 이점을 다시 다룰 것이다. 하여튼 매번 역사의 위기의 시대에, 어떤 사회 유형을 유지하게 만들고, 사회 지배 집단을 사회체계에 대한 믿음 속에 확고히 있게 하는 신화들이 다시 출현한다는 것은 사실이다. "적의 공격 아래에서 소멸되지 않기 위해서, 권력을 이용하는 어떤 범주의 개인들이 궁극적으로 의지하는 것은, '기원 담화'를 자

---

10) ▲ 기원의 비종교적인 모양
  [역주] '독싸'는 그리스어, δόξα를 옮긴 표현이다. 이는 플라톤이 두 번째 단계의 지식으로 분류한 것으로서, 감각 기관을 통하여 얻은 감각적 지식을 토대로 사람이 대상에 대하여 상식적으로 품게 되는 견해, 즉 '의견'이나 '신념'을 말한다. 이것은 객관적 검증을 거치지 못하고 주관적 견해이어서 완전한 지식으로 간주되지 않는다.

11) ▲ 바르뜨는 신화가 정당화하는 체계라고 말하는 것에 그치기 때문이고, 이것은 우리들 상당수가 아주 오래전부터 언급한 것이다!

12) 그는 신화에 대한 불완전한 파악을 통해서, 메시지를 '내포 체계'와 '외연 체계'라는 두 가지 의미론적 체계로 분해하면서 신화적 반전을 재설정하기 위한 분석 방법을 정당화한다. 즉 '내포 체계'의 '기의(記意)'(시니피에, signifié)는 이데올로기적인 것이 되고, '외연 체계'의 기능은, 계급에 '자연'이라는 가장 순수한 보증을 부여하면서, 계급 명제를 중화시키는 것이다. 신화가 오직 바르뜨가 말하는 의미만이라고 한다면, 이 모든 것은 정말로 그렇다.

기 것으로 삼으면서 그것을 부활시키는 것이다." 그러나 소렐13)이 그렇게 했듯이, 혁명적 활동을 용인하고, 기존 질서를 문제 삼게 하는 동적 이미지로서, 신화를 파악하는 것도 정확하다. 하여간, 신화의 사회학적 기반과 신화의 이용이 어떠하든지 간에, 또한 신화를 공들여 만들어내고, 그것을 전달하는 사람들의 방향이 어떠하든지 간에, 신화는 늘 설명적인 채로 있다. 신화는 이성이 무기력한 어디서든지 인간의 상황이나 의도를 설명한다.

그런데 이것으로는 고전 신화가 현대 신화로 결코 변화하지 않는다. 즉 신화의 장소와 대상은 변했지만, 신화의 기능은 변하지 않았다. 물론 신화는 이성이 멈추는 지점에서만, 그리고 사회적 위기 혹은 갈등의 시대에서 발생한다. 과학은 신화를 물러나게 만들지만, 과학은 즉각적으로 다시 신화를 생성한다. 그 이유는 신화의 필요성을 유발하는 근본적 문제의식들을 야기하는 것이 바로 과학이기 때문이다. 신성한 것에 있어서와 같이 신화의 영역도 다른 곳으로 이동했다. 신화는 우주 생성 이론처럼 더는 자연과 연관되는 것이 아니라, 우리 시대 문화의 실제적 문제들과 관련된다. 또한 신화는 비극적이고 위협적이며 참을 수 없는 상황에 직면하여 갈등을 중재하도록 만든다. "마찬가지로 신화는 윤리가 전통적으로 남아있는 사회에서 공간의 열림과 출산의 비밀 발견과 함께 갑자기 뛰어나온 문화 문제도 중재할 수 있도록 한다.""신화는 시대의 문제들과 함께 살아갈 수 있게 하는 임시방편이고, 감정적으로 인간이 더 편안히 존재하는 새로운 구조들을 향한 이행을 감정

---

13) [역주] Georges Sorel(1947-1922)는 프랑스 사상가로서 대표저서로 『폭력에 대한 성찰』 (*Réflexion sur la violence*)이 있다. 여기서 그는 부르주아 지배체제와 자본주의 경제체제를 끝낼 힘은 혁명적 프롤레타리아의 폭력밖에 없다고 단언한다. 그는 폭력만이 역사 진보의 원동력이기에 폭력을 약화시키는 평화주의와 타협주의를 일종의 범죄로 보면서 폭력을 찬미한다. 또한 그는 이 책에서 역사가 혁명적으로 비약하려면 그 역사를 만드는 대중이 하나의 거대한 '신화' 속에서 뭉쳐야 한다고 주장한다. 따라서 그에게 '신화'는 한 집단의 신념체계와 같은 것이고, 이 신념을 운동의 언어로 표현한 것이 신화라는 것이다. 그래서 '신화'는 논리적 구성물이 아니라, 이미지인데, 그에게 '신화'의 가장 핵심적 이미지는 '총파업'이다. '신화'가 없으면 총체적 봉기도 없고, 폭력도 없으며, 완전한 혁명도 없다는 그의 주장은 현실을 극단적으로 부정하는 세계관을 보인다.

적으로 용이하게 한다."14 그런데 시대의 문제들은 경제 성장과 인구와 정보의 폭발에 의하여 촉발된다. 따라서 신화들은 물론 직접적으로는 아니지만, 부차적으로 이런 상황들과 관련될 것이다. 진실로 신화는 그 기능도 의미도 변하지 않았다. 즉 주어진 문명과 상관관계가 있는 신화는 문명 심연의 성향들을 표현한다. 신화는 물질적 구조들을 표현하는 것에 그치지 않는다는 점에서 상부구조가 아니다. 또 신화는, 존재하지만, 보는 것을 회피하고 싶은 것의 이데올로기적 장막도 아니고, 부당한 것으로 깊이 인식된 존재물에 대한 조잡한 정당화도 아니다. 신화는 그런것 이상이고 어떤 측면에서 물질적 구조 자체보다 더 본질적이다. 사실, 물질적 구조 그 자체로만은 아무것도 아니다. 그것은 오직 인간 의식 속에 반영된 중요한 것을 취한다. 인간은 이런 경제적 삶과 기술적 발전과 국가의 성장과 관련하여 놓이고, 그것들을 해석한다. 그리고 이렇게 하면서, 인간은 그것들에 의미를 부여한다. 게다가 인간은 아마도 무의식적으로 자기 존재 전체의 반응을 통해, 그것들의 발전 의미를 지각하는데, 인간은 이 발전을 두려워하는 동시에 욕망하고 있다. 인간은 이 모든 것을 신화 속에서 표현한다. 그때부터 신화는 이런 구조와 관련하여 인간 집단성의 관점표명으로서 나타나는 동시에, 인간 집단성이 이 구조들에게 부여하는 의미로서 나타난다. 그런데 이런 경제적 혹은 정치적 삶은 인간의 행동에 크게 달려 있다는 사실 때문에, 인간이 이 삶에 대해 형성하는 이미지, 더 나아가 인간이 진보의 의미에 대해 형성하는 이미지는 진보 자체에 있어서 결정적으로 중요하다.

신화는 어떤 문명과 그 문명의 발전 과정 혹은 위기 과정에 인간 대중이 가담하는 조건으로서 나타나며, 동시에 신화는 이 문명 한가운데서 영속적으로 거주하는 인간에 대해 설명한다. 물론 이 신화들 자체는 물질적 여건에

---

14) ▲ 람누 [역주] 클레망스 람누(Clémence Ramnoux, 1905-1997)는 프랑스 철학의 역사가이고, 소크라테스 이전 그리스철학 사상 전문가이다.

의해 영향을 받기도 하고, 역으로 이 물질적 여건에 영향을 끼치기도 한다. 왜냐하면, 신화들은 물질적 구조들의 '실재'를 심리적 이미지로 표현하기 때문이다. 이점을 통해서 설명되는 것은, 신화들이 개인적 정신 현상의 가장 깊은 여건에 접목되어 있지만, 신화들은 매우 다양할 수 있고 문명의 맥락에 따라 다른 성격을 띨 수도 있다는 사실이다. 오늘날의 경우에는 근본적으로 새로운 상황과 직면하는데도 불구하고, 마치 사람들이 새로운 "시작"에 참여하듯이, 앞서 있었던 상황과 공통된 척도가 없이, 새로운 신화들이 나타난다. 우리 사회는 진보적이고 활동적인 신화들을 가지고 있는 반면에, 어떤 사회는 퇴행적이고 설명적인 신화들이 있을 수 있다. 그렇지만 이 둘 모두는 개인이 가진 동일한 근본적 성향들을 표현한다. 하지만, 이 개인은 동일한 경제적, 정치적 맥락에 놓이지 않는다. 어쨌든, 아주 명백한 것은, 우리 서구 문명에서 신화들은 행동과 결부되어 있고, 행동으로 밀고 간다는 사실이다. "동력이 되는 총괄적 이미지"로 부여된 신화에 대한 정의는 확실히 행동과 관련하여 가장 정확하다. 신화는 바로 강력하게 채색된 비합리적인 표상이고, 개인적 신심의 역량 전체를 담은 표상이다. 또 신화는 대체로 무의식적인 이미지이다. 왜냐하면, 이미지에 깃들어 있는 종교적 무게감이 근본적으로 너무도 명백하고 확실한 나머지, 이미지임을 자각하는 것이 위험하기 때문이다. 그래서 인간의 자각은 확실함을 약화시킬 위험이 있을 것이고, 그것을 혼란스럽게 느끼는 인간은 확실함 속으로 도피하기 위하여 신화가 무의식적 이미지라고 생각하는 현명한 행동을 한다. 그런데, 다른 것들로부터 신화를 알아채는 것은 언제나 쉬운 일이다. 사람들은 다른 사람이 그토록 불합리한 이미지에 굴복할 수 있다는 것에 놀란다. 하지만, 자기 자신의 신화들에 대한 분석에 접근하는 것을 얼마나 싫어하는가!

결국 이 신화는 총체적이여야 하고, 상황과 행동의 모든 요소들을 포섭한다. 그리고 신화는 상황과 행동을 설명하고 종합하는 동시에, 그 미래와 요구를 제공한다. 중요한 것은, 전체를 위해 손실이 없이 내일에는 반박되는 일시적인 이러저러한 측면이 아니라, 신화의 이런 총체성이다. 신화는 무관심한 개인의 어떠한 몫도 용인되지 말아야 하기 때문에, 여전히 총체적이고, 완전히 지배적이다. 또한 신화는 개인의 이성에게 호소하는 것처럼 개인의 감정 혹은 의지에도 호소한다. 아무것도 신화의 영역을 벗어나서 존속하지 않으며, 비판을 행하기 위한 근거점으로 작용할 어떤 지점도 없다. 따라서 신화는 인간 전체에 만족스러운 이미지를 제공한다. 한편, 신화는 어떤 구상인데, 이 구상은 신화 속에서 사는 사람에게 유일한 해석만이 작동하게 한다. 그래서 동일한 신화를 누리며 사는 사람들 간에는 결정적인 대립은 없다. 하지만, 신화 구성에 있어서 여러 가지 측면이 구분되어야만 한다.

신화의 세 층위와 세 양상

이런 맥락에서, 내 생각으로는 신화의 세 층위가 존재하는 것 같다. 첫째 층위는, 신화의 근간根幹, 신화의 대상 자체, 신화체계가 조직되는 지점이다. 레비 스트로스Lévi-Strauss는 자신의 일련의 저작에서[15] 연구된 신화들 간의 구조적 비교를 통해 이것을 놀랍게 이끌어냈다. 둘째 층위에서는 명백히 밝혀진 신화들이 대체적으로 완결된 담화 속에서 이 근간을 전개하고, 이 근간을 적용하며 설명하는 층위이다. 신화들의 주제 측면에서 보자면, 이것들은 상당히 중요한 신화들이고, 꽤나 공들여 만들어진 신화들이다. 셋째 층위에서는 가장 피상적인 것, 즉 관례적인 문구, 이미지, 기성의 선언들의 전체가 이어서 나오는데, 이것은 내가 『사회통념』[16]에서 연구했던 내용이다. 하지만, "신화는 언론과 광고와 엄청난 소비 대상에 대한 익명의 발화체들 속에서 읽힌다"고 지적한 바르뜨가 그렇게 하듯이, 이것이나 이것만이 신화를 표현

---

15) 『날 것과 익힌 것』(*Le Cru et le Cuit*) 등.
16) 자끄 엘륄의 『사회통념에 대한 주석』(*Exégèses des nouveaux lieux communs*), La Table ronde, "소량의 붉은 모래"(La Petite Vermillon, 1994)를 볼 것.

한다고 생각하는 것은 완전히 피상적이다. 바르트의 이 지적은 적절하지만, 심오한 신화들에 대한 일시적이고 우연한 반영으로서 그런 것이다.

우리는 그의 신화론의 연구에 만족할 수 없다. 신화를 세분화하여 만들어낸 절편이 무엇을 가리키고 의미하는가? 어쨌든 신화는 이 세 층위가 구분될 때만이 내게는 완전한 것처럼 보이고, 또 세 층위가 서로서로 연관 관계를 맺을 때만이 완전한 것처럼 보인다. 그래서 사람들은 신화가 세 양상을 내포하고 있는 점을 아주 빨리 깨닫는다. 첫째 양상은, 신화는 본래 보수적이지도 않고 혁명적이지도 않다는 것이다. 신화가 지배 상황의 반영일 경우, 혁명은 신화에 대립할 수 있다. 그러나 이와 반대로 혁명이 신화를 아주 잘 생산할 수 있고, "유령처럼 사태의 핵심에 접근할 수 있다." 둘째는, 신화의 표시를 증가시키는 것은 불가능하다는 것이다. 즉 어떤 학자들이 생각하는 것에 따르면, 젊음, 이윤, 계급투쟁, 조국, 자유, 대학, 국가, 사회학, 효소, 휴가, 자동차, 오염 등 모든 것이 신화라는 것이다. 일반적으로, 다소 비일관적 이런 주장들 속에 진리의 측면이 존재한다는 점을 인정해야만 한다. 하지만, 언제나 부족한 것은 바로 일관성을 추구하는 것이다. 젊음은 그 자체로는 신화가 아니다. 그러나 젊음은 신화체계에 속하고, 신화에 해당하는 어떤 '결합체'에 속한다. 그래서 이데올로기적이거나 혹은 사회적인 이런 '실재'가 지닌 신화적 특성을 식별할 때, 이 '실재'가 무엇에 결부되고, 어떠한 결합체 속에 놓이는지를 자문해야만 한다. 하지만, 역으로 자문해야만 하는 것은, 완전히 확실한 것으로 수용되고 혹은 과학적 측면에서 설명적인 이러한 진리가 과연 신화의 영역에 속한 것인가이다.

계급투쟁 혹은 과학적 객관성도 이와 마찬가지로 자문해야만 한다. 만약 이 진리들을 신화체계에 결부시킬 수 있다면, 이 진리들을 '실재'를 설명하는 진리의 양상으로서가 아니라, 신화적 진리의 양상으로서 보존해야 할 필요가 있다. 이 신화적 진리로부터 사람들은 모든 것을 설명할 수 있다. 마지막으로, 세 번째 양상은 신화가 익명의 담화라는 것이다. 아무도 아무에게 말하지 않는다. "어떤 신화가 이야기될 때, 개인적 청자들은 엄밀히 말하면 어디에서도 오지 않는 메시지를 받아들인다. 그 이유로 말미암아 신화에 초자연적인 기원이 부여된다."17 그러나 신원을 아는 누구의 이야기를 말하는 어떤 사람이 필요하다. 어떤 한 사람이 "기원의 흔적"을 재론한다. 어떤 한 사람은 익명을 유지한 채 신원을 아는 그 사람의 처지에서 생각한다. 이런 사실 때문에 신화는, "저자는 누구도 아니지만, 모두에게 전해진 기원에 대한 기원의 말"18일 따름이고, 그러한 말일 수밖에 없다. 그런데 이것은 우리 사회에서 특별한 색깔을 보여주었다. 즉 자신을 익명의 사람과 동일시하는 어떤 한 사람에 의하여 모두에게 전달된 이 익명의 이야기는 어제의 이야기가 아니다. 연속성을 거부하면서 미래를 향해 투사된 사회에서, 익명은 전통과 조상 전래의 풍습에 의해 더는 보장될 수 없다. 이러한 익명은 이제 "대중매체"가 보장한다. 모두를 향해 이야기를 전달하는 어떤 사람, 곧 완전히 알려져 있으면서도 완전히 익명인 채로 신화에서 말하는 "개인"과 동일시된 어떤 사람은 전형적으로 텔레비전의 아나운서다. 그는 거기서 자리를 잡고 있으면서, 현대 신화를 생성하는 것이 아니라 신화적 진정성을 보장한다. "대중매체"가 현대 정신적 심성 속에서 산출하는 변화들, 즉 담론의 질서의 이탈, 총체적인 신화적 사고의 재출현, 논리적인 합리성 기피, 현실에 대한 즉각적인 파악 등, 이 모든 것은 맥루한에 의해 완벽히 소개되었고, 입증되었으며, 설명되었다. 확실히 이것은, 우리 동시대인이 합리적이고 과학적이라는 생각, 또 우리는 탈신화적 사회 속에 있다는 생각에 대해 가능한 가장 훌륭한 거부이다. 우리의 역사적 상황은 신화를 의지하는 것을 전제하고 있고, 세상에서 우리의 행동 수단들과 '실재'에 대한 행동 수단들은 그 자체로

---

17) ▲ 레비 스트로스, 『날 것과 익힌 것』
18) ▲ 롤랭(Rollin)

부터 신화를 생산하고 있다. 어떻게 우리가 그것을 피할 수 있단 말인가?

II. 오늘날은 어떤 신화가 존재하는가?

첫째 기본 신화-역사 신화

신화 구조체 전체가 토대를 두는 가장 깊은 것과 가장 넓은 것과 가장 결정적인 것은 아마도 동시에 가장 수동적인 것이 된다. 이 구조체는 집단의 가치들을 지닌 합의된 믿음의 성격을 더욱 띠는데, 직접적으로 행동은 덜 요구한다. 하지만, 구조체가 존재하지 않는다면, 신화는 구성될 수 없을 것이다. 그리고 이 구조체는 일반적으로 가장 폭넓게 공유된다. 즉 우리는 모두 신화 구조체 속에서 살고 있다. 또한 이 구조체는 가장 지속적이다. 그런데 이 구조체는 문명 구조와 동시에 진화하기 때문에, 이것은 문명과 동일한 외연外延을 지니고 있고 문명과 함께 사라질 따름이다. 오늘날 현대인의 두 가지 기본적 신화는 역사와 과학이라고 말할 수 있을 것이다.19 여기서 과학과 역사의 기원과 특성에 대해 긴 분석을 하는 것은 필요하지 않다고 본다. 이것은 종종 분석되었기 때문이다. 단지 이것들이 20세기 인간의 모든 신앙과 이데올로기와 행동과 감정의 토대라는 점만을 생각하기로 하자. 그래서 역사를 '가치'로 변환시키는 것은 역사가 선과 악을 판단하는 것이라고 생각

---

19) 나는 신화의 개념에 대해 틸리히(Tillich)의 관점에 완전히 동의한다. (『종교철학』 1971년 프랑스어 번역본) 그의 개념은 절대성에 대한 논리적 파악과 미학적 파악이 결부되어 있다. 신화는 진실한 것과 실제적인 것을 포착하길 원하지만, 동시에 절대성의 실체에 대해 직관적으로 설명하길 바란다. 신화는 필연적으로 존재의 신화, 역사의 신화, 절대정신의 신화, 세 가지 방향 속에서 발전된다. 이 세 가지 요소들이 "삼각도"를 구성한다. 그런데 주목할 만한 것은, 사람들이 오늘날 이 모든 성질들에 부합되는 것을 찾고자 한다면, 필연적으로 **과학과 역사**로 되돌아간다는 사실이다. 이데아로서 과학과 역사는 **존재**(혹은 기원), **역사**(혹은 구원), 절대 개념(혹은 실현)을 설명한다고 주장하는 유일한 것들이다. 우리 시대의 신화적 힘의 진짜 표현은 과학과 역사의 논리적이고 직관적인 파악 속에서 나타난다.

하도록 만든다. 빼땡Pétain 원수元帥는 "역사가 판단할 것이다"라는 표현을 내세웠고, 후르시초프는 역사가 소련과 미국 사이에서 판정을 할 것이고, 그것은 신의 판정일 것이라고 선언했다. 그런데 여기서 우리는 의미심장한 전환에 직면해 있다. 사람들은 전통적으로 역사는 신성한 의미를 지니고 있었고, 사실들을 기술하는 것이 중요한 것이 아니라, 모범적이고 중요한 이야기를 얻는 일이 중요했다는 점을 알고 있다. 즉 역사는 신화의 도구들 중 하나였다. 또 역사는 신화로의 통합 속에서만이 전통적으로 가치를 지녔다. 그런데 우리는 이 모든 것을 변화시켰고, 역사를 세속화시켰다. 이제 역사는 영원한 것과 관련 없이 사건들을 이야기하고, 사건들의 의미를 찾지 않은 채 사건들의 전개를 따라가는 것으로 이루어진다. 즉 역사는 탈신성화되었다. 하지만, 우리가 경이적인 방향전환을 통해 '역사'의 신화가 구성되는 것을 보는 것은, 역설적으로 역사에서 신성이 박탈되는 이 순간에서다. 역사는 더는 신화에 통합되지 않고, 더는 신성한 것에 소용되지 않는다. 말하자면, 역사 자체는 그 자체로 신화이다, 역사는 더는 영원한 것과 관련되지 않는다. 왜냐하면, 역사는 그 자체로 영원한 것의 가치를 가지고 있기 때문이다. 아마도 이것은 현시대의 주목할 만한 일반적 현상 중 하나이고, 이점을 통해서 탈신성화된 세계는 바로 그 때문에 신성해진다.

역사에 대한 새로운 이런 규정은 다음 두 가지 역사 간의 불일치와 단절을 설명한다. 하나는 역사가에 의해 알려지고, 이해되며, 설명되고, 이야기된 역사, 곧 베인Vayne[20]이 훌륭하게 밝혔던 이야기이며, 다른 하나는 현대 철학자들의 사상과 평범한 사람의 두뇌를 사로잡고 있는 신비로운 여신이다. 의미도, 교훈도, 가치도, 진리도 포함하지 않은 역사과학의 이야기와, 단지 이야기일 뿐인 역사에 대한 "담론-신심" 사이에 어떠한 일치도 가능하지 않다. 따라서 역사가와 철학자가 역사라는 단어를 말할 때, 그들은 같은 것을

---

20) 『사람들은 어떻게 역사를 쓰는가』(Comment on écrit l'histoire)

언급한 것이 전혀 아니다. 분명히 신화와 역사 간에는 관계가 있다. 신화는 언제나 이야기된 역사이지만, 베인은 역사가들의 이야기는 조금도 신화가 아니라는 점을 완벽히 보여주었다. 반면에 텔레비전과 신문에서 준거^{準據}의 역할을 하는 역사, 우리의 모든 사색들이 잠겨 있는 환경이 되는 역사, 도덕21뿐만 아니라 신22을 바라보고 이해하는 방식을 변경시키는 역사, 이러한 역사는 단순히 사람들이 인간과 자신의 운명에 대해 이야기하는 역사이며, 모든 점에서 그것은 신화이다. 이처럼 역사는 현대인이 자신의 기원을 다시 파악하는 수단이고, 자기 존재 자체가 근거를 두는 수단이다. 그리고 그의 인생은 자신의 역사적 조건에 의해 정당화된다. 현대인은 자신이 행하는 모든 것에 의해 정당화되는데, 그 이유는 모든 것이 역사 속에 있기 때문이다. 유일한 소명은 역사를 여전히 가능하게 만드는 것이다. 이것들 모두는 신화의 기능들이다.

  게다가 의미의 문제가 있다. 우리는 역사가 그 자체로 '의미'가 되었다고 언급했다. 이점은 두 가지 측면을 포함한다. 하나는 역사에는 '내재적 의미'가 부여되어 있다는 것이고, 다른 하나는 역사가 '의미'를 부여한다는 것이다. 두 번째 측면은 첫 번째에 종속되어 있다. 그런데 가장 큰 문제는, 역사가 역사 외적인 것, 즉 하나님, 진리, 자유 등으로부터 더는 '의미'를 받아들이지 않는다는 점이다. 그런데, 모든 것을 포함하는 것이 바로 역사이다. 아무것도 더는 역사 외적이지 않다.23 따라서 역사는 그 자체로부터 '의미'를 받아들여야만 한다. 이 의미는 외적 준거가 여전히 있을 수도 있는 역사 철학에 속할 수 없는 것이고, 오직 역사의 구조 자체로부터 나올 따름이다. 만약 역사에 구조가 있다면, 역사는 '의미'를 갖게 된다. 바로 이것이 변증법적 유물

---

21) ▲ 도덕의 상대성
22) ▲ 역사와 관련되어 버린 신
23) ▲ 이점이 바로 신화적이다.

론을 성공하게 했던 것이다. 역사의 변증법적 운동은 '의미'를 보장한다. 이 방식을 통하여, 우리는 인간과 그의 과거와 미래의 열쇠를 가지게 된다. 이러한 변증법으로부터 모든 것은 자기의 가치를 끌어낼 것이다. 즉 '다른 곳'에서 찾을 필요가 없는데, 그 이유는 추론컨대, '다른 곳'은 이 변증법에 종속되지 않을 수도 있기 때문이다. 결과적으로, '다른 곳'은 역사와 아무런 관련이 없을 수도 있다. 결국 '다른 곳'은 존재하지 않는다. 왜냐하면, 역사에 종속될 수 없는 어떤 것도 생각할 수 없기 때문이다. 반대로, 만약 역사가 역사 자체 구조로부터 내재적 의미가 있다면, 모든 것은 역사 속에 내포되어 있기 때문에, 모든 것은 의미의 개입을 받아들인다. 즉 각각의 삶과 결정은 역사의 의미에 참여하기 때문에 가치와 진리를 지닌다. 동시에 이 기본 신화와, 현대 신화 전체의 일반적인 방향은, 의식의 모든 단계에서 그리고 사회적 범주가 어떠하든지 간에, 가치를 지니는 완전히 신화적 특성을 보인다. 즉 철학자와 신문기자, 평범한 사람과 프롤레타리아, 젊은이와 노인, 백인과 흑인, 파시스트와 좌파 등, 모든 사람은 모든 지성과 해석의 차원에서 암묵적인 동시에 확산되고 의식적인 진리를 주저 없이 따른다. 그런데 이 진리는 현시대에서 지혜의 마지막 논거가 되었다. 따라서 어떻게 신화의 자격을 거부할 수 있을까?

둘째 기본 신화-과학 신화

두 번째 기본 신화는 과학이다. 우리는 앞의 경우에서와 동일한 구성요소들을 발견한다. 첫째, 신성한 과학에서 탈신성화된 혹은 탈신성화하는 과학으로의 이행을 발견한다. 즉 마법사와 유대교 신비학자의 특성을 띤 과학이면서, 비밀스럽고 신성한 과학이 있는데, 우리는 거대한 피라미드나 혹은 잉카 유적의 비밀에 대한 현대 연구에서 그 잔재를 확인한다. 그다음, '현실'에 대한 이해와 파악 방법을 조망하고 밝히는 작업이 이어진다. 그런데 이 방법은 현실은 구체적으로 더는 신성하지 않다는 점을 전제하고 있으며, 동시에 현실 이해 방법은 더는 비밀스러울 수 없다는 점을 전제한다. 따라서 과학은 비교秘教적인 것에서 현교顯教적인 것이 되었다. 과학은 외적인 것에 의거하지 않고서 자기 자체로 구성되었다. 이제 과학이 고찰했던 모든 것은 탈신성화되었다.

하지만, 그때 과학에 대한 담론이 형성되기 시작했는데, 이것이 둘째 양상이다. 그리고 다음 두 가지 사이에서 단절이 점점 더 목격되었다. 하나는, 자신들의 실험실에서 과학자들이 행하는 모든 것, 즉 끈질긴 연구, 신중한 결론, 설명 포기, 일반화에 대한 거부, 인과관계 기피, 표현과 방법으로서 수학적 추상화이다. 이어서 다른 한 가지는 과학에 대한 장엄하고 과장된 담화다. 예를 들어 인공위성 스푸트니크가 발사되는 순간 혹은 최초로 달 착륙이 이루어지는 순간에 사람들이 들었던 과학에 대한 과장된 담화와 같은 것이다. 이따금 어떤 과학자는 이 분야들에서 자기 자신이 위험을 무릅쓰고 어떤 것을 시도한다. 슬프게도 떼이아르Thilhard나 르꽁뜨 뒤 누이Lecomte du Nouÿ를 뒤이어 모노Monod 24가 그때 자신의 과학적 엄정함을 따르는 것이 아니라, 신화의 자력磁力을 겪는 평범한 사람의 자질을 따르듯이 그렇게 했다. 결국 전문가들에게 "과학적 담론이 신화적 담론의 현대적 형태로서 이해될 수 없을지" 알려는 질문이 제기되기 시작했다. "그러나 어떻게 과학의 텍스트가 쓰인 시대에, 목적으로서 지식 대신에 원인으로서 진리를 도입하려는 위험을 감수하지 않고, 우리가 과학 텍스트를 신화로서 읽을 수 있을 것인가? 과학은 원인으로서 진리로부터 자신의 위상을 유지하는데 말이다."25 이것이 바

---

24) 『우연과 필연』(Le Hasard et la Nécessité)

25) ▲ 보이어 [역주] 폴 드로스 보이어(Paul Delos Boyer, 1918-2018)는 미국의 생화학자다. 1950년대 초부터 살아 있는 세포 내의 에너지 전달체이자 기본 물질인 아데노신3인산(ATP) 합성에 관한 연구를 시작하였다. 그리하여 생화학적 자료에 근거해서 ATP가 아데노신2인산(ADP)과 무기질 인산으로부터 형성된다는 메커니즘을 발견하였다.

로 과학에 대한 담론이 만든 것이고, 과학이라고 불리는 것이다. 마찬가지로 라깡26은 우리에게 다음과 같은 사실을 알려준다. "우리 과학의 엄청난 풍요로움은, 과학이 유지될 수 있는 이런 측면과의 관련 속에서 다음과 같은 질문을 하도록 만든다. 즉 과학은 원인으로서 진리에 대해 어떤 것도 알기를 원하지 않는가라는 질문이다." 아마도 과학자들의 연구에 대해서도 마찬가지로 이 질문을 제기할 것이다. 하지만, 과학에 대한 열정적인 칭송의 관점에서는 그렇지 않을 것인데, 이는 과학이 당연히 내용으로서 진리와 확실성과 원리와 목적을 가지고 있기 때문이다. 실로 과학은 궁극적 진리를 드러낸다. 동시에 과학의 보편적 능력에 대한 절대적 확신이 이런 믿음과 연결된다. 그리고 이 신심은 또한 신화와 연결되어 있다. 신화에서 정상적인 것으로 보이고 신화의 진정성을 보장해 주는 변신과 우화적 모험과 비현실성은, 이제 우화와 꿈으로부터 빠져나와서, 모든 것이 실제로 가능하고 더는 어떤 것도 우리를 놀라게 할 수 없는 과학의 표상 속으로 들어간다.

나는 공상과학소설에 대해 말하고 있는 것이 아니다. 공상과학소설에서는 저자와 독자가 "결국, 왜 안됩니까?"라는 질문을 간직하면서, 그 비현실성이 알려진 어떤 게임을 암묵적으로 한다. 그러나 나는 『미래 충격』27과 같은 정신이 나간 작품들을 생각한다. 이런 작품들에서 저자는 자신이 쓰는 것

---

26) 자끄 라깡(Jaques Lacan, 1901-1981)은 프랑스의 철학자이자 정신분석학자다. 그는 고등 사범학교에서 처음에는 철학을 배웠으나 후에 의학·정신병리학을 공부하였다. 그는 1932년 의사로 개업하면서 일생을 정신과 의사이자 정신분석학자로 일했다. 또한 1966년 논집《에크리 Ecrits》의 간행으로 갑자기 유명해졌으며, 푸코 등과 함께 프랑스 구조주의 철학을 대표하는 한 사람이 되었다. 그는 "인간은 말하는 것이 아니라 말해진다"고 밝히면서, 인간의 욕망 또는 무의식이 말을 통해 나타난다고 주장하였다. 이와 같이 그는 언어를 통한 인간 욕망의 분석을 철학의 범위로까지 끌어올리는 업적을 이루었으며, 언어학계에도 큰 영향력을 행사하였다.

27) [역주] 『미래 충격』(Le Choc du futur). 미래학자 앨빈 토플러가 1970년에 쓴 저서로 미래에 벌어진 기술적·사회적 변화의 속도가 점차 가속화됨으로써 개인과 집단의 적응이 더욱 어려워지게 된다는 예측을 담고 있다. 이 저서는 2010년 현재까지 전 세계적으로 600만 부나 판매되었다. 그가 만들어낸 지식의 과부하, 권력이동, 디지털혁명, 지식시대 같은 표현들은 일상으로 자리를 잡았다.

의 '실재'를 굳건히 믿고 있다. 즉 모든 것은 과학에서 가능하지만, 모든 것은 신화 세계에서만 가능하다. 그런데 신화는 과학처럼 자체의 엄밀함을 내포하는 동시에 자체의 구성을 내포한다. 과학의 보편적 역량에 대한 이런 신심은 이제 과학이 인간의 운명이라는 신앙과 연결된다.28 인간은 과학적 세계 속에서 살고 있고, 다른 방식으로는 살 수 없다. 즉 인간에게 그 기원을 밝혀주고, 그의 현재를 정당화하며, 그의 미래를 보장해 주는 것이 바로 과학이다. 물론 과학자들의 과학은 이 모든 것 중 어떤 것도 하지 않고, 이 모든 것을 열망하지도 않는다. 그러나 과학은 그런 위세를 지니고 있고, 대단히 큰 결과들을 생산하며, 이런 가치를 표현한 나머지, 이것은 신화적 형식과는 다르게 일반화되고 종합된 담론으로는 표현될 수 없다. 그런데 신화적 형태에서 과학은 역사와 결합하여 모든 것을 책임진다.

우리는 자비로우면서도 끔찍한 신성神性으로부터 모든 것을 기대하듯이 과학으로부터 모든 것을 기대한다. 그런데 이 신성은 현대 인류가 자신에게 이야기하는 이야기 속에서 신비하고 중심된 역할, 그렇지만 잘 알려진 역할을 수행한다. 하지만, 평행선상에서 이 신화적 담화가 역사가들의 역사를 위태롭게 하는 것과 꼭 마찬가지로, 신화적 담화는 과학 그 자체를 위태롭게 한다. 우리는 여기서 과학 정신 자체 속으로 신화가 침투하는 양상들 중 한 가지를 생각해 봐야만 한다. 『다른 문화를 향하여』의 저자 로스자크Roszack는 이 양상 하에 있는 문제를 제기한 첫 번째 인물이었던 것 같다. "신화론적 단어를 의식의 상태로서 객관성에 적용하는 것이 이 단어를 부당하게 사용하는 것인가? 나는 그렇게 생각하지 않는다. 왜냐하면, 신화는 근본적으로 어떤 문화의 본질적 가치들을 구체화하기 위해 집단적으로 형성된 것이기 때

---

28) 한편 사람들은 과학 신화가 과학 그 자체에 반대하여 돌아서 버린다는 사실에 대해 깊이 생각할 수 있게 되었다. 바로 이 신화의 이름으로, 사람들이 이제 구체적인 과학 탐구를 문제 삼고, 무제한적 성장 가능성을 의심하게 되었다. 즉 과학의 신화는 우리에게 행복과 진리를 보장하지만, 과학은 우리에게 그것을 가져다주지 않는다.

문이다. 말하자면, 신화는 어떤 문화의 내적 의사소통 체계이다. 만약 과학적 문화가 가장 고상한 가치들을 신비주의적이고, 상징적이며, 전례적 혹은 서사적 신화 속에서가 아니라 '의식의 양식'으로 표현할지라도, 왜 우리가 '신화 양식'으로 규정하는 것을 주저하겠는가? 이런 객관적 의식은 결정적이고 초문화적인 방법은 분명히 아니지만, 이 방법만이 진리를 파악할 수 있다는 사실로 인해 권력들이 거기서 생겨날 수도 있다.…"

객관성이 어떤 의식의 상태와 태도와 윤리가 되기 위해서 순수한 방법론으로부터 나오는 한, 객관성은 가치 판단이 된다. 또 객관성은 진리를 파악하는 다른 모든 방식들을 배제하게 된다. 그리고 진리와의 이런 관계는 이미 우리를 신화적인 것으로 이끈다. 게다가 객관성은 그 자체를 과학 전체를 종합하는 가치로서 제시된다. 이것은 정확하게 로스자크의 관점에서 신화적 담화가 바라는 바로 그것인데, 이는 내가 보기에 정확한 듯하다. 그런데 이 '과학' 신화는 현대 인류의 다른 큰 신화이고, 보편적 기준이다. 이것들은 온갖 연구 태도와 연구와 인정된 명증성과 수용된 상황에서 재발견된다. 또 '과학' 신화는 역사처럼 "깊은 동기"이고 비법이다. 그리고 이 두 가지 깊은 동기 위에 "이미지-신심信心"이 구성되는데, 이것은 "역사-의미"와 "과학-구원"이란 두 주요 주제가 늘 교차되는 더 피상적인 부차적 단계이다. 이 "이미지-신심"은, 눈길을 끄는 요소와 특화된 설명적 요소가 뒤섞인 기본 신화의 세부 내용이다. 우리는 이것들을 모두 상세히 설명할 수 없는데, 이것들은 공통된 '신심'이라는 동일한 '실재'에 대한 다양한 측면들이다. 우리는 계급투쟁, 행복, 진보, 젊음을 다시 다룰 것이다.

계급투쟁

집단적 신화에 참여하는 '이미지-신심'에 대해 말하는 것처럼 계급투쟁에 대해 말하는 것은 확실히 끔찍한 모욕이고 신성 모독이다. 그렇지만 만일 우리가 상세하게 설명하려고 시도한다면, 우선 우리는 사람들이 바라는 것처럼 계급은 존재하지 않는다는 점을 확인해야만 한다. 마르크스에게 있어서, 계급이 역사 운동을 출현하게 하는 하나의 "모델"이나 추상적 구조인지, 혹은 그가 말하는 것이 정확히 사회적 실재에 부합된다고 평가하고 있는 것인지 확인되지 않았다. 따라서 계급의 구조, 수, 정의에 관한 그의 판단에 있어서 그의 평가가 엄청나게 다양하다는 점을 인정해야만 한다. 오늘날은 계급이 무엇인지 타당하게 말하는 것은 불가능하고, 사회 구성원들을 구체적으로 계급으로 분류하는 것이 불가능하다는 관점이 만연된 상황이다. 물론, 언제나 부자와 가난한 자, 착취하는 자와 착취당하는 자, 압제자와 피압제자가 있다고 말할 수 있다. 유감스럽게도 말이다! 사람들이 이것을 말했을 때, 그들은 인간 역사의 상수﹡□를 잘 주장하지만, 그것은 마르크스가 계급에 대해 언급하려고 했던 것과 하등에 상관이 없다. 계급투쟁을 이런 두 인간 집단들 간의 갈등으로 귀결시키는 것은 매우 만족스럽게 보인다. 왜냐하면, 사람들이 무엇에 대해 이야기하는 것인지 분명히 보기 때문이다. 그러나 사람들은 그런 이유로 해서 계급에 대해서도, 계급투쟁에 대해서도 말하지 않는다. 한편으로, 이런 용어들을 사용하는 것은 완전히 소용없는 일이고, 다른 한편으로 그것이 무엇이든 "과학적인" 것이 거기에 있다고 주장하는 것도 완전히 소용없는 일이 된다. 부자와 가난한 자의 갈등은 역사에 대해서도, 정치에 대해서도 과학적 설명을 조금도 해 주지 않는다. 계급 갈등으로부터 어떤 과학적 전략도, 어떤 엄밀한 전술도 이끌어낼 수 없다. 하지만, 사람들이 계급투쟁에 대해 말하지 않는다면, 사람들은 아무것도 이야기하지 않은 셈이 된다! 이 세상에서 계급이란 완벽히 식별할 수 없고, 분류할 수도 없기 때문에 사람들이 말하지 않는 것이다. 이제부터는 확실한 논증을 하는 것조차 소용이 없다.29 가로디30의 견해는 단지 마지막 변화일 따름이다. 그러나, 계급이 없다면, 어떻게 계급투쟁을 말할 수 있을까? 또 어떻게 계급투쟁을 역사와 정치의 중심 혹은 비밀 열쇠로 만들 수 있을까? 그렇지만 기념비적인 신심과 논의의 여지가 없는 도그마는, 사실에 대한 태도에 직면하여 그리고 관찰을 통해 극도로 어렵게 획득된 이런 결과에 직면하여 우뚝 세워진다. 모든 것은 계급투쟁과 관계가 있다. 냉정한 진지함을 지닌 가장 훌륭한 프랑스 지성인들은 언어, 경제, 정치 관계, 여가, 오염, 텔레비전 역할, 의사소통의 부재, 제3세계의 성장의 어려움, 인종주의, 군국주의, 현대 음악을 계급투쟁을 통해 설명한다. 즉 계급투쟁이 형태가 없고, 또 재료 혹은 내용도 없기 때문에, 구체적으로 모든 것에 소용되는 보편적 열쇠라고 볼 수 있다. 물론 계급투쟁이라는 난공불락의 요새는 반대자들을 경멸할 수 있고 비난을 퍼부어댈 수도 있다. 그리고 이 보편적 열쇠는 또한 왜 사회학자들이 이 유명한 사회 계급을 식별하지 못하는지 알아내도록 한다. 모든 것은 완벽하게 결합되고, 훨씬 지나치게 결합된다. 전적으로 설명적인 계급투쟁의 특성은 의심을 불러일으킬 수도 있다. 인간이 스스로 만든 것만이 완벽히 자신에게 설명적이기 때문이다. 예를 들어, 나는 장기판에 칸이 얼마나 있는지 정확하게 안다. 왜냐하면, 나와 비슷한 장인匠人이 그것을 만들었기 때문이다. 계급투쟁이 모든 것을 설명하는 한, 나는 계급투쟁이 모든 것을 설명하기 위해 만들어진 순수한 개념이라는 점을 의심할 수밖에 없다. 하지

---

29) 나는 계급에 관해 읽을 수 있는 모든 것을 거의 다 진지하게 읽었다고 생각한다. 전적으로 교조적인 맹신이 기록된 문헌을 제외하고, 나는 거기서 오직 완전한 회의적 태도만을 경험했다.

30) 로저 가로디(Roger Garaudy, 1913-2012)는 프랑스 철학가이며 공산당의 이론가이다. 그는 제2차 세계대전 후에 국회의원, 공산당 중앙위원을 역임하면서 이데올로기 부분에서 지도적 지위에 있었다. 그는 1956년 스탈린 비판이 대두한 후, 마르크스주의의 변화를 주장하였고, 1960년대 이후 기술의 발전에 따라 '20세기 마르크스주의'를 재창조해야 한다고 주장하며 교조주의를 비판하다가 당직을 박탈당했다. 대표저서로는 『20세기의 마르크스주의』가 있다.

만, 이것은 과학과 역사라는 두 가지 큰 신화적 구조에서 직접적으로 파생된 순수한 개념이다. 역사에 대한 과학적 설명인 이 순수한 개념은 많은 사람들의 맹목적이고 완전히 무비판적인 신심으로 유지되는데, 이 사람들에게 계급투쟁은 너무도 확실한 나머지, 그것은 증거도 입증도 더 이상 필요하지 않다. 계급투쟁은 분명한 대상이고, 각각의 사실이 무엇이든 간에 그것은 이런 믿음을 키워낸다. 소렐Sorel이 신화에 대해 언급했을 때, 그는 적어도 이 계급투쟁이 실제적인 행동력을 만들기 위해서 신화로 전이되어야만 했다는 점을 알고 있었다. 우리는 이 지점에 있다. 하지만, '실재'는 달아난다. 신화가 남아있는데, 신화에 의하여 사람들은 완전히 꿈에 젖어 행동한다. 상황은 이와 같다. 어떻게 상황을 '이미지-신심'으로 규정하지 않을 수 있겠는가?

'행복' 신화

과학에 토대를 둔 행복의 '이미지-신심'도 마찬가지이다. 왜냐하면, 이제 집단적인 물질적 가능성, 즉 과학의 발전에 의하여 보장된 행복이 지금까지 인간에게 제시된 행복의 비결들을 대체하였기 때문이다. 그런데 지금까지 행복의 비결들은 모두 개인적인 경험이나 이성과 신체의 어떤 경험에 토대를 두었고, 심지어 에피쿠로스에게 있어서도 거의 언제나 어떤 규율에 토대를 두었다. 그러나 이제 모두가 이 행복을 취할 권리가 있고, 모두가 거기서 실제적인 약속을 가지고 있다. 어떤 희생도, 어떤 교육도, 어떤 결정도, 어떤 책임도 필요 없다. 행복은 모두가 당연히 받는 것이고, 행복은 부의 집단적 증가로 이루어지는 것이다. 왜냐하면, 이 행복은 순전히 물질적이기 때문이다. 이런 이유 때문에, 대중에게 막연한 꿈일 뿐이었던 것과 지식인에게는 첨예한 연구이었던 것이, 우리 사회의 특성, 즉 상세한 이미지, 실현 가능성, 집단적 참여 같은 특성들을 완전히 바꾸어 버렸다. 인간에게 삶이 살아볼 가치가 있다고 여기게 하는 유일한 것은 바로 '행복' 신화이다. 이 약속된 행복이 없다면, 살만한 가치가 있는 것이 무엇일까? 정의, 진리, 덕, 이 모든 것은 허무한 그림자 속으로 사라지는데, 그 뒤로 오직 이 행복의 실현만이 진정한 것이라는 자신감이 넘치는 확신만이 남는다. 모든 활동은 이 절대적인 목적에 종속되어야만 하고, 사람들은 행복의 징조 아래에서만이 삶과 미래를 생각할 수 있다. 우리가 여기서 여전히 확인하는 사실은, 이 신화가 영광스럽게 모두에 의해 공유된다는 점과 모두에 의해 과학의 발전에 결합된다는 점이다. 공산주의자와 부르주아 간의 유일한 차이는 바로 이 행복의 충만함을 인간에게 제공할 수 있는 수단들의 대립이다. 신화의 활력은 모든 범죄들과 모든 희생들을 망설임 없이 정당화하는 데에 충분하다. 인간 전체가 행복에 도달하기 위해서는 부르주아 계급이 제거되는 것으로 충분하다. 1940년, 프랑스에 침입한 나치 장교들은 "우리는 당신들에게 행복을 주러 온 것이다"라고 말할 수 있었다. 이 신화에 대한 모든 문제 제기는, 그것이 아무리 가벼울지라도, 충분히 당신을 인간의 적으로 여기게 한다. 당신은 행복의 실현으로 방향이 설정된 미국 문명이 그런 이유로 정당화된다는 것을 의심하고 있는가? 그렇다면 당신은 "반反미국적"이다. 당신은 세상에서 첫 번째 문제가 기아라는 것을 의심하고, 인도 대중 혹은 남아메리카 대중에게 표명된 먹는 행복이 생명보다도 더 높은 값어치가 치러질 수도 있다고 생각하는가? 그렇다면 당신은 인간의 적이다. 당신이 이처럼 말한다면, 그것은 당신이 배부른 부르주아이기 때문이다. 이것은 신화를 공유하지 않은 사람들을 못된 사람들로 분류하도록 하는 명백한 신화이다.

'진보' 신화

그러나 이점은 우리에게 우리 시대의 주요한 신화적 양상들 중 하나, 즉 진보의 "이미지-힘"으로 이끈다. 그런데 진보 "이미지-힘"은 과학과 역사라는 두 가지 기본적 신심의 접합점에 위치하고, 과학의 성격을 띠는 만큼이나 역사의 성격을 띤다. 과학은 우리를 진보에서 진보로 이끌 수 있다. 이 신화는 19세기 인간의 현혹된 눈에 경이로운 것들을 폭발시키는 동시에 새로운 발견도 폭발적으로 일어나게 한다. 역사는 느리고, 들리지 않으며, 신비로운 인간의 진전을 발견하게 만드는데, 인간은 주저함과 뒷걸음질을 통해서 자신의 시작부터, 늘 더 잘 실현되고 더 잘 이해된 목적성취를 향하도록 압력을 받았다. 역사의 시작부터 있었고 19세기에 만개滿開가 되는 자유와 민주주의 운동, 오귀스뜨 꽁뜨에 의해 주창된 과학을 통해 어둠에 승리하는 이성 운동, 착취자와 맞선 끊임없는 투쟁 속에서 진실의 순간에 승리의 지점에 이른 노동 운동, 이 세 가지 운동은 오직 다른 상징들에 영향을 미치는 진보에 대한 똑같은 신심의 세 가지 사례이다. 아마도 이러한 상징들의 다양성이 신자들의 의식 속에서 약간의 의심을 일깨울 수도 있지 않았을까? 하지만, 이것이 신화와 관련된 문제이기 때문에, 어떤 의심도 의식 속에 생겨날 수 없다. 그렇지 않으면, 문제가 된 신화는 존속하지 않을 것이고, 궁핍한 인간은 고통스런 현실과 맞서게 될 것이다. 사람들은 진보에 대한 신심에 대해 간혹 말한다. 하지만, 이 용어는 충분하지 않다. 왜냐하면, 진짜 신심이 있다면, 거기에 덧붙여 신심을 유발하고 행동을 불러일으키는, 구체적이고 동시에 합리적인 이미지가 있기 때문이다. 또 진보에 대한 신심은 합리적 태도를 야기하는데, 왜냐하면 과거 전체가 우리에게 이 진보를 보증해주기 때문이다. 우리는 인간의 생애 동안에 추억을 통해 우리가 지닌 수단들이 확장되는 것을 분명히 목격한다. 각각의 높이에서 모두가 공유하는 이 단순한 경험은 한 단어로 표현되어야만 하고 미래를 향해 나아가게 할 수밖에 없다. 즉 과거는 이런 진보적 움직임이 지속되는 것을 우리에게 보장해 주는데, 이 순간부터 신심의 요소가 개입된다. 떼이아르 드 샤르뎅31은 자신이 완전히 예속되었

31) [역주] 떼이아르 드 샤르뎅(Teilhard de Chardin, 1881-1955)은 프랑스 예수회 수사, 신학자, 고생물학자, 철학자로서 가톨릭 신앙과 과학 사이에 대립은 없다고 보고서, 과학적 진화론을 신학에 도입하여 과학과 종교의 조화를 시도하였다. 그의 자유주의적 접근은 가톨

던 진보 신화를 구성하는 이런 작용에 대해 특화된 사람이다.

하지만, 우리가 이처럼 이성과 신앙으로 무장한다면, 우리가 참여하지 않는 것이 가능할 것인가? 돌이킬 수 없어 보이는 진보 운동, 즉 우리 수준에서 역사에 대한 규정인 진보, 우리가 그것을 파악하는 것을 거부하거나 그것에 의해 우리가 파악되는 것을 거부할 수 있는 것인가? 이 운동이 더욱 **빠른** 만큼 더더욱 거부하는 것은 우리에게 가능하지 않다. 더는 천년왕국 신봉자만이 진보를 보는 것은 아니다. 진보는 인간의 생애 동안 항상 보인다. 따라서 어떻게 내가 찬성 혹은 반대 관점을 취하지 않을 수 있겠는가? 이 진보가 필연적이기 때문에, 어떻게 내가 반대 관점을 취하겠는가? 이렇게 해서 우리는 신화의 세 번째 요소, 즉 '행동을 향한 충동'에 이르렀다. 하지만, 또한 신화는 당연히 있어야 할 것에 속하는 것이 확대되는 것을 특징으로 한다. 우리가 분명하게 확인하는 진보는 기계의 진보이고, 기술의 진보이며, 전체 속에서 물질적 수단들의 진보이다. 하지만, 제도의 진보는 아직 확실하지 않고 그 자체로서 인간의 진보는 아마도 존재하지 않는 것 같다. 오늘날 지성이나 덕성도 사천 년 혹은 오천 년 전의 지성이나 덕성보다도 아주 뛰어난 듯이 보이지 않는다. 우리가 말할 수 있는 최선의 것은, 우리가 그것들에 대해 아무것도 모른다는 사실이다. 그런데 구체적으로 '진보' 신화에 사로잡혀 있는 인간은, 인간의 진보가 사물의 진보를 동반한다는 사실을 아주 확실히 알고 있다. 또한 발명이 인간의 가장 위대한 지성의 증거이고, 가장 위대한 진리의 증거라는 점을 확실히 안다. 진보와 관련된 인간의 상황이 진짜 이러해야만 한다. 그렇지 않으면, 모든 것은 재앙으로 변할 위험이 있을 수도 있다. 오늘날 인간이 5세기의 아테네인보다 더 낫고, 더 똑똑하며 더 처신을 잘한다는 점은 의심의 여지가 없다. 그리고 우리가 미래로 연장해서 생각한다면, 내일의 인간이 오늘날 우리가 다스릴 수 없는 것을 해결하는데 필요한 모든

릭 교회와 예수회 안에서 적지 않은 반대를 받기도 했다.

것을 갖출 것이라는 점을 우리는 동일하게 확신한다. 이처럼 진보는 존재할 뿐만 아니라, 진보는 두말할 것 없이 좋은 것이고, 인간을 향상시켰으며, 선을 향해 나아간다. 따라서 진보를 판단하려 드는 것이나 혹은 진보에 맞서는 것은 얼마나 미친 짓인가! 얼마나 미친 짓이며 얼마나 나쁜 짓인가! 언제나 신화는, 진보에 사로잡힌 인간이, 외부에 자리잡고 바라보고 있는 존재를, 확신에 찬 우월감으로 판단할 수 있게 한다. 오늘날 진보의 주제에 대해 의문을 품는 모든 인간은 가장 실랄하고 가장 경멸적인 비판을 당하는데, 이 비판은 좌파와 우파의 만장일치를 통해 가해진 비판이다. 우파를 반동분자라고 부른 것은 낡은 전통을 통해서임을 잊지 말자. 우파도 다른 사람들처럼 실제로 진보를 믿지만 다른 종류의 진보를 믿는다. 즉 영적인 것을 향한 진보와 개인주의와 인간을 향한 진보와 같이, 다른 종류의 진보를 믿는다. 특히 거기서 여전히 '진보' 신화의 선도자는 부르주아임을 잊지 말자. 만약 '진보' 신화 구현물 중 하나의 이름으로, 좌파가 우파를 19세기 자유주의로 되돌아가기를 원한다는 이유로 비난할 수 있다면, 또 다른 하나의 이름으로 우파는 원시 시대의 통합된 사회를 향한 아주 나쁜 퇴보를 이행하려 든다고 공산주의를 비난할 수 있다. 하지만, 이것들은 바로 같은 계열의 유사 논쟁이다. 이것은 역사를 만드는 것과 관련된 문제이다. 그런데 역사는 진보라는 이름을 가지고 있다. 이런 구체화된 신앙 행위는 수단의 문제들 이외의 다른 모든 문제들을 제거한다.

'젊음' 신화

'역사' 신화와 '진보' 신화는 항상 '젊음' 신화를 수반한다. 과거로 회귀된 문명은 '늙음'의 신화가 있었다. 우리는 분명히 변했고, 이 변화는 그 자체로 깊은 의미를 지니고 있다. 그러나 보편적으로 유사한 이런 젊음의 정체성은 젊음을 찬양하는 말 속에서 모든 풍미를 제거한다. 이 젊음은 노동력과 진보 역량과 전투력의 최고치를 표현함으로 인하여 합리적 근거가 있다. 그런데 이 신화는 그 정도로 그칠 수 없다. 풍성한 기술 진보 앞에서 젊은이들이 필요한 것은 사실이다. 왜냐하면, 오직 젊은이들만이 이러한 끊임없는 새로움에 적응할 수 있기 때문이다. 또한 과학 연구들은 언제나 새롭게 양성된 인력, 즉 젊은 인력을 요구하는 것도 사실이며, 생산증가의 필요성은 젊은이들을 한층 요구하고 있는 것도 사실이다. 당연히 사실이다. 하지만, 거기서부터 심각하게도, '젊음이 미래를 짊어진다'는 잘 알려진 동어반복으로 넘어간다. 여기서 사람들은 진보와 행복 신화를 자동적으로 따른다. 내가 바라는 것은, 사람들이 우리의 신화가 얼마나 밀접하게 짜여있는지가 드러나고 있음을 느끼는 것이다. 즉 신화들이 확고해지고, 설명되며, 서로 밀접히 섞인다. 민족은 젊음에 의하여, 젊음을 위하여 형성되었다. 젊음은 진보의 동인動因이다.

사람들이 세상에 드러낼 수 있는 유일한 진짜 모습은 젊음의 모습이다. 오직 이 모습만이 신뢰와 우정을 불어넣는다. 그렇게 아름다운 젊은이들을 보여주는 정치 체제는 아름다울 수밖에 없다. 젊음의 모습은 40년 전 공산주의 잡지, 나치 잡지, 파시스트 잡지, 미국 잡지에서 나열되었듯이, 「라이프」*Life*지와 「마치」*Match*지와 독일 민주공화국 잡지에서도 마찬가지로 나열된다. 젊음은 어디서든 동일하고, 같은 방식으로 사진이 찍히고, 같은 이유로 이용되며, 언제나 동일한 신화에 부합한다. 우리는 이 젊은 세대다. 엄밀히 말해, 40년대 세대와 우리 세대에서 아무것도 신화를 정당화하지 않았다. 하지만, 신화가 강력해지는 데에 있어서 구체적인 입증을 필요로 하지 않는다. 사실을 통한 반증에도 불구하고, '젊음' 신화는 어제보다 오늘 더 생명력이 강하다. '행복한 미래'32는 명백히 젊음의 날이다. 문명의 문제가 풀리지 않

---

32) [역주] 이것은 공산주의자들의 슬로건이다. 그대로 직역하면 '노래하는 미래(이튿날)'(Les lendemains qui chantent)가 된다.

는 듯이 보일 때마다, "그래, 그러나 젊음이 온다"라고 우리의 기운을 되살리는 어떤 목소리가 일어난다. 우리가 할 수 없는 것을 젊은 세대가 할 것이다. 젊은 세대도 이점을 믿는다. 젊음은 자신의 신화를 가져온다. 젊음은 이런 이미지들로 장식된 채 으스댄다. 가여운 젊음이여! 이것은 젊음이 빠져나올 방도가 없는 신화 속에 젊음을 꼼짝 못하게 하면서, 젊음을 제거하는 편리한 방식이다. 젊음은 자신의 역할을 수행해야만 하고, 우리의 희망을 짊어져야만 하며, 준비된 틀 속으로 들어가야만 한다. 젊음이 사회·정치적 구조의 노예가 되는 바로 그 순간에, 유머나 보상을 통해 신화 차원에서 젊음을 추켜세우는 일이 벌어지고, 게다가 노인들이 자신들이 행하는 바인 젊음을 믿는다고 주장하는 일이 벌어진다.

III. 진정한 신화들이란?

2차 신화와 3차 신화

요컨대, 우리가 방금 기술한 신화들은 우리 문명의 동적이고 심리적인 진정한 토대들이다. 그것들은 명백히 이데올로기와 구별된다. 왜냐하면, 우선, 이 신화들은 근본적으로 정치적이지 않고 정치성을 띠지도 않기 때문이다. 그것들은 우리가 사는 집단적이고 보편적인 문명의 존재 그 자체를 표현한다. 바로 이 신화들 속에서 우리는 우리의 이미지와 우리의 미래를 주시한다. 이런 식으로 우리는 원하고 우리 자신을 생각한다. 만약 우리 시대에만 국한한다면, 결국 이 신화들 이외에 다른 신화들이 존재하는 것처럼 보이지 않는다. 이 대★주제들을 제외한다면, 우리가 '신화"라고 부르는 것은 가치가 없다. 사람들은 신화라는 용어에 거의 모든 것을 적용한다. 왜냐하면, 신화란 용어는 신문 특유의 문체에 해당하는, 충분히 모호하고 과장된 표현이기 때문이고, 그렇지 않으면, 이것은 마르크스 신화나 자유주의 신화나 제국주의 신화에 대해 언급해야 되는 현재 문명에 대한 부정확한 분석이기 때문이다.

그럼에도 불구하고 우리는 다른 분석 층위들이 존재한다고 지적했다. 더 정확히 말해서, 우리가 빠르게 기술했던 핵심적 신화들은 더 제한된 이미지들을 차례로 구성한다. 이 신화들은 고대의 모든 종교 신화처럼 '제3차 신화들'로 구성되는데, '제3차 신화들'은 개별화된 고유성을 가지고 있지만, 핵심적 신화에 의거함으로써만이 존속한다. 결국 '제3차 신화들'은 핵심신화의 측면들이고, 핵심적 신화를 빛나게 하며, 그것을 장식하고, 구체화하며, 활력을 회복시켜 준다. 그렇지 않으면, '제3차 신화들'은 어떤 힘도 지닐 수 없을 것이다. 이렇게 해서, 우리는 '댐' 신화와 '기계' 신화, '위생' 신화와 '건강' 신화, '부르주아' 신화, '정의' 신화 혹은 '평화' 신화, '배우' 혹은 '스타' 혹은 '영웅' 신화, '생산성' 신화와 더불어 '석유' 신화를 열거할 수 있는데, 각각은 설명이 필요할 수도 있다. 아무튼 다른 많은 신화들이 존재한다. 예를 들어, 마르크스주의는 이런 구체적 예증에 속한다. 마르크스주의는 우리 시대의 핵심적 신화들 중 하나는 아니지만, 2차적 이미지이고, 훨씬 더 피상적이고 일시적인 이미지이다. 마르크스주의는 오직 현대인이 노동, 진보, 기술 등의 '이미지-신심'에 근본적으로 사로잡혀 있는 경우에만 존재한다. 마르크스주의 확산을 확고하게 하는 것은 바로 이런 '이미지-신심'이다.33 마르크스주의는 이런 깊은 힘들의 표현일 따름이다. 한편, 마르크스주의는 이 힘을 부분적으로만 표현하지만, 만약 그것이 다른 어떤 이데올로기보다 더 만족스러운 듯이 보인다면, 그것은 어쨌든 마르크스주의가 현재 다른 모든 이론보다 이 깊은 힘들을 더 잘 표현하기 때문이다.

---

33) ▲ 한편, 이것은 2차 신화들의 역할 자체이고, 마르크스주의는 2차 신화들에 열기와 열정을 부여한다.

그런데, 이 2차 신화들이 어떻게 나타나는지 혹은 어떻게 확산되는지를 탐색해보는 것은 헛된 일이다. 그들의 생성 메커니즘은 그들의 출현을 결코 설명하지 못한다. 2차 신화들의 원인과 이 신화들에 활력을 부여하는 것은, 바로 기본 신화들을 현재 안에서 표현하려는 필요성이다. 이 기본 신화들은 표현 속에서 있는 그대로 드러나지 않지만, 언제나 새롭게 변장될 필요가 있다. 왜냐하면, 신화의 외부의 금박장식들이 급속히 마모되어 갈아 끼우고 새롭게 수선을 해야하기 때문이다.34 이런 이유로, 오늘은 빛나지만, 내일은 광택이 사라지고 버려지는, 이 번쩍거리는 금속 조각들에 대한 묘사가 실망스럽다. 왜냐하면, 사람들이 번쩍이는 금속 조각들이 그 속에 담고 있는 지속적 의미작용을 알아차리지 않는다면, 사람들은 자신들이 신화로 간주했던 것이, 누구도 더는 믿지 않는 부조리한 시시한 이야기일 뿐이라는 점을 인정해야만 하기 때문이다. 뉴스가 우리에게 끊임없이 이점을 제시한다. 그 이유는 현실의 세부 사항은 언제나 새로운 모습을 갖기 때문이다. '젊음'과 '행복'의 신화들에 기초한 '위생' 신화가 비누와 세제 속에서 표현되든지, '진보'와 '조국' 신화에 기초한 '영웅' 신화가 자니 할리데이35나 혹은 체 게바라에 포함되든지, 이것은 상황과 기회와 만남의 문제일 뿐이다. 하지만, 다음 단계로 신속히 넘어가야만 하는데, 그 이유는 신화가 시간을 회복시키는 전형적인 자기 구현 속에 오랫동안 고착된 채 머물다가 결국 실망스럽고 진부한 것이 될 수 없기 때문이다.

이미지-신심이 신화인가?

그러나 우리에게 어떤 주저함이 생길 수 있다. 요컨대 우리는 우리가 규정하려고 애썼던 집단적 '이미지-신심'이 소위 전문용어 차원에서 신화들

---

34) ▲ 이것을 요구하는 것은 신화의 속성 자체이다.
35) [역주] 조리 할리데이 (Johnny Halliday, 1943-). 프랑스의 가수이자 작곡가이며 배우이다.

인지 질문할 수밖에 없다. 신화들이 인간의 삶 속에 깊이 뿌리내리기 때문에, 또 인간의 삶 속에서 신화의 역할 때문에, 이 질문에 대해 호기심이 완전히 없는 것은 아니다. 우리가 이 이미지들의 형성 방식을 살펴본다면, 우리는 이 방식이 신화의 방식과 아주 유사하다고 실제로 말할 수 있다. 그러나 사실상 이런 현상을 특징짓는 것은 형성 방식에 의해서가 아닐 수 있다. 아주 많은 수의 사람들에 의해 공유된 생각은 신화를 만들기에 충분하지만, 신화는 더는 이것과 관련된 문제가 아니다. 신화를 정의하는 것은 어떤 구조이고, 어떤 기능이며, 어떤 의미작용이다. 우리는 고대 신화들과 비교함을 통하여, 먼저 필수적인 차이를 파악하고 난 후에 어떤 유사함을 발견할 수 있을까?

우선, 신화가 특별하거나, 개인적일 수 없다는 점이 분명하고, 신화는 전형적이고 보편적인 행동을 기술한다는 점이 분명하다. 그래서 인간은 신화에 직면하여, 현실의 구조와 동시에 인간 행동을 결정하는 진리를 인식할 수밖에 없다. 신화 속에 표현된 행동 그리고 신화에 의해 드러나고 진리의 차원으로 옮겨진 현실은 반복될 수밖에 없다. 마치 이것들이 신화의 영웅 속에서 지속적으로 구현되듯이 말이다. 그런데 이 첫째 특징들은 우리가 기술했던 '이미지-신심들'에 의하여 정확하게 재현된다. 모든 '이미지-신심들'은 인간에게 발견된 현실의 본질적 구조들을 드러내는데, 이 구조들은 있는 그대로 구조들로서가 아니라, 인간에게 진리로서 발견되고 진리로 여긴 구조들이다. 또한 이것들은 엄밀히 전형적인 행동들 기술한다. 즉 노동, 젊음, 행복 추구, 혁명, 진보는 아주 정확하게 현시대에서 "이야기들"에36 영감을 주고, 영웅들 속에서 구현되는 유일한 신화의 소재들이다. 사실 모든 신화는 모든 사람들에게 이야기하는 영웅들 속에서 실제로 구현되는데, 이 영웅의 이야기는 의미를 띠고 있고 상징적이며 보편적이고 전형적이다. 그런데 어

---

36) ▲ 우리가 언급했던 상세한 신화들.

느 정도로 이 '이미지-신심'이 신화들인지 알기 위해서는 우리 시대의 영웅들이 어떠한지37 구체적으로 상기해봐야만 한다. 즉 노동 영웅'스타하노프 운동'38의 노동자), 국가 영웅병사와 무명용사, 영화 영웅'영원한 최고 젊은이'와 '늘 새로운 사랑의 정복자', 과학 영웅알려지지 않은 학자와 실험재료 인간, 인류의 은인, 혁명 영웅 등이 있다. 전적으로 모방을 초래하는 이 영웅들은 정확하게 우리 신화들을 결정짓는다. 그런데 우리는 이 영웅들에게서 전통 신화와는 다른 특징을 발견할 것이다. 즉 이 영웅들은 인간의 총체성과 관계한다는 것이다. 총체적 인간이 신화들은 책임진다. 사실 신화들은 환상과 이미지와 표상인 동시에, 우리의 진보 혹은 우리의 노동이라는 확실한 진리에 대한 마음과 영혼의 집착이고 믿음이며, 또 개념과 사고와 동일한 교조이다. 왜냐하면, 이 모든 것은 이성에 근거를 두지 않았기 때문이다. 결국 이 신화들은 행동으로 귀결되고, 인간이 구체적으로 영웅을 적극적으로 모방하게 한다. 정확하게 역사의 초기에 종교적 대형 신화들을 통해 그랬듯이, 현대인의 어떤 부분도 이 신화들 속에서 중립적이거나 무관하게 남지 못한다.

시공간의 제거

신화가 종교적인가? 신화의 주요 기능들 중의 하나가 시간과 공간을 제거하도록 하는 것이었다고 말하는 것이 정확한 듯이 보인다. 더 정확히 하면, 시간으로 인한 불안감에 사로잡힌 인간은 자신으로 하여금 시간을 지배하도록 하고, "영광스러운 시간"에 동참하도록 한 신화에 집착했다. 처음 보

---

37) ▲ 가장 오래된 의미에서!

38) [역주] '스타하노프 운동'은 소련의 제2차 5개년 계획 중 국민경제 전반에 걸쳐 전개된 노동생산성 향상 운동이다. 1935년 소련의 탄광부 스타하노프가 새 기술을 최대한으로 이용하고 공정을 변혁함으로서 경이적인 생산증가를 초래한 것에서 유래하였다. 높은 노동력을 기록한 노동자는 '스타하노프 노동자'라고 하여 높은 임금을 받았다. 그러나 이 운동은 노동강화에 저항하는 일반 노동자의 반발을 불러일으키는 등 노동현장에서 여러 혼란을 야기하였다.

기에, 우리의 '신심-이미지들'이 이런 종류에 속하지 않은 것처럼 보이지만, 그것들은 동일한 역할을 한다. 서구인은 이제 어떤 다른 시대에서보다 더, 시간의 흐름에 대해 또 역사의 불가역한 특성에 대해 매우 불안하게 의식하고 있다. 발레리39 훨씬 이전에, 또 어떤 위대한 사상가가 거기에 개입할 필요도 없이, 19세기 인간은 모든 운명이 역사적이라고 인식했다. 하지만, 현대 신화들은 바로 이런 불안감에 부합하는 것이다.40 이 신화들이 제어하려고 하고, 어떤 의미에서 없애려고 하는 것은 정확하게 바로 '시간'이다. '진보' 신화는 정확히 역사가 인간에게 봉사하도록 강제하기 위해 역사를 인간이 장악하는 것이다. 이것은 아마도 신화가 결코 거둔 적이 없는 가장 큰 성공이다. '노동' 신화가 역사에 직면하여, 또 역사에 대하여 인간의 초월과 영속에 대한 확인이고, '행복'의 신화는 바로 영광스러운 시간에 참여하는 기쁨인데, 이 영광스런 시간은 현실인 동시에 약속이기 때문에 우리가 참여하는 시간을 벗어나 있다. 그런데 이 모든 것은 바로 현대 의식의 생성 중심에 놓여 있는 것 같다. 진실로 이 모든 것은 오직 인간에게 부여된 새로운 상황에 대한 신화적 대답일 뿐이다. 하지만, 이점은 우리를 복잡한 논쟁에 개입하게 한다.

인간의 본질적 상황은 가장 오래된 기원부터 언제나 동일했기 때문에 인간의 반응들은 유사할 수밖에 없다고, 사람들은 습관적으로 생각한다. 오륙천 년 전 혹 일만 년 전에 만들어졌고, 우리 자신의 가장 심연에 각인된 신화들은, 변함이 없는 원형들로서 우리 안에 남아 있으며, 새롭게 갱신될 수도 없다. 이 신화들이 신화적 선례先例를 내포한다면, 기껏해야 어떤 새로운 형

태를 취할 수 있을 것이다. 그런데, 이와 정반대로, 150년 전부터 인간이 살아가기로 되어 있는 환경이 변화된 나머지, 역사시대가 시작되고 난 후 처음으로 상황이 바뀌었다. 불과 쇠의 엄청난 변화가 자신들의 신화들을 만들어낸 것과 마찬가지로, 오늘날 우리가 아는 신화는, 방어와 동시에 설명으로서 출현하는 신화들의 형태로, 인간의 가장 깊은 '현실' 속에 나타나야만 한다. 따라서 현대 신화들은 인류의 기원 신화들 혹은 문명의 기원 신화들과 같은 특성을 나타내지만, 그것들은 불가피하게 새로운 특성도 나타낸다. 모든 신화들처럼, 이 신화들은 어떤 것이 완전히 나타났음을 우리에게 드러내고, 또 각자와 모두에게 결정적인 어떤 사건이 실제로 일어났음을 우리에게 드러낸다. 모든 신화들처럼, 이 신화들은 '어떻게' 이런 것이 일어났는지 우리에게 설명한다. 이 "어떻게"는 그 자체로 충분하다. 이 '어떻게'는 완벽히 만족스러운 설명을 대신하며, "왜"를 대체한다. 즉 '노동' 신화, '진보' 신화, '젊음' 신화는 다른 이유가 없다. 실제로 이 신화들은 어떤 측면에서 신비함을 드러낸다. 하지만, 이것은 동일하지 않다. 이 신화들이 우리에게 말하는 그 기원은 더는 동일하지 않다. 이 신화들이 해석하는 사건도 마찬가지이다. 이것은 세상과 인간의 기원이 더는 아니다. 왜냐하면, 전통적인 신들은 죽었기 때문이다. 이것은 불의 사건도, 도시의 사건도 아니다. 인간들을 사로잡고, 매혹하며, 동시에 강박적으로 붙들고 있는 기원과 사건은 기계이고, 전기이며, 자연에 대한 지배이고, 풍부함이다. 신화가 언제나 '영점'[41]으로 회귀라면, '영점'은 언제나 동일하지 않다고 확실히 말할 수 있다.

현대 신화

오늘날 서구 세계에서 우리의 '영점'은 1780년 주변에 놓인다. 이 놀라운

---

41) '영점'(point zéro). 지형학에서는 전통적으로 도로의 거리가 특정되는 시작 지점을 가리키고, 양자 역학에서는 물질의 양자역학적 상태가 모두 정지해 있는 안정된 상태를 가리킨다. 분자는 273.15도에서 그 운동이 정지되기 때문이 이를 '절대 0도'라고 한다.

시대에 자연의 모든 잠재적 힘은 일종의 마법을 통해 막 촉발되어 인간을 위해 활용되었다. 그리고 '노동' 신화와 '진보' 신화와 '역사' 신화는 어떻게 이런 일이 일어났는지 쉬지 않고 우리에게 되풀이해서 말하고, 우리가 이런 혁신을 끊임없이 다시 체험하게 하며, 우리가 이 개화開化에 참여하도록 한다. 그리고 이것은 '왜'를 대신하고, 모든 정당화를 대신한다. 하지만, 이와 동시에, 이 신화들은 이것이 성취가 아니라 진실로 어떤 기원이었음을 우리에게 보여준다. 여기서 우리는 이 신화들과 전통 신화들 간의 유일한 차이를 파악한다. 예컨대 전통 신화들은 과거로의 절대적 회귀를 포함한다. 즉 완전함은 언제나 지나간 시간 속에 위치하고 소멸시효가 있다. 반면에 우리 시대 신화들은 완벽함을 미래에 위치시킨다. 미래는 과거의 확실한 성취이다. 현대 신화는 기원과 성취를 동시에 파악하도록 하는 것이다. 또 현대 신화는 기원을 통해 이런 성취를 보장하고, 과거를 통한 개인의 총체적 참여를 훨씬 더 강하게 전제한다. 왜냐하면, 이 신화는 단순히 다시 시작하기 때문에 더는 참여하지 않고, 시작의 완전함보다 더 뛰어난 어떤 완전함에 참여하기 때문이다.

그런데 누구나 어느 정도는 이에 대해 책임이 있다. 미래 속으로의 투영은 시간에 대한 더 강한 지배를 공고히 하면서, 이 신화를 원시 신화보다 더 적극적으로, 더 구속력이 있게, 더 만족스럽게 만든다. 물론 우리가 '영점'에 대해 이야기할 때, 우리는 현대 신화들이 완벽히 새로운 것이고, 전통적인 신화적 요소들로부터 단절되어 있다고 말하기를 원하지 않는다. 우리는 새로워진 이 이미지들에서 신화적 선례들을 쉽게 발견할 수도 있다. 즉 시간의 종말이 되면 다시 발견될 '실失낙원' 신화는 직접적으로 '진보' 신화와 '행복' 신화와 직접적으로 관계된다. '젊음' 신화는 소망의 담지자이면서, 언제나 희생되는 '젊은 신' 신화에 자신의 분명한 뿌리가 있다. '국가' 신화는 '도시 창설자' 신화와 '권력 시조始祖' 신화와 관련된다. 하지만, 이렇게 계통을 따지는 것은 우리에게 그렇게 많은 것을 조명해주지 않을 것이다. 왜냐하면, 진정한 문제는, 무엇이 전통적 신화들로부터 살아남을 수 있었는지가 아니라, 무엇이 우리 세상에서 이 전통 신화들을 대체했는가를 묻는 것이고, 또 오늘날의 '이미지-권세들'이 어떤 것인지를 묻는 것이다. 그런데 이 '이미지-권세들'을 통해 오늘날의 인간은 자기 자신을 설명하려고 애쓰고, '이미지-권세들'에 근거하여 행동하고 있다. 단지 윤곽만을 대강 기술한 본 연구는, 무엇이 현재 인간의 행동을 결정짓는지, 또 동시에 그가 무엇에 사로잡혀 있는지를 우리에게 드러낸다. 또한 그가 스스로 표상하는 미래이면서, 실제로 우리의 미래가 될 위험이 있는 그 미래를 우리에게 보여준다. 왜냐하면, 우리의 신화들은 미래를 이처럼 구축하는 일에 우리를 참여시키기 때문이다.

Ⅳ. 보충 사항[42]

신화와 유토피아

이미 오래된 이런 분석들은 이제 유토피아에 대한 우리 지식인들의 열광에 의하여 공고해 졌다. 이 방식은 1968년에 갑자기 출현했다. 사회학자, 지식인, 문인, 철학자, 신학자, 정치가, 모든 사람이 유토피아라는 수단을 동원한다. 유토피아는 사람들이 함정에 빠져 있음을 보이는 것을 회피하기 위해서, 상황을 진지하게 받아들이는 듯이 보이게 할 수 있는 엄청난 만능열쇠이다. 동화시키고, 회유하는 전체주의 사회가 유토피아인가? 이것은 소비사회가 유토피아인가? 이것은 소외되고 사물화된 일차원적 인간이 이것인가? 그

---

42) 이전 페이지들은 1958년 『디오게네스』 (*Diogène*)에 실린 나의 논문 "현대의 신화들" (Mythes modernes)에 약간의 새로운 내용을 추가하여 전재(轉載)한 것이다. 나는 여기서 세 가지 보충 사항을 덧붙일 것이다.

러나 도대체 어떻게 그렇다는 말인가! 물론 아니다! 다행스럽게도 우리는 유토피아 덕분에 이 모든 것을 피할 수 있다. 유토피아는 일거에 무거운 심정을 피하도록 하고, 사람이 너무 빠져 만족해하던 현실을 더는 보지 않게 하는 놀라운 계획이다. 이 계획은 인간을 움직이게 하고, 인간이 장애물들을 부수고 계략을 무력화시키도록 한다. 오늘날 수없이 지겹도록 되풀이 된 이 유토피아적 담화를 상세히 기술하는 것이 무슨 소용이 있는가? 그럼에도 불구하고 이 담화가 신화와 연관되어 있는지 이해하기 위해서, 적어도 우리에게는 이런 유토피아 담화 재생의 두 가지 특징들을 파악하는 것이 필요하다. 첫째 특징은 유토피아적 사고를 확실하게 넘어서는 것이다. 푸르니에[43]의 극도의 예찬에도 불구하고, 이것은 반복의 문제가 아니다. 이런 재생은 객관적 상황 조건에 기인한다. 골드슈미트[44]는 유토피아가 이제 세 가지 현상으로 대체된다고 아주 영민하게 기술했다. 즉, "첫째는 구원의 종말론으로부터 역사적 진보에 대한 믿음으로의 전환이고, 둘째는 경제적이고 사회적 삶에서 기술들의 지배이며, 셋째 요소는 존재하는 사물 영역에 욕망을 대립시키기 때문에 본질적으로 유토피아적인 것으로 남아 있다." 그런데 골드슈미트가 보기에는, 이 세째 요소가 상상력의 작품인 공상과학영화와 현대예술에 영감을 준다. 이런 담론의 폭발을 통해 실제로 유토피아는 사라지지 않는

---

43) [역주] 알랭 푸르니에(Alain Fournier, 1886-1914)는 프랑스 소설가이자 시인이다. 1913년 "NRF"지에 소설 『몬대장』(*Le Grand Meaulnes*)을 발표하여 유명해졌다. 이것은 아름다운 전원을 배경으로 청년의 사랑과 모험을 추억 속에 그린 청춘문학이다. 그 외 『기적』(*Miracles*), 『서신 왕래』(*Correspondance*) 등이 있다.

44) 골드슈미트(Goldschmidt), 『플라톤주의와 현대 사상』(*Platonisme et Pensée comtemporaine*), 1970. [역주] 빅토르 골드슈미트(Victor Goldschmidt, 1914-1981)는 프랑스 철학자이다. 독일에서 태어나 고전학을 전공하고 소르본 대학에 와서 뒤메질(Dumézil)의 강의를 들었다. 1945년 에밀 브레이에(Emile Bréhier) 지도 아래, 『플라톤의 대화들』(*Les Dialogues de Platon*)로 국가 박사학위를 받았다.

다. 즉 만하임45과 마르쿠제46, 두 사람 모두 유토피아 종말을 알렸으나, 그
것은 완전히 다른 의미에서이다. 만하임47에게, 유토피아는 진실로 현실주
의와 과학적 사고 등에 의하여 유발된 몰락이다. 이와 반대로 마르쿠제48에
게는 이것이 '성취'이다. 즉 기술은 소비사회를 가능하게 하는데, 소비사회
는 합리적으로 조직되어 있어서 인간의 물질적 삶과 평등하고 민주적인 경
영을 보장하도록 한다. 끝이 난 것은, 다름 아닌 불가능한 사회적 변화 계획
을 지칭하는 것으로서 유토피아라는 단어이다. 왜냐하면, 이 계획들을 실현
하기 위한 도구들이 소비사회에서는 존재하기 때문이다. 그리고 여전히 장
애물이 되는 어떤 사소한 결점들만이 존재할 따름이다.49 이와 같이, 기술과
사회는 한편으로 유토피아적 사고를 축소하거나 그렇지 않으면 제거하는
경향이 있는 현실인 것처럼 나타난다. 다른 한편으로, 유토피아는 실현을 생
각할 경우에는 스스로를 위태롭게 한다. 하지만, "유토피아적 상상력은 더
는 기분전환용 소설에 만족하지 않는다. 그것은 권력을 갖기를 바란다."골드
슈미트 그리고 유토피아적 상상력은 소비사회를 인정하지 않고, 모든 기술들

45) [역주] 칼 만하임(Karl Manheim, 1893-1947)은 헝가리 태생의 사회학자다. 그는 헝가리에
　　폭동이 일어나자 독일로 망명하여, 1930년 요한 볼프강 괴테 대학교에서 사회학 교수가
　　되었다. 1933년 나치 통치를 피해 영국에 정착하였고 런던경제대학(London School of Eco-
　　nomics)에서 사회학 강의를 맡았다. 그는 당대 어떤 정치적 이념에도 찬성하지 않고 기본
　　적 평등과 자유를 계획하는 제3의 길을 모색하고자 하였다. 그는 20세기 전반 가장 영향
　　력 있는 사회학자 중 한 사람으로 간주되고, 고전적 사회학의 아버지라고 불리기도 하며,
　　지식사회학의 창시자로 평가받고 있다.
46) [역주] 헤르베르트 마르쿠제(Hervert Marcuse, 1898-1979)은 독일 태생의 미국 철학자다.
　　1930년 프랑크푸르트대학의 '사회연구소'에서 아도르노와 에리히 프롬 등과 함께 활동
　　하면서 사회철학자, 사상가로서의 길을 걸었다. 그의 대표적 저서로는, 고도 산업사회에
　　서 인간의 사상과 행동이 체제 안에 완전히 내재화하여 변혁력을 상실한 점을 예리하게
　　지적한 『일차원적 인간』(One-Dimensional Man)이 있다. 그의 문화, 사회이론이 많은 젊은
　　이들의 공감을 얻으면서 그는 신좌파운동의 정신적 지주가 된다. 또 다른 대표 저서로는
　　『에로스와 문명』(Eros and Civilization)이 있다.
47) 만하임(Manheim), 『이데올로기와 유토피아』(Idéologie et Utopie), 1950.
48) 마르쿠제(Marcuse) 『유토피아 종말』(La fin de l'Utopie), 1968.
49) ▲ 이 결점들은 사람들이 제거할 수도 있고, 기술에 의해 사라질 수도 있는, 억압적 조직
　　과 착취이다.

을 거부한다. "이제 그들에게 남은 것은, 기술을 통해 모든 차원에서 구축된 속박하는 세계를 깨뜨리는 것뿐이다." 따라서 사람들은 놀랄만한 모순 속에 사로잡혀 있는데, 이 모순은 다음과 같은 두 작용에 힘입어, 실현 가능성을 목표로 하는 유토피아주의자들에 의해 제거된다. 즉 하나는, 사람들이 기술을 이상화하고, 기술을 있는 그 자체로 보는 것을 거부하며, 기술을 경이로운 설계도로 축소한다는 것이다. 심지어 사람들은 기술을 전혀 묘사하지 않고, 기술을 방편으로 내세우기만 한다. 다른 하나는, 사람들은 중간 시기와 방법을 없앤다는 것이다. 즉 사람들은 현재 상태에서부터, 이상화된 기술이 장애물 없이 결국 기능할 상태로 넘어간다. 바로 이 지점에서 "현실을 벗어나는 동시에 현실을 파괴하려고 시도하는" 상상력이 진실로 승리한다는 것이다. 하지만, 상상력은 특별히 신비로운 방식을 실행함으로써 승리한다. 만일 골드슈미트와 마찬가지로, 미래적 예견과 미래 전망적 계획을 거부하는 운동이 과거에서 유사점을 찾기 위해 과거를 향해 돌아간다는 점이 확인된다면, 상상력은 더더구나 승리한다. 진보에 대한 신심이 '성취'처럼 확고해질수록, 더욱더 이 신심은 기술적 현실을 고려하지 않게 될 수밖에 없다는 점에서 유토피아적이 된다. 진보에 대한 신심은 자신의 실체를 이 기술적 현실로부터 이끌어내지만, 이 신심은 기술적 현실에 개입하는 것까지 이를 수는 없다.

　둘째 특징도 또한 모순으로 표시된다. 여기서, 골드슈미트에 뒤이어, 단편적 사회기술과 유토피아적 사회기술을 구분하는 칼 포퍼50의 연구에 의거

---

50) 포퍼(K.Popper), 『열린사회와 그 적들』(The Open Society and its Ennemies), 1966. [역주] 칼 포퍼(Karl Popper, 1902-1994)는 오스트리아 빈 출생의 영국 철학자다. 대표저서인 『열린 사회와 그 적들』이 워낙 유명해 사회철학자로 간주되는 경우가 많지만 본업은 과학철학 자이다. 유대인인 그는 2차 세계대전이 터질 즈음에 히틀러와 나치스의 박해를 피해 뉴질랜드, 그리고 2차 세계 대전 이후에는 영국에서 교수 생활을 하게 된다. 그는 이성을 중시했으나 개인 이성의 불완전함을 인정했고, 그 이성을 보완하기 위한 대화와 반증을 강조했다. 특히 역사주의와 전체주의 등을 맹렬히 공격했고. 논리 실증주의와 분석철학 및 과학철학 간의 가교 역할을 했다.

할 필요가 있다. 그런데 유토피아적 사회기술은 총체적 사회를 추구하고, 전체적인 변화를 요구하기에 적용될 수 없다. 그러나 히틀러 체제와 스탈린 체제 같은 체제는 이런 총체적 변화의 가능성을 바로 실현했다. 그렇지만, 골드슈미트가 아주 세밀하게 지적한 것처럼, 만일 유토피아로 '프로젝트'를 적용하는 것이 가능하게 만들기 위해, 현실을 따져보기를 원한다면, 총체적이고 유토피아적인 기술은 단편적 기술로 변한다. 그런데 이것이 우리가 스탈린주의와 히틀러주의에서 확인했던 끔찍한 결과를 만들어낸다. 그렇지만, 유토피아적, 총체적 사회기술의 성취에 대한 신념은 남아 있다. 이 열린 가능성에 직면하여, 실제적인 정치 행동을 할 수 없고, 기술을 사용할 수 없는 지식인들은 더욱더 자신들의 무력함을 헤아린다. 그런데 "정치·사회적인" 총체적 체계들을 만드는 것은 바로 지식인들이고, 오직 지식인들뿐이다. 그래서 지식인들은 **유토피아**를 향해 필연적으로 헌신하는데, 그들은 자신들이 현실에 영향력을 갖고 있다고 믿으며51 유토피아를 향한다. 그래서 유토피아적 사고의 현재 발전은 정확하게 확증된 사실52과 신심53이 만나서 생긴 결과물이다. 이런 노력은 정확히 신화적 사고로 귀결된다. 이는 지식인들의 "계급" 상황을 정당화하는 동시에, 우리 사회를 전적이고 근본적으로 돌이킬 수 없이 완전하게 전복하고자 하는 요구이다. 사람들은 개별적인 고려를 하지 않는다. 즉 사고가 비현실적일수록, 사고는 더욱더 절대적이다. 이것이 바로 우리의 유토피아주의자들을 특징짓는 점이다. 따라서 그들은 고전적인 **유토피아**의 특징을 유지하고 있으며, 이런 방식으로 그들이 삶을 변화시키는 중이고, 세상을 변형시키는 중이라는 신화적 믿음을 가지고 있다.

그러므로 이 유토피아적 "사고"는 근본적으로 신화적이기는 하지만, 신

---

51) ▲ 기술에 의해 **유토피아**가 실현될 수 있기 때문이다.
52) ▲ 역사적 역할을 수행하려는 자신의 강렬한 욕망과 결합된 현재 체계에서 지식인이 전적으로 무능력하다는 확인된 사실이다.
53) ▲ 기술 덕분으로 유토피아 '프로젝트'의 성취 가능성에 대한 신심이다.

화들과 비교하여 상당한 차이를 가지고 있다. 여기서 우리는 신화의 의도적인 구성과 마주한다. 즉 현재 상황에서, 어떤 이야기를 구체화함으로써만이 살아남을 수 있음54을 점점 더 잘 이해한다. 그런데 이 이야기는 존속해야 할 용기와 이유를 다시 발견하기 위하여 믿어야만 하는 이야기이다. 그래서 유토피아는 우리가 신화 속에서 인식했던 이중적인 모습을 제시한다. 즉 그 것은 한편으로 현재 상황에 대한 정당화이고, 다른 한편으로 이 상황에 대해 아무것도 변화시킬 수 없는 인간의 방책이다. 그래서 이 상황 속에서 살아야 하는 이유들이 주어진다. 또한 유토피아는 현대 서구 지식인들의 "흑인 영가"이다. 그것은 노예 상태 앞에서 위안거리고, 사람들이 막을 수 없는 것으로부터 도피이며, 영적인 영역이고, 속박된 육체와 자유로운 지성 간의 분리이며, 믿음의 강화이다. 여기서 믿음은 인간의 믿음이고, 역사 속에서 믿음이며, 과학 속에서 믿음이다. 유토피아 이야기는 다음과 같은 두 가지 신화적 큰 토대에 뿌리를 내린다. 즉 이 이야기는 역사를 위한 해결책이 되고, 과학에 의하여 보장되는 경우에만이 존재하고, 사람들이 이 이야기에 믿음을 더할 수 있다. 구체적으로 중요한 것은, 엄밀히 새로운 어떤 것도 가져오지 않는, 그 자체로서 유토피아가 아니라, 이런 방식으로 도피하는 지식인들의 신심이라는 현상이다. 현대 세상이 이렇게 복잡한 나머지, 사람들은 더는 현대 세상을 파악하거나, 분석하거나, 이해하는 것에 이르지 못한다.55 현대 세상에서 모든 인간관계들이 마침내 신화적 상징화 덕분에 이해될 수 있기 때문에, 거기서 사람들은 명확하고, 단순한 놀라운 유토피아 설계도를 대체한다. 사람들이 더는 영향력을 미치지 못하는 문명, 즉 우리의 행동을 초월하는 문명에 직면하여, 사람들은 행동의 수단으로서 유토피아를 구축한다. 이 유토피아 덕분에, 사람들은 신심을 변화시키고, 그럼으로써 사실들을 변

---

54) ▲ 인간들은 사실을 지배한다고 주장하면서 그런 것이다.
55) ▲ 심지어 마르크스주의 도움을 받아도 그렇다!

형시킬 것이라는 확신에 빠진다. 수단과 효율성과 기술로 온통 이루어진 사회 한가운데서, 그리고 목적들이 실제적으로 위상도 없고 가치도 없는 사회 한가운데서, 사람들은 목적들을 향해 과감하게 자신을 던지고, 목적의 근본적 순수성을 주장한다. 위기의 상황 속에서 사람들은, 살아가도록 하는 것과 위기를 참을만하게 하는 것을 창안한다. 유토피아는 현재 세상에서 위기를 피하면서 살아가도록 하고, 존속하도록 한다. 따라서 유토피아는 신화의 역할들 중 하나를 어김없이 수행한다.56

좌파의 신성한 것

예전에 내가 현대 신화 혹은 세속 종교를 분석했을 때, 오로지 좌파만을 "공격한" 것이 후회스러웠다. 거의 좌파의 신심들만을 신화의 사례로 들면서 그렇게 했다. 신성한 것에 관해서도 이와 마찬가지로 언급할 수 있을 것이다. 신성한 것으로는 민족주의57, 과학지상주의, 에로티시즘, 진보, 기술 숭배 등이 있다. 롤랑 바르트R.Barthe『신화론』초판에서, 그는 어떻게 좌파가 신화를 창안할 수 없는지, 더 정확하게 말해서, 어떻게 사회주의 사회가 신화를 생산할 수 없는지 길게 단정적으로 설명했다.58 그 논증의 토대는 알려

---

56) 오늘날 모든 유토피아주의자들은 좌파이고, 마르크스주의자들이며, 종종 공산당의 옛 당원들이라는 점을 기억해야만 한다. 그렇지만 마르크스는 사회주의자들을 유토피아주의자로 여기지 않았다는 점도 상기해야만 한다! 유토피아는 그에게 비과학적인 것의 극치로 보였다. "프롤레타리아가 아직 계급을 구성할 정도로 충분히 발전되지 않았고, 그 결과 부르주아와의 프롤레타리아의 투쟁조차 아직 정치적 성격을 갖지 못해서, 이 이론가들은 압제당한 계급들의 요구를 회피하기 위해서 체계들을 즉흥적으로 만들고, 재생 과학을 추구하는 유토피아주의자들일 뿐이다."(『철학의 빈곤』) 전제들을 수정하면서, 즉 프롤레타리아가 더는 사회적 계급이 아니고, 정치적 투쟁이란 단지 환상일 뿐이라고 수정하면서, 그의 이런 판단은 오늘날 어김없이 유지될 수 있을 것이다.
57) ▲ 사실 민족주의가 좌파에 의하여 만들어졌음을 잊지 말아야만 한다. 예를 들어 1871년 '파리코뮌' 사건이나, 1940년 나치독일의 점령 같은 위기 상황에서 우파보다도 더 민족주의적이라고 주장했던 것은 끊임없이 좌파이다.
58) ▲ 내가 확신하는 것은, 그가 좌파는 어떤 신성한 것에 따를 수 없다는 것을 주장했을 것이란 점이다.

져 있다. 이것은 마르크스의 이데올로기와 허위의식이란 '교조'敎條다. 나는 여기서 그것을 순진하게 새롭게 설명하지 않을 것이다. 단지 요약하자면 이렇다. 사회주의 사회에서 행동과 사고 간의 분리가 더는 존재하지 않았고, 인간에 의한 인간의 착취가 더는 없었으며, 정의롭게 된 실천 덕분에 인간과 자연 간의 단절이 더는 없었던 이상, 허위의식도 이데올로기도 없었다. 그러므로 허위의식의 산물이면서 이데올로기에 속하는 신성한 것도 신화도 있을 수 없다는 것이다. 결코 있을 수 없다.[59] 이런 식의 설명은 반박할 수 없는 계산을 하고 난 후 자전거를 조정했고, 넘어지려 했던 순간에 자신의 계산에 의하여 넘어질 수 없었다고 선언했던, 과학자 코시누스[60]와 꼭 마찬가지이다. 최근 반세기의 정치·사회적 현실을 검토하면서, 우리는 바로 사회주의 국가와 좌파 운동에서, 사람들이 신화를 최대한으로 생산하고 소비하고 있으며, 이 시대의 가장 탁월한 신성한 것을 구성했다는 사실을 주저없이 확인할 수 있다. 진실은 거기에 있다. 어떻게 이것이 일어날 수 있는가? 이것은 우리에게 신화에 관해 어떤 구체적인 사항을 설명해준다. 즉 착각하지 말아야만 하는 것은, 신화는 지식인들 혹은 엘리트들이 만들어 낸 결과가 아니라는 것이다. 신화는 언제나 사회의 가장 활동적인 힘의 표현이고, 미래를

---

59) 이런 마르크스주의의 부끄러운 수많은 예들 가운데 니장(Nizan)의 글, "사회주의적 사실주의를 위하여"의 다음과 같은 텍스트를 택할 수 있다. 즉 "모든 반동적인 문학들은 사실성을 싫어한다. 즉 그것들은 사실성을 멀리하거나, 은폐한다. 반동적인 문학들은 숨길 어떤 것을 가지고 있는 사회들의 표현이다. 이것은 이상주의에 대한 정의 그 자체이다. 혁명가들은 숨길 어떤 것도 없고, 그들은 사실성으로 귀착한다. 아라공(Aragon)의 이야기는 아주 좋은 사례이다. 이것은, 자신이 사실성을 변형하려고 진정으로 애쓰는 자들의 집단 속으로 들어간 순간부터, 어떻게 사실성 변형 문학이 존재했는지를 파악했던 한 인간의 이야기이다. 사회주의적 사실주의가 바로 그것이다."(1935) 이 표현은 스탈린주의적 망상의 순간에, 또 사실성을 은폐하고자 전혀 존재하지 않았던 가장 전적인 거짓의 순간에, 그리고 현실에 대한 가장 뻔뻔한 부정의 순간에 쓰였다. 혁명가들은 감출 것이 아무것도 없다! 슬프다! 우리는 반대로 혁명가들이 그 누구보다 더 숨길 것이 많다는 것을 알았다.

60) [역주] 과학자 코시누스는 크리스토프에 의해 만들어진 프랑스 만화 시리즈의 등장인물인데, 크리스토프는 19세기 수학자와 물리학자들을 모델로 이 캐릭터를 만들었다. 그의 주된 특징은 멍하니 방심해 있는 것이다. 즉 그의 모습은 머리도 제대로 빗지 않고 늘 생각에 잠겨 있는 이상한 남자의 모습이다.

형성하는 힘의 표현이다. 그렇지만 우리는 대다수의 학자들의 견해처럼 신화가 매우 빈번하게 보수적이고, 구축된 상황을 정당화하는 수단이라는 점을 보았다. 하지만, 신화의 생성 순간과 신화의 사용을 구분해야만 한다. 사회의 대다수 구성원이 믿고 수용할 수 있는 역동적 집단 이미지들을 만들어 내는 것은 언제나 바로 솟구치는 사회적 힘이다. 또 어떤 프로젝트를 만드는 것도 언제나 이런 사회적 힘이다. 그런데, 사회에 프로젝트가 없으면, 기원으로 회귀하는 것도 더는 없고, 과거에 대한 설명도 존재하지 않는다. 즉 이 두 측면은 엄밀히 서로서로 엮여 있다. 이와 같이, 오늘날 부르주아라고 쉽게 규정하는 신화들은, 혁명집단인 부르주아 계급이 억압받은 모든 빈민들의 희망을 자신에게 가져오면서 권력을 차지하려고 애썼던 시대로 거슬러 올라간다. 그때 부르주아 계급 전체는 좌파였다. 그러나 부르주아가 사회에 기득권층이 되었을 때, 그리고 부르주아가 자신의 특권들을 확고히 하고 방어적 태도를 취했을 때, 부르주아는 이 집단적 신화들을 정당화의 수단으로 만들어 버렸다. 사람들이 원하든 원하지 않든, 지배 이데올로기를 만들어 냈고, 피지배계급에게 이것을 강요하는 것이 바로 지배계급이라는 사실을 설명하는 것이 언제나 불가능하게 만들었다. 어떻게 지배 이데올로기를 강요하는가? 어떻게 지배 이데올로기를 신앙의 대상으로 만들 수 있는가? 어떻게 소외된 자들은 자신들의 이데올로기를 만들어 낼 수 없는가? 사실, 사람들은 소외된 자들이 너무 어리석다고 믿어야만 하거나 혹은 아무것도 설명하지 못하는 단순한 주장들을 받아들여야만 한다.[61] 그렇지만 선전에는 한계가 있다! 동시에, 역사적으로 부르주아 계급의 신화들은 권력 쟁취라는 상승 시기에 생겨났다는 사실을 분명히 짚고 넘어가야만 한다. 또한 좌파인 프롤레타리아 계급은 자신의 압제 기간과 소외 기간 동안 막대한 신화들을 생산했음을 분명히 확인해야 한다. 나는 마르크스 주장을 정확히 도치시켜야

---

61) ▲ 지배계급이 지배 사상을 만들어 낸다는 식의 단순한 표현을 받아들여야만 한다.

만 한다고 생각한다. 즉 신화들을 만들어내는 것은 피지배 계급이고, 투쟁의 시기이며 권력 쟁취의 시기에서이다. 또한 신화들을 만들어내는 것은 사회의 미래를 짊어진 집단이다. 피지배 계급이 신화들을 믿을 수 있는 때가 바로 그 순간이다. 이데올로기를 믿을 수 있고, 자기의 고유한 역사에 대해 믿음을 갖는 이는 지배계급이 아니다. 그들에게는 전개해야 할 투쟁이 더는 없다. 그러면 어떻다는 말인가? 우선, 상승하는 계급이 자신의 혁명적인 신화들을 제시한다는 사실을 생각해야만 한다. 하지만, 상승하는 계급이 지배적이 되었을 때62, 이 계급들의 신화들도 역시 지배적이 된다. 그런데 이 순간에 상승하는 계급은 자신의 권력을 간직하려는 경향이 있고, 그래서 신화들은 보수적이 되며, 방어적 도구가 된다. 게다가, 이 신화들은 사회의 미래를 제시했다. 하지만, 이 미래를 약속했던 사람들은 이제 지배층에 있다. 그래서 동일한 신화들을 간직하면서, 그들은 집단적 희망을 보장하고, 전달하며, 성취하는 자로서 나타난다. 즉 신화는 정당성을 입증하는 도구가 된다. 그렇지만 검토해야 할 다른 사항이 있다. 즉 지배계급은 상승하는 계급에 의해 만들어진 신화를 탈취하는데, 이는 신화의 의미로부터 벗어나기 위해서이고, 자신을 정당화하려고 신화를 사용하기 위함이다.63 하지만, 신화들을 제작하고, 확산시키며, 그것을 믿게 하는 것은, 지배계급이 지배적으로 될 때의 그러한 지배계급이 아니다. 이와 같이 좌파에 필적하는 대응물인 정치종교처럼 좌파가 신화들의 엄청난 공급자가 되는 이유는 바로 좌파가 대중의 소망과 사회의 미래를 짊어지고 있기 때문이다. 이것은 어떤 죄악도 아니고, 어떤 비난도 아니다. 좌파는 이 시대의 엄청난 종교적 힘이다. 그리고 마르

---

62) 나는 여기서 계급투쟁의 특징적인 "계급"이란 어휘를 의식적으로 사용했다. 내가 문제에 대한 마르크스 관점에 서 있기 위해서 그렇게 하였다. 왜냐하면, 내가 보기에, 19세기에는 계급과 계급투쟁은 진실로 존재했기 때문이다.

63) ▲ 여가활동도 이처럼 좌파가 만들어 낸 것이지만, 그것은 '지중해 클럽'(Club Méditerranée), 휴가 기간과 함께 우파 이데올로기로 변했다. 이러한 사례들을 많이 열거할 수 있을 것이다.

크스주의는 신화들의 엄청난 생산자이다. 어쨌든 이점을 의식해야만 하고, 이런 일이 일어날 때 핑계를 대지 말아야만 하며, 혹은 이것이 실수나 일탈에 의한 것이라고 주장하지는 말아야 한다. 반대로 이것은 어쩔 수 없는 상황에 의한 것이다. 하지만, 이것이 의미하는 것은, 신성한 것과 신화와 종교가 인간이 성인成人이 되는 것을 가로막는 것이라면, 오늘날 이런 현상에 대한 귀책은 좌파와 마르크스주의에게 있다는 사실이다.

신화와 신성한 것과 관계

마지막 논점은 설명이 요구된다. 독자가 앞 장에서 검토된 신성한 것과 신화 간의 관계 혹은 대립을 분명히 파악하지 못할 수도 있다. 이 모든 것은 결국 마찬가지가 아닌가? 예를 들어 '국민-국가' 혹은 '섹스' 혹은 '기술'의 신성한 것에 대해64, 역으로 '역사'와 '과학'의 신성한 것에 대해 말할 수 없는가? 여기서 두 가지 논점을 검토할 필요가 있다. 첫째, 신화는 신성화된 세상에서만 표현될 수 있고, 발전될 수 있으며, 믿게 될 수 있다. 신화는 신성한 것의 표현들 중의 하나이고, 세상에서 자리 잡기 위한 인간의 결정들 중의 하나이다. 신화는 신성한 시간과 신성한 영역에 개입하기 위한 수단인 동시에 신성한 것을 설명하고 표현하기 위한 수단이다. 신성한 것이 없으면, 신화도 없다. 혁명의 신성한 것 없다면, 유토피아도 없다. 사고가 전개되는 어디서든지 신성한 영역이 있다는 사실을 알아야만 한다. 그래서 사람들은 신화들로부터 신성한 것을 알아내려고 시도해야만 한다. 왜냐하면, 방법적 관점에서 사람들은 알려진 이야기인 신화로부터 신성한 것까지 거슬러 올라갈 수 있기 때문이다. 그런데 역방향의 진행은 불가능하다. 사람들이 신화들 뒤에서 또 신화들을 넘어서서 이 신성한 것을 식별할 수 있는데, 신화들이 신성한 것에 대한 표현이기 때문이다. 그리고 바로 신화들의 일종의 지리학

---

64) ▲ 나는 이전 어떤 글에서 실수와 방임으로 그렇게 했다!

분포 연구를 통해서 사람들은 신성화된 세상의 축들을 발견할 수 있다. 그러나 신화와 신성한 것 간의 구분과 관련해서, 다음과 같은 토대 위에서 구분될 수 있는 듯이 보이는데, 이것이 나의 두 번째 논점이다. 즉 신성한 것은 완벽히 파악할 수 있는 현실에 부여된 규정이다. 말하자면, 아무개 나무와 아무개 샘은 신성하다는 것이다. 신성화된 세상의 조직은 인간이 살아가는 실제 세상의 조직이다. 반대로 신화는 이 세상의 어떤 부분에 있는 현실에 대한 허구적 담화이다. 이처럼 신성한 것은 끊임없이 인간을 현실의 차원에 놓아두는데, 신화는 이와 반대로 허구적 세계 속으로 이끌어 간다. '역사' 신화 혹은 '과학' 신화는 '섹스'나 혹은 '혁명'에 부여된 신성한 것과 완전히 다르다. 결국 사람들은 다음과 같은 점을 이해할 수 있을 것이다. 즉 현실 전체는 신성화된 세상 속에서 위치된다는 점이다. 그 이유는 각 요소가 신성화된 영역들의 장축長軸과 관련하여 자신의 위치에 있기 때문이다. 또한, 모든 것은 신화적 담화의 대상이 될 수 있다는 점인데, 신화적 담화는 신성한 것의 표현일 수도 있지만, 동시에 앞에서 검토된 특별한 기능을 수행한다. 그런데 창의적이고 쉽게 믿는 사람들이 신성화된 세계에 빠져들지 않는다면, 신화적 담화는 이 기능을 전혀 수행할 수 없을 것이다.

제5장 • 세속 종교[1]−현재 종교적 태도들

I. 어떻게 질문을 제기할 것인가?

기독교와 종교 관계

기독교와 종교는 서로 이해해야만 한다. 우리가 종교에 대해 말할 때 우리는 무엇을 말하고 있는가? 이 문제에 있어서 눈에 띄는 사실은 두 가지 확신이 끊임없이 교체되고 있다는 것이다. 즉 첫째 확신은 근본적으로 잘못되었고, 결코 인정된 적이 없다. 둘째 확신은 논의의 여지가 없는 사실로서 간주된 단순한 가정이다. 한편, 우리는 기독교와 종교 간에 끊임없는 혼동을 목격한다. 현대의 "무-종교적인 기독교"는 아무것도 개선하지 않았다. 사실 이런 혼동은 예전에 호교론적 동기로 야기되었는데, 사람들은 가장 앞선 가장 우월한 종교로서, 또 "종교의 첨단"으로서 기독교를 명시했다. 그 결과로 사람들은 마침내 기독교가 "유일한" 종교라는 극단적 확신에까지 다다랐다. 하지만, 오늘날 지식인들이 기독교가 종교와 반대되고, 무-종교적이라는 점을 단호하게 단언하는데, 이것은 어떤 결과를 초래하는가? 이것은, 현대인이 더는 기독교적이 아니기 때문에, 그는 종교적이 되길 그만두었다

---

1) 이 기능에 해당하는 이런 표현과 분석은 먼저 1943년 레이몽 아롱(Raymond Aron)이 한 것이라는 점을 기억하자. 그 이후 많은 이들이 기원으로 올라가지 않은 채 이 표현을 사용했다.

고 단순하게 말하는 것이다. 어쨌든 두 가지 상황이 병행된다. 엄밀히 말해, 인간은 이슬람교와 유대교와 다른 종교들을 알았다는 것을 사람들은 인정했고, 거기에 불교를 덧붙였다. 하지만 전통적인 대형 종교들이, 신도의 수에 관한 것이 아니라면, 힘과 진정성에서 퇴보하고 있다는 점도 확인된다.2 따라서 이것을 통해 우리의 확신이 확고해진다. 우리가 한 번 더 상기해야만 하는 것은, 무-종교적인 현대인이 구축한 전체 견해는 오로지 기독교와 종교 간의 이런 동일시에 토대를 두고 있다는 점이다.

그런데 기독교가 종교가 아니라는 논증은 되풀이되는 주제가 되고 말았다. 즉 기독교는 심지어 종교에 반대된다는 것이다. 성서가 우리에게 가르치는 것은, 하나님 자신에 대한 하나님의 계시와, 인간의 종교적 욕구와 종교적 본능 충족을 목적으로 하는, 인간이 제작한 종교 사이에 돌이킬 수 없는 대립이 존재한다는 것이다. 하여튼, 사회학적으로 흥미로운 것은, 기독교가 종교가 아니라는 점을 지지하고, 또 현대인이 더는 종교적이 아니라는 점을 선언하는 이들이 동일한 철학자들과 신학자들이라는 것이다. 이것은 현대인이 더는 기독교적이지 않다는 유일하고 절대적인 증거를 토대로 정립한 것이다. 그러므로 그들은 자신들의 잠재의식 속에서 '기독교-종교'라는 본질적 연결을 명백히 따르지 않는다. 확실히 다른 종교들, 수명이 다한 고대 이방 종교들, 곧 아프리카와 인도와 멜라네시아의 생존하는 종교들도 있다는 점은 잘 알려져 있다. 그러나 이점은 별로 중요하지 않은 듯이 보이고, 또한 사라질 운명처럼 보인다. 내가 다른 곳에서 기술했듯이, 실제로 "우리는 우리의 옛 범주에서 벗어나는 것을 가로막는 일종의 지적 마비에 직면해 있다. 현대인은 더는 기독교인이 아니고, 불교도가 되지도 않는 이상, 현대인은 결국 종교가 없는 채로 있는 것이다."

그러나 확실히 무의식적인 이런 관점 앞에서, 다른 자연주의자는 인간이

---

2) ▲ 이슬람교는 발전하고 있다는 점은 잘 알려져 있다.

본래 종교적 동물이라고 여길 수도 있다. 즉, 인간의 이 종교적 태도의 흔적들은 역사적으로 시초부터 발견된다. 그리고 사람들은 비종교적인 문명에 대해서는 알지 못한다. 종교는 인간 본성의 표현인 것처럼 보이고, 종교는 우리 존재의 가장 깊은 곳으로부터 나온다. 기독교는 호교론적인 논증으로[3] 이런 견해나 혹은 전제를 오랫동안 사용했다. 오늘날, 이런 확신을 추종하는 사람은 더는 많지 않다. 즉 사람들은 전통적인 형태에 따라 이런 종교적 진화가 계속되는 것을 더는 보지 못해서 매우 갈팡질팡한다. 그리고 새로운 형태의 출현을 보지 못하는 것은 상상력의 둔화이다. 하지만 이것은 일반적인 관점의 변화를 따르는 것이다. 즉 우리는 더는 '호모 렐리기오수스'[4]에 관심이 없고, 심지어 '호모 사피엔스'[5]에도 관심이 없으며, '호모 파베르'[6]에 관심이 있다. 사회학적인 조작의 영향 때문에 우리는 '호모 렐리기오수스'나 '호모 사피엔스'에 더는 관심이 없는 만큼, 인간은 더는 종교적이 아니다. 어쨌든, 이것은 유행에 따라 변화하는 우발적인 이런 호칭들 중 하나와만 관계되었을 따름이다.

종교의 정의

이 모든 것은 우리에게 현대 지식인들의 확신에 대해 밝혀주지만, "종교"라는 단어를 말하는 것이 무엇을 의미하는지를 우리에게 전혀 언급하지 않는다. 만일 사람들이 전통적으로 이렇게 불렀던 것의 호칭과 내용에 의하여

---

3) ▲ '종교적 동물로서 인간', '종교적 진화의 정점으로서 기독교'와 같은 논증을 사용했다.

4) [역주] 종교적 인간(Homo Religiosus). 인간은 근원적으로 종교적일 수밖에 없는 존재임을 의미한다.

5) [역주] 지혜가 있는 사람(Homo Sapiens). 생물학이나 고인류학에서 '사람 속'(Homo Genus) 가운데 현생인류와 같은 종(種)으로 분류되는 생물을 가리키는 학명(學名)으로서, 철학에서는 이성적인 사고 능력을 인간의 본질로 파악하는 인간관을 나타내는 표현으로 사용된다.

6) [역주] 도구적 인간(Homo Faber). 인간의 본질을 도구를 사용하고 제작할 줄 아는 능력으로 파악하는 인간관이고, 프랑스 철학자 베르그송(Bergson)에 의해 창안된 용어이다.

종교를 정의하기를 거부한다면, 사람들은 어원을 참조할 수 있을까? 이것은 어원에 대한 아주 편협하고 불확실한 견해를 취하는 것일 수 있다. 실제로, 종교적 현상들은 다른 사회에서, 그 어원이 동일한 핵심적 자료에 의거하지 않은 용어들에 의해 지칭되었다. '렐리기오'religio라는 라틴어 기원으로부터 나온 유일한 단어를 보자면, '렐리가레'religare나 '렐레게레'relegere 같은 가능한 다른 몇 개의 어원들이 있고, 그 각각의 어원들에는 다양한 의미들이 있다!7 그래서 리트레 백과사전이나 혹은 로베르Robert 백과사전 같은 백과사전적인 정의들로 말하자면, 이 정의들은 모두 제한된 역사적 관점으로 되돌아온다.

그런데 대단한 수준에 이른 것은 아니지만, 우리는 이제 종교의 정의들을 덧붙일 수 있을 것이다. 로맹 롤랑8과 프로이트 간의 논쟁을 떠올릴 필요가 있을까? 로맹 롤랑에게 종교성의 원천은 "무한이란 감정과 영원의 감정"이지만, 프로이트는 이와 같은 것에 대해 아무것도 몰랐다고 주장한다. 프로이트의 논제들은 알려져 있다. 전능하신 하늘의 아버지인 신은9 단지 아이를 위험으로부터 보호하고 아이의 불안감을 달래면서, 아이의 욕구에 부합하는 실제 아버지의 환상적인 투사일 뿐이다. 여기서 프로이트는 다른 사람들처럼 기독교를 종교와 동일시한다는 점을 확인하기로 하자. 무한이란 감정으로 말하자면, 이것은 나의 전능함이란 감정인데, 진실로 종교의 원천은 그런 것이 아니다. 종교는 우리가 살아가도록 하고 우리에게 삶의 불행을 회피하게 하고, 위안을 주는 환상이다. "삶의 목적을 부여하는 개념은 오직 종교체계를 통해서만이 존재한다." 그런데 이 삶의 목적은 행복이다. 프로이트는 『환상의 미래』L'Avenir d'une Illusion에서 포이어바흐Feuerbach나 마르크스 보다

---

7) 어원적인 모든 문제는 에밀 벤베니스트(E.Benveniste)의 『인도-유럽 기관들의 어휘(Vocab-ulaire des Institutions indo-europ ennes)』(2권, 1970)에서 훌륭하게 설명되었다.

8) [역주] 로맹 롤랑(Romain Rolland, 1866-1944). 프랑스의 소설가, 극작가, 평론가. 그는 대하소설의 선구가 된 『장 크리스토프』(Jean Christophe)로 1915년 노벨 문학상을 수상하였다.

9) ▲ 프로이트는 다른 사람들처럼 종교와 기독교와 동일시 속으로 빠졌다는 사실을 확인하자!

훨씬 더 멀리 나아가지는 않는다. 그러나 그는 아주 피상적인 방식으로 종교의 정의를 추구하는 것이 아니라, 인간을 위한 인간의 창조의 유용성을 추구한다. 이것은 나에게 올바르게 보인다. 신학자들도 또한 이런 기능적 정의를 추구한다. 예를 들어, 종교는 "거리를 줄이는 것을 목표로 하는 운동들, 곧 기도와 희생과 예배 작용들의 복합적 총체라고 볼 수 있는데, 이 거리는 지상에서 하늘까지의 거리, 시간에서 영원까지의 거리, 유한에서 무한까지의 거리, 불순에서 순수까지의 거리, 제한된 것에서 무한한 것까지의 거리이다."크레스피 "종교는, 우리가 경험하는 제약들, 즉 실수, 짧은 인생, 공간 속에 국한됨, 불안감, 죽음 같은 제약들을 피하는 힘이나 혹은 존재를, 인간들이 견디면서 생겨난다."[10] 이 모든 것은 확실하게 정확하지만, 현대인이 비종교

10) 나는 종교를 틸리히(Tillich)의 '무한정자(無限定者)'(l'Inconditionné)란 개념으로 정의하는 것을 거의 받아들인 것 같다. 만약 종교가 다른 것들 중에서 특별한 실재는 아니지만, 모든 실재가 소유하는 깊은 차원 혹은 존재의 토대인, '무한정자'을 향한 방향 설정이라면, 종교는 문화 속에서 뿐만 아니라 모든 것 속에서 존재한다. 만약 내가 이 정의를 취하지 않는다고 하면, 그것은 이 정의가 나에게 너무 포괄적으로 보이고, 종교의 특수성을 설명하지 않은 것처럼 보이기 때문이다. 그럼에도 불구하고 세 가지 접근이 가능하다. 즉 종교적 정신을 지니면서 이 '무한정자'를 식별할 수 있는 사람에게 있어서 종교를 가질 필요가 있는가? 혹은 모든 것에서 객관적으로 '무한정자'가 있는가? 끝으로, 개별적인 실재가 '무한정자'를 열망할 때 종교가 존재하는가? 이것에 대해 틸리히는 예를 들어 『종교철학』(1971년 프랑스어 번역본)에서 명확히 밝히지 않은 것처럼 보인다. 내가 진정으로 원하는 것은, 틸리히가 경험으로부터 종교의 핵심을 발견할 수 없다고 단언하는 것이고, 우리에게 종교가 무엇인지 가르쳐줄 수 있는 것은 오직 사회학적 혹은 역사적 연구가 아니라고 단언하는 것이다. 그렇지만 '무한정자'의 개념은 나에게 대단히 넓어 보이고, 필연적으로 자의적으로 보인다. 비록 틸리히가 사람들은 종교적 행위들 속에서만 '무한정자'를 발견할 수 있다고 말하면서 그 개념을 제한시켰을지라도 말이다. 하지만 이 모든 행동들을 그 자체로서 어떻게 정의할 수 있는가? 틀림없이 틸리히는 의미 형태들의 완벽한 단일성을 향한 방향 설정이라는 이유로 종교와 문화의 결합을 주장하는 이유가 있다. 하지만 그는 종교적 보편주의를 입증하는 데까지 이르렀다. 즉 '불신앙'은 오직 자신의 생각 속에서 하나의 태도이다. 사실은 모든 문화적 행동은 신앙을 가지고 있다. 또 문화적 행동은 '무한정자'의 의미작용이 스며들어 있다. 달리 말하면 문화적 행동은 궁극적으로 의미작용과 실체가 비어있다. 사람들은 너무 알려지고 너무 쉬운 이런 태도로 귀결되는데, 이 태도에 따르면, '불신자'는 이런 사실을 모르는 종교인이 된다. 내가 틸리히의 개념을 취하지 않는 이유는 이것으로 설명된다. 그의 개념은 종교적인 것을 도처에 부여하고 있고, 현대 사회가 우리에게 제기하는 문제와 지식인들이 제기한 문제는 너무 단순한 형이상학적인 도식을 통해 해결하고 있다. 하지만 사실상 문제는 아무것도 설명되는 것 없이 또 앞으로 나아가는 것이 없이 넘어갔다. 만약 내가 '무한정자'를 "무엇에 헌신하

적인지 아닌지 아는 문제가 무엇에 달려 있는지를 결코 우리에게 밝혀주지 않는다. 한편, 크레스피^{Crespi}는 다음과 같이 말한다. "인간이 자연이라면, 어떤 면에서 종교는 인간의 속성에 속한다. 왜냐하면, 종교는 돌이킬 수 없는 무능함과 약함과 부족함에 관해서 확인하는 것에 토대를 두기 때문이다." 그러나 그는 다른 측면에서 다음 같이 기술하기도 한다. "종교의 힘은 인간의 연약함과 부족함으로 만들어진다. 모든 질문은 이 부족함이 우연한 것인지 혹은 설정된 것인지 아는 것이다." 이런 질문을 단순히 제기한다는 사실은 크레스피에게 상황은 "돌이킬 수 없지" 않다는 것을 보여준다. 이것은 바로, 현대인이 더는 종교적이지 않고, 현대인의 연약한 상황이 끝났기 때문에 더는 종교적일 필요가 없다고 공언하는 모든 사람들의 확신이다. 즉 현대인은 강해졌고, 과학과 기술 덕분에 자신의 운명을 손에 쥐고 있다는 것이다. 나는 이점에 대해 두 가지 지적을 하는 것으로 그치겠다. 우선, 이 모든 것에서 "종교"에 대한 상당히 단순하고 한정된 시각이 문제가 된다는 점이다. 그리고 종교의 기능들이 받아들이기 어려운 도식으로 환원되었다는 사실이다. 다음으로, 인간의 약함이 끝났다고 선언하는 과학-기술 승리주의를 사람들이 어디에서 찾을 것인지 안다는 것이다! 마치 과학과 기술 덕분에 사람들이 반대로 긴장과 불균형에 종속된 어려움과 문제와 불안감 속에 빠져들지 않은 듯이 말이다. 그런데 이 긴장과 불균형은 인간에게, 인간 자신이 해방시킨 새로운 운명들과 직면하여, 공포와 무력함의 감정을 선사한다![11]

는(전념하는) 것"으로 해석한다면, 실제적으로 이 도식은 나의 분석을 강화할 것이다. 왜냐하면, 우리 시대에, 예를 들면 과학, 국가, 기술은 각각 '무한정자'인 것으로 명백히 드러난다. 이점은 정확한 사실이지만, 그것들의 종교적 특성을 결론짓기에는 진실로 너무 쉽다. 마지막으로 내가 틸리히의 이 연구 분야에서 언급할 수 있는 마지막 비판은, 바로 그가 아직도 기독교와 종교를 매우 분명하게 혼동하고 있다는 점이다.

11) 앨빈 토플러의 책, 『미래의 충격』은 이 관점에서 무척 흥미롭다. 즉 과학과 기술에 대한 광적인 이 예찬자는, 인간은 실험과 의학적 "충격"과 불안감에 종속되었다는 사고로 끊임없이 회귀한다는 점에서 흥미롭다. 그런데 이런 실험과 충격과 불안감은 현재까지 인간의 생명과 적응의 가능성을 훨씬 능가한다. 다시 새로워진 현대 종교가 자리 잡은 곳이 바로 이런 맥락에서다.

종교의 기능

현재 상황을 이해하려 들자면, 인정받은 종교들에 의해 전통적으로 수행된 기능들과 채택된 형식들과 정신 자세들로부터 다시 출발하는 것이 필요한 듯이 보인다.12 포이어바흐는 이 문제를 잘 파악했다. 우리는 이처럼 몇개의 요소들을 식별할 수 있다. 한편으로, 종교는 두려움과 불안감과 유한성을 활용하고, 위안과 희망과 자기 초월을 제공한다. 종교를 통해 인간은 한정된 것을 멈추고, 자신에게 소중한 이들을 영원히 잃어버리는 것을 멈춘다. 인간은 자신과 자신의 약함과 무관한 연결들을 통해, 소중한 이들과 자신의 고유한 삶과 연결되어 있다. 인간은 보장과 안전 전부를 받아들인다. 이런 보장들은 현재 상황에 대하여 작용할 뿐만 아니라, 미래에 대해서도 작용한다. 모든 종교는 미래에 대한 장악을 시도하는 동시에, 일어날 수 밖에 없는 것에 대한 예측을 시도하는 것이다. 종교는, 이런 인식과 확신과 위안을 통한, 불안감과 안도감으로 이루어진 무궁무진한 운동이다.13 그런데 안도감은 반대로 불안감을 생성하기도 한다. 왜냐하면, 안도감을 위해 사람들이 의지하는 힘들이 결코 완전하게 알려지지 않고, 완벽히 제어되지도 않기 때문이다. 그래서 종교는 다른 위기, 즉 "책임"의 위기를 촉발한다. 그래서 종교적 인간은 참사와 재난에 대해 책임이 있다는 사실을 막연히 느낀다. 즉 자신이 신들과 완전히 마음을 합했다면, 이런 어떤 것도 일어나지 않았을 것이라는 느낌이다. 그 이유는 신들은 바로 이 위험들로부터 보호하는 존재들이기 때문이다. 최근 몇 년 전부터, 죄에 대한 감정으로 인간을 짓눌렀으며, 인간을 무한한 책임감으로 억눌렀던 것이 바로 기독교였다고 자주 언급되었

---

12) 이런 분석을 위해 미르체아 엘리아데(Mircea Éliade)의 훌륭한 『종교사 개론』(1955)을 참고할 수 있다. 거기에 순덴(H.Sunden)의 『종교와 역할들』(신앙심에 대한 심리학적 연구) *Die Religion und die Rollen* (Eine psychologiesche Untersuchung der Frömmigkeit, 1968)와 샤뤼(P.Chalus)의 『인간과 종교: 신앙의 심리학적 원천에 대한 연구』 (*L'Homme et la Religion: recherches sur les sources psychokogiques des croyances*, 1963)를 추가한다.

13) ▲ 이 운동을 원한다면 변증법이라고 부를 수 있다.

다. 이 말은 역사적으로 놀랄만한 어리석은 말이다. 유감스럽게도 오늘날 많은 그리스도인이 정당한 비난으로서 이 말을 수용한다. 기독교가 생기기 전에, 사는 것을 행복하고, 아주 단순하고, 순진하며, 죄의식 없이, 즐거워하는 이교도는 결코 없었다. 다양한 종교적 방향이 있었다는 것은 사실이지만, 대부분 이교도는 짓누르는 분위기이고, 인간을 공포 속에 살아가게 한다. 죄의식에 대해 기독교는 단지 죄의식의 내용을 바꾸었을 뿐이다.

다른 한편으로, 종교는 세상과 삶에 대한 총체적 해석을 구성하는 것을 특징으로 한다. 말하자면, 설명을 시도하지 않고서 종교는 존재하지 않는데, 이 설명의 시도는 체계적 영역에 전혀 속하지 않고, 지적 역할도 하지 않는다. 그런데, 바로 이 지점에서 종종 오해가 있었다. 사람들이 우리에게 인류의 유명한 세 가지 단계를 제시할 때, 두 가지 단계를 같은 측면에 위치시킴으로써 오류를 범한다. 그런데 이 세 가지 단계에서, 과학은 세상에 대해 자신보다 더 좋지 않게 설명하는 종교를 대신한다. 왜냐하면, 총체적 설명, 즉 종교에 의해 주어진 도식은 지적인 목표가 없기 때문이다. 인간에게 "길을 찾을" 수 있게 하는 것이 중요하다. 인간은 미쳐서 일관성이 없는 세계에서 살 수 없기 때문에 상황은 어떤 의미가 있어야만 한다. 그것이 의미이기만 한다면, 그 의미는 허구가 될 수도 있다. 종교가 역사를 기술하고, 인간이 자리를 잡을 수 있도록 세상에 대한 관점을 제공한다. 즉 종교 덕분에, 인간은 살아가고 행동하기 위한 기준점들을 가진다. 따라서 종교는 실존적이고 실용적인 목표를 지닌다. 이런 이유 때문에 과학은 그 자체로 종교를 대신할 수 없고, 또 과학이 실제로 과학으로 남아있는 한, 과학은 종교를 대신할 수 없다. 왜냐하면, 과학은 이런 종교 기능을 수행하지 못하기 때문이다. 물론이 지점에서 종교는 신비적인 사고와 합류하고, 신비적 사고에 의해 표현되며, 신비적 사고 속에 뿌리를 내린다. 신비적 사고는 사고를 일반화시키면서 획득한 종교적 현상에 속한다. 마침내 우리는 이 간략한 분석에다 종교 의식적 요소를 덧붙일 수 있다. 사람들은 찬양, 기도, 전례, 향 피우기, 의복, 희생 제사, 빛 같은 종교의식의 결정적 중요성과 그 사실성과 의미를 안다. 그런 데 이것들은 인간과 세계 간의 연대 관계를 설정하게 하고, 인간에게 인간의 상황과 관련하여 자리를 잡을 수 있게 하며, 인간의 상황을 더 잘 감당하도 록 한다.14 이 관계들은 아주 다양한 방식으로 방향을 설정할 수 있고, 사람 들은 풍요와 창조의 유지와 원천의 재현 등과 같은 특별한 유형들을 모색할 수 있다. 하지만 만약 특수성을 가진 종교예식들이 제거된다면, 오직 동일한 요소들과 목표들만이 발견될 뿐이다.

습관적으로 '불안-안심' 변증법은 다소 초월적인 신성성과 관련되지만, 신화와 종교예식도 관련된다. 이 상황에서, 사람들은 신이 종교의 매우 중요 한 요소이지만, 결정적 요소는 결코 아니라고 말할 수 있다. 부처가 신이 아 님에도 불구하고, 분명히 불교는 종교이다. 달리 말해, 종교는, 지금까지 인 간의 억제할 수 없는 요구들에 상응하면서, 어떤 태도로 귀결되는 발견과 언 어와 실천의 총체이다.

이 태도의 본질적 특성들 중 하나는 비합리성이다. 종교적 인간은 이성에 따라 사유하는 것이 아니라, 비합리적 방식에 기초하여 사유한다. 그는 자신 의 삶과 사건들을 비합리적으로 해석하고, 입증되지 않은 믿음들에 근거를 둔다. 또 그는 말과 인격을 신뢰하고, 검증할 수 있는 경험에 전념하지 않으 며, 종종 가장 허황된 "이유"를 찾고 비현실적 방식으로 "방법"을 확립한다. 종교적 인간에게는 와 닿지 않는 반대되는 증거들에도 불구하고, 그는 비합 리적인 자기 확신 속에서 동요되지 않는다. 그는 누적된 확실한 입증보다도 총체적인 해석 체계를 더 신뢰한다. 그는 불확실하고 탐구적인 열린 영역을 토대로 하기보다는, 서로 참조하면서 서로 공고하게 하는 확실한 신조들로

---

14) 카제뇌브(J.Cazeneuve)의 핵심적 저서, 『종교예식의 사회학』(Sociologie du Rite, 1971)을 볼 것.

이루어진 성채城寨 속에 자리를 잡는다. 이것이 종교적 인간의 비합리성이다. 그러나 만일 인간은, 자신이 통제하지 못하며, 자신에게 낯선 동시에 이해할 수 없는 세계 속에서, 종교적 상상력 없이 단순히 살아갈 수 없음을 우리가 이해했다면, 우리는 이런 비합리성은 필수불가결한 것이었다고 확신할 수 있다. 그렇지 않았다면, 종교는 자신의 필요한 역할을 하지 않았을 것이고, 불확실하고, 모호하고, 요동한 채로 남아있을 수 없었다. 즉 종교는 확실성을 제공할 수밖에 없었다. 그런데 인류의 현시대에, 이 확실성은 오직 비합리적일 따름이다. 그래서 다음과 같은 질문이 생긴다. 즉 우리가 세계를 구체적으로 지배하고, 우리가 세계 대부분의 현상들을 설명하며, 우리가 많은 사건들의 "방법"을 파악하는데도 불구하고, 우리 시대에서 인간의 종교적 충동이나 혹은 종교적 욕구는 여전히 존재 이유나 혹은 실재를 가지고 있는가? 또한 종교는 아직도 어떤 역할이 있는가? 인간은 아직도 자신을 종교로 이끌었던 불안과 신화를 가지고 있는가? 사람들은, 대부분의 신학자들이 오늘날 이 질문들에 대해 '아니다'라고 대답했다는 것을 안다. 하지만 이것은 신학자들의 문제가 아니다!

분명히 종교들은 예전과 마찬가지의 기능들을 수행한다. 즉 이는 현대인이 심하게 느끼는 고독과 관련된 문제이고, 현재 사회에서 우리의 상황에 대한 공포와 불안과 관련된 문제이며, 과학이 모든 것을 해결하지 못한다는 사실에 대한 보상과 관련 것이고, 자연의 기준들이 사라져 버렸기 때문에 인위적 기준을 창안하는 것과 관련된 문제이다.

과학과 기술의 진보는 이런 결과로 귀결될 수밖에 없을 것이라는 사실은 논리적으로 사실이지만, 이런 일들에 있어서 논리는 별 볼일이 없다! 합리성이란 겉모습이 19세기 합리주의에 의하여 증가되었고, 기독교에 대한 무관심을 명백히 야기했는데, 이런 합리성의 겉모습이 등장한 이후, 우리는 반세기 전부터 종교들의 엄청난 회복을 목격한다. 반세기 넘어 그전에도 마찬가지다. 어쨌든 이런 회복을 평가하기 위해서, 종교적 감정 혹은 욕구가 언제나 존재하는지, 또 인간에게 있어서 종교적인 것의 영속성이 존재하는지 알려고 애쓸 필요는 없는 듯이 보인다. 즉 나에게는 이것이 형이상학 혹은 심리학의 영역에 속하는데, 이 영역은 불확실하고, 의심스러우며, 늘 논란의 여지가 있는 듯이 보인다. 나는 구체적이고 늘 관찰할 수 있는 현상들을 관찰하는 것을 선호한다.

종교의 회복

그런데 오늘날 너무 쉽게 무시되는 종교의 다른 기능을 잊지 말아야만 한다. 세상은 언제나 종교들로 가득 차 있었다. 남자가 홀로 지상에 있었고, 어떤 동물도 남자의 조력자나 상대자나 동류가 아니었다. 여자는 공통적 상황 속에서 너무나 빠르게 남자와 동화된 나머지, 여자는 더는 타자가 아니었는데, 이 타자와 함께 나누는 끊임없고, 신비하며, 이해할 수 있는 대화는, 고독과 방황과 미지의 것과 단절하기에 충분했을 것이다. 남자는 세상에 홀로 있는 자신을 발견했고, 이 상황을 견딜 수 없었다. 남자에게는 비슷하면서도 다른, 마주보는 상대, 대면하는 상대가 필요했다. 이 타인은 낯설고 적대적인 자연에서 살고 있고, 이런 자연을 총괄하고 있으며, 결국 이해되었기 때문에 휴식의 가치와 가능성을 제공한다. 그래서 종교는 신들과 권세와 영과 귀신과 천사와 정령의 세상, 즉 접근할 수 있는 신비들의 세상에 가득 차 있었는데, 이 신비들은 인간 자신에게 더는 어두운 것이 아니게 되었다. 켄타우로스15와 염소발을 가진 사티로스16는 유치한 우화가 아니다. 누가 자연과 인간의 대화를 가능하게 할 것인가? 누가 인간의 이해력이 가능한 가시적인 것 너머의 것에 이를 수 있게 할 것인가? 그리고 인간의 고유한 이해력

---

15) [역주] 켄타우로스(Centaures). 그리스 신화에 나오는 반인반마(半人半馬)의 괴물.
16) [역주] 사티로스(Satyres). 그리스 신화에 나오는 반인반수(半人半獸)의 숲의 신.

을 자신에게 제공하는 시선들이 필요하지 않았는가? 인간은 자신이 받아들인 이러한 영들에 대해서 투명해졌고, 이 영들에 의하여 결국 투명하고 유사하게 된 세상은 이 영들로 가득 찼다. 물론 가끔, 진화된 사회 속에서 사상가들이 용감하게, 이 영들이 새롭게 가득 채워지는 것을 거부하였다. 하지만 곧바로 이길 수 없는 힘에 의한 것처럼, 또 초인적 공포에 의한 것처럼, 인간은 신들을 부인하는데 사용했던 것을 다시 신격화하도록 압박을 받았다. 인간 주위에 있는 세상은 결국 다시 가득 채워졌다. 인간 집단들이, 자신과 다른 어떤 사람, 즉 연속된 담화에 응답할 수 있는 어떤 사람이 어떻게 해서든지 세상에서 살도록 하기를 원하지 않았다는 사례는, 개인적인 경우들이 아니라면 없다. 우리는 여기서 인간이 억제할 수 없는 욕구와 필연성에 직면해 있음을 이해하는 것이 절대적으로 중요하다. 만약 자연이 공허함에 대한 두려움을 가진다면, 인간은 자연의 공허에 대해 훨씬 더 두려움을 가진다. 우리는 신인동형론에 대한 하찮은 설명들을 사양하겠다. 우리는 그것보다는 더 멀리 있다. 그런데 인간의 새로운 환경과 우리의 현대 사회에서, 인간은 응답자 없이 새로운 외로움에 처해 있음을 안다. 그는 대화 없이 담화의 빈 하늘을 두드린다. 인간은 대상일 뿐인 사물들을 파악한다. 인간은 침묵과 결핍감의 두려움을 새롭게 체험하고, "수평적 관계"는 인간을 만족시키지 못한다. 모든 것은 단지 다른 사람들이 살아가는 것을 돕는 것으로 귀결된다는 스토아주의를 가지고 말하는 것은 어떤 철학자들에게는 좋지만, 평범한 인간은 다음과 같이 말할 것이다. "누가 내가 살아가는 것을 도와줄 것인가? 내 앞에 있는 사람인가? 그는 내가 알지 못하는 어떤 말을 내게 해 줄 수 있을까? 그는 나 자신과 너무나 비슷하고, 나는 그로부터 기대할 수 있는 것을 알며, 나는 나와 다른 사람으로부터는 아무것도 기대할 수 없다." "그가 영적 지도자나 마법사나 예언가나 성직자가 아니라면, 그는 나와 너무 비슷하다. 그는 내가 이름을 붙이기를 주저하는 이 알 수 없는 존재와 관계를 맺고 있고, 그는 알 수 없는 존재에 대해 나에게 매개자 역할을 한다." 화려한 도시에서, 열띤 교류에서, 라디오와 텔레비전의 끊임없는 수다에서, 현대인은 아마 전에 없이 인간의 황량한 사막을 체험한다. 그리고 이 수다는 그에게, 열대 숲에서 곤충의 끊임없는 북적거림이나 온갖 종류의 수백만 마리 새들의 지저귐보다 더 의미가 있는 것은 아니다. 대도시나 혹은 대형 도로의 인간의 황량함은 더 불안하고 위압적이다. 왜냐하면, 셀 수 없는 새로운 문제들이 현대인의 입술을 압박하고, 그의 마음 속에서 요동치기 때문이다. 그러나 누구도 그에게 대답할 수 없다. 어떻게 현대인이 컴퓨터와 대화할 수 있겠는가? 이처럼, "고독한 군중" 이후로 기술하는 것이 쓸데없는 이 새로운 고독 속에서, 즉 이 새로운 유폐 속에서, 인간은 인간에게 진리를 말해주고, 의미 있는 관계를 맺어줄 누군가를 도처에서 찾는다. 그리고 인간은 전통적인 동일한 활동을 재현한다. 그에게는 자신의 황량함을 새로운 정령과 새로운 초자연적 힘과 신비로운 존재들로 가득 채워야만 한다. 이것들은 우주 저 너머와 내세로부터 오는 것들인데, 공상과학소설, 다음으로 '쁠라네뜨' 과학관17, 지금은 과학적 주장을 담은 연구가 우주의 저 너머와 내세를 행복하게 만든다. 이것은 우주 기원과 동일한 상황이고, 위대한 조상이 가졌던 동일한 욕구이다. 이것은 특히 종교적인 동일한 태도인데 이는 일치하지 않지만 비교할 수 있는 설명이 가능하다. 안테나로 가득하고 매연으로 오염된 하늘은 우리에게 도움을 주는 장소로 여전히 남아있다.

　　대도시의 떠들썩한 소란 속에서, 인간은 다른 사람들과 진지한 모든 관계가 부재한 상태를, 은밀한 소집단과 선거와 신비를 만들어내는 것을 통해서 메운다. 그런데 거기서 사람들은 마약 혹은 은밀한 성적 경험 뿐만 아니라 숭배와 향 피움과 종교의식을 비밀과 전율 속에서 나누고, 공감하고, 교환한

---

17) [역주] 과학관(Planète Sciences)는 7세부터 25세까지 청소년들에게 다양한 주제를 가지고, 천문, 우주, 환경, 로봇공학, 디지털 등 현대 첨단 과학·기술을 이해하고 체험하는 기회를 제공하려는 목적 하에, 1962년에 창설되어 전국 곳곳에 세워졌다.

다. 그리고 인간은 이 세상을 채우는 존재이면서, 끊임없이 방편으로 내세우는 존재가 설파하는 순간이 등장하는 것을 보기를 기대한다.

무신론적 종교

인간의 속성에 내재하는 종교 개념으로 조금도 돌아가지 않고서도, 또 그것이 무엇이든 인간의 속성에 토대를 두지 않고서도, 적어도 우리는 종교가 항상 본질적 기능을 수행했다는 점을 확인할 수 있다. 그래서 사람들은 종교가 한없이 갱신된 이런 상황 속에 있지 않은지 자문할 수 있다. 종교는 마르크스주의적 의미에서 "이데올로기"가 아니고, 무상의 남아도는 활동도 아니다. 종교는 표현이면서 집단적 표명이기 때문에 명백히 사회학적이다. 하지만 종교에서 "인류의 역사적 단계"만을 보거나 혹은 인간의 객관적 조건에 대한 "반영-겉모양-정당화"만을 보는 것은 유치하다. 종교는 더 깊은 뿌리를 갖고 있고, 인간의 존재 자체에서 근절할 수 없는 듯이 보인다. 종교를 파괴하려는 가장 엄청난 시도들은 새로운 종교심으로 이어지기 때문에, 종교는 경험적으로 뿌리뽑을 수 없다.

불교가 이 주제에 대해 가장 놀라운 문제를 제기한다는 점을 상기해야만 한다. 즉 이제 "무신론적 종교"에 대해 매우 쉽게 이야기하지만, 불교는 그 기원에서 종교가 아니었던 것처럼 보인다. 이것은 삶에 대한 명상과 관련된 문제이고, 사람의 규범을 정립하는 것과 관련된 문제인데, 이 삶의 규범은 신과 아무런 관계가 없을 뿐 아니라, '종교적 양보'와도 관련이 없다. 파니카18가 다음과 같이 정확하게 이점을 언급했듯이 그러하다. "신의 이름을 없앤

---

18) [역주] 라이몬 파니카(Raimon Panikkar, 1918-2010). 가톨릭 신자인 어머니와 힌두교 신자인 아버지 사이에서 태어나 스페인에서 자랐다. 철학자이자 힌두교를 전공한 가톨릭 신학자로 1946년 인도 바라나시 교구에서 사제로 서품을 받았다. 그의 주요 관심사는 종교와 세속, 기독교와 힌두교, 기독교와 불교 사이의 대화였다. 대표 저서는 『종교 간의 대화』, 『지혜의 보금자리』 등이 있다.

것은 부처에게 있어서 전형적인 종교적 방식이다." 그런데 놀라운 것은 "존재, 본질, 신의 이름과 실재를 배제함으로써, 장세니즘19과 불교는 매우 일찍 진짜 종교가 된다."20 기독교는 종교화하는 힘이 너무도 강한 나머지, 결국 동화되고 점차 종교로 변형되고 만다.21 어쨌든 그다음으로, 마르크스 유물론적 합리주의에 의해 연장된 과학적 합리주의의 시도는 세상에서 종교적인 것을 다시 만들어 내게 되었다. 종교는 전투적인 무신론 속에 편입된다. 마르크스는 자신의 유명한 저서 『독일 이데올로기』L'Idéologie allemande에서 종교와 동시에 무신론이 사라지는 것을 보기를 원했다. 한편, 사람들의 눈에 보기에, 볼테르Voltaire의 반기독교는 단지 종교의 형태만이었다는 것을 사람들은 안다. 따라서 나는 종교가 영원히 인간에 연결되어 있다고 말하려는 것이 아니라, 지금까지 아무것도 그 반대되는 것을 말하도록 하지 못했음을 말하고자 한다. 그리고 반대로 모든 것이 다음과 사실을 입증하는 경향이 있음을 말하고자 하는데, 즉 종교를 만들어내는 메커니즘은 놀랍게도 다양한 요소들을 사용하고, 이따금 이 메커니즘과 가장 대립되는 것도 사용한다는 점이다. 물론, 종교는 고립된 현상도 아니고, 그 자체로 검토할 수 있는 대상도

---

19) [역주] 장세니즘(Jansénisme)은 17, 18세기 프랑스의 종교, 정치, 사회에 큰 영향을 미친 종교운동이다. 네덜란드 신학자 코르넬리우스 얀센(Cornelius Jansen, 1610-1630)은 네덜란드에서 태어나 루뱅 대학에서 수학하고 파리로 이주하여 신학을 연구했다. 프랑스 장세니즘은 그의 사상으로부터 유래했다. 즉 그의 사상은 신의 예정과 은총의 절대성과 원죄 이후의 인간의 무력함을 강조한 신학사상일 뿐 아니라, 신앙의 실천과 도덕상의 엄격주의 그리고 교회 개혁을 주장했다. 그의 사상은 일반 신도에게 침투하여 프랑스 종교, 정치, 사회에 큰 영향을 미친 종교 운동이 되었는데, 특히 신앙의 자유, 종교적 정치적 권위와 양심의 자유와의 관계는 가톨릭 교회와 앙시앙 레짐 체제에 크게 영향을 주었다.

20) 이 문제에 관해서, 파니카르(R,Panikkar)의 훌륭한 연구, "침묵과 말"(El Scilencio del Dios, Le Silence et la Parole), 『신학 언어 분석』(Analyse du langage théologique, 1969)을 보라. 민중 종교의 불교와 수도자의 불교 간의 차이, 그리고 종교 단절자들에 의한 구원론에 대해 루이 뒤몽(Louis Dumont)의 『위계적 인간』(Homo hierarchicus, 1966)과, 그가 이 문제에 대해 제공한 참고문헌을 보라. 하지만 확실히 루이 뒤몽이 구원론은 "종교적 총체"를 구성한다는 점을 보여준 점은 옳다.

21) ▲ 나는 기독교가 반종교적이라는 점에 대해 깊이 확신한다.

아니다.22 종교는 자신이 의미를 부여한다고 주장하는 인간의 삶 전체에 연결되어 있다. 이 삶이 신성화된 세상 속에 개입되는 한, 사회학적으로 종교는 신성한 것에 대한 인간의 참여23 혹은 인간의 신성한 경험의24 "표현과 왜곡"으로서 나타난다.

II. 현대 서구 종교의 표현과 징표

종교적 표현들

첫 종류의 표현들은 다소 자발적인 유형의 종교적 표현, 즉 종교의 실재에 해당하는 종교적 표현과 관련된다. 우리는 이 징후들 각각에 해당되는 연구는 하지 않고, 명백한 징표들을 열거하는 것에 그칠 것이다. 가장 외적인 징표들을 살펴보자. 예를 들어, 파리에는 대략 3천 명의 예언가와 요술쟁이와 카드 점쟁이 등이 있다.25 이들은 각각 최소한 150명의 고객이 있다. 이는 45만 명의 파리 시민이나 아마도 훨씬 더 많은 파리 시민이 예언가와 상담을 한다는 것을 의미한다. 물론 상담은 그들의 삶 전체를 노출하지는 않는다. 하지만 종교적인 이교도가 델포이 신전의 여사제와 상담했을 때, 이것도 그의 삶 전체의 행위는 아니었다. 말하자면, 사건은 동일하다. 마찬가지로, 모든 신문에서 가장 많이 읽히는 것은 별자리를 따져 운세를 알아보는 기사이다. 신문들에 대해 시행된 모든 여론조사의 결과가 동일하다. 적어도 천만 명의 프랑스인들이 별자리 운세를 따른다는 것이다. 1972년 9월, 외계인

---

22) ▲ 그러나 만약 종교를 종교의식이나 실천이나 신앙심으로 한정한다면, 그럴 수도 있다.

23) ▲ 우리가 객관적인 신성한 것이 존재한다고 인정한다면 그렇다.

24) ▲ 우리가 신성한 것이 인간 안에만 존재한다고 간주한다면 그렇다.

25) 명백한 숫자는 상세하게 밝히기 어렵다. 라뤼(A.Larue)는 프랑스에는 약 3000명의 점쟁이들이 있다고 평가하는데, 그 중 500명이 파리에 있다. 그러나 예언가, 점성가, 카드점쟁이, 손금쟁이 등이 있는데, 그 수가 파리에는 3000명이다. 상담료가 30프랑에서 200프랑이다.

에 대한 방송 이후, 무수히 많은 전화 통화가 텔레비전 방송국에 덮쳤다. 부적 구입도 또한 매우 의미심장하다. 부적이 공장에서 대량생산되기 때문에 어떠한 비밀스러운 힘의 가치도 없는 것처럼 이것은 의미심장하다. 프랑스에서 대량생산으로 제작된 힌두 여신의 소형입상은 어떤 초자연적인 힘을 그 자체로 소유하지 않지만 매우 많은 수의 사람들이 이 소형입상을 우편을 통해 구매하고, 이에 대해 만족한다는 의사를 표명했다. 텔레비전 방송에서 그 기업의 여사장은 그녀에게 20프랑의 비용이 드는 물건을 120프랑에 판매한다고 밝혔다. 따라서 일 년에 10억 프랑의 이익이 생기는 사업이 되었다는 것이다. 우리는 이런 숫자들 앞에서 이것이 중요하지 않은 사건이 아니라고 여길 수밖에 없는데, 이는 이런 미신이 수백만 프랑스인과 관련된 것이기 때문이다!

까이우아Caillois가 아주 정확하게 지적했듯이, 예전에 백화점에서는 성모 마리아상과 경건한 메달을 파는 매장이 있었는데, 지금은 거기에서 '황도 12궁'26이 새겨진 메달을 판매한다. 하지만 '성聖 크리스토퍼'27는 고속도로에서 분명히 효력이 없는데도 불구하고, 동일한 성공을 계속 거두고 있다. 종교의 미신적인 부분으로부터 점성술과 손금보기와 부적 등을 향한 이동이 있었다고 까이우아는 말한다. 그러나 나는 미신 없는 종교란 없고, 미신은 종교적 정신상태의 외적 징표들 중 하나로 언제나 남아있다고 생각한다.

'뽈라네뜨' 과학관 활동의 믿을 수 없는 성공은 같은 종류에 속하는 것이

---

26) [역주] 황도 12궁(宮). '황도'는 하늘에서 태양이 한 해 동안 지나는 길을 가리킨다. '황도 12궁'은 태양이 '황도'를 따라 연주운동을 하는 길에 있는 주요한 별자리 12개를 가리키는데, 그에 따라 별자리 이름을 붙인 것이다. 별자리를 이용하여 점을 볼 때, 이 12개의 별자리와 사람의 생일을 맞춰 보는데, 점성술에서는 태양, 달, 행성이 출현하거나 중천에 뜨는 '황도 12궁' 등의 상대적인 위치를 이용하여 점을 본다.

27) [역주] 성 크리스토퍼(Saint Christophe)는 여행의 수호자로 여기는 기독교의 성인이다. 아이 예수가 강을 건너는 것을 도와주었다는 전설적인 거인에 대한 암시로서 '그리스도를 나르는 자'를 뜻한다. '성 크리스토퍼'의 조각상을 바라보는 자는 누구나 '성 크리스토퍼'에 의해 질병으로부터 보호받는다고 전해진다.

다. 우리는 지적으로 더 높아진 수준에 있지만 의미 있는 것은 신비한 것으로 접근이고, 행성을 초월한 우주 현상, 정신, 초超심리주의, 사후의 삶 등 과학적인 것과 "영적인 것" 간의 통합을 시도하려는 의도이다. 사람들은 과학관에서 가장 오래된 종교적 미신에 대한 온갖 주제들을 정확히 재발견한다. 그런데 서민계층에 속하지 않은 수십만의 독자와 더불어, 우리는 여기서 대중적 현상에 직면하게 된다. 즉 과학관에 열광하는 사람은 "우둔한" 사람들이 아니라, 회사의 중견 간부와 준準지식인들이다. 과학관이 종교의 가장 단순한 형태들을 보완한다고 정확히 말할 수 있지만, 과학관은 더 교양있고, 호기심과 요구가 더 많은 다른 관객들을 위한 것이다. 이것은 종교적 탐구와 관심사를 표현하는 다양한 형태들인데, 이 형태들은 종교 서적 출판사의 성공에서도 드러난다. 출판업자들이 "우주의 수수께끼"와 같은 전집을 간행하여 대성공을 거두었다는 점은 매우 주목할 만하다. 그런데 "우주의 수수께끼"에서는 『하늘과 땅을 피하는 신들』Ces dieux qui fuient le ciel et la terre과 『외계인의 존재』Présence des extraterrestres, 그리고 특히 상디J. Sendy의 『물병자리의 시대』Ere du Verseau 같은 터무니없는 작품들이 저열한 지적 수준에서 펼쳐지는데, 이는 교양있는 프랑스 독자의 맹신과 무분별과 가장 천박한 종교심을 입증하는 것이다.28

---

28) 게다가, 이런 수많은 문헌에서, 마력(魔力)과 점성술 등의 발전에 관한 저서들과 종교적 열정을 활용하는 저서들과 영화들을 구분해야만 한다. 첫째 범주에서, 우리는 드프랑스 모랭(Defrance, Morin)의 『점성술사들의 귀환』(Le Retour des astrologues, 1971) 같은 훌륭한 사회학적 연구와 베시(M.Bessy)의 『마법에 대한 결산』(Bilan de la magie, 1964) 같은 흥미로운 보고서와 '파리 마치'(Paris-Match) 잡지에 기고된 딤메(J. Dimmet)의 "종교"(1967) 같은 훌륭한 분석 기사를 소개한다. 연구서와 활용서, 둘 사이 경계에서, 우리는 한센(Hansen)의 『살렘의 마녀들』(Les Socières de Salem, 1971)과 카로 바라자(J. Caro Baraja)의 『마녀들과 그들의 세계』(Les sorcières et leur monde, 1971) 같은 책들도 소개한다. 나는 비밀 입문 의식과 강신술에 관한 무수한 책들을 언급하지 않겠다. 매주 그런 두, 세 권의 책들이 출간된다. 이 책들이 성공하는 것과 증가하는 것은, 신비로운 세계, 초자연적인 힘, 마법, 종교적 정신착란 등에 대한 대중의 열정적인 관심을 보증하는 것이다. 상업적 활용에 관해서는, 라퐁 출판사(chez Laffont)의 『우주의 수수께끼들』 총서 혹은 미셸(A. Michel)의 『불가능한 것의 길』(Les chemins de l'impossible) 총서는 양쪽에서 모두 엄청난 분량의 어리석

합리성과 과학과 맹신과 공상과 마력魔力의 겉모습이 가지는 이중적 양상과 더불어, "이상한 것"과 관련된 책 읽기에 대한 이와 같은 갈증은 급속도로 증가한다. 프랑스에서는, 35만 부를 찍어낸 너무나 유명한 『마법사들의 아침』 이후로, 대중을 사로잡는 중견 출판사들에 의해 출간된 십여 개의 전집들이 있다. 사람들은 종교적 신심들 중에 가장 중심된 신심이 섞인, 불멸의 문명 도래를 조용하게 예고한다. 마법서가 증가하고, '제3의 눈'29과 환생과 화금석30 혹은 연금술 장소를 추구하는 것이 증가한다. 이것은 실제적으로 종교 현상 중에 가장 저급한 미신을 재연하는 문제가 된다. 까이우아가 이런 상황을 다음과 같이 훌륭히 표현했다. 즉 "성 크리스토퍼와 말편자는 유포되는 의심과 마법사들을 위하여 추락하는 중이다." 그러나 사람들은 이런 사실을 눈속임인 과학 아래서 은폐한다.

악마숭배 영화, 흡혈귀 영화, 마법 영화에 대한 지식인의 열광이 동일한 종류의 현상과 결부된다. 폴란스키Polanski 31는 가장 전형적인 것으로 파악될 만한 사례이다. 물론, 이 경우 초기에는 조롱이 문제가 되었다. 특히 초기 흡

은 서적들을 우리에게 제공해 주는데, 이 결과물은 단켄(Danken)의 과학적 자만심을 드러낸 우스운 책 같은 외계인들에 관한 것과, 랑파(Rampa)의 『제3의 눈』(*Troisième OEil*) 같은 전생(前生), 마법의 비밀문서들, 대피라미드의 비밀들, 모세의 비밀수첩, 성서의 비밀 열쇠, 연금술 등에 관한 것이다. 모든 책들은 과학관을 본떠서 과학적이고 합리적인 도구를 가지고 나타나지만, 까이우아가 언급한 것처럼, 거기서 "과학 언어는 눈속임으로 사용되고", "과학은 미신에게 권위적인 어휘를 제공하면서 미신이 발전하도록 도와주었다."

29) [역주] 제3의 눈(troisième oeil)은 '내적인 눈' 혹은 '마음의 눈'을 의미한다. 육체적인 두 눈을 넘어서는 제3의 시선, 곧 자아 인식의 시선을 지칭하는데, 이는 동양적인 기원을 지닌 신비적이고 비교(祕敎)적인 은유 표현이다.

30) [역주] 화금석(pierre philosophale)은 '현자의 돌', '철학자의 돌', '마법사의 돌'이라고 부르기도 한다. 값싼 금속을 금으로 바꿀 수 있는 전설 속에 존재하는 물질로서, 오랫동안 서구 연금술사들이 추구하는 궁극적인 물질이다.

31) [역주] 로맹 폴란스키(Roman Polanski)는 폴란드계 프랑스 영화감독이자 영화 제작자이며 연극 연출자다. 그의 대표작으로는 '막다른 골목', '테스', '피아니스트' 등이 있다. 그의 영화는, 그가 겪은 온갖 어두운 사건들의 영향을 반영하듯이, 대체로 무겁고, 암울하며 비극적 분위기에서 심리묘사가 뛰어나 관객을 압도하는 것으로 유명하다. 공포, 스릴러 영화계에서는 매우 중요한 감독이다.

혈귀 영화들을 주목해야만 하는데, 이는 흡혈귀 영화들의 빈정거림과 거리 두기를 통하여 지식인들이 자신들의 신심에 다가가고 그 신심에 빠져들도 록 하기 때문이다. 사실 사람이란 자신이 조롱을 당하기 때문에 이런 신심의 존재를 믿지 않는다. 그만큼 인간은 신앙심이 없는 강한 자유 사상가다. 사 람들은 영화를 보며 논다고 생각한다. 물론 그들이 영화관에 올 때, 아주 깊 숙이에 있는 작은 신심의 떨림이 있는 것은 사실이다. 어쨌든 사람들이 영화 관에 가는 것은, 그들이 이런 신심의 존재를 믿지 않기 때문이다. 그런데, 분 명히 유머도 거리도 전혀 문제가 되지 않는, 영화 '로즈마리의 아이'32에 이 르기까지, 사람들은 점차적으로 이런 자기 속성에서 이탈하고 있다. 즉 이 영화의 엄청난 성공의 원인은 바로 악마숭배이다. 대중은 신비와 악마와의 이런 합일에 목말라 있다. 영화감독의 훌륭한 영화기술은, 기술적이고, 합리 적이며, 과학적인 사회의 상황 속에서 움직이는 중세 악마를 소개하는 것이 된 셈이다. 이것은 '쁠라네뜨' 과학관과 동일한 표상 체계인데, 이 과학관은, 가장 현대적이고 겉보기에 가장 분명한 우리 세상의 중심에서 파악조차 할 수 없는 개인화된 힘에 대한 현대인의 종교적 확신과, 차마 말할 수 없는 악 마의 현존에 대한 그의 종교적 확신과 일치한다. 이 시대에 악마의 숭배자들 이 다시 많아졌다.

"신비"는 합리적이고 과학적인 우리 세상에서 그 어느 때보다 더 유행한 다. 그런데, 한편으로 종교적 인간이 늘 만났던 "수수께끼"에 대한 해답을 가져다준 과학 서적의 성공이 이런 흐름과 결부되고, 다른 한편으로 기독교 서적의 성공도 이런 흐름과 결부된다. 첫째 경우는 모노33의 저서 『우연과

---

32) [역주] '로즈마리의 아이'(Rosemary's Baby)는 폴란스키가 감독한 미국의 공포영화다. 한 젊은 여인이 적그리스도의 어머니를 만드는 사탄을 숭배하는 마법사 무리의 희생자가 되는 이야기이다.

33) [역주] 자끄 모노(Jacques Mono, 1910-1976)는 프랑스를 대표하는 현대 생물학자이자 생 화학자다. 콜레쥬 드 프랑스에서 분자생물학 교수가 되었고 이후에는 파스퇴르 연구소 소장이 됐다. '효소와 바이러스 합성의 유전적 제어 연구'로 노벨 생리의학상을 받았다.

필연』*Le Hasard et la N cessit* 의 성공을 통해 우리에게 입증된다. 즉 이것은 삶과 죽음과 의미 앞에서 순수한 종교적 질문이고 불안감인데, 이 불안감으로 인해, 사람들이 신뢰할 것이라 점에서, 학자와 석학과 마술가로부터 나오는 해답을 추구하는 군중이 이 책을 향해 몰려갔다.34 또한 이것은 현자賢者가 계시하는 말에 대한 신앙이며, 엄밀하게 종교적 태도이다. 모노의 독자들과 어떤 영적 스승의 추종자들 사이에는 어떠한 차이도 없다. 둘째 경우는 떼이야르 드 샤르댕의 인기에서 절정에 달했다.35 그러나 『신에게 정직하기』*Honest to God* 혹은 『세속도시』*La Cité séculière* 같은 신학적 의도를 가진 이 책들의 성공을 생각해 볼 때, 이 사실은 더욱 놀랍다. 프랑스에서도 이 책들은 아주 잘 팔리는 책들이다. 탈기독교화 그 자체가 의심스럽다고 생각된다. 우리는 이 문제를 재론해야 할 것이다.36 사실, 여기서 종교적인 모든 것을 위한 현대인의 열정적인 관심의 표지가 문제가 된다.37 이것은 '우리의 운명'이란 단어를 마침내 이야기할 사람의 근본적 호기심과 기대이다.

히피 문화와 마약

물론 이런 종교적 르네상스에서 히피 현상들을 소홀히 할 수 없다. 르네상스라고 할 수 있나? 그렇지 않으면 어두운 흐름이 폭발적이고 가시적으로

자신의 대표 저서인 『우연과 필연』에서 인간은 우주에서 우연의 산물이라고 주장했다.

34) ▲ 왜냐하면, 이런 성찰의 기저가 되는 엄청난 과학적 연구를 이해하는 것이 문제가 되지 않기 때문이다.

35) 이 사실을 뒤에서 재론하는 것, 예를 들어 떼이야르에 대한 샤르보노(B. Charbonneau)의 연구와 같은 것을 재론하는 것은 무의미하다.

36) 확실히 우리가 쓰려는 것은 정밀한 정신의 소유자들을 만족시키지 못할 것이다. 즉 숫자와 통계가 필요할 것이다. 물론 이런 독자들에 관해서 우리가 무엇을 알 수 있는가? 그런 것은 나에게 그렇게 중요하지 않다. 중요한 것은 움직임이다. 반세기 이전에, 종교 서적은 독자들이 없었다. 지금은 출판사들 모두가, 설명했던 총서들로부터, 연재만화 그리고 신학자들까지 모든 지적 수준에서, 상업적 이유로 종교적 주제에 대한 총서들을 출간하고 있다. 그것으로 충분하다.

37) ▲ 단지 이것이 백 년 전 혹은 이백 년 전의 죽은 표현과 형식 속에 있지 않는다는 조건에서 그렇다.

드러나는 것으로 봐야 하는가? 히피 현상들은 갑작스럽게 꽃피기 시작한 것이 아니다. 적어도 1930년부터, 우리는 동일한 특성을 드러내는 젊은이들의 움직임들을 목격하지만, 다양한 형태를 가진 히피주의는 모든 종교적인 경향을 극단적으로 이끈다. 여기서 히피 현상을 기술하는 것이 중요한 것이 아니라, 종교적 몇 가지 양상들을 상기하는 것이 확실히 중요하다. 즉, 즉각적인 영적 경험 속으로 빠져들기 위해 모든 합리성에 대한 거부, 공동체의 추구, 형제애, 교감과 비폭력에 대한 이상, 인간의 영적 시각에서 출발하여 삶을 변화시키려는 실천적 의지, 자연과 "자연적" 삶으로 되돌아가기, 속박하는 직장에 대한 거부와 인간의 가치를 떨어뜨리는 모든 것에 대한 거부, 삶은 의미가 없다는 것에 대한 거부와 삶이 안락과 소비로 한정되는 것에 대한 거부 등이다. 이 모든 것이 종교적 태도로부터 발산되지 않는다고 어떻게 말할 수 있겠는가? 히피족들이 자주 종교적 표식을 지닐수록[38], 또 그들이 불교나 선禪과 같은 고전적인 종교적 경향에 동조할수록, 더욱더 종교적 태도는 분명하게 된다.[39] 하지만, "완전한" 히피들은 그렇게 많지 않다고 확실히 말할 수 있고, 제비 한 마리가 돌아왔다고 봄이 온 것이 아니라고도 말할 수 있다. 이것은 사실이지만, 히피적 삶에 대한 이상을 전적으로든지 혹은 부분적으로든지 사로잡힌 서구 젊은이들은 셀 수 없이 많다. 우리는 여기서 여전히 종교적인 사실과 마주한다. 그 핵심에는 의식적이고, 자발적이며, 깊이 참여한, 상대적으로 적은 수의 신도들이 있다. 그다음, 종교의식들에 대해

---

38) ▲ 목에 십자가 목걸이를 걸고 있는 히피족들이 많이 있다.

39) 인도의 몇몇 종교에 대한 열정은 우연한 것이 아니다. 예를 들어 쾌락과 종교 간의 관계는 구체적으로 소비사회에서 인간의 표현으로서 매우 매력적이다! 사람들이 탄트라주의를 찾아낸 것은 기술사회를 반대하기 위해서가 아니라, 반대로 거기서 편하기 위해서이다! "쾌락은 해방의 규칙이 된다(요가), 죄는 좋은 행동이 된다, 윤회(輪廻)는 해방이 된다...", "술과 고기와 여자로부터 발생된 쾌락은 알고 있는 사람에게는 구원이고, 비입문자에게는 타락이다"(루이 뒤몽이 메모한 것). 사람들은, 이런 쾌락 사회에서, 젊은이들의 성향이 이런 종류의 종교와 성적 해방의 종교에 대한 믿음을 향하는 이유를 이해한다. 이것은 기술사회의 주요 충동과 모순되지 않은, 종교적 형태 속에 있는 종교적 욕망의 구현이다.

더 많이 알지 못한 채 종교의식들을 받아들이고, 삶의 양식을 모방하며, 종교적 주문만을 암송하고, 모방하는 거대한 신도 무리가 있다. 그런데, 우리가 히피들과 함께 목격한 바가 정확하게 바로 그것이다. 셀 수 없는 장발족 40, 헤시시 흡연자들, 가출자들, 사회의 양심적 병역 거부자들은 이 종교의 충실한 신자들이다. 이들은 종교적인 것이 필요함으로 말미암아 이 길에 참여한다. 그러나 히피 현상은 마약과 팝 음악과 분리될 수 없다. 나는 수많은 히피들이 마약을 하지 않음을 확실히 알고 있는데, 더 정확하게 말해서, 그들은 "더는" 마약을 하지 않는다는 점을 알고 있다. 모두가 마약을 거쳐 갔지만, 가장 뛰어난 이들이 더 고상한 종교적 표현을 발견하고, 더는 이 수단이 필요가 없을 때, 그들은 마약을 버린다. 왜냐하면, 마약은 무엇보다 종교적 모험이기 때문이다. 수많은 설명들이 탐색될 수 있고, 확실히 다양한 동기가 있겠지만, 문제의 중심은 종교적 욕구이다. 의미를 집단적으로 탐구하는 것에 어떤 실마리도 제공하지 않는 사회에서, 또 억압적이고 기술화된 사회에서, 사람들은 신비와 불합리한 것을 추구한다. 그런데 이 사회에서 마약은 소란함과 기술과 정보에 의해 불가능하게 된 인간적 교감을 되찾기 위한 대단한 수단이고, 비합리적 경험과 명상과 도피 가능성을 되찾기 위한 수단이다. 마약 확산의 핵심적 비밀이 이것이다. 나머지 모든 것은 이런 욕구로부터 파생된 것이거나 부차적인 것이다. 마약 연구 전문가들은, 여러 요인들 가운데, 모두 도취된 상태의 도달, 합일의 추구, 저편 세상으로 이동 등과 같은 종교적 욕구를 식별한다.41 한편, 마약의 두 가지 주요 요인들은 다음과 같다. 하나는 마리화나 같은 마약중독자들에게 있어 교감적 요소이다. 즉 혼

---

40) ▲ 서구 젊은이의 30% 정도인가?

41) 마약의 종교적 성격에 대해 언급할 수 있는 모든 것은 드 페리스(De Felice)의 책, 『신성한 독, 거룩한 술취함』(Poisons sacrée, ivresses divines, 1969)에 이미 있다. "마약의" 종교들에 대한 그의 분석에서, 그는 우리가 오늘날 우리 서구사회에서 보는 모든 것을 1930년에 기술했다. 기본적으로 동양적인 내용을 담은 『신성한 춤』(Les Danses sacrées, Le Seuil, 1963)에도 동일한 분석이 있다.

자서 피우지 않고, 손에서 손으로 마리화나를 건네는 행위가 마약 그 자체보다 더 중요하다. 그리고 집단 속에서 교감적 요소가 작동할 때, 이 행위는 아주 적은 용량으로 원하는 "효과"를 유발시킨다. 그러나 다른 요인으로, 마약은 인위적인 천국, 엑스터시, 환상, 의미의 혼동, 상상을 초월한 음악, 종교적 어휘 같은 신비주의자들이 묘사하는 것들과 유사한 경험과 상태를 만들어 낸다. 하지만 사이비 종파라는 세 번째 현상을 무시하지 말아야 한다. 마약 중독자들은 그 구성원들이 식별의 기호들을 지닌 어떤 사이비 종파를 구성하고, 깊숙이 결속되어 있다. 그들이 경멸하는 비입문자들의 세상에 비하여, 그들은 "성스러운" 세상 속에서 살아간다고 생각한다.

마약은 세 가지 요인에서 고전적인 종교 현상들과 완전히 근접한 현상들로 귀결되지만, 마약의 확산은 다음 경험을 하려는 욕망을 나타내는 것이다. 즉 그것은 우리 사회의 종교적인 것의 결핍, 즉 적어도 만족스럽고, 상당히 강력하며 모두가 동조하는 종교적인 것의 결핍을 대체하는 것이다. 같은 맥락에서 우리는 "팝 페스티벌" 같은 젊은이들의 운집을 발견한다. 즉 이것은 신비적인 절정과 관계되는 동시에, 집단적 '의식儀式주의'와 관련된다. 미국의 몬터레이Monterey 페스티벌, 영국의 아일오브와이트Isle of Wight 페스티벌, 미국의 우드스톡Woodstock 페스티벌, 벨기에의 아무지Amougies 페스티벌에서의 군중 운집은 정확하게 디오니소스적인 종교 축제의 대응물이다. 왜냐하면, 팝 음악이 전체 무의식을 유발하고 종교적인 것을 만들어내듯이, 팝 음악 자체는 어떤 힘에 속하기 때문이다. 거기서 여전히, "음악 · 마약 · 존재의 결합체"라는 성향이 작동하는 것은 오직 더 높은 목표와 더 근본적인 욕구가 있기 때문이다. 즉, 대가가 없고, 관대하고, 자유와 사랑으로 이루어진, 걱정이 없는 세상 속으로 들어가기 위해서, 일상적인 걱정과 효율성에 짓눌린, 물질적이고 금전적이며 야비한 세상을 회피하려는 목표와 욕구가 있기 때문이다. 말하자면, 그것은 바로 세상의 모든 종교가 모든 사회에서 늘 행했던 것이다. 이와 동시에 각자에게 있어서, 그것은 자기 초월을 성취하는 것과 관련된다.

폭력

그런데 디오니소스적인 광란은 또한 폭력으로도 표현된다. 종교적 행위와 폭력 간에 밀접한 관계가 명백히 알려져 있다. 사람들은 거기서 정신분석학적 이유를 찾았다. 종교가 한편으로 브항쟁42 혹은 아즈텍Aztèques의 인신제사 같은 희생제물, "헤렘"43, 무신론자 제거, 마녀들의 화형, 알렉산드리아 은둔 수사들의 몽둥이를 야기했든지, 다른 한편으로, 자해, 채찍질 고행, 순교의 감수, 내적 폭력44 혹은 외적 폭력을 야기했든지 간에, 감동적이고 폭발적인 신앙을 통해 표출된 종교와 폭력은 함께 나간다. 물론, 나는 모든 폭력들에 종교적 기원이 있다고 말하려는 것이 아니고, 모든 종교들이 폭력을 양산한다고 말하려는 것도 아니다. 하지만 어쨌든 이런 현상이 발생한다. 하나님 사랑의 계시로서 기독교가 종교가 됨으로서, 십자군과 강요된 개종과 종교 재판이라는 음울하고 피로 물든 사건으로 바뀔 수 있었다는 사실은 많은 생각에 잠기게 한다. 역으로, 인간이 아무런 동기 없이 다른 인간에 대한 극단적인 폭력 속에 뛰어든다고 어떻게 생각할 수 있겠는가? 그리고 종교보다 더 높고, 더 정당화하는 어떤 동기가 있겠는가? 사람들이 타인을 배제할 수 있는 것은 바로 진리와 절대의 이름으로다. 공산주의자들 혹은 나치주의자들은 오직 자신들이 종교적이었다는 이유로만이 극도의 폭력에 이를

---

42) [역주] 브항쟁(Behanzin). 현 베냉(Benin) 공화국 지역에 있던 다호메이 왕국의 11대 왕 (1890-1894). 프랑스의 식민지배에 저항하여 2차례에 걸친 치열한 전쟁을 벌였으나, 결국 프랑스에 패했다.

43) [역주] 헤렘(herem)은 어떤 것을 세속적으로 사용하지 않고 성스럽게 사용하도록 예비해 두는 것을 말한다. 즉 성스런 방식으로 분리되어 인간에게는 금지되고, 신에게 바쳐진 어떤 것을 의미한다.

44) ▲ 사제의 독신생활이나 종단에 대한 맹목적 복종과 같은 것이다.

수 있었다. 그리고 인간이 저지르기 원하는 폭력은 잘 정당화되어야만 한다. 이처럼 종교와 폭력 간의 관계는 상호적이다. 종교는 언제나 폭력을 유발한다. 폭력이 필요불가결할 때, 폭력은 종교의 출현을 요구한다. 우리가 히피 현상에서 폭력을 향한 이런 이상한 성향을 확인하는 이유가 바로 이 때문이다. 히피들은 비폭력적인 이데올로기를 갖고 있지만, 정반대로 집단과 전 지부들은, 그들이 경멸하고, 거부했던 이 사회에 맞서서, 또한 그들에게 가장 가증스러워 보이는 인간 유형에 맞서서, 절대적 폭력의 길로 들어선다. 폭력을 제어하는 장벽은 한없이 취약하고, 비폭력에서 폭력으로 이행은, 종교가 개입되는 경우에, 거의 자동적이다. 그런데, 이 세상에서 폭력에 대한 열광은 우리에게 종교성의 표현인 것처럼 보인다. 소렐은 폭력을 신화의 확산과 불가피한 신심과 결부시켰고, 자신의 책 『폭력에 대한 성찰』*Réflexions sur la violence*에서 이점을 완벽하게 보았고 분석했다. 우리 사회의 폭력에 대한 흥분에 사로잡히지 않았던 자는 누구인가? 거의 2세기 전부터 사회관계에서 폭력의 목적에 대한 환상, 즉 의회정치, 평화를 위한 원탁회의, 자유주의, 민주주의, 세련된 도덕 같은 환상에 우리가 물들어 있었던 만큼, 더더욱 이런 점은 믿을 수 없는 듯이 보였다. 우리는 행복감에 완전히 젖어 있었다. 즉 원시적인 야만성과 종교적 분파주의는 길들여졌다. 공산주의자들과 혁명적 조합주의 자들은 단지 예외적인 존재였을 뿐이고, 사악한 자들일 뿐이었는데, 그들은 곧바로 사라졌다. 그리고 러시아 혁명, 이어서 히틀러는 재난이었다. 그렇지만 질문들이 제기되기 시작했다. 그다음에는 다음과 같다! 압제적이고, 억압적이며, 해방적이고, 반反압제적으로 폭력은 어디서나 다시 존재한다. 그것은 폭력을 통해 "문제들"이 해결될 것이라는 비이성적 확신이고, 또 반역과 쿠데타와 고문과 형벌 같은 폭력행위를 통해, 사람들은 순수하고, 진실하며, 정의롭고, 자유로운 사회의 길에 들어선다는 비합리적 확신이다. 그리고 그것은 대의명분과 목적이 없는 저항으로서, 이 저항은 신심들로부터 미약하게 표출된 완전히 비합리적 태도에 해당하고, 사회에 대해서 신화적 해석을 표현하는 태도에 상응한다. 1953년, 스톡홀름의 '성 실베스트르 축제의 밤'에 발생한 젊은이들의 광분 이후부터, 폭력은 점점 광범위한 집단들이 당연시 여기는 표현이 된다. 그런데 이 집단들은 악과 압제를 파괴하기 원하고, "용을 죽이기"45를 원하며, 약속된 땅에 들어가기를 원하고, 자유를 쟁취하기를 원하며, 우리 세상의 추상작용 속에서 그들에게 악의 가시적 표식으로 보이는 것을 깨뜨리기를 원한다. 이것은 집단적인 신경발작으로 귀결되는 사건과 열광의 표현이다. 신경질적인 저항과 논증 끝에, 폭력은 그 자체가 종교적 행동이 됨으로써 형이상학적인 강박관념에서 해방된다. 그래서 1961년 콩고인의 광기, 디트로이트 흑인이나 혹은 뉴욕 흑인의 광란, 카마이클46 혹은 두잇Do it의 완전히 신비적인 유형의 언어적 광란, 자동차 운전자의 난폭성, 잔인한 연극의 성공, 아라발Arrabal 같은 가장 피비린내 나고 가학적인 것의 성공이 발생했다. 1968년 소르본 대학에서는 "잔인하시오", "폭력적이 되시오" 같은 구호들을 읽을 수 있었다. 1970년 바타글리아Battaglia의 믿을 수 없는 폭발이 발생했고, 또 축구 시합을 계기로 1971년 6월 멕시코의 폭발이 야기되었다. 이것은 정치적이지 않다. 이것은 다시 출현한 종교적 광란이다. 물론 우리 사회에서 발생한 모든 폭력이 종교적 유형에 속한다고 말하는 것은 타당하지 않다. 경찰의 폭력 혹은 행정의 폭력, 거대한 경제적 세력의 폭력, "제국주의"의 폭력은 종교적인 것이 아무것도 없다는 것은 확실하다. 그러나 우리 시대의 특수한 폭력은 열광의 과잉이고, 절대화된 이상에 대한 훌륭한 실현 수단인데, 특별히 이것은 젊은 좌파들의 폭력이다. 젊은

---

45) [역주] '용을 죽이기'(Tuer le dragon)는 1967년 개봉된 미키 무어 감독의 모험영화다. 무자비한 군주이며 독재자인 페란도 라마(Femando Lamas)에 대항하는 모험가 자크 빼랑스(Jack Palance)의 모험을 그린 영화이다.

46) [역주] 스토크리 카마이클(Stokely Carmichael). 미국의 흑인해방운동가(1941-1998). '블랙파워'를 앞장서서 주장하여 미국 사회 전체에 큰 충격을 주었고, 인종차별철폐 투쟁을 백인 대 흑인이라는 대립 구도로 바꾸어 분리주의적 방향으로 전환시키는 역할을 함.

좌파들은 이 시대의 종교적 인간들이다. 그들은 절대적으로 믿는다. 그들은 어떤 이성의 소리에도 귀를 기울이지 않는다. 그들은 자신들이 정치적이라고 규정하는 초현세적인 목적을 가지고 있다.47 그들은 삶을 변화시키면서 사회를 바꾸기를 원한다. 그들은 온갖 희생을 할 준비가 되어 있고, 믿지 않는 모든 사람을 희생시킬 준비가 되어 있다. 그들은 분파적 계파로 구성되어 있다. 그들은 눈길을 끄는 순교의 취향과 선전용 증언 취향을 가지고 있다. 그들은 자신들의 절대성 속에서 자신들을 확고하게 만들지 않는 모든 진리를 경멸한다. 그들은 세상에 대한 합리적 설명과 다시 새로워진 아주 오래된 신화들에 대한 믿음을 혼동한다. 그들의 폭력은 그 모든 것들이 결합된 것을 표현한다. 그들에게 폭력은 주저함 없이 악에 대항하는 종교적 행동이다. 왜냐하면, 세상은 모든 종교적 세계처럼 절대 선과 절대 악으로 명백히 나누어지기 때문이다.

물론 나는 우리 사회에서 폭력의 발달이 그 자체로 종교성의 증거라고 말하지 않을 것이다. 폭력은 증거가 아니라, 다른 모든 요소들과 연결된 이런 유형의 폭력이 폭력의 욕구를 밝혀주는 성좌星座에 속하는데, 이 폭력의 욕구는 퍼즐의 완성에 기여한다. 왜냐하면, 다양한 사회에서 숨겨진 폭력, 전쟁과 경찰 같은 조직화된 폭력, 일관성이 없고 무정부적인 "원시적" 폭력 같은 다양한 폭력이 있기 때문인데, 이 원시적 폭력만이 종교적일 수 있다. 이 원시적 폭력은, 공통된 토대가 더는 없고, 수용된 구조가 더는 없는 사회들 속에서 표출된다. 우리 사회에서 폭력은 발생되는데, 그 이유는 구조들이 인간 외부에 있고, 인간과 공통된 척도가 없어 측량할 수 없으며, 인간에게 적대적으로 보이기 때문이다. 여기서 종교적 폭력은 예를 들어 전쟁 같은 배출구의 결핍보다는 인간화의 결핍으로 더 잘 설명된다. 또한 원시적 폭력은 인간을 위한 관료주의와 광고와 기술에 대한 저항이기도 하다. 그리고 인간이

---

47) ▲ 그들은 그런 사실을 알지도 못한다.

신비 사상이나 종교를 옹호하거나 혹은 재발견하게 되는 것은 바로 폭력에 대한 예찬 속에서다.

좌파의 종교 정신

좌파의 종교적 정신은 다른 것들 중에서, 1970년 해수욕장의 담벼락을 뒤덮었던 두 가지 표현, 즉 "가이스마르48는 어디서든 있다"와 "마오쩌둥이 너를 바라본다"라는 구호 속에서 표현된다. 거기서 우리는 신의 전이를 표현하는 구호와 마주한다. 이것은 진정한 증인의 편재偏在이며, 보편적인 현존인데, 이 현존은 오직 자신의 열광적 지지자들과 제자들을 매개로 하는 보편적 정의를 표현할 뿐이다. 이것은 숨겨져 있으나 어디에나 존재하는 개인과 이 제자들을49 동일시하는 것이다. 다른 한편으로, 이것은 보편적이지만 개인적인 시선이다. 즉 눈은 무덤 속에 있다. 마오쩌둥은 너의 의식이다. 그는 세상에 대한 유일한 의식이다. 그는 너를 바라보고, 너를 판단한다. 왜냐하면, 그는 최고도로 판단하고, 폐부를 알기 때문이다. 가이스마르는 섭리의 현재 화신이고, 모든 곳에서 확산되며, 매 순간 행동할 수 있다. 마오쩌둥은 선과 악의 원리이고, 아무도 벗어날 수 없는 절대적인 아버지이다. 담벼락에 이 표현들을 기록한 이들이 실제적으로 말하려는 것이 바로 그것이다. 물론, 모든 종교의 모든 신도들처럼, 그들은 자신들의 행동을 통해서 이런 신적 속성들을 담당할 준비가 되어 있다.

축제

음악, 마약, 향, 폭력, 성적 자유는 곧 축제이다. 우리가 보았듯이, 현대 사

---

48) [역주] 알랭 가이스마르(Alain Geismar)는 프랑스 68운동 당시 '고등교육조합'의 조합장으로 68운동의 리더들 중 한명이었다. 그는 리오넬 조스팽 정부에서 국무장관, 교육부 장관을 맡는 등, 정치인으로 여러 공공 분야에서 활동했다.

49) ▲ 이 제자들은 가이스마르가 어디든 존재하게끔 한다.

상가, 혁명가, 반反기술자, 인간 혁신자, 자유 주창자, 이 모두가 자신들의 희망을, 유토피아와 축제에 둔다고 생각하는 것은 아주 놀랍다. 이 축제 속에는, 바로 해프닝happenings, 항거하는 바리케이드와 축제, 싯인50, 변장, 참여 연극, 팝 축제, 귀가 멍멍하고 시끄러운 음악, 타악기 리듬에 맞춘 관객의 파동, 참여를 통한 일체화가 있다. 각자는 소리, 피로, 마약, 폭력, 비명, 공통으로 수용된 감정으로 건강을 해친다.51 이것은 다시 존재하려는 의지이고, 세상의 나머지에 낯선 공간을 형성하려는 의지인데, 이 공간은 사람들이 축제가 아닌 것 전부를 잊어버리면서, 거리낌 없이 그 속에 뛰어드는 대양大洋이다. 현대 사회를 무너뜨리기 위해서 항거하는 모든 사람들이 굉장히 바라는 축제는 당위성으로서 환호하며 맞아들이게 되고, 특히 이 축제는 혁명의 훌륭한 수단이 된다. 이 축제는, 때로는 새로운 삶을 창조하는 방식으로, 때로는 정치적인 방식으로 실현되었고, 이미 체험되었다. 축제의 광신자들은, 모든 사회는 언제나 핵심적 축제들을 경험했다는 점을 상기시키고, 우리 현대 사회가 진정한 축제를 더는 가지지 않은 유일한 사회임을 상기시키는데, 그들은 브룅J.Brun의 엄중한 충고를 잊고 있다. 브룅은, 먼저, 축제에 대한 현재의 열정이 어떤 우연이 아니라, 정확하게 기술사회의 구조들로부터 파생된 것이며, 기술사회에 속한 것임을 입증했다. 즉 시간과 공간은 대중매체의 힘 덕분에 사라졌고, 우리는 이 때문에, 맥루한이 언급하듯이, '동시적 해프닝' 속에 산다.

우리 사회는 그 자체로 광분한 군중을 만들고, 디오니소스적 인간을 만들어낸다. 이것은 "기술-관료체제"에 대한 반작용이 아니며, "기술-관료체

---

50) [역주] 싯인(sit in). 게임에서 좌석을 정하는 것, 게임에 참가하는 것, 짧은 시간 동안 다른 게임자를 위해 대신하는 것을 의미한다.

51) 1968년 축제에 대한 르페브르(H.Lefebvre) 저서들과 콕스(H.Cox)의 『광인들의 축제』를 보라, 이 저서들은 축제를 성서로부터의 종교적 해방으로 받아들인다.

제"의 산물이며, 그것을 위해 살아남으려는 표현이고 수단이다.52 하지만 브룅은 더 나아가, 정치에 축제적 특성을 부여했던 유일한 체제가 파시즘임을 당연히 상기시켰다. "사람들은, 파시즘에 대한 가장 좋은 정의가 정치를 영속적인 축제로 삼으려는 시도로 정의하는 것이 아닌지 질문할 수도 있을 것이다. 그런데 이 축제에서 사람들은 오직 투쟁과 폭력이란 격동 속에서만 열광과 아름다움을 발견하게 된다." 그런데, 이런 정의는 우리의 관점에 동조하고 지지하는 사람들을 혼란스럽게 하지 않는다. 즉 축제가 핵심어라는 것이다. 그리고 모든 것을 다시 활력이 넘치게 하기 위해서는, 모든 것을 "축제처럼" 만들어야만 한다는 것이다. 오직 축제 속에서, 제도가 자체의 엄밀함을 상실하게 되고, 인간이 자신의 자유를 지니고, 의미와 미래를 발견하게 된다는 것이다. 또 축제는 혁명인 동시에 만병통치약이라는 것이다. 그런데 이 모든 담론과 경험에서 나를 놀라게 하는 것은, 확실히 이 축제 참여자들에 대한 여유작작한 무지이다. 왜냐하면, 결국 축제는 종교적이기 때문이다. 신성화된 세상은 필연적으로 그 세상의 종교적 표현인 축제들을 필연적으로 포함한다. 까이우아는 신성한 것의 지고한 표현 중 하나로 축제를 삼는다. 축제가 신성하다는 것은 분명하지만, 역으로 축제는 언제나 종교적이다. 축제는 본질적으로 종교적이다. 비종교적이거나 혹은 세속적인 축제란 없다. 사람들이 합리적이고 비종교적인 축제를 열망했을 때마다, 활기 없고 우스꽝스런 만화가 되고 말았다.53 따라서 확인되고 위반된 궁극적 가치와 관련이 없는 축제란 없다. 권력이 이성의 축제를 복원하려 했을 때, 그것이 의미를 갖기 위해서는 이성을 신격화해야만 했다. 만약 축제가 종교적이지 않고, 축제가 전적인 부활을 위한 전적인 위험이 아니며, 시간 너머의 자유의 발견도 아니고, 금기의 위반도 아니고, 역할의 뒤바뀜에 대한 확인도 아니라

---

52) 내가 이미 『기술 혹은 세기의 쟁점』(*La Technique ou l'Enjeu du siècle*)에서 기술했던 것과 맥 루한과 장 브룅이 완벽히 입증했던 것을 증명하려고 시간을 끌지 않겠다.
53) 예를 들어, 1789년 혁명이 "축제"가 되길 원해서 간소한 구청결혼식을 제도화했다.

면, 또한 축제가 어두운 힘의 폭발도 아니고, 비합리적인 것의 승리도 아니며, 구체적인 것의 폐지도 아니고, 저 너머의 것에 대한 의뢰도 아니며, 거대 시간 속으로 뛰어드는 것도 아니고, 혼돈의 증가도 아니라면, 축제는 누구도 만족시키지 못하는 오직 불행한 유희일 뿐이다. 축제가 정신치료 연극 같은 심리학적 기능과, 억압의 제거나 활력의 회복 같은 사회학적 기능을 갖춘 축제가 되기 위하여, 축제는 인간의 종교적 측면을 표현해야만 한다. 혁명은 한계가 없는 재시작을 위한 파기破棄이기 때문에, 혁명은 그 나름대로 축제이다. 그러나 이 모든 것은 종교에 속한다. 다시 말해, 이 모든 것은 가장 고전적이고 전통적인 종교에 속한다. 종교가 축제를 예식으로 변화시키고, 디오니소스의 춤을 전례 의식으로 변형시키는 것은 종교가 타락할 때이다. 축제가 더는 종교적 욕구나 종교적 본능의 표현이 아니게 된 것은, 축제가 살아남을 때이다. 말하자면, 축제가 단순한 사회적 환경이 될 때이다. 그런데, 이 순간에 종교 자체는 그 자체를 부인하고, 자체에 대항하여 방향을 바꾼다. 종교의 전체 역사는 축제의 재발견을 통한 원천으로 회귀한 것 때문에 종교의 점진적인 약화로 이루어져 있다. 오늘날 사람들이 전쟁과 같은 역할을 하는 혁명을 그렇게 명명하듯이, 사람들이 전쟁을 축제라고 부르게 되는 경우는,54 이처럼 사람들이 전쟁을 신성한 것으로 여길 때이다. 하지만 축제에 대한 이런 취향과 욕구와 호출은, 축제의 용암을 흘러가게 하는 깊은 종교적 폭발과 다름이 아니다.

소비사회

복합적 측면을 내포하는 종교적인 것은, 또한 자체 삶의 구체적인 상황들을 초월하는 사실로 구성되었다. 소비사회에 동반되는 모든 것과 함께 소비사회는 종교적 방식으로 예찬되지만, 우리는 정반대로 소비사회에 대한 격

---

54) ▲ 사람들은 자신들이 이 축제 속에서 죽게 될 수 있음을 알면서도 그렇게 여긴다.

렬한 언어적 반발을 목격한다. 소비를 만들어내는 기술이 동반된 소비와 소비를 표현하는 광고는 더는 물질적인 현상이 아니다. 소비는 삶의 의미와 주요한 신성한 것이 되었고, 도덕적 과시와 존재의 기준이 되었으며, 사람들이 굴복하는 신비가 되었다.55 그러나 거기에 속지 맙시다. 소비사회에 대한 기피도 같은 차원에 놓인다. 이것은 사실상 종교적 논쟁이다. 하지만 소비에 저항하는 사람들도 이 세계로부터 벗어나지 못한다. 반대로 그들은 종교적 현상을 강화하는 데에 소용된다. 소비에 대한 종교적 태도는, 브룅이 "소비의 폭발"이라고 부르는 것을 통해 잘 표현된다. "소비사회의 과정을 만드는 사람들, 동시에 낙후된 사회에 더 소비할 것을 주는 것에 관심을 쏟는 사람들은, 자신들이 지나치게 소비하면서 살아가는 사회를 비난하는 것이 아니라, 이 사회가 자신들에게 소비할 것을 충분히 주지 않는다고 비난한다. 사실, 엄청난 권태 아래서 주저앉지 않으려면, 그들이 소비의 가속화 리듬을 발견하는 것은 중요하다. 소비사회는 유한성에 젖어 있다. 그런데 디오니소스는 무한함을 목표로 삼고 있다. 따라서 그는 오직 새로운 갈망들을 발견하려고 애쓸 뿐이다." 일시적인 것을 법을 통해 영속성으로 변형시키는 과대평가, 모든 것이 소비의 대상으로의 변형됨, 존재의 흡수, 모든 가능성을 섭취하려고 애쓰는 정신없는 광란은, 이것을 통해 진정한 존재에 다다르기 위한 것이며, 인간 조건을 넘어서기 위함이다. 왜냐하면, 바로 이것이 우리 사회를 위한 온갖 변호를 표현하기 때문이다. 이제 사람은 달 위를 걷고, 마하 3으로 날고, 물질을 분해하고, 살아 있는 것을 만들고, 인간 조건을 넘어

---

55) 돈에 대해서 우리가 언급했던 것으로 돌아갈 필요는 없다. 언제나 돈에 대한 숭배는 있다. 나는 『인간과 돈』(L'Homme et l'Argent)에서 이 사실을 상세히 연구했다. 더 최근 분석은 노만 브라운(Norman O. Brown)의 『죽음에 대항하는 삶』(Life against Death)에서 이루어졌다. 이 책은 특히, 돈에 대한 종교적 태도가 통화 현상의 합리성에 대한 경제학 이론에 반하는 결과를 가져온 사실을 강조하였다. 그러나 브라운이 이 사실에 대해 제시한 정신분석학적 설명은 나에게 매우 공상적으로 보인다.

선다. 결국 '기술 소비자'는 우리 사회의 '무당巫堂'이다.56 그러나 그것은 은행 계좌에 저당 잡힌 영적 허무의 영향력 속에 놓인 샤머니즘이다.

광고

그런데 인간을 도취상태의 열광 속으로 빠지게 하는 이 소비 태도는, 소비되는 것에 대한 숭배와 분명히 연결되어 있고, 특히 소비하라고 주어진 것에 대한 숭배와 연결되어 있다. 우리는 현대인이 기술을 신성한 것으로 만들었음을 보았지만, 기술적 대상은 다른 위상으로 받아들인다. 즉 기술적 대상에 대해서 곧바로 종교적 감수성이 야기되었던 것이다. 현대인은 점점 증가하는 기술적 대상을 사용하고 보유하는 것에, 자신의 확신과 행복과 안전과 인격의 성장을 투사하는 동시에, 자신의 희망과 믿음도 부여한다. 기술적 대상들은 예전의 수많은 종교적 대체물의 역할을 하지만, 흥미로운 점은 다음과 같다. 즉 인간이 자신이 필요한 것을 만들어야만 하는데, 자신이 만들 줄을 모르기 때문에, "작은 신들"이 "기계장치의 신"이고57 혹은 필요한 "임시변통의 것"이라고 간주한다면, 이 "작은 신들"에게 부여된 종교적 감정이 기술적 대상들, 즉 신들의 대체물에게로 옮겨지는 일이 생긴다. 물론, 기술적 대상들은 신들이 행할 수 있다고 기대했던 것을 실제적으로 행한다. 그러나 이점은 관계를 결코 물질화하지 않았고, 합리화하지 않았다. 아마도 문제의 신들의 매체인 종교적 정서는 이제 반드시 필요한 '과대평가 계수係數'가

---

56) 보들리야르(op.cit)는, 어떻게 일상적 생활 속에서 소비의 혜택이 기적으로 경험되는가를 보여준다. 즉 "소비의 기적을 경험한 사람은 행복의 특징 표시 장치를 작동하고 곧바로 행복이 일어나는 것을 기대한다." 소비는 우리가 정당한 계승자가 되는 이로운 신화적 장치, 즉 기술, 발전, 성장 등과 같은 것에 의해 발산되는 듯이 보인다. 비록 그가 인용하지 않았으나, 장 브룅(Jean Brun) 관점에 따라, 그는 소비의 종교적 현혹을 강조한다.

57) [역주] 기계장치의 신(deus ex machina)은, 고대 그리스극의 사건 진행 과정에서 도저히 해결될 수 없을 정도로 꼬여버린 문제가, 파국 직전 긴박한 국면을 타개하고 극을 결말로 이끌어가기 위해, 무대 꼭대기에서 기계장치를 타고 무대 바닥에 내려온 신의 대명(大命)에 의해 해결되는 연출 기법이다. 이 기법은 17세기 바로크와 19세기의 민중극에서도 널리 애용되었다.

된다. 그런데 이 계수는 그 자체로 효율적인 대상에 부여되지만, 이쯤에 머문다면 간결한 효율성만으로는 만족스럽지 않다! 이것은 아마도 우리 시대 심리학의 가장 특이한 작용들 중 하나일 것이다. 인간은 기술사회의 대상들의 구체적인 가치에 만족할 수 없고, 물질적 행복에 도달하는 것에 그칠 수 없다. 인간에게는 동시에 종교적 유형의 영적 만족도 필요하다. 그런데 분리는 받아들일 수 없다. 그렇지만 기술사회의 모든 도덕주의자들이 권장하는 것이 바로 분리이다. 즉 기술 덕분에 인간에게 평안한 물질적 삶이 보장될 것이고, 인간은 시간으로부터 해방될 것이다. 그것을 전제로, 인간은 교양적이고 영적이고 예술적이며 문화적인 활동에 몰두할 수 있을 것이다. 이런 점은 이미 많은 방식으로 비판을 받았으나, 종교적인 측면에서 본질적인 지적을 해야만 한다. 즉 인간은 언제나 이런 이분법을 거부했다. 종교적인 것은 늘 구체적 활동이나 정치적 혹은 경제적 활동으로 표현되었다. 역으로 도구와 신성의 완전한 동화까지 가능한 온갖 종류의 해석들과 함께, 도구 자체는 아주 자주 신성화되고 신격화된다. 캄보디아의 어떤 코끼리 사냥꾼들에게는 이처럼 던지는 올가미가 신이다. 이것은 엄밀하게 보면 우리가 오늘날 확인하고 있는 동일한 현상이다. 인간은 물질적 만족과 영적인 만족을 분리시킬 수 없다. 즉 기술적 대상은 종교적 대상이 되었다. 그런데 이 이중적인 종교 현상은[58] 광고를 통해 표현되고 제공된다. 광고는 소비 종교의 예배 의식이고 시편 낭송이다. 광고 속에서 종교적 어휘를 드러내는 것과 종교적 어휘를 신성한 것과 종교적 구조 속에 이식하는 것은 어려움 없이 할 수 있는 작업일 수도 있다.[59] 각자는 이런 비평과 분석을 할 수 있다. 하지만 나에게 더 중요해 보이는 것은, 광고와 선전에 대한 현대인의 감수성에는 종교적 이유

---

58) ▲소비에 대한 열광, 기술적 대상에 대한 숭배.
59) ▲종교적 어휘 중 마지막 용어는, '신뢰할 만한 기계'에서 '신뢰할 만한'인데, 그것은 진실로 하나의 신이다.

가 있다는 사실이다. 밴스 패커드60의 연구는 분명히 맞지만, 거기에는 이런 차원이 부족하다. 즉 인간이 늘 더 많은 것과 더 지나친 것이라는 오르페우스주의 속에 빠지고, 광고가 이러한 반향을 인간 속에서 발견하는 것은, 인간이 소비를 신성한 열광 속에서 체험하기 때문이라는 점이다. 인간이 광고에 복종한다면,61 무엇보다 그것은 인간이 소비에 대한 숭배 때문에 미리 민감해지기 때문이다. 교회의 신도는 늘 설득력 있는 성직자의 담화들과 다른 신도들의 놀라운 찬양을 발견하는데, 비록 신도가 형식의 이유로 이 담화들과 찬양을 비판할지라도 말이다. 광고도 이와 마찬가지이다. 소비에 대한 디오니소스적인 광신자가 아닌 사람에 대해서, 광고는 거의 영향력을 갖지 않을 것이다. 그러나 광고의 뿌리는 종교적 부식토腐植土 속에 박혀 있다.62 광고는 필수불가결한 것인가? 확실히 광고는 경제적 동기에 있어서보다는 현대 신비에 대한 예찬과 새로운 성체聖體의식으로서 더 필요하다. 광고가 지치지 않고 지루한 반복을 하는 이유가 바로 이 때문이다. 그런데 광고는 인간이, 더는 물리적이고 사회적인 단순한 행동이 아니라, 성취와 초월의 길 속에 있다는 사실을 확인한다. 마찬가지로 '선전'도 종교적인 것, 즉 카리스마적 인물, 절대 정치적 진리, 궁극적인 희생, 합일된 공감, 속죄양, 삶의 궁극

---

60) [역주] 밴스 패커드(Vance Packard)는 『숨겨진 유혹자』라는 책을 통해 미국 기업들이 비밀스런 테크닉을 이용해 소비자들을 조종하고 있다고 폭로했다. 예를 들어 영화관에서 상영되는 영화 속에 관객들이 전혀 눈치를 채지 못할 정도의 짧은 시간 동안 특정 상품의 영상을 살짝 삽입한다. 이런 은밀한 광고 메시지가 사람들의 잠재의식 속으로 파고든다는 주장이다.

61) ▲ 이에 대해 우호적인 통계에 기반을 둔 딱한 부인에도 불구하고, 얼마나 인간은 그토록 광고에 종속되는가!

62) 보들리야르(op.cit)는 엄밀히 종교적 정신이상과 동일한 소비의 지배적 특성에 대해 당연히 강조한다. "경험 차원에서, 소비는 사회적, 역사적 실제 세계를 최대한 배제함으로써 안전의 최대 지표로 삼는다." 사람들은 거기서 종교적 모든 특성들과 신자가 외적 힘들을 의지하려는 수동성 경향 그리고 행동과 효율성 등에 대한 도덕적 정립 등을 다시 발견한다. 강력한 죄의식을 생산하고, 이런 사실로 수동성을 죄악시하지 않는 명백한 의지를 부추기는 모순도 발견한다. 소비에 대한 이런 분석을 읽으면서, 사람들은 종교적 행태에 대한 분석을 읽고 있다고 믿을 것이다.

적 의미에 접목되어서만이 성공할 수 있다. 우리는 이점을 다시 살펴볼 것이다. 여기서는 단지, 우리의 세상이 너무 종교적이어서, 어떤 깊음이든지 아마도 그 깊음이 가장 박탈된 가장 물질적인 대상과 행위가 종교적 현상으로 변한다는 사실을 지적하는 것이 중요했다.63 이제 인간의 모든 것이 그런 차원에 참여했고, 바로 이것이 종교적 차원에 대한 논쟁을 그토록 근본적으로 만든다. 다른 사람들은 소비에 짓눌리고 있는 반면에 많은 사람들이 영양실조 상태에 있다는 것과 비참함과 불의가 존재한다는 것은 아주 나쁘다. 따라서 기아와 비참함과 분배의 불평등에 맞서 싸워야 한다는 것은 명백하다. 그러나 이 명백한 합리성은 재판권을 가진 사람들에 의해 무섭게 배제되었다. 내가 방금 기술한 것은 무정하고, 우파에 속하는 사람의 진술이다. 왜냐하면, 절망적인 동시에 격렬한 목소리와 눈의 떨림을 가지고, 열광과 분노의 정점에서, 신성한 분노 속에서, 이런 것들에 대해 말해야 하기 때문이다. 사람들이 굶주린다는 것은 절대적인 고통이다. 소비의 불평등이 있다는 것은 절대적인 악이다. 이런 분노, 이런 시급성, 이런 분야에서 논쟁의 궁극적 특성, 이런 대상들의 전체주의는, 나머지 모든 것을 배제하고, 다른 문제들을 부차적으로 만들며, 누가 선에 속해 있고 누가 영벌을 받는지 정확하게 판단할 수 있게 한다. 그리고 이것들은 인간성 전체를 이러한 실천과 결부시키기 때문에, 소비의 종교적 특성에 대해 다른 무엇보다 더욱 확인할 수 있다. '소유-무소유'를 중심으로 하는 논쟁은 종교 전쟁이 되었다.64

---

63) 게다가, 소비에 이런 종교적 의미 부여는 대단히 깊은 뿌리를 가지고 있고, 인간의 가장 원시적인 태도에 결합될 수 있다. 레비스트로스(Lévi-Strauss)의 저서들, 『날 것과 구운 것』(Le Cru et le Cuit), 『굴에서 재까지』(Du miel aux Cendres), 『식탁 예법의 기원』(L'prigine des Manières de table), 등에서 이런 종교적 의미 부여가 보인다.

64) ▲ 나는 '~중심으로'라고 말하지, '~사이'라고 말하지 않는다.

종교적인 것의 특성

현대 종교적인 것의 모든 측면들은 극심하게 비이성적인 현대인의 특성을 드러낸다. 확실히 비합리적이다! 현대인은 과학적이지도, 이성적이지도, 합리적이지도 않고, 물질에 연결되어 있지도 않고, 구체적이지도 않으며, 탈신화화 되지도 않고, 환상으로부터 벗어나 있지도 않다! "사드와 마르크스와 니체와 프로이드를 내세우는 형태와 단어와 소리와 인격과 혁명적 에로스트라티즘65의 해체는, 모든 것이 유희와 우연한 술취함이 되기 위하여 거대하고 무질서한 축제를 즉흥적으로 만들어내는 지적인 알콜중독증을 숭배하는 것이다."장 브렝 그러나 여기서 지적인 태도는 오직 공통적 의미의 반영일 뿐이고, 서구 세계의 모든 사람이 다른 차원에서 표현하면서 겪는 것에 대한 언어화된 승화昇華이다. 기술과 조직이 더 합리화되고, 인간과 인간의 행동을 논리적으로 합리화할 수밖에 없을수록, 이와 반대로 비합리성은 더욱 발전되는 듯이 보인다. 마치 인간은 이런 논리를 용인할 수 없는 듯이66, 또 마치 인간을 규격화하는 모든 것에 격렬하게 저항하는 듯이, 모든 것은 반동적으로 일어난다. 기술적 합리성에 직면하여, 우리는 근본적 비합리주의란 기본 파동이 밀려오는 것을 목도한다. 기술적 세계가 조직화될수록, 더욱 인간은 무질서하게 폭발한다.67 우리의 비합리성은 결코 자유에 대한 증명이 아니라, 합리성 속으로 들어가는 것에 대한 거부이다. 과학에 의하여 단련된 인간은 분명히 자신의 환상, 유치한 믿음, 공상과 꿈, 통제되지 않은 열정, 신화화 등을 박탈당하지 않았다. 이와 반대로,68비합리적인 것은 소름

---

65) [역주] 에로스트라티즘(érostratisme)은 사람들의 이목을 끌어내리고 괴이한 행동을 하는 도착증세다. 기원전 356년에 에페소스 사람 에로스트라트가 자신의 이름을 영원히 남기기 위해 아르테미스 사원에 불을 질러 화형을 당했고, 그후 사람들은 그의 이름을 언급하기만 해도 사형에 처해 졌다.

66) ▲ 이런 논리가 살아 있는 자에게 속해 있더라도 말이다!

67) 나는 오랫동안 이 사실을 『기술체계』(Le systéme technicien)에서 연구했다. (Calman-L vy, 1977년 발행; Le Cherche Midi, 2004년 재판(再版) 발행)

68) 수많은 사례 중 한 가지는, 과학적 인간들이 정치를 할 때, 유치하고, 순전히 종교적이고,

끼치는 체계화에 대한 대단한 도피이다. 거기로부터 예를 들어 말더듬기와 질문 속으로의 도피가 생긴다. 수학과 과학과 엄밀함과 정확한 지식과 증대된 정보로 이루어진 우리 시대에서, 어떤 것을 "안다는 것"은 인간의 고뇌에 대한 혐오이다. 사람들이 "알지" 않기를 원한다는 것은 시대의 유행이다. 왜냐하면, 지식이 당신을 다른 사람들로부터 분리시키기 때문이다. 그래서 지식도 없이, 경험도 없이, 비非지시적이 되어야만 한다는 것이다.69 예를 들어 선생일 때는 강의를 하지 말아야 하고, 배우일 때는 자신의 역할을 알지 말아야 하며, 작가일 때는 자신이 쓰는 것을 알지 말아야 한다는 것이다.70 잔 모로Jeanne Moreau가 그토록 잘 언급했듯이, 지금 촬영하고 있는 영화를 알지 말아야 한다. 또한 사회적 혹은 경제적 문제를 해결하는 법을 알지 말아야만 한다.71 해프닝을 만드는 불확실성에 자신을 맡겨야만 한다.72 또 '비-지식'의 희극을 상연해야만 한다. 그렇지 않으면 테러리스트가 된다. 또한 성서와 신앙과 지식과 예술에 대해 완전 무지 상태에 놓여야만 한다. 강연이나 혹은 설교에서 말하는 바가 무엇인지 알 때, 강연이나 혹은 설교를 하지 말아야 한다. 하지만, 반대로 유일하게 가능한 주제는 말하는 바를 알 수 없다는 점을 선언하는 것이다. 지식을 질문과 더듬거리며 말하기와 중얼거림으로 대체해야만 한다.73 추측과 미숙하고 의미 없는 토론들은 "불확실한 것"으로 규정해야만 한다.

신화화하는 그들의 태도다! 거의 모든 이들이 열정적인 비합리성에 대한 놀라운 능력을 보여준다.

69) ▲ 이 모든 것은 불쌍한 이웃을 억누른다.

70) ▲ 사람들은 자신이 누구인지 알기 위해 쓴다.

71) ▲ 그것이 무엇인지는 모르지만, 자신이 빠져나올 혁명적 불가마 속으로 뛰어들기 위하여 사회적 혹은 경제적 문제를 해결하는 것을 알지 못해야만 한다.

72) ▲ 내가 줄곧 "~해야만 한다"라는 표현을 사용한 것은 괜히 그런 것이 아니다. 왜냐하면, 그것은 진정한 도덕적 명령이기 때문이다. 이런 태도는 평가된다. 이런 태도는 비합리적인 감정적 반응의 가장 깊은 곳으로부터 생겨난다. 이것은 종교적 확신으로서 체험된다.

73) ▲ 적어도 이것은 산 것과 체험된 것에 속하는데, 텔레비전 스피커가 그 좋은 예를 제시한다.

전형적인 오늘날 담화는 부바르와 뻬뀌쉐74의 담화이다. 말하자면, 실제로 아무것도 모르는 사람들의 자유로운 토론으로 모든 것을 귀결시켜야만 한다는 것이다. 아무것도 말하기를 원하지 않고, 아무것도 듣기를 원하지 않는 현대인의 깊은 "경험"이 바로 이런 것이다. 정보에 도취되고, 기술적 합리성에 짓눌려서, 현대인은 재생 종이로 만들어진 미궁 속으로 도망하는데, 거기서 그는 기원과 신선한 공기를 다시 발견한다. 그래서 이것은 이성 대신에 "힘에 대한 환상"이란 엄청난 비명이다. 인간은 합리화된 종교적 환상이란 모호한 빛 속에서만 평안해진다. 인간은 사하라 사막의 강렬하게 내리쬐는 엄청난 햇빛도, 그리고 북극 지대에 쌓인 눈의 눈부신 불확실함도 완전히 견디지 못한다. 둘 다 극도의 밝기 속에서 신기루를 유발한다. 바로 이것이 정확하게 우리가 체험하는 것이다. 극도의 엄밀함, 정확함, 과학적 설명, 기술의 합리성은 자신을 부인하는 광기의 신기루를 유발한다. 합리성이 작동하는 순간에, 미친 사람이 정상이고, 본능은 자유이며, 의미는 더는 없고, 상상력만이 진실성이며, 오로지 질문과 빈 여백만이 존속한다고 말하기 위하여 지식인들이 일어난다. 그런데 거기서는 "태도"와 "독창성"이 문제가 되는 것이 아니다. 문제가 되는 것은, 근본적으로 공상에 사로잡혀 있고 신성화하는 채로 남아 있는 인간의 가장 깊은 것이 다시 상승하는 것이다. 그런데 이 인간은 토대 없이 살 수 없는데, 이 토대는 두텁고, 막연하며, 모호하고, 취약할 뿐만 아니라, 설명할 수 없는 중심의 시마Sima 75만큼 단단한데, 이 토대로부터 나머지 모든 것이 구성된다. 사람들이 이 토대를 없애려 들자마자, 이

---

74) [역주] 부바르와 뻬뀌쉐(Bouvard et Pécuchet)는 프랑스 작가 플로베르가 말년에 쓴 미완성의 소설이다. 부바르와 뻬뀌쉐라는 두 인물은 자유주의적 정치 성향과 어떤 문제에든 정력적으로 달려드는 지식을 향한 열정을 지니고 있다. 지식과 현존하는 모든 이론을 시험해보려는 그들의 여정을 통해 인간의 어리석음과 맹목을 풍자하고, 과학과 종교와 지식 체계의 한계와 환멸을 풍자하고 있는 소설이다.

75) [역주] 시마(Sima)는 대륙지각의 시알(sial) 층 아래에 있는 주로 실리카(Silica)와 마그네슘으로 구성된 염기성 층을 말한다. 즉 현무암질(basaltic)이고 감람암질(peridotitic)의 염기성 (basic)인 해양지각을 말한다.

토대는 다른 식으로 나타난다. 사람들이 이 토대의 한쪽 가장자리를 제약할 때, 이 토대는 다른 쪽으로 피한다. 이런 억누를 수 없는 것을 설명하기 위한 두 개의 작은 사례가 있다. 즉 자발적이고 비의도적인 신학들의 재생에 대한 에스카르피Escarpit 76가 했던 적절한 분석을 예로 들기로 하자. 그것은 구조주의와 관련된 문제이다. "구조주의가 어떻게 이 수치스런 신학의 딜레마를 피할 수 있는지를 사람들은 아주 잘 알지 못한다. 그런데 이 신학은 실증주의이지만, 실증주의가 인정하지 않는다. 이처럼 이해된 구조 배후에는 위대한 우주의 설계자가 있다. 바스티드R.Bastide는 구조를, 연결된 체계, 대상 속에 잠복된 체계, 보편적 일반화가 가능한 체계, 모든 통시성을 벗어나는 체계로서 정의하기를 제안한다. 이것들은 아주 분명히 신성의 속성들이다... 하지만 '보편 교회' 안에서는 구조를 이룰 수 없어서, 구조화하는 계시는 개별 교회 안에서 희석되었다"77 여기서 도식만을 제시한 에스카르피의 이 분석은 푸코Foucault의 글을78 통해 완전히 확인된다. 그의 글에서는 정확하게 창조적인 신성 역할을 하는 구조에 대한 일종의 열광적인 예찬이 보인다. 즉 태초에 구조가 있었고, 구조는 아직 존재하지 않았던 것 속에 먼저 포함되었다. 암탉은 존재하지 않았고, 달걀도 존재하지 않았지만, 유전자 코드는 그 자체로 절대 속에 있었다는 것이다. 또 주체도 없고, 독자도 없고, 의미도 없지만, 프로그램과 생성은 있다는 것이다. 과학적 결과들에 대한 해석이라는 핑계로, 우리는 사실상 의미를 거부하는 의미에 대한 신화적 해석에 직면해 있다.79

---

76) [역주] 로베르 에스카르피(Robert Escarpi)는 세계적인 커뮤니케이션 학자이자 프랑스 보르도대 교수다. 『책의 혁명』(Révolution du livre)으로 알려진 그는, 대표작 『정보와 커뮤니케이션의 일반이론』에서 정보화 사회에 대한 장밋빛 청사진이 넘쳐나고 있는 것과 관련해서, '정보화란 과연 우리에게 좋은 것인가', '인간적인 정보화란 가능한가' 등 정보화에 접근해온 통로들을 근본적으로 반성하게 하는 질문을 던지고 있다.

77) 『사회적 담론』 1호, 1970년.

78) "살아있는 것의 논리", 르몽드, 1970년 11월.

79) 마찬가지로 사이비 종파의 번식은 이런 "다시 새로워진 종교"의 징표로서 해석될 수 있

아마도 가장 진보적 젊은이들이 예언자로 여기는 사람, 빌헬름 라이히Wil-helm Reich를 살펴봄으로써 이런 고찰을 마무리하는 것은 흥미로운 일이다. 라이히는 엄정한 물질주의자이며, 심지어 약간은 단순주의자이다. 그의 생물학주의는 정신분석학자들에 의해 비판을 받았고, 틀림없이 이런 생물학적 유물론은, 이런 형태의 유물론에 대해 애정을 갖지 않았던 마르크스에 의해 거부당했을 것이다. 어쨌든 라이히는 그러했다. 그러나 프로이드주의자와 마르크스주의자로서 그는, 한편으로 마르크스주의가 사실상 개인적인 문제를 해결하는 데에 있어 해결책이 없음을 발견했고, 다른 한편으로 프로이드주의가 사회·정치적인 문제를 해결하는 것에 있어서 해결책이 없다는 것을 발견했다. 그래서 그는 이 둘의 결합을 시도하게 되었다. 그 결과 그는 '프로이드-마르크스주의'의 선구자가 되는 영예를 얻었다. 하지만 그가 궁극적으로 발견하는 것은 행복한 통합이나 영예로운 찬사가 아니라, 실패다. 말하자면, 프로이드와 마르크스 사상의 요소들을 혼합함으로써는, 결국 아무런 결과도 얻지 못한다는 결론에 이른다.[80] 합리적으로 구축된 어떤 것도 없고, 구체적으로 적용된 어떤 것도 없다. 이 두 요소들의 결합은 완전히 부정적이다. 결국, 1933년 이전, 두 세 권의 저서들에는, 어떤 주석가들에게 합리적 저자인 진짜 라이히가 있고, 그 다음으로는 고려하지 말아야 하는, 거의 책 전체에서 보이는 정신 나간 저자인 라이히가 있음을 나는 잘 안다. 사실, 이와 반대로, 나는 이런 저서와 그의 변화 전체에서 완전한 일관성이 있다고 생각한다. 그의 목적은 진정으로 서론에 담겨있다. 『오르가즘의 기능』 *La fonction de*

다. 예를 들어 브라이언 윌슨(Bryan Wlison)의 책, 『종교의 이단 종파』(*Les Sectes religieuses*, 1970)와 미국 종교의 사이비 종파를 지지하는 상당히 역겨운 드로름(R.Delorme)의 책, 『예수 그리스도』(J sus H. Christ, 1971)을 참조할 것. 또한 트레스몽땅(Tresmontant)의 『무신론의 문제들』(*Les Problème de l'athéisme*)에는, 무신론이란 그 자체로 신앙이고 자연 종교를 모방하고 있다는 사실에 대해 매우 좋은 논증이 담겨있다.

80) ▲ 왜냐하면, 그의 저서에서는, 내 생각에 하기에 불가능한 통합이 문제되는 것이 아니라 혼합이 문제가 되기 때문이다.

*l'orgasme*은 후속 저작 전부를 함의한다. 그가 만났던 모든 종류의 비극에 대해 만족스러운 해답을 발견하는 것이 불가능하다는 것은, 그로 하여금 성적인 모든 에너지의 해방이 필요하다는 것으로 갑자기 방향을 돌리도록 만든다. 즉 오르가즘은 인간의 사회·정치적 모든 전환을 야기하는 온갖 에너지의 표현인 동시에 원천이라는 것이다. 하지만 그는 오르가즘이 몇 초간의 생물학적 활동일 뿐이라면, 이 오르가즘은 이런 역할을 할 수 없다고 재빨리 간주해 버렸다. 오르가즘이 자기의 충만한 크기를 갖기 위해서는, 오르가즘이 충만한 크기를 이끌어내는 동시에 자체의 효율성을 이끌어낼 수 있는 일반적인 힘에 연결되어야만 하고, 발현되어야만 한다. 이점은 오르곤^{orgon}이란 우주적 에너지 개념으로 반드시 귀결되는데, 온 세상은 '오르곤' 속에 빠져 있고, 세상은 '오르곤'으로부터 자신의 활력 에너지를 받아들인다. 그래서 세상은 '오르곤'에 의해 비롯된다는 것이다.[81] 라이히의 사상에서 '오르곤'은 정확하게 하나님 역할을 한다. 그는 자신의 우주적 유물론에서 자신이 종교로 복귀하고 있음을 매우 의식하고 있는 나머지, 자신의 거의 마지막 책,『그리스도의 살해』 *The Muder of Christ*는 구체적으로 신비적이고 생물학적인 놀라운 혼합물이 된다. 하나님은 '오르곤' 혹은 '오르곤' 창조자로서 다시 나타나고 있다. 진리는 '오르곤'의 발현이고, '오르곤'은 새로운 종교의[82] 그리스도 계시와 끊임없이 관련된다. 내가 라이히에 대해 언급하는 것은, 그의 변화가 아주 전형적인 듯이 보이기 때문이고,[83] 또한 오늘날 그의 재발견이 목격되기 때문인데, 이는 현대의 종교적인 것을 특징짓는다. 실제로 라이히는 사람들이 그대로 따를 수 없는 유물론에서 유래된 새로운 종교의 예언자이다.

---

81) ▲ '창조된' 것이라고 하지 않기 위해서 '비롯된' 것이라고 표현한다.

82) ▲ 물론, 이 종교는 기독교가 아니다.

83) ▲ 마르쿠제(Marcuse)가 어느날 하나님을 발견하는 것이 "혁명·성적 해방"이라는 논리 속에서라는 점은 놀랍지 않을 것이다.

기독교의 종교화

그런데 우리 시대의 종교적 풍성함은 자체 형태들을 배가시키고 인간의 종교적 충동과 욕구의 새로운 구현을 찾고 있다. 또한 이것은 당연히 기독교에도 영향을 미친다.84 바아니앙은85 상황의 실상을 정확하게 보았던 유일한 현대 신학자인데, 그는 전혀 기독교적이지 않은, 사실상 종교적 부흥으로서 미국의 "새로운 그리스도인"을 가차 없이 분석했다. 이것은 현대 사회의 종교 정신의 표현이다. 왜냐하면, 이런 종교 정신은 또한 낡은 형태들을 되살아날 수 있게 하고, 낡은 종교들의 망토를 다시 쓸 수 있기 때문이다. 물론 새로운 기독교 신심이 종교적 방향으로 향하는 현상은 떼이야르 드 샤르댕 Teilhard de Chardin의 유행 속에서도 나타난다. 여기서 떼이야르의 신앙과 인격을 의심하려는 것이 아니라, 단지 그토록 많은 사람이 그를 따르도록 부추기는 운동이 종교적이고, 특히 기독교적이지 않음을 확인할 뿐이다. 왜냐하면, 그의 신지학神智學에서 그를 가장 난감하게 하는 것이 바로 그리스도이기 때문이다. 그는 그리스도의 성육신과 그의 못박힘과 그의 부활을 가지고 어떻게 해야 할지 모른다. 결국 그는 모든 영적 지식과 종교의 현상이었던 우주적 그리스도로서 그리스도를 재발견할 뿐이다. 게다가 현대 신학자들은 무-종교적인 기독교를 표명한다고 주장하지만, 정작 그들은 전형적인 기독교의 "종교화" 작업을 다시 행한 것이다. 그들은 전통적이고, 시대에 뒤떨어진 과거 표현들을86 종교적인 것으로 간주하면서, 기독교로부터 종교적인 것을

---

84) 많은 기독교인들은 현재 종교적 폭발을 기쁘게 받아들인다. 항상 종교와 기독교 간의 동일한 혼동이 존재한다. 루흐드(Lourdes)의 주교들도 이처럼 즐거워한다. 기도와 "묵상"의 온갖 형태들 간의 동일시, 자연으로 회귀, 신체에 대한 재발견, 창조성과 춤 등에 대한 공동체적 해방 등 혼동이 발생한다. '르몽드'지(1971년 12월)의 소레(R. Solé)의 글에는 기도에 대한 혼동의 좋은 사례가 실렸다.

85) [역주] 가브리엘 바아니앙(Gabriel Bahanian, 1927-2012)은 1960년대 학계에서™"" "사신신학" 운동으로 가장 기억에 남는 프랑스 개신교 신학자이다. 대표저서로는 『신의 죽음』(The death of God)이 있다.

86) ▲ 예를 들어 하나님에 대한 전통적인 '악마화' 같은 것이다.

제거하려고 애쓴다. 그러나 그들은, 기독교를 종교로 전환시키는 작업이 언제나 그리스도의 계시를 사회에 존재하는 근본적 신심들과 결합시키는 것이라는 사실을 설명하지 않는다. 그래서 그들이 세속도시, 유동성, 익명성, 전통 축제가 성서 계시에 일치함을 입증하려고 시도할 때, 그들은 그들의 사회와 믿음과 철학의 요소들이 정확하게 기독교적이었음을 입증하려고 애썼던 모든 사람들의 연구를 정확하게 이행한다. 그런데 바로 이점이 계시를 종교로 전환시키는 출발점이었다. 그러나 요소들이 다르다면, 그 결합도 분명히 다르다.

이 신학자들은 현재 사회를 세속화된 것으로 간주하고, 현대인을 성인成人이고 이성적이라고 간주하면서, 현재 상황에 대한 눈이 완전히 멀었다. 이런 오류를 구실삼아, 그들은 자신들이 "기독교 영역" 속에 종교적인 것을 새롭게 개입시킨다는 점을 인식하지 못한 채, 구체적으로 이 시대와 우리 사회의 종교적인 것을 자신들의 신학 속으로 복귀시킨다.87 그런데, 이 종교적인 것을 표현하는 것은 단지 신학적 운동만은 아니다. 말하자면 실천도 명백히 똑같다. 그래서 우리는 프랑스에서 떼제Taize 공동체를 종교적 모범으로 간주할 수 있다. 열려있으면서 동시에 상징적인 예배의식, 개교회적 한계의 초월, 사회적 통념의 통합운동, 진정성 있는 열망과 청춘의 불안정을 짊어진 청년 군중의 운집, 내부와 외부 간의 분산, 비교秘敎적 신앙exotérisme과 현교顯敎적 신앙 ésotérisme 간의 분산, 이 모든 것은 종교에 대한 아주 확실한 징표이다. 물론, 기독교와 너무도 밀접하게 뒤섞여 있기에, 떼제 공동체는 당연히 종교로 간주되지 않은 채, 가장 명백한 기독교의 표현이 되었다. 우리는 공동체들 속에서 유사한 많은 사례들을 발견할 수 있을 것이다.

지적이지 않은 차원에서 그리고 평범한 인간의 욕구에 따라, 우리는 동일

---

87) 분명한 것은 "존재를 신비로서 고찰하길 원하는"(반 킬스돈크) 모든 사람들과 협력해야만 한다는 확신을 기독교의 최첨단으로 제시한다면, 나는 수백 가지 같은 종류의 표현들을 인용할 수 있을 것이다. 사실상 사람들은 완전한 종교적 퇴행 속에 있다!

한 현상을 찾아낼 수 있다. 예를 들어 대형 출판사를 통해 출판 시장에 등장한 낱권으로 된 삽화가 들어간 성서의 대성공이 이런 것이다. 일반적으로 비기독교 계층에서, 삽화가 들어간 성서가 십만 부나 팔린다는 것은 상당히 인상적이다. 또한 모든 서부영화에 비길만한 만화로 된 성서의 성공도 이에 해당한다. 마찬가지로 대중적인 종교적 요소들을 수용함으로써 미사를 혁신시키려는 시도들도 이런 것이다. 즉 팝음악 미사, 파리 올림피아에서 자정 미사의 거행, 듀크 엘링턴Duke Elington과 그의 오케스트라에 의해 진행된 미사, 생 쉴삐스Saint-Sulpice에서 군중들이 몰려드는 음악당, 개인적인 스타일로 미사곡을 부르는 미레이 마띠외Mileille Mathieu가 이에 해당한다. 이 모든 것은 1969년 크리스마스에서 일어났다. 확실히 대중은 이러한 종교적 상황 속으로 들어온다. 그러나 분명히 이것은 기독교적인 진정성과는 하등 상관이 없다. 이 혼란 속에서 표현되는 것은 현대 음악의 종교적 표현이다. 사실 비기독교인 비평가가 어떤 그리스도인들보다 문제를 더 잘 절감했다. 즉 "아마도 거룩한 성유聖油를 가지고 마요네즈를 만들지 않고, 성체현시대聖體顯示臺와 '과시'가 혼동될 수 없다는 것을 대중에게 상기시켜야 하는 순간이 도래했다." 그러나 이러한 종교영역의 수단들을 통해 청중을 다시 모으는 것에 너무나 행복한 그리스도인들이 마요네즈를 만들 준비가 되어 있고, 복음이 "통용된다"고 믿을 준비가 되어 있다. 반면에 그리스도인들이 상황을 전혀 통제하지 못하기 때문에, 우리 시대의 엄청난 종교적 물결은 기독교를 침몰시킬 것이다. 또 성서해석학자들에게 상기시켜야 할 것은, "기독교"는 대중 계층에서 여전히 큰 성공을 거두고 있으며, 수많은 대화를 유발한다는 점이다. 하지만 성공한 것은 빌리 그래함Billy Graham이고, 오순절주의자들과 여호와 증인들이다. 현대인의 신심 속에서 통용되는 것은, 과학을 통해 모든 종교적 오염들에서 정화된 기독교가 결코 아니고, 진정한 기독교를 수용할 수 있는 성숙되고, 성인이면서, 의식적 인간에 적용된 기독교도 결코 아니며, 전통 기독교의 종교적 장광설로 인해 단지 싫증을 느끼게 하는 기독교도 아니다. 이와 반대로, 환각에 빠진 신비주의와 선전기술에 의해 고양된 기독교 전통 속에는 더 신화적이고, 더 공상적이고, 더 한정되었으며, 더 종교적인 것이 있다. 대중 속의 지지자들이 만나는 기독교가 거기에 있다. 현재 미국에서의 변화는 오직 바아니앙의 분석만을 입증할 뿐이다. 사람들이 지금 "예수 혁명"이라고 부르는 것은 경이로운 종교적 원천으로의 회귀인데, 이런 회귀 속에서 예수와 혁명은 모든 양념장에 놓이게 된다. 콕스의 '다양한 색깔의 그리스도'Christ Arlequin 88는 옆에 놓인 아무것도 아닌 것이다. 그리니치 빌리지 89의 웨이 워드Way Word, 시애틀의 지하묘지, 스트립쇼 극장에서 기독교 나이트 클럽으로 변화, 혁명가 예수, 흑인 예수, 마약과 신비적인 열광의 혼합, 이 모든 것은 조금도 새롭지 않고, 몇 세기 걸쳐 기독교에 영향을 끼쳤던 모든 종교적 응집체를 재현하는 것에 그친 것이다. 그것은 8세기부터 11세기까지의 형제단의 시작과 거의 전적으로 동일시될 수도 있다. 흥미로운 것은, 종교적 기독교가 더는 현대인에게 영향을 미치지 않는다고 사람들이 우리에게 현학적으로 주장할 때, 이런 것이 발생한다는 사실이다! 이는 오직 종교적 기독교만이 현대인에게 영향을 끼친다는 사실을 입증한 셈이다. 종교적 기독교는 모든 종교적인 것들 중에서 가장 고전적이고, 가장 전통적이며, 가장 체험적이다.

콕스는 아주 흥미롭게 그것을 입증하고, 그것을 즐긴다.90 그는 미국에서 종교적인 것의 재연再演을 목격했다. 또 그는 계시와 종교 간의 분리를 비판

---

88) [역주] 프랑스어 어휘, '아를르깽'(arleguin)은 울긋불긋한 옷을 입고 목검을 찬 익살광대를 의미하기도 하고, 여러 색깔의 마름모꼴 무늬가 있는 상태를 의미하기도 한다. 따라서 '아를르깽 그리스도'는 여러 모습을 띠고 있는 그리스도를 의미한다.

89) [역주] 그리니치 빌리지(Greenwich Village)는 미국 뉴욕주 뉴욕 맨해튼 섬 남부에 있는 예술가 거주지역이다. 20세기 에드거 앨런 포, 월드 휘트먼 등 여러 작가와 예술가들이 이곳에 살기 시작하면서 자유롭고 예술적 기질이 다분한 보헤미안적 분위기를 갖추게 되었다.

90) ▲ 『광인들의 축제』(*La Féte des fous*)

하려고 시도했고, 기독교 믿음과 다양한 종교적 신심 사이의 구분을 비판하려고 애썼다. 그는 종교를 그러한 것으로 재평가한다. 그는 사회의 현상태에 순응하고 낙관적인 태도를 취하는 것에 언제나 골몰하면서, 종교적 도약을 즐기고, 기독교를 이런 흐름 속에 다시 편입시킬 준비를 했다. 그는 기독교가 종교적 물결에 휩쓸릴 것으로 생각했다.91 부두교와 탄트라교와 선禪과 복음 간의 순전한 통합을 목격하기 때문이다! 그는 가장 전통적이고, 케케묵은 관점으로 되돌아오는데, 이 관점은 가톨릭에서 가장 논란이 되는 부분을 야기했던 것이다. 즉 그는 "종교예식과 이미지 논쟁" 시대로 회귀하고, 예수회 신부들이 소중히 여기는 관점을 취했다.92 콕스는 기독교 축제로서 마다가스카르의 "죽은 자의 귀환"93을 받아들일 준비가 되었을 것이다. 이것은 아주 오래된 역사로서, 우리는 이천년 간의 경험을 통해, 그것의 결과를 완벽히 알고 있다. 하지만 그의 맹목적인 확신은 이 결과를 무시하는데, 이는 그가 기독교는 가장 좋은 종교이기 때문에 모든 종교적 갱신은 반드시 기독교의 갱신으로 귀결되어야 한다는 암묵적 확신 속에 빠져들어 있기 때문이다. 이런 견해는 인간의 종교적 감정, 영감과 믿음 사이의 연속성, 그리고 종교 제도와 기독교 사이의 연속성을 설정하는, 특히 중세적인 이단異端이다. 비종교적인 인간보다는 종교적 인간이 더 낫다는 것이다. 다시 말해 인간의 종교적 요구는 그리스도에 대한 믿음을 준비한다는 것이다. 하지만 성경 전체를 보자면, 이와 반대로 이들 간의 근본적 단절이 존재한다는 것처럼 보인다.

더욱이, 현재, 기독교 신앙이 종교로 새롭게 치환되는 가장 주목할 만한

---

91) ▲ 이점에서는 그가 옳지만, 그것은 기독교이지, 주(主) 예수 그리스도에 대한 신앙은 아니다.

92) ▲ 그런데 이 예수회 신부들은 자신들이 행하는 것을 명석하고 비감정적으로 이해했다.

93) [역주] 마다가스카르에는 '파마디하나(Famadihana)라는 특별한 장례풍습이 있다. '죽은 자의 귀환'이라는 뜻으로 가족들이 무덤에 선물과 음식 등을 가져다 놓고 축제를 즐긴다.

경로들 중 하나는 사랑의 확산이다. 언어적 유희 없이, 그리스도인들이 사랑을 전하는 것에만 그친다면, 거기서 사람들은 서로 만날 수 있다. 사랑이 모든 것이고, 사랑 외에는 아무것도 없다고 하면서 말이다. 그래서 육체적 사랑이나 관능적 사랑이 쉽게 다른 사랑과 동일시될 뿐만 아니라,94 많은 사람들과의 종교적 의견 일치의 장이 발견된다. 많은 히피들이 십자가나 십자가 수난상을 목에 걸고 있는 것은 괜히 그러는 것이 아니다. 그것은 정확히 어떤 성서적 근거가 있는 것은 아니지만, 이는 예수를 정신적 지도자나 사랑의 스승이나 첫째 히피 등으로서 상기시킨다. 계시가 보편적 사랑, 일반화된 오르가즘과 결부된 사랑, "꽃의 힘"95 혹은 혁명적 참여 속에서 표현되는 사랑의 종교적 연기 속에서 사라져 버린다. 결국 그리스도인들은 자신들과 견해가 일치하는 많은 사람들을 만나는 것에 만족한다. 사랑은, 아무것도 명시하지 않는다는 조건에서, 종교적 정신을 지닌 모든 이들에게 공통된 플랫폼을 갖게 만든다. 모든 사람들은 사랑과 관련하여 진정한 기독교가 조금은 거기에 있다는 점을 안다. 이와 같이 기독교는 모든 측면에서 자신의 종교적 틀을 재발견한다. 기독교는 오직96 우리 사회의 종교적 욕구를 신학적으로 수용하고 있고, 또한 우리 사회의 종교적 욕구를 선전 차원에서 수용할 뿐이다. 사람들은 우리 사회에 예전 신심이 존속하고 있는지 뿐만 아니라, 아직도 사라지지 않은 전통들의 흔적을 목격하고 있지 않은지를 분명히 질문할 수 있다. 하지만 그건 전혀 그렇지 않다. 우리는 종교의 새로운 갱신과 강력한 폭발에 직면하고 있고, 우리 사회의 인간 상황 자체에 상응하는 종교의 증가에 직면하고 있다. 현재, 종교성은 항상 떠맡았던 동일한 기능을 정확히

---

94) ▲ 이런 사실로 인해 많은 기독교 지성인들이 현재 에로스와 아가페 간의 구별을 거부한다.

95) [역주] 꽃의 힘(flower power)은 반전(反戰), 반물질주의 철학을 가진 히피족의 세력을 뜻한다. 1960년대 후반 히피족이 몸에 꽃을 장식하거나 꽃을 들고 다니면서 평화와 사랑의 상징으로 삼은 데서 유래한 말이다.

96) ▲ 분석을 엄밀하게 하자면, 다른 두 차원이 있다.

수행한다. 마르크스는 단지 그 기능의 절반만을 보았다. 왜냐하면, 마르크스 사상이 세상의 종교 정신을 통해 이제 와해되어 종교 자체의 진정성 속으로 흡수되었기 때문이다.

종교화된 예수

예수 현상은 "예수 혁명", 예수 퍼레이드에 대한 '르몽드'의 표제인 "예수 파리에 도착하다. "벽보에 붙은 예수", '파리 마치'Paris Match의 표제인 "우리 시대의 우상 예수", '샤를리 에브도'Charlie Hebdo의 "예수가 돌아오다", '렉뛰르 뿌르 뚜스'Lectures pour Tous의 "마약에 맞선 예수", '누벨 옵세르바뙤르'Nouvel Observateur의 "예수와 상인들"에서 드러난다. 또 예수 현상으로 라디오 뤽상부르Radio-Luxembourg에서 모쥬Mauge의 굉장한 방송, 가스펠Gospel과 지저스 슈퍼스타 Jesus Superstar 흥행물들, '컴백 지저스'Come Back Jesus 같은 부차적인 다른 많은 흥행물들이 있다. 팝음악과 히피주의가 혼합된 연극 공연이나 음악 공연들 옆에, "예수가 살아 있다", "예수는 당신을 사랑합니다", "예수 이후에 나머지 모든 것인 마약은 치약에 속한다" 같은 구호가 새겨진 배지들이 있다. 그리고 놀라운 "예수 시계"가 있다. 시계의 문자판 위에 예수의 얼굴이 있다.[97] 중심에 있는 예수의 심장에는 시계 바늘이 있어 시간을 표시한다. 한편, 어디서든 있는 예수에 대한 평가와 관련되어서 이상한 불일치가 있다. 뮤지컬 '가스펠'이[98] 대단한 볼거리가 있는 단순한 뮤지컬인 '지저스 슈퍼스타'보다 훨씬 더 진지하다는 점이 종종 인정될지라도, 우리는 사로뜨Cl. Sarraute에게서 정확히 반대되는 견해를 발견하게 된다. 사로뜨에게 '지저스 슈퍼스타'는 우상숭배물의 일종에 속하고, '가스펠'은 어릿광대짓에 속한다.[99] 파브르 뤼스Fabre

---

97) ▲ 당신이 원하는 인종에 속하는 예수의 얼굴이다! 백인 예수, 흑인 예수, 황인종 예수, 아랍인 예수 등이 있다.

98) ▲ 가스펠은 예를 들어 마태복음을 풍부한 표현력으로 이야기하는 것에 그쳤다.

99) ▲ 그리고 "산상수훈은 서커스나 혹은 피난처에 속한다."

Luce에게 '지저스 슈퍼스타'는 신학적 깊은 시각을 제시하는 위대하고 진정한 기독교적 작품인 반면에, '가스펠'은 오직 "히피 순응주의"에 속할 뿐이다.

그러나 이런 불일치는 이제 옆으로 제껴두도록 하자. 이 전체 현상은 유행 현상이다. 사람들은 종교적인 것에 대한 필요를 느꼈다. 그래서 예수는 언제나 잘 팔렸다, 첫 상연부터 매진되었던 '지저스 슈퍼스타'를 무대에 올리기 위해 거의 백만 달러를 투자할 만한 가치가 있었다. 프랑스에서 상연을 위해 이백만 프랑이 들었고, 수익은 신新프랑화로 50배가 더 되는 듯이 보인다. 그런데, 거기에 복음서에 대한 "새로운 해석"이 있는가? 확실히 그렇지 않다! 히피 예수를 발견하는 것이나, 막달라 마리아와 사랑에 빠진 예수를 발견하는 것 등은 정확히 헤롯왕처럼 낡은 것이다. 이것은 예수를 우리에게 적합한 종교적 인물로 만드는 것이다. 그리고 그것이 유일하게 "예수-혁명"에 해당하는 것이다. 예수가 상인들에 맞선 것이 사회주의 신문에서 만족스러운 것이듯이, 예수가 히피라는 사실은 오늘날 공연계와 관객들에게 즐거운 것이다. 예수는 모순의 징표가 되는 대신에, 또다시 우리의 욕망과 우리의 필요와 우리가 좋아하는 모델과 동일시된다. 이 모든 것에는 엄밀히 어떤 것도 새로운 것이 없다는 점은, 로제 모쥬Roger Mauge 방송과 책이 우리에게 확실히 입증해주는데, 이것은 예수에 대한 모든 평범한 사회적 통념과 모든 단조로움과 현대적 진부함을 표현한다. 그런데, 인간을 기쁘게 하는 것은 평범한 사회적 통념과 진부함이다. 그것이 무엇이든 새로운 것도 진실한 것도 언급되지 않았던 것은, 하나님이 모쥬에게 있어 거대한 컴퓨터가 되었기 때문도 아니고, 혹은 예수가 "세상에 대한 하나님의 클러치디스크"가 되었기 때문도 아니다. 예수 현상들은 또다시 거짓된 이미지들이 되는데, 그 이유는 이 거짓된 것이 우리를 안심시키고 설명적이기 때문이다. 예수 그리스도의 "종교화" 과정은 언제나 동일하다. 즉 내가 예수에게서 기대하는 것에 정확하게 상응하는 예수를 발견하는 것이다. 그것은 "교회에 의하여 먼지투성이가 된 복음 메시지를 현대화하는 것"이 아니라, 현대적 의식과 어휘의 요구들에 적응하는 것이다. 파리 마치가 "우상-예수"라는 표제를 붙이는 것은 전적으로 타당하다. "우상-예수"는 바로 성서가 선포하는 모든 것과 정확하게 정반대가 된다. 이 표제는 "오늘날 인간의 불안은, 예수의 인물과 예수의 메시지를 가지고 시사성 있는 대단한 주제를 만든다"는 내용으로 이어진다. 우리는 비기독교적인 종교 한가운데에 있는 것이다. 만약 우리가 이점을 "예수-젊음"이나 혹은 "예수-진정한 마약" 같은 표현에 연결시킨다면, 우리는 그것이 단지 이 시대의 유행 속에 포함되는 것임을 안다. 그것은 평소처럼 성적인 의미 부여와 상업화가 수반된 순전히 종교적인 것이다.

결국 젊은이들은 성본능과 에로티시즘을 인정하는 자유방임적 예수를 취하고 있다. 과학적 이데올로기로 살아가는 사람들은, 파리 마치에 의해 간행되고, 만화로 이어진 떼이야르 드 샤르뎅의 새로운 교리교육에 몰두한다. 그리고 무엇보다, 사람들은 오직 "예수-혁명"의 이면일 뿐이지만, 분리할 수 없는 "예수-비즈니스"에서 엄청난 돈을 번다. 이와 같은 유행이 어디에서 오는지 자문한다면, 현대인의 종교의 필요성이라는 일반적 현상의 특별한 표현으로서 이 유행을 여겨야만 한다. 사실, 사람들의 정치적 열정은 식어가고, 종교적 욕구는 채워지지 않았다. 미국에서 수많은 젊은이들과, 예수를 중심으로 한 '광신자와 열광하는 자들'과, '프릭스들freaks'100은 예전의 정치에 속한다는 사실이 확인되고 있다. 즉 예전의 민권 투사, 베트남 전쟁에 반대하는 선전가, 혁명가들은 정치에서 완전한 해답을 찾지 못해 실망했기 때문에, 그들은 다른 곳에서 열광의 주제와 열정적인 대의명분을 찾는다. 히틀러주의와 공산주의 혹은 문화혁명이 그러했듯이, 정치적 대의명분

---

100) [역주] 이들은 부르주아 사회의 가치관을 거부하는 반사회적 젊은이들로서 히피족, 마약중독자들도 포함한다.

이 강력하게 조직적으로 준비되지 않는다면, 정치적 대의명분에 힘을 쏟아도 그것이 인간의 종교적 욕구를 충족시키지 못한다는 것은 진짜 사실이다. 사람들은, 예를 들어 죽음의 문제 같은 궁극적인 질문에는 해답이 없다는 점을 빠르게 이해한다. 이런 맥락에서 나의 신앙, 곧 예수는 여전히 나쁘지 않다. 사랑과 죽음과 희생과 고등철학과 예수와의 연합은 또한 힌두교와 혼합될 수 있고, 궁극적으로 '예수 마야'의 관계와 뒤섞일 수 있는데, 이 모든 것은 아주 만족스럽다. 한편, 이 세상은 심히 불쾌하고 난폭하며 증오에 차 있지만, 우리는 "인간적 따뜻함", "합일", "사랑"을 필요로 한다. 이런 상황은 구유의 어린 예수의 선한 이미지들을 즉시 상기시킨다. 그런데 이것은 오래전에 선포되었던 내용이다. 그러니, 어떻게 "꽃의 힘"과 "히피 사랑"으로부터 사랑만을 말했던 이 예수에게로 옮겨가지 않겠는가? 어떻게 "빵과 퍼핏 연극"[101]에서의 빵 나눔 같은 영성체 의식으로부터 이런 종파를 만들어냈던 사람에게로 옮겨가지 않겠는가? 사람들은 사랑과 평화 등을 회복시킬 사람을 그토록 필요로 한다.

따라서, 이런 예수 운동을 만들어냈던 것이 광고라고 진실로 말할 수 없다. 광고는 잠재되었던 것을 이용했고 활용했을 뿐이다. 그런데 우리는 전형적으로 종교적인 현상에 직면해 있다. 다시 말해 삶과 죽음의 문제에 대한 궁극적인 해답인 동시에, 미학적·합일적 감수성의 충족이라는 잠재 욕구가 존재한다는 것이다. 이것은 만족을 받아들이는 이런 기대에 대한 집단적이고 극적인 해답을 표명하는 것이다.[102]

욕구의 만족을 위해 다수에 의해 제시된 수단의 객관화가 거기에 있는데,

---

101) [역주] 빵과 퍼핏 연극(Bread and Puppet Theatre)은 1960년대부터 활동하고 있는 정치적으로 급진적인 인형극으로 2020년 1월 현재 버몬트 주 글로버에 기반을 두고 있다. 설립자이자 감독은 피터(Peter)와 슈만(Schumann)이다.

102) ▲ 그리고 바로 이 지점에서 모든 종교와 종교예식과 구경거리 등에서처럼 광고가 고려의 대상이 된다.

이 욕구는 자신들의 해답을 찾는 사람들의 대중적 지지를 통해 진실이 된다. 광고는 활용하는 것과 형식화하는 것일 따름이다. '프릭스들'의 관점에서 열광과 열정과 거의 관능적 댄스의 표현을 만들어내는 것은 광고가 아니다. 하지만 광고는 막연한 그들의 신심들을 결집할 가능성을 그들에게 제공한다. 아마도 프랑스에서의 이런 종교적 운동은 미국에서 거둔 규모에 이르지 못할 것이다. 미국에서는 언제나 영적 부흥의 경향이 있었고, '프릭스들'의 종교적 표현 형태는 흑인의 신앙심과 춤과 노래 등에 의해 영향을 매우 받았다. 게다가, 흔히 말하듯이, 프랑스 회의주의와 합리주의는 이런 현상들에 적대적이다. 결국 프랑스 젊은이는 미국 젊은이보다 더 정치색을 띤 동시에 마약에 덜 빠져 있다. 이 모든 것은 부분적으로 정확해지고, "예수 퍼레이드"의 명백한 성공을 더더욱 인상적으로 만든다.

정치에 대해 싫증을 내기 시작하고 마약에 상당히 빠져들기 시작하는 프랑스 젊은이를 보는 것은 여느 때처럼 단순한 지연 현상이 아닌가? 모든 희망은 허용되어 있다. '예수 여행'Jesus Trip이 예수 현상에 완전히 포함되지 않을지라도, 그 요소들은 작동되고 있는 중이다. 게다가 광고의 효력이 이미 느껴졌다. 프랑스인들의 종교적 견해에 명백한 변화가 있다. 1972년 초 IFOP의 설문 조사에 의하면, 현재 프랑스인의 75%가 신을 믿고, 50%가 부활을 믿으며, 32%가 예수가 지금 살아 있다는 사실을 믿는데, 이는 놀라운 사실이다. 이것은 1960년에 얻은 결과의 두 배 이상이다. 우리는 프랑스인들이 계시의 진리로 회심하는 국면에 직면해 있는 것이 아니라, 종교적 광고에 대한 종교적 응답에 직면해 있는 것이다. 예수 현상은 무신론적이고 세속화된 환경에서 나타난 종교심을 현상적으로 증명하는 것이다.

III. 부수적 주해

신 없는 종교

내가 여기서 제기하지 않을 수 없는 문제의식은, 내가 방금 기술한 모든 점에 있어서, 그것이 실제로 종교와 관련된 문제인지, 그렇지 않으면 그것이 단어의 남용인지, "말하는 방식"인지, 또 엄밀함이 없고 결과도 없는 비교인지 아는 것이다. 우선 나는 이 분석에서 처음부터 어떤 편의성도 내게 부여하지 않았음을 밝힐 것이다. 나는 종교에 대해 임의적인 정의를 선택하지 않았고, 나에게 개인적일 수 있는 견해와 논지 전개의 편의성을 위해 선택된 견해를 설정하지도 않았다. 내가 종교에 대한 조잡한 정의들을 거부했던 것은, 사회학자들과 종교역사학자들이 일치할 수 있는 어떤 정의도 없기 때문이다. 그러나 나는 아주 일반적으로 수용된 형태들과 기능들을 세심하게 고려했다. 나는 종교에 대해 적합한 정의를 선택하기 위해, 종교적이라고 규정짓고 싶었던 사실들에 대한 관찰로부터 출발하지 않았다.

이와 반대로 나는 모든 사람들의 견해가 일치하는 것에 대한 관찰로부터 출발했다. 하지만 이렇게 하는 것에 있어서, 나는 일반적으로 종교를 4대 종교[103]와 동일시하는 것을 거부하였고, 또 종교 현상의 특수성을 유지하였는데, 나에게 이 종교 현상은 "이데올로기" 혹은 "문화적 이미지"라는 "상부구조"를 다른 식으로 아무렇게 표현하는 것과 동일시할 수 없다. 따라서 내가 현대인의 통상적 태도가 본질적으로 종교적이라고 생각할 수 있었던 것은, 특징이 드러난 종교적 실재로부터 파악된 것이다. 하지만 여기서 다른 장애물과 부딪친다. 즉 이 세속 종교들에서 본질적인 어떤 것, 즉 신이나 초월자가 결여되어 있지 않는가라는 점이다. 그러나 나는 구체적으로 종교와 신을 분리하는 것이 핵심이라고 말하겠다. 우리는 신이 종교에서 반드시 필

---

103) [역주] 4대 종교는 기독교, 이슬람교, 힌두교, 불교를 가리킨다.

수적이지 않다는 점을 위에서 이미 살펴보았다. "종교를 만드는 것은 신이 아니다. 종교가 신에게 이 이름을 부여하기를 거부할 때에라도, 신을 만드는 것은 종교이다."크레스삐 종교에서 신은 종교적 방향 전체를 구체화하고, 집중시키며, 명확히 하기 위한 편의품이다. 신은 방위 측정기로서 사용되고, 설명 방편으로서 사용된다.

하지만 이 신은 종교 현상의 중심 부분이 결코 아니다.104 이것은 아직도 유대교와 기독교와 이슬람교가 취하고 있는 관점이다. 왜냐하면, 신의 현존은 종교보다 앞서기 때문이고, 결국 종교가 생기는 것은 바로 신으로부터이기 때문이다. 비록 이 세 가지 종교의 사례가 종교 세계에서 반대로 예외이지만, 우리는 이점이 종교의 특수한 측면이라고 생각하게 된다. 이런 이유로 대상인 신을 바꾸고, 그 자체로 남아 있는 종교를 쉽게 발견하는 것은, 종교사에서 아주 빈번하다. 신들의 교체는 아주 잘 알려진 현상이다. 하지만 신이 믿음체계의 핵심적이자 중심적인 부분이고, 그 특징을 나타내는 부분이라면, 이것은 생각할 수 없는 현상이다. 초월자도 마찬가지인데, 사회학적 관점에서 초월자를 규정하고 특징짓는 것은 인간, 즉 사회임을 잊지 말아야만 한다. 초월자는 그 자체로 존재하는 실재가 아니라, 인간에 의하여 만들어진 명시적 정의이다. 종교가 존재하기 위해서 이런 호칭은 보편적으로 필요하지 않다.

그래서 다른 반박이 나온다. "모든 사회는 문화를 포함하고, 삶의 방식과

---

104) 이 주제에 대하여, 무신앙 상황에 대한 그라넬(Granel)의 중요한 기고문(에스프리, 1971)을 강조해야만 한다. 거기에서 그는 확실히 "교회의 문제"는 있으나, 현재 프랑스에서 "신 문제"는 없다는 점을 보였다. 즉 신을 문제로서 삼지 않는 상황에서, 신에 대한 신앙의 가능성은 완벽히 열려있다는 것이다. "성 영역과 정치 비평 영역과 인본주의적 신화의 식별 영역에서 담대함을 지닌 것처럼, 굉장한 무신론을 지닌 현대 사상은 신으로부터 조금도 멀어지지 않는다. 사실은 현대 사상은 신과 관련이 없다." 신에 대한 신심이 있다면, 그것은 기독교라는 종교적 형태와 관련이 있고, 교회에 의해 형성된 광경과 관련이 있다. 따라서 그라넬은 하나님과 예수 그리스도에 대한 신앙의 가능성과 기독교 종교에 대한 신심을 근본적으로 분리하는 것을 지향한다. 그러나 정반대의 상황도 인정해야만 한다. 즉 초월적 신을 준거로 삼지 않은 채 종교가 구성된다는 것도 완전히 정상적이다.

사고방식 총체를 포함하는데, 이 방식들은 때로 명증한 사실로서 때로 의무 혹은 금지로서 저절로 부과된다. 그런데, 문화의 요소들 중 하나일 따름이었던 구원의 종교들은 실제로 쇠퇴한다.… 산업문명의 세속화를 통해 대체 종교의 필요성이 그다지 생겨나지 않는다. 즉 사회적 명령들 중에서 종교적 명령들은 집단적 존재에 질서를 지속적으로 부여하면서 오직 범주만을 구성한다."105 달리 말해, 명령과 금지는 반드시 종교의 표시는 아니다. 종교가 시대에 뒤떨어져 있기 때문에, 단지 종교가 그 가운데 있는 사회적 명령들이 문제가 된다. 아롱은 이점에 대해 대답하는데, 그는 세속 종교가 "명백히 산업 문명에 연결된 현상의 위기의 시대에 적응된 극단적 형태", 곧 "보편성의 변증법"을 구성한다는 점을 보여준다. "보편성의 변증법"은 종교적 문제 제기가 있을 때에만이 작동할 수 있다.

여기서 나는 그의 논증을 다시 거론하지 않겠지만, 다음 같은 점을 덧붙일 것이다. 즉, 사실상 이 반론은 결국 "여기서 종교에 대해 이야기하는 것이 무슨 소용이 있으며, 사회적 명령이라는 개념도 넉넉히 충분하지 않은가?" 라고 말하는 것이 된다. 그런데 그렇지 않다! 이 개념은 너무나 모호하고, 거기에 거의 아무것이나 덧붙여질 수 있다. 더욱이 우리가 보여주려고 애썼던 종교적 현상은 단지 명령의 존재를 통해서 특징지어지는 것은 아니다. 그것은 복합적인 전체이다. 결국 현재 서구인의 견해와 태도가 특별히 종교적이었다는 점을 보여주는 것이 필수적인 듯이 보인다. 말하자면, 가능한 사회적 명령 형태들 가운데서, 다시 승리했던 것은 종교적 형태임을 보여주는 것이 핵심적인 듯이 보인다. 이처럼 이 반론들은 내게 근거가 없어 보인다.

---

105) 레이몽 아롱(Raymon Aron). 『진보에 대한 환멸』(*Les Désillusions du procès*), Calmann-Lévy. (1969)

종교적인 것의 재출현

그러나 우리는 여기서 다른 질문과 마주친다. 즉 사실상 종교적인 것이 재생되는가 혹은 영원성이 드러나는가? 나는 "인간의 종교적 본성"에 관하여 내가 이미 언급했던 것에 대해 재론하지 않을 것이다. 이와 관련하여 나는 완전한 불가지론을 취한다. 나는 단지 역사적 관점에서, 19세기에 종교를 근본적으로 제거하려는 의도가 있었음을 확인할 뿐이다. 모든 것은 다음 방향으로 수렴되었다. 즉 정치·사회적 경험들, 일상적 실천, 교회의 배반, 과학의 승리, 합리주의적 선전이다. 합리성에 대한 명백한 의도가 있었고, 기독교의 분명하고, 뚜렷한 패배가 있었다. 19세기와 20세기 초는 합리주의와 과학지상주의와 세속화의 전격적인 전진을 내세웠다. 그러나 이 모든 것은 기독교와 관련해서만이 작동하는데, 역시 기독교의 분명한 퇴보가 있었다.

그런데 여기서 생 시몽의 예언의 실현과 관련되었다는 인상을 갖게 만들었던 것은, 우리가 지적했던, 기독교와 종교 간의 이데올로기적 동일시라는 사실 뿐만 아니라, 종교적인 것이 그토록 오래전부터 기독교 안으로 동화되었기 때문에 이 둘을 분리하지 못했다는 사실이다. 낭만주의와 합리주의에서 나타나는 암중모색에도 불구하고, 어떤 새로운 형태를 찾을 수 없기 때문에, 이 시기 동안 종교의 후퇴가 있었다. 그리고 기독교의 패배가 분명하게 된 순간에 종교는 다시 나타났다. 또한 종교적인 것을 중단하고, 새로운 대상 속으로 종교적인 것을 투여하며, 종교적인 것의 새로운 형태를 세우기 위해서 어떤 유예기간이 흐를 때, 종교는 다시 나타난다. 이것은 우리가 반세기 이전부터 목격했던 바이다. 따라서 일시적 단절이 생겨났다. 사실, 종교적 체계가 붕괴하고, 다른 체계가 자리를 잡을 때마다, 이러한 단절이 확인된다. 즉 계승은 결코 즉각적이지 않고, 대체도 자동적으로 일어나지 않는다. 이런 시기 동안에 살아가는 사람들은 모두 그 시대의 무종교에 대해 개탄하고, 신성한 전통들의 상실에 대해 한탄한다. 우리는 중국에서와 마찬가지로 서구에서도 역사가 흐르는 동안, 이에 대한 많은 증인들을 확보하고 있다. 그러나 이런 사실은 우리를 놀라게 하지 않는다. 왜냐하면, 역사적 시각의 단순한 영향으로, 우리의 시대는 긴 것처럼 보이는 반면에, 이 시대들은 짧은 듯이 보이기 때문이다.106 또한 이점이 놀랍지 않은 것은, 우리는 인간의 승리와 해방의 승전가를 부르기 시작하는 반면에, 무종교의 발전에 대한 예전 증인들이 상실한 것은 가치이고 우리가 거부하는 것은 복고주의적 태도라고 생각하면서 한탄하기 때문이다. 따라서 우리 시대는 새로운 것처럼 우리에게 보인다. 그러나 역사적 경험이 보여주는 것은, 가슴 아파하는 훌륭하고 덕망 있는 사람들이 그렇게 생각하는 것은 잘못되었다는 사실이다. 사회학적 분석은 무종교와 합리성과 성인이 된 인간에 열광하는 사람들이 동일한 오류에 빠지고 있다는 사실을 보여준다.

마침내 마지막 질문이 제기된다. 즉 『세속도시』에서 하비 콕스는 우리 시대에서, 어떤 정치적 이데올로기에서, 마법적 태도에서, 미스 아메리카 선발대회 같은 행사에서 종교적 요소들이 존재한다는 것을 인정한다. 그러나 그에게 있어서, 이 모든 것은 사회적 신심들의 흔적이다. 이것은 마법적·사회적 잔재가 존속하는 것이며, 부족적이고 이교적 과거가 지속하는 것이다. 이 모든 것은 이미 단죄를 당했고, 시대에 뒤떨어진 것이다. 진정한 움직임은 거기에 위치하지 않는다. 이것이 나치주의처럼 활력을 보였을 때, 이는 역사에 의해 정죄당한 퇴행이다. 일반적으로 종교적인 어떤 것도 과학 발전, 특히 정신분석학의 발전 앞에서 지속될 수 없다는 것이 분명하다. 그런데 이런 콕스의 논증은 나에게 너무도 피상적인 듯이 보인다. 우선, 그는 자신이 매우 간략하게 고찰한 종교적 현상들을 분석하는 수고를 전혀 기울이지 않았기 때문이다. 이어서 그는 어디서도 그것이 흔적과 관련된 문제임을 입증하지 않는다. 이것은 문제를 벗어나기 위한 수단이다. "확실히, 종교적 현상들

---

106) ▲ 이천 년이라는 간격에서 반세기나 심지어 한 세기라는 "공백"은 어떤 의미일까?

이 있지만, 그것들은 흔적들이다"라는 한 가지 사실이 그냥 전부다.

하지만 그는 그것이 재출현과 관련된 것이 아니라, 단죄받은 존속과 관계된 것임을 증명해야만 했을 것이다. 그런데, 증명하려는 어렴풋한 기미도 없고, 진지한 연구도 없다. 게다가 사람들은 콕스가 종교를 통해 이해한 것이 무엇인지조차 알지 못한다. "과학적·합리적·무종교적 운동과 종교적 현상들 사이에서, 우리는 전자 앞에는 미래가 있고, 후자는 부족部族적 흔적이라고 정한다." 그러나 이성이 결정하지 않는다. 콕스는 적어도 다음과 같은 질문들에 대답해야만 할 것이다. 즉, 합리성을 향한 종교적 퇴보의 시기 이후에, 왜 종교의 재출현이 목격되는가? 왜냐하면, 그것은 단순한 지속성과 관련된 문제가 아니라, 재활성화와 관련된 문제이고, 이는 완전히 다른 의미를 가지기 때문이다. 또, 어떻게 마르크스주의와 같은 근본적으로 무종교적인 운동이 현대 세상의 주요 종교들 중 하나를 탄생하도록 만드는가? 어떻게 독일인처럼 정교분리 과정에 있고, 과학적으로 매우 앞선 국민들이, 나치주의와 함께 신新종교적 만장일치 속에서 갑자기 결집되는가? 어떻게 탈신성화하는 대상으로 신성한 것의 진정한 전이가 일어나도록 만드는가? 기술이 신성한 것이 될 때 기술로부터 오는 해방, 혹은 과학이 신화의 방식으로 체험될 때 과학으로부터 오는 해방을 아직도 사람들이 기대할 수 있겠는가? 마지막으로, 세속적이고, 성인이 된, 서구 인류의 4분의 3 이상과 관계되는 현상들 전부를 이제부터 단죄를 받은 잔재로서 간주할 수 있겠는가? 그러나 이 모든 질문들은 독단적인 주장 속에서 안심하고 잠자기를 선호하는 하비 콕스를 피상적으로 다루지 못하게 한다. 그는 자신의 책, 『광인들의 축제』에서 암시하는 현대인의 종교적 영역을 발견한 듯이 보이는 것은 사실이다. 그러나 문제는 어떻게 『광인들의 축제』와 『세속 도시』를 양립시킬지를 아는 것이다.107

107) 콕스의 경우가 이상하다. 그의 자유로운 두 가지 원리들은 정확하게 모순적으로 보인

다. 『세속 도시』에서, 그는 현대세계는 세속적이고, 자연은 마법에서 풀렸으며, 정치와 가치들도 마법에서 풀렸고, 도시는 익명성, 이동성, 실용주의, 비종교성 같은 현상들을 생성한다고 설명한다. 또 이렇게 하여, 이 새로운 상황은 완벽하게 인간을 위한 하나님의 목적에 부합한다고 그는 설명한다. 그는 절대적으로 이 상황을 기독교적으로 정당화한다. 즉 일은 종교에서부터 벗어나야만 하고, 문화는 모든 종교적 흔적으로부터 벗어나야만 한다. 교회는 세속 세상에 적응되어야만 하고, 신학은 사회적 혹은 정치적 문제에 대해 이야기하는 것처럼 하나님에 대해 이야기해야만 한다. 그러나 『광인들의 축제』에서 동일한 콕스가 동일한 신념을 가지고, 인간은 축제 없이, 환상 없이 살 수 없다고 설명하고, 현대 세상에서 인간은 엄밀히 종교적 영역인 축제 영역을 갖지 않기 때문에 끔찍하게 외롭고, 가련하고, 결핍되었다고 설명한다.

또한 그는 축제가 전형적으로 기독교적 방향에 상응하고, 히피 같은 사람들은 음울한 기술적 합리성에서 벗어나기 위해서, 또 틀들을 깨기 위해서, 그리고 자신들의 탄생 신화들을 취하기 위해서 환상을 재발견하고 있는 중이라고 설명한다. 그리고 마약은 그것 덕분에 사람들이 신비한 체험을 경험할 수 있기 때문에 축복이라고 설명한다. 그리고 기독교와 교회의 역할은 인간의 예배 속에 예식, 축제, 춤을 다시 도입하는 것이며, 전형적으로 종교적 차원의 유희로서 신앙생활을 체험하도록 하는 것이라고 설명한다. 궁극적으로 그는 종교가 제거되는 것이 훌륭하다고 언급한 후에, 세속화에도 불구하고, 신비로운 것은 다시 회귀되는 것이 크게 이로운 것이라고 선언한다. 그래서 그는 기독교적 관점에서 종교의 복원을 위해 싸운다. 우리가 이미 언급했듯이, 그는 종교와 기독교 간의 연속성을 발견한다. 그리고 그는 종교적인 것과 기독교적인 것의 분리 움직임을 매우 수상쩍게 생각한다. 지금 기독교 의무는, 이런 분리와 정반대로, 이 "영적 부흥" 속으로 들어가는 것이고 그것과 연합하는 것이다. 여기서 나는 역사적 관점에서 콕스의 굉장한 무지, 현대 세상의 사회학에 대한 근본적 몰이해, 그의 개념들의 불확실성, 모든 과학적 방법론의 부재, 그의 믿을 수 없는 이론 구성의 약점에 대해 비판하지 않을 것이다. 나는 단지 두 저서의 프랑스 판본 서문 사이에 나타난 이 근본적인 모순에 대한 콕스의 설명을 지적하고 싶다. 어떤 독자들은 완벽한 변신으로 느끼는 것을 통해 갈팡질팡할 수 있다는 점을 인정한다. 하지만 그는 한편으로, 이것이 완벽한 변신이 아니라고 생각한다. 그렇지만 사회가 실제적으로 세속적이든지, 종교적 부흥을 용인하든지 한다. 그러나 두 가지는 절대 양립할 수 없다!

한편, 그는 특히 다음과 같은 굉장한 설명을 덧붙인다. 즉 "남는 것은 근본적으로 현대 세상을 향한 희망으로 가득한 나의 태도이다." 이렇게 말해도 좋다면, 사실 콕스의 모든 생각은 여기에 있다. 즉 현대인이 누구인지, 그가 무엇을 하는지, 우리 사회의 방향이 어떤 것이든지 간에, '좋다', '희망으로 가득 차 있다'이고 이것은 하나님의 의도와 일치한다는 것이다. 또 도시와 기술로부터 출발하는 단순한 분석은 이것이 세속적이고 합리적 세상이라고 말하는 것으로 귀결된다. 이 얼마나 경이롭고 기독교적인가! 역시 단순한 또 다른 분석은 마약과 히피와 이상주의로부터 시작되는데, 이 분석은 우리가 축제와 신화 등을 되찾는다고 말하는 것으로 귀결된다. 이것이 얼마나 더 경이롭고 기독교적인가! 그러므로 교회가 대포들과 사냥개 무리와 무도회의 오케스트라를 축복할 때, 교회의 전통적인 큰 기능을 되찾았다. 말하자면 인간은 아무것이나 할 수 있고, 또 그것이 신의 의도에 따른 것이고, 미래는 인간에 속한 것이라고 인간에게 확신을 주기 위해, 교회는 거기에 존재해야만 한다는 것이다. 콕스는 어떤 문화이든지 시대의 문화 속으로 기독교를 통합시킨다는 의미에서 중세 신학자이다. 그는 오늘날 신학적 허무에 대해 가장 중요한 우리의 증인이다.

제6장 · 세속 종교^{후속} - 정치종교

1. 정치종교의 출현

  레이몽 아롱이 '세속 종교'라는 용어를 만들었을 때, 이는 본질적으로 정치종교를 염두에 두고서였다. 우리는 이 용어의 외연을 훨씬 더 많이 확장해야 함을 살펴보았다. 그럼에도 불구하고, 정치종교는 현대인의 종교적 삶에서 중심적이고, 결정적이며, 전형적인 형태로 남아 있다. 우리가 지금까지 기술했던 것은, 다소 영속적이며, 역사의 흐름과 비교할 수 있는 일반적 종교 경험과 관련되고, 포괄적 관점을 표현한 것이다. 이와 반대로, 우리가 이제 살펴볼 내용은 특별히 현대 서구사회에서 발생한 것인데, 이것은 기독교 하부구조 위에서 구축되었고, 기독교에서 비롯된 특징들을 통해 드러날 수 있다. 또 이것은 후기 크리스텐덤의 한 측면이기도 하다. 즉 큰 정치적 흐름과 정치가 기독교의 종교적 유산을 지녔다는 것이다. 사실 우리는 가장 명백한 면에서 가장 세밀한 면까지 다양한 측면을 지닌 잠재적 종교적 표현만을 마주치는 것은 아니다, 즉 종교적인 것과 상관없는 대상에 대해 종교적인 것을 고정시키거나, 예기치 못하지만 늘 무의지적이고 무의식적인 종교적 개화開花를 야기하는 것만이 아니다. 또한 종교로서 명백히 제도화되고 조직화된 종교들도 존재한다. 이 종교들은 교리, 신화, 종교예식, 교회 형태의 구조, 연대적 모임, 성례聖禮, 전적인 비합리성, 불안과 위안의 변증법, 신비적 표현과 기도, 인간과 세상과 역사에 대한 포괄적 해석, 이단異端지정을 내포한다. 이것은 정치종교와도 관계된 문제이다. 하나의 종속된 영역으로서 종교 현상에 의해 지배된 이후에, 그다음 제도화된 종교에 대하여 정치적 자율성을 획득한 이후에, 정치는 반세기 전부터 종교적인 것 속으로 의기양양하게 들어왔다.

현시대의 최고의 종교는 바로 정치이다. 한편으로 심리학적, 영적 영향의 필요성과, 다른 한편으로 새로운 유형의 이데올로기의 출현과 더불어, 진보는 국가의 성장을 통해 이루어졌다. 한편 이데올로기는 "투쟁가들에 의해 최고의 진리로 간주되는 것으로서, 사회와 역사에 대한 다소 체계적인 해석"으로서 정의될 수 있다. 이데올로기들은 국민과 현대국가와 민주주의 체제의 발전과 함께 증가했다. 하지만 "마르크스주의·레닌주의·스탈린주의"와 히틀러주의와 더불어, 특별한 유형의 이데올로기들이 이어서 출현했다. 이데올로기들은 직접적으로 또 명백하게, 기독교와 경쟁 관계에 들어갔고, 초월적인 종교들보다 우위에 있다고 우겼으며, 그 종교들을 대체하기를 바랐다. 그런데 이것은 기독교의 위기와 퇴보와 일치했다. 이 이데올로기들은 사실상 종교들의 기능과 특성을 떠맡았고, 특히 기독교의 기능과 특성을 담당했다. 즉 이데올로기들은 일종의 기독교의 대체물처럼 되었다. "마르크스주의·레닌주의·스탈린주의"에는 놀라운 역사가 있었다. 19세기 내내 마르크스의 철학적이고 경제적인 이론은, 역사의 의미와 인간의 삶의 의미를 인간에게 보장했던 역사 운동이란 총체적 시각을 표명했고, 또 세상에 대한 완전한 설명 체계와 해석 체계를 표명했다. 그러나 유대-기독교에 대한 일종의 무의식적 모방을 이미 내포했더라도, 이 사상은 마르크스주의자라고 선언하는 사람들에 의하여, 오직 과학적 측면 하에서, 즉 시대의 현실에 대한 일반적 분석 하에서만 수용되었다. 그런데 이러한 일반적 분석은 미래에 대한 가설에 의하여 연장되고, 가능한 영역과 합리적 영역에서 실행해야 하는 행동에 대한 가설에 의하여 연장된다. 그렇지만, 가르데M.Garder가 매우 잘 지적했듯이1, 엥겔스는 진정한 형이상학적 가설을 이야기하면서, "이 체계에 일종의 신성을 부여했는데", 이 가설에 따르면, "물질은 창조되지 않았고, 물질은 진화한다." 엥겔스는 물질의 신격화까지는 아니더라도, 적어도 생명 도약의 신격화, 다시 말해 물질의 변증법적 진화 메커니즘의 신격화에 이르렀다. 게다가 이 사상은 그렇게 멀리 떨어져 있지 않은 마르크스의 사상과 완전히 일치했다. 엄밀히 말해서, 역사적 변증법도 일종의 '기계장치의 신'으로 간주될 수 있었다. 한편, 마르크스의 모든 저서는 그가 어린 시절과 젊은 시절에 받아들였고, 스스로 인정했던 강한 유대-기독교적 사상의 주입에서 비롯된, 일종의 종교적 분위기와 환경과 배경 속에 젖어 있다. 마르크스는 결코 이스라엘의 예언주의로부터 완전히 벗어나지 못했다. 실제로 사고 체계를 헤겔의 사고 체계로 뒤바꾸는 것은 더 어렵다. 그런데 갑자기 이런 사상을 러시아와 결합시킬 때 종교적 특성이 나타나게 된 것이다. 나는 러시아의 정신을 언급하지 않을 것이다. 지금 러시아 정신의 범주는 거부되기 때문이다. 한편, 기독교가 로마제국의 황실에서 수용됨으로써 무종교에서 종교로의 기독교 변화 현상과 동일한 현상이 러시아에서 생겨났다. 러시아 황제 차르의 권력은 종교적이었고, 전 민중의 종교적 방향과 태도를 담았다. 그런데 이것은 체제만큼이나 쉽게 붕괴되지 않는다. 예를 들어 이방인 황제에게 행한 찬사와 종교예식이 기독교 황제에게도 동일한 것으로 남아 있는 것과 마찬가지로, 차르에 대한 종교적 신앙은 마르크스주의자 황제에게도 동일한 것으로 남아 있었다. 즉 민중 종교 권력이 수립되었는데, 신성한 것을 살인자와 뒤섞이게 하는 용서받을 수 없는 신성모독자인 차르를 마르크스주의 권력이 죽였던 만큼, 이 민중 종교는 더더욱 필요했다. 바로 이런 전이가,

---

1) ▲ "물질적 교권정치", 르몽드, 1970년 4월.

종교가 될 준비를 갖춘 시스템에 신앙을 부여하면서 유물론적 종교를 창시하는 전환점이 된 것이다. 레닌의 구체적인 저작들과 예수회 교단의 모형과 뽀르뜨 글레브Porte-Glaives 기사단을 본떠서 설립된 정당 조직과2, 프롤레타리아 역할의 강조와 마르크스가 쓴 텍스트의 승화昇華와 전례典禮와 교의론과 종교재판과 이단자를 창설하는 스탈린의 구체적인 저작들, 이 모든 것들은 마르크스 종교를 재빠르게 공고히 해나갔다. 이것들은 기독교 자체가 뒤따랐던 바로 그 과정을 따라서 종교를 조직화하였고, "로마 가톨릭과 형태적으로 놀랍게 유사한 유물론적 복제품"을 만들었다.

마르크스주의가 종교로 전환하는 이런 현상은 몬로Monnerot와 레이몽 아롱에 의해서, 경탄할만한 『공산주의 사회학』에서, 체계적인 방식으로 연구되었다. 그러나 이 현상은 베르디아에프부터 솔제니친까지 많은 증언들의 대상이 되었다. 그렇지만 가장 인상적인 증언은 『거짓된 말』에서 로맹A. Romin이 우리에게 제공하였다. 그의 직업은 그가 1945년부터 1955년까지 러시아어로 된 방송 전체를 날마다 청취하도록 하는 것이었다. 사실상 반종교적이었던 그는 스탈린과 관련하여 특히 종교적 메커니즘을 증명하기에 이르렀다. 그의 저서와 다른 저서에서도 이 메커니즘이 강조되었는데, 이것은 결코 모호한 종교 개념과 관련된 것도 아니고, 피상적으로 종교적 수식어를 부여하는 것과 관련된 것도 아니었다.3 정말 그런 것이 아니다. 말하자면, 이것은 체제들에 대한 극도로 정확하고 엄밀한 분석과 관련된 것이다. 그리고 삼천년의 역사 동안 종교라고 불리었던 모든 것에 대해, 이처럼 구현된 정치 현상을 거의 전부 확인하는 것과 관련된 것이었다. 한편, 젊은 스탈린주의자들처럼 젊은 파시스트들도 현상학적 관점에서 논의의 여지가 없는 종교적 원형을 표현했다. 즉 그들은 1900년의 교황권 지상주의를 주장하는 젊은 가톨

---

2) 이것을 명백하게 언급한 것은 바로 레닌이다.
3) ▲ 히틀러주의와 레닌주의와 스탈린주의가 종교였다고 주장하는 것은 성급한 단정이고, 신문 잡지 특유의 것이라고 할 수 있다.

릭 근본주의자들과 심리학적으로 또 지적으로 동일했다. 그런데 이런 종교 현상은 공산주의 세계가 히틀러주의와 경쟁 관계로 들어감에 따라서 공산주의 세계 속에서 가속화되었다. 그런데, 무엇보다 이 운동의 신비적이고 종교적인 특징을 다시 입증하는 것은 쓸데없는 일이다. 말하자면, 나치주의는, 계급투쟁 국면에 들어서기 전에, 경제 상황에 대한 해결책이 되기 전에, 기본적 독일 정신의 화신이 되기 전에, 자신의 형태와 자신의 영감 속에서 하나의 거대한 종교적 맥박이었다. 한편 그 시대의 비독일인들은 그것에 대해 속지 않았다. 즉 1930년부터 1933년까지 가장 통상적인 말은 이것이었다. "나치의 신비주의 앞에서 우리는 한 가지만을 기대할 수 있다. 그것은 우리도 젊음을 위해 신비주의를 갖는 것이다." 그런데 이것은 특별히 공산주의에서 깊이 공감했다. 공산주의는 폭발하고, 엄습하는 신비주의에 직면하고 있었고, 같은 영역에서 투쟁할 수밖에 없었다. 그러나 민주주의는 이런 차원에 놓일 수 없었고, 종교로 조성될 수 없었다. 이와 반대로 공산주의에서는 길이 이미 제시되었으며, 이미 레닌-스탈린주의적 공산주의 속에서 모험이 시작되었다. 나치와의 경쟁은 단지 종교로의 전환을 가속시키고 강화할 뿐이었다. 그런데 이미 획득된 이 특성은 돌이킬 수 없었다. 나치주의는 패배했지만, 종교는 남았다. 이것은 포괄적 공산주의 종교였는데, 이 종교는 모든 공산주의 체제에 영향을 미쳤다. 중국인은 정확하게 동일한 길에 참여했다. 정치종교의 마지막 아바타는 마오쩌둥주의이다. 우리는 거기에서 신비주의, 비합리성, 정당-사제, 신과 동일시, 신성의 속성 등과 같은, 앞선 것들에서와 동일한 특징들을 식별할 수 있다. 그런데 이 특징들은 모든 논의에 대한 교조적 폐쇄성, 만물에 대한 총괄적 해석, 모든 활동과 감정의 전체적 흡수, 다른 모든 가치들의 배제4, 모든 행태에 대한 해석5, 도덕적이고 정신

---

4) ▲ 예를 들어, 문화적인 가치인데, 문화혁명 과정에서 과거 예술 작품에 대한 체계적 파괴는 놀라운 일이다.
5) ▲ 류 샤오지의 부인에 대해서 그녀의 우아함과 예의와 식사 방식에 대한 고발이다.

적인 가치들의 위계질서의 수립, 그리고 무엇보다 덕망 있는 새로운 인간 창조에 대한 엄숙한 의지를 수반한다. 우리는 그것을 재론할 것이다.

그런데, 어떤 체제들이 종교적이 되는 동안, 국가의 세속화 과정은 어디에서든 일어났다. 두 가지 현상의 만남으로 현재의 상황이 야기된다. 정치는 종교가 되었는데, 그것은 나치주의와 마르크스주의 정치종교가 조금씩 모든 정치적 형태들을 획득했기 때문이 아니다. 그것은 정치형태가 정치의 대상 즉 국가 권력이 그 자체로 신성하게 되는 경우에 한해서만 이런 변화를 할 수 있었기 때문이다. 세속 종교로 귀결되는 작용과 반작용 전체는 이러하다.

II. 극단적인 형태들

인물 숭배

모든 점에서 기독교의 구조들과 비교할 수 있는 정치종교 구조를 분석하기 위해서, 정치종교가 스탈린주의와 히틀러주의와 마오쩌둥주의에서 택한 극단적 형태들 속에서 정치종교를 관찰해야만 한다. 그러나 정치종교가 비정상적인 경우가 아니라, 반대로 전형적인 경우라는 사실을 강조하면서 그렇게 해야만 한다. 스탈린이 박해 강박관념과 잔인한 기절 병에 걸린 신경쇠약증이 있는 멍청이였다는 것은 잘못된 것이다. 히틀러가 위대함이란 망상증에 걸린 교양 없고 우스꽝스러운 편집증 환자였다는 것도 잘못된 것이다. 그들은 주어진 어떤 순간에 정치적 삶이 수행할 수 있었던 것을 정확히 구현했다. 이것은 사람들이 앞으로 모든 것이 잘 끝나기를 바랄 수 있는 우연한 사건이 아니다. 즉 우리는 사건들의 진행에 정확하게 맞추어 계속 살아간다. 역으로 인물에 맞추어 살아갈 수도 있는데, 마오쩌둥이 그것을 입증하듯이, 스탈린은 레닌의 정확한 후계자이다. 이런 체제에서 종교적인 가장 명백한 사실은 인물 숭배이다. 여기서 '숭배'라는 단어의 사용을 강조하는 것이 흥미로운데, '숭배'는 그리스도인에 의해서가 아니라, 마르크스주의자에 의해서 적용되었던 것이다. 이 인물 숭배는 이미 레닌에게서 잠재적으로 존재하는데, 그는 자신을 위해 이런 숭배를 결코 바라지 않았다. 그러나 그는 개별 인물의 독재 타당성을 주장하면서 인물 숭배를 준비했다. 그런데, 소비에트를 약화시켰고, 집단지도체제와 노동자의 자주적 관리를 비판했던 사람이 바로 레닌이라는 것을 잊지 말아야만 한다. 1920년, 러시아 공산당의 19기 전당대회 앞에서, 그는 다음과 같이 선언했다. "소비에트 사회주의 민주주의는 개인 권력과 독재와 결코 양립불가능 하지 않다.… 계급 의지는 이따금 홀로 더 많은 임무를 행하고, 종종 더욱 필요한 독재자를 통해 이따금 실현된다…" 그는 집단지도체제가 프롤레타리아 독재의 표현이 전혀 아님을 주장하면서 이 주제를 끊임없이 되풀이했다. 하지만 이것으로부터 인물 숭배를 향한 일탈이 인민의 자발성6과 독재자의 효율성 의지7라는 이중적 요소와 함께 불가피했다는 것이다. 제국주의적 정치종교로 귀결한 옥타비아누스 아우구스투스를 위해 발생했던 것이, 정확하게 사실상 레닌을 위해 재현되었다. 실제로 인물 숭배는 독재자에 대한 신격화에 이른다. 독재자는 기독교의 위격인 하나님에 해당하는 최고의 사람이다. 그는 카리스마적인 우두머리보다 훨씬 더한 존재가 된다. 확실히 독재자는 그러하다. 까이우와의 분석을 의심할 수는 없는 일이다. 하지만 일단 권력에 오르면, 독재자는 권력의 혜택뿐 아니라 권력 전체를 쥐기 때문에, 집단적 숭배는 독재자를 신격화한다. 우리는 셀레우코스 제국 같은 틀에 박힌 논리를 가진 정치종교에서만 신격화하는 텍스트들을 발견한다! 스탈린처럼 마오쩌둥도 보편적인 생

---

6) ▲ 열정적으로 숭배된 사람에 부여된 모든 희망을 말한다.
7) ▲ 권력이 이행되기 위해 필요불가결한 심리적 행동을 의미한다.

식력이 있는 사람이고, 수태시킬 능력이 있는 사람이며, 섭리이다. 인간 마오쩌둥처럼 인간 히틀러도 신도들에 의해 초월적인 존재로 간주되었다. 의미 없는 텍스트처럼 그들과 관련된 선언들을 취할 필요는 없다. 이와 반대로 단어들이 의미하는 것 그대로 그들을 받아들여야만 한다. 히틀러가 자신이 전능자로부터 보냄을 받은 자라고 선언할 때, 또 그가 천년 간의 자기 군림을 설정할 때, 아무도 웃지 않았다. 큰 목소리로 나치독일의 총통8의 이름을 부르면서 죽었던 젊은 히틀러주의자들은 히틀러를 자신들을 구원해 주는 초월적인 신으로 여겼다. 이 신을 위해 죽어야만 했고, 이 신은 자신이 잘 죽는 것을 도와주는 존재였다. "조셉 비사리오노비치 스탈린은 여태껏 세상이 결코 알지 못했던 가장 뛰어나고, 가장 사랑을 받으며, 가장 학식이 있는 사람이었다"는 말이나, "너는 가난한 자들을 신경쓰고 압제받는 자를 보호하는 유일한 사람이다"9라는 말을 들었을 때, 누구도 더는 웃지 않았다. 사람들은 비웃지 않았다. 심지어 적들조차도 비웃지 않았다. 지금은 사람들이 이런 것을 잊어버렸다. 그렇지만 그것은 종교적이기 때문에 흔들리지 않는 사랑과 신앙의 선포와 관련되는 것이었다. 마오쩌둥이 지상 전체를 비추는 붉은 태양이고, 좋은 수확을 보장하고 약속해주는 자가 바로 그이며, 과학연구가 발전하고 어려운 외과수술이 시행될 수 있는 것이 바로 마오 사상을 적용하기 때문이라고 찬양할 때에도, 사람들은 비웃지 않았다. "나는 그에게 붕대를 감았고, 마오쩌둥은 그를 치료했다"는 것은 정말로 1970년 5월 유명한 중국 외과의사가 선언했던 말이다. 이런 신들은 진짜 신성의 고전적 모든

---

8) [역주] 본래 퓌러(Führer)라는 명칭은 히틀러가 당의 총재가 된 후 자신의 직함으로 사용하기 시작하였다. 처음 불렸던 퓌러는 국가의 지도자 대신 당의 지도자라는 뜻이 짙었다. 대통령 선거 후 당선된 파울 폰 힌덴부르크는 국내 불안 수습을 위해 1933년 1월 30일 야당의 아돌프 히틀러를 국가수상에 임명한다. 히틀러가 수상이 된 후 반대파를 제거하면서 일당체제를 확립했다. 힌덴부르크 대통령이 사망하면서 히틀러가 대통령 직무대행을 하게 되어 지도자 겸 국가수상으로 취임하고 이 두 직함을 합해 나치 독일의 총통이 된다.

9) ▲ 정확한 인용이다.

속성들을 지닌 신들이다. 게다가 거기서부터 레닌 시체의 방부 보존과 영묘靈廟에 대한 숭배가 생겨난다. 나폴레옹도 기독교가 여전히 그토록 지배적이지 않고, 그런 종류의 신격화를 금지하지 않았던 시대를 살았다면 마찬가지 숭배와 숭상을 겪었을 것이다. 그러나 기독교의 퇴보에 의해 만들어진 공백의 순간에, 또 신학자들이 식별하기도 전에 경험된 '신의 죽음'에 의해 만들어진 공백의 순간에, 대체 현상과 교체 현상이 일어난다. 궁극적인 힘, 즉 삶과 죽음의 절대적인 힘을 진정으로 보유한 것은 하나님 안에서 형상화된다. 왜냐하면, 기독교 서구 세계 속에서 필요불가결한 것은 바로 형상이기 때문이다.10

은크루마11는 우리에게 극단적인 경우를 제공한다. 그가 세속 종교라는 일반적 환경 속에 있지 않았다면, 그는 단지 편집광적인 망상, 즉 관심을 끌지 않는 "하팍스"12를 표현한다고 할 수도 있을 것이다. 이와 반대로 그는 일반적인 상황에서 놀랍도록 전형적인 모습을 보이는데, 단지 정치종교를 극단으로 몰아갈 뿐이다. 그는 메시아이고 **구속자이다**.13 그래서 그는 보통 부처와 마호메트와 예수와 동등한 수준에 놓인다. 그는 카사페코Kasapeko이고14, 오예아디예Oyeadieye이다15. 사람들은 은크루마가 "신과 동등하고 신 자신"이라는 사실과 이와 동시에 그가 불멸의 존재이라는 분명한 사실을 바로 학교에서 배운다. 이 모든 것은 1953년부터 1966년까지 우리 시대가 결코

---

10) 혼동이 없도록 하기 위해서 내가 다음 사실을 되풀이하여 말했다. 즉 내가 보기에, 황제에 대한 예전의 태도와 뒤섞여서, 마오쩌둥주의는 스탈린주의 뒤를 이어서 그리고 모방에 의하여 이런 식으로 나아갔다.

11) [역주] 은크루마(N'Krumah,1909-1972)는 가나 정치가이다. 그는 통일 골드코스트(지금의 가나)의 서기장을 지내고 회의인민당(會議人民黨:CPP)을 조직하여 반영(反英)활동을 벌이다가 투옥되었다. 골드코스트 총리를 지내고 가나공화국 초대 대통령이 되었다.

12) [역주] 하팍스(hapax)는 단 한 번밖에 사용된 적이 없는, 용례가 매우 드문 형태를 의미한다.

13) ▲ 즉 그는 그가 공식적으로 지닌 칭호인 오사게포(osagyefo)이다.

14) ▲ 한 번에 모두를 위해 이야기하는 존재이다.

15) ▲ 만물의 혁신자이다. 이는 구원론적 칭호의 놀라운 재현이다.

경험하지 못했던 가장 절대적이고, 가장 자의적이며, 가장 이기적이고 오만하고, 가장 독재적인 권력을 수반한다. 그러나 신격화된 모든 군주제에서처럼, 어떤 일이 잘 안될 때 잘못하는 것은 신이 아니라, 그의 성직자 집단이다. 은쿠루마가 죽었을 때, 그의 정적은 "오사게포는 어떤 극단주의 잘못도 결코 저지르지 않았지만, 그의 주변 무리 중 일단의 구성원들이 잘못을 저질렀다"고 말했는데, 이것은 고전적 종교 담화이다. 그런데 인간의 어떤 통제도 메시아의 완벽히 독재적인 결정에서는 허용되지 않는다. 그의 사형 판결은 바로 그의 판결이고 완전히 임의적인 판결이다. 그렇지만 그는 유럽인과 세계교회협의회에 의해 완전히 존중받았다. "먼저 정치적 왕국을 찾으라. 그리하면 나머지 모든 것을 추가로 너희에게 주어질 것이다"라는, 그리스도인에게 신성모독적인 그의 표현은, 1966년 세계교회협의회의 "교회와 사회" 컨퍼런스에서 열렬하게 박수를 받았다. 그는 성육신된 하나님이고, 종교적 권위에 의해 축복받은 정치종교의 완벽한 사례이다.

그러나 신은 홀로 군림하지 않는다. 초기의 교리와 반대로 기독교는 하나님과 가까운 인물들인 성인들로 하늘을 채웠는데, 이들 또한 숭배를 받았고 하나님이 인정한 삶의 모범으로 활용되었다. 이와 마찬가지로, 정치종교도 영웅들의 만신전을 만들어 낸다. 이것은 틀림없이 애국심에 연결되어 있다. 즉 분명히 도덕적 사례들에 의거할 필요도 있다. 더욱이 혁명운동은 언제나 영웅들 속에서 구체화된다. 하지만 우리 현대 영웅들은, 주제와 내용과 동기의 차이에도 불구하고, 나에게 전설적인 영웅들과 아주 유사한 듯이 보인다. 또한 이 영웅들은, 사실 영웅과 성인을 동일시하는 경향이 있는 기독교 전설의 영웅과 마찬가지로, 반신半神들을 만들어내는 이교도 전설의 영웅들과 비슷해 보인다. 중세의 영웅들이 성인들과 얼마나 유사한가? 19세기에는 영웅들이 비종교적으로 보였지만, 이와 반대로, 지금, 우리는 신성화된 영웅들이 다시 출현하고 있는 것을 본다. 사실, 어떤 문화도, 어떤 사회도, 절대화되고 의심의 여지가 없으며 비판을 받지 않는 삶의 모델이 없이 존속할 수 없다. 즉, 그 자체로 논란의 여지가 없는 모형으로서 보여주고, 나타낼 수 있는 사람이 필요하다. 그런데 우리의 비종교적 시대에서는 이런 모형을 찾기 위해 암중모색을 했다. 즉 숭배해야 할 누군가를 찾아야 했다.

스타와 챔피언은 어떤 광신을 유발했지만, 그들의 삶은 너무 공허했고, 너무 무의미했다. 특히 그들은 어떤 신과도 관계가 없었다. 이와 반대로 현대 영웅, 즉 노동 영웅, 혁명 영웅, 신에 대한 헌신의 영웅 같은 영웅은 완전한 모형이다. 왜냐하면, 그는 신에 의하여 성별되었기 때문이다. 그는 신이 제시한 삶이고, 신에게 헌신된 삶이다. 모든 세속 종교들에서 그들의 유사함은 완전히 놀랍다. 사람들이 칭송하는 것은 바로 동일한 자질들이고 동일한 영감이다. 호민Ho Minh과 홀스트 베셀16는 모든 것이 동일하게 닮았다. 나머지 모든 것처럼 마오쩌둥주의는 스탈린-히틀러주의의 유산을 극단적 지점으로 가져갔다. 마오쩌둥주의 영웅들은 다른 모든 영웅들의 전형이 되었다. 그들의 출신 성분 때문에, 모든 사람과 같은 수준에 있는 인민 영웅들은 오직 신과의 관계를 통해 삶의 정상에 올라갔다.17 무엇보다 영웅은 마오쩌둥 사상으로 길러진다. 영웅은 신의 이름으로 모든 것을 견딘다. "고통은 아무것도 아니다. 실제로 끔찍한 것은 자신의 정신 속에 마오쩌둥의 사상을 갖지 않는 것이다." 영웅의 삶은 정확히 삶의 모형과 중재인의 역할을 하도록 철저하게 명백히 밝힌다. "영웅은 마오쩌둥 사상의 살아있는 적용이고, 구체화된 사상이다." 대부분의 영웅들은 자신의 이름을 말하면서, 또 자신의 원칙들을 상기시키면서 죽는다. 사람들은 더는 치유의 이야기들을 생각하

---

16) 홀스트 베셀(Horst Wessel, 1907-1930)는 나치 독일의 용맹한 돌격대 대위로서 23세에 베를린에서 전사했다. 그의 죽음은 나치의 선전 활동에 적극 이용되어, 나치 운동의 순교자의 표본이 되었고, 그가 지은 시가 나치당의 당가, '홀스트 베셀의 노래'가 되었다.

17) ▲ 마오쩌둥주의에서 개인에 대한 공적인 단죄에도 불구하고, 또 오직 대중만이 영웅이라는 주장에도 불구하고 최정상까지 올라간 것이다.

지 않는데, 그 이야기들에서 간신히 언급된 초기 단어들은 "영도자 마오쩌둥..."이고, 서툴게 쓰인 초기 글자들은 마오쩌둥의 이름을 구성하는 글자들이며, 마비된 팔은 마오쩌둥 초상화가 있는 방향으로 내밀기 위해 우뚝 세운다. 더욱이, 그들에게 그들의 가족에 대해 이야기하라고 요구하는 경우, 그들은 "나에게 영도자 마오쩌둥이 있다"고 말한다. 영웅은 기적적으로 치유된 자이고, 신과 완전한 합일 상태에 있으며, 완전히 "헌신된" 사람이고, 신의 성품이 가득찬 인격이다. 또 그는 전형적인 인물인 동시에, 내일의 중국인의 모델이다. 그리고 영웅은 노동, 가족, 조국, 정직함, 이기주의와 경제주의18에 맞선 투쟁 같은 모든 측면에서 완벽하고, 자신의 혁명 과업 이외의 모든 관심사에서 벗어나 있으며, 개인적이고 감정적인 모든 문제들을 배격한다. 어떻게 이 영웅을 모든 종교의 성인과 동일시하지 않겠는가? "나는 다른 사람들이 더 나은 삶을 가질 수 있도록 우리가 살아야만 한다고 생각한다." 누가 이것을 말하는가? 생 뱅상 드 뽈Saint Vincent de Paul인가 혹은 라이 펑Lei Fêng인가? 결국 영웅 자신은 숭배의 대상인데, 이 숭배는 신 자신이 조직하고, 방향을 설정한다. 영웅은 정확하게 매개적 숭배의 구실을 한다.

드골주의

프랑스에서 드골주의는 분명히 그 자체로서 종교적 현상은 아니다. 즉 드골주의는 어떤 심오함도 없고, 총괄적 현상도 아니며, 무엇보다 지속성을 내포한 어떤 종교적 성격도 제시하지 않는다. 반면에 드골과 관계는 어떤 종교적 태도를 표현한다. 사람들은 드골이 국부國父였다고 흔히 이야기했다. 하지만 종교적 현상은 드골의 생전보다 지금 여전히 더 사실적이다. 그렇지만, 그의 연설 효과는 놀라웠고, 이는 종교적 지지에 의해서만 설명되어야 했다.

---

18) [역주] 경제주의(économisme)는 20세기 러시아 사회 민주주의자들이 주장한 것으로서, 경제적 이익을 우선으로 삼는 노동 운동의 형태이다.

즉, 그가 어떤 특별한 특징도 없었던 연설을 통해 1968년의 소요사태를 그치게 하는 데에 성공했다는 점은 확실히 의미심장하다. 만약 다른 사람이 같은 것을 언급했다면, 그것은 어떤 효과도 낼 수 없었을 것이다. 드골의 반대자들은 너무도 놀란 나머지 그들은 부정확한 많은 물질적 이유로 시위의 소멸을 설명하려고 애썼다. 사실, 신은 국부國父를 통해 이야기했다. 이것이 상황이 정리된 유일한 동기인데, 이는 사실상 대중의 깊은 지지를 전제로 하는 것이다. 오늘날 이점은 확인된다. 즉 나를 놀라게 하는 것은 드골 무덤 방문 혹은 드골에 관한 책도 아니고, 점증하는 드골의 초상화도 아니라, 드골에게 바쳐진 목발, 목걸이 같은 무덤의 봉헌물과 드골 무덤의 흙을 담은 작은 주머니의 구매이고, 또한 자발적이기 때문에 비상업적인, 묘석을 감싸 안는 행위와 무덤 주변에 있는 조약돌을 줍는 행위이다. 이런 일은 빈번하게 일어난다. 여기서 우리는 정확하게 성유물과 신성한 성인 무덤에 대한 숭배의 수준에 놓여 있는 것이다. 그것은 영웅이나 "위인"과 관련된 것도 아니고, "회상"이나 감사 행위와 관련된 것도 아니다. 그것은 국가 종교를 구체화했던 인간을 대상으로 하는 종교 행위와 관계된 것이다. 그것은 선전 활동의 산물이 아니라19, 가능한 모든 대상에 집중된 현대인의 종교적 욕구의 표현과 관계된 것이다.

대중 스타

그러나 가장 작은 역량을 보인 영웅·성인聖人)에게 별도로 자리를 마련해 주어야만 한다. 우리는 스타들이 결국 합리주의에 의해 유발된 신앙심의 공백을 채워주는 역할을 충분히 하지 못했음을 앞에서 지적했다. 정치종교 덕분으로 스타들은 마침내 자신들의 위치를 발견한다. 결국 스타들은 진지한 숭배에 포함된다. 예술가가 "참여하는" 순간부터, 예술가는 스타가 된다. 존

---

19) ▲ 선전은 선전대상자에게 응답자가 있는 경우에만 파고들 따름이다.

바예즈Joan Baez, 멜리나 메르쿠리Mélina Mercouri, 이브 몽땅Yves Montand은 할리우드의
스타들의 위엄보다 더 뛰어난 위엄을 얻기 시작했다. 즉 그들은 인간을 위한
인간의 투쟁에 참여한다. 그들은 아직 전형적인 영웅이 아니지만, 그럼에도
불구하고 그들은 종교적 영역 속에 이미 들어갔다.

신앙의 특징들

신과 그의 성인들 앞에서 가능한 유일한 태도는 신앙적 태도이다. 사
실 바로 이런 방식으로 활동가들의 태도를 규정할 수밖에 없다. 몬로Monnerot
는 이 신앙의 특징들을 오랫동안 연구했다.[20] "그것은 모든 인간적인 차이
를 넘어서 수많은 인간을 합일적인 전체로 합치고 통일시킬 수 있는 열정적
인 사고와 관련된 것이다. 이 열정적인 사람들이 사회와 전체를 형성한다."
그들은 상호 권면의 상태 속에서 살아가고, 이런 신앙이 전인격을 차지하
며 모든 지적 기능을 차지한다. 또 신앙은 사고가 진화할 수 있는 범위를 정
확히 한정한다. 신앙은 정화淨化된 것을 벗어난 모든 것을 자동적으로 거부
한다. 신앙은 이해할 수 있는 것과 문자 그대로 이해할 수 없는 것 간의 경계
를 설정한다. 한정된 영역에서 개인은 엄청난 평안을 소유한다. 개인은 신앙
의 기준들에 의해 보호되는 이 영역으로부터 나올 수 없기 때문에, 그는 완
전히 자유롭다고 평가한다. 신앙은 근본적으로 모든 비판적인 정신을 배제
한다. 사람들은 어떤 논증과 사실과 이성을 통해 전제들을 문제 삼을 줄 모
른다는 이 명백한 사실과 함께, 그 전제들이 부과되었다. "실제적인 동기"는
논증 뒤로 숨는다. 그렇지만 여기서 미묘한 차이를 고려해야만 한다. 즉 신
앙의 대상과 관계되는 모든 것에 있어서 비판이 완전히 부재한다. 역으로 선
택한 영역 밖에 위치하는 모든 것에 있어서는 과도한 비판이 존재한다. 신앙
을 벗어나 있는 모든 것은 악이고, 이 순간 여기서의 과도한 비판은 저기서

---

20) 『세속 종교 심리학』(Psychologie des religions séculières)

의 비판의 부재를 보상하도록 한다. 정신분석학자들은 이 문제를 아주 잘 안다. "병적인 무분별"은 "병적인 통찰력"과 섞여 있다. 한편, 종교적 신앙은 정치적 신앙과 동일하다. 실험적으로 우리는 그것을 체험했다. 물론, 신앙은 배타주의와 편집증을 통해 상호적으로 표현된다. "주체의 활동은 같은 방향으로 집중되고 통일되는 반면에, 또 그것은 같은 방향으로 향하는 동일한 본성을 가진 수많은 활동과 경쟁한다. 이점은 분명히 현실을 부인하는 것으로 귀결된다. 즉 진실한 것은 신앙의 대상이다. 우리는 히틀러와 스탈린을 통해 이점을 알았다. 공산주의의 경우는 특별히 분명했다. 모스크바 소송, 독일계 소비에트 협약, 집단수용소, 숙청, 배반, 베를린과 헝가리 폭동 진압, 이 모든 것은 적대자들에 대한 비난과 함께 거부함으로써 부인되든지, 신앙 세계 속에서 설명되고 통합되든지 한다. 판단은, 손상되지 않은 채로 남아 있어야만 하는 신앙의 이름으로 완전히 혼미해졌다. 신앙이 없으면 모든 것은 무너질 수도 있을 것이다. 왜냐하면, 그것은 명백히 전체와 관련되는 문제이거나 혹은 무無와 관계되는 문제이기 때문이다. 이것이 종교의 특징이다. 신의 지도 아래에 있는 공산주의이며, 뛰어난 지도자이며, 인민의 자상한 아버지는 인간의 모든 문제들을 해결해야만 하고, 우리가 인류의 고등 단계에 도달하도록 만들어야만 한다. 그는 비난할 만한 어떤 것도 허용하지 않는다. 만약 그가 단순히 상대적이라면, 모든 것은 무너질 것이다. 그가 변질과 오점을 겪는다면, 헌신하는 것이 불가능할 것이다. 신앙은 완전한 순수함 속에서 또 죽기를 각오한 헌신 속에서, 그리고 만물에 대한 흔들리지 않는 설명 체계를 가지고, 신과 영웅을 통합한다. 이것은 단지 신심의 태도가 아니다. 왜냐하면, 신심은 복합적이고 흔히 불확실하기 때문이다. 기독교적 의미에서, 이것은 기독교가 나타내는 전체주의와 절대성을 가진 신앙과 관계되는 것이다. 한편 정치 신앙은 정확하게 자리를 차지했고, 서구 기독교 신앙의 모든 특성들을 지녔다. 수 세기 동안 기독교에 의해 형성된 인간들은 전체적인 이런 인간 조직 없이 살아갈 수 없음을 체험했다. 파괴할 수 없는 특성은 오히려 신앙의 대상이 바뀔 수 있음을 설명해 준다. 즉 견디기 힘든 위기를 통해 가장 훌륭한 히틀러주의자들은 스탈린주의자들이 되었고, 이제 가장 훌륭한 스탈린주의자들은 마오쩌둥주의자들이 된다. 왜냐하면, 오늘날 신앙 현상은 주로 좌파들에게 있는데, 그것은 그 심리적 구조와 표현에서 히틀러주의자와 스탈린주의자에게 있었던 것과 동일한 것이다.

신앙의 전유물인 비타협성은 기독교 신앙으로부터 전이되었는데, 기독교 신앙은 무기력해졌고, 관용적이 되었으며, 다원적인 동시에 정치적이 되었다. 정치적 신도들보다 더 위험한 것은 아무것도 없다. 그들은 모든 신도들처럼 진리를 보유하고 있지만, 이 신도들과 다르게 권력은 진리로부터 분리될 수 없다. 정치 신앙이 다른 어떤 신앙보다 비교할 수 없이 더 위험해 보이는 것이 이런 점에서다. 이와 반대로 불교는 정치 권력과 연합을 조금도 포함하지 않는다. 기독교도 원래는 그러했다. 만약 기독교가 자체의 영감과 주제인 사랑의 하나님에 충실한 채로 남아 있다면, 기독교는 정치적 권력을 행사하는 것과 양립할 수 없다. 그런데 기독교와 정치 권력 간의 연합은 우연히 이루어졌다. 반면에 정치 신앙은 오직 정치 권력과 현대국가 속에서만 구현될 수 있다. 이런 점에서 정치 신앙은 인류가 여태 경험했던 종교들 중 가장 끔찍한 종교이다. 즉 그것은 경찰과 군대와 행정 속에서 구현된 추상적인 권력 종교이다. 말하자면, 그것은 유일한 구체적인 권력이다. 이점에 맞선 유일한 보장책은 자유주의와 국가의 정교政教분리원칙이다. 하지만 이런 취약하고 합리적인 방파제는 무너졌다. 최근 어떤 좌파 논객은, 사람들이 진리를 알 때, 이 진리를 숨겨 놓을 수 없다는 내용의 편지를 내게 썼다.[21] 그의 진리는 명백히 좌파적이었고, 그는 행정자치구에 따라 젊은이들의 정신의

---

21) ▲ 반면에 나는 국가의 정교분리 원칙을 옹호했고, 교육이 형식화된 이데올로기를 전파하는 것이 아니라, 모든 이데올로기에 맞선 투쟁을 가르쳐야 하는 필요성을 옹호했다.

방향을 설정할 수밖에 없다고 나에게 설명하였다. 사실 스탈린과 히틀러는 각자 진리를 위하여 국가를 활용했다. 좌파 신도와 스탈린 혹은 히틀러 신도 간에 어떤 차이도 없다. 정파와 권력에 대한 그들의 태도는 동일하다.

성스러운 기록

그 외에 신앙의 대상을 결정해야만 한다. 더욱이 나머지 모든 것이 비롯되는 신 안에서 신앙의 대상을 결정해야 한다. 신앙의 내용은 '성스러운 기록'Écriture sainte 안에서 제시되는데, '성스러운 기록' 자체가 신앙의 대상이다. 사실 세속 종교가, 연이어 발행된 『자본론』, 『나의 투쟁』, 『붉은 소책자』라는 세 권의 책처럼, 책의 종교임을 확인하는 것은 무척 흥미롭다.22 그것은 신으로부터 발산되고 자체의 계시를 담지하고 있는 신성한 책들23과 관련된다. 성스럽다는 것은, 이 책들이 따로 구별되고, 다른 모든 책들과 다르며, 이 책들로부터 모든 사상들은 성스럽게 되고, 이해되며, 측정되어야만 하기 때문이다. 또한 이 책들을 비판할 수 없기 때문에 이것들은 성스럽다. 그리고 어떤 토론도 이 책들과 관련하여서 이루어질 수 없다. 단지 사람들은 이 세계로 들어갈 수 있고, 점점 더 잘 이해하려고 애쓸 수만 있다. 그래서 신성한 책들의 각 문장은 연구되고, 분석되며, 해석되고, 재해석된다. 성서와 코란 이후부터 어떤 책도 독자로부터 이러한 인식과 존중과 복종의 대상이 되

---

22) 한편, 이 '성스런 기록'의 질은 시간에 따라 줄어든다는 사실을 강조할 필요가 있다. 즉 『나의 투쟁』은 분명히 『자본론』보다 훨씬 못하고, 『붉은 소책자』는 모든 것보다 못하다. 아마도 이것은 내성(耐性)과 관계가 있을 것이다. 즉 사람들은 '신성한 기록'을 내용을 검토하지 않고 수용한다. 마르크스주의에서 '신성한 기록' 자료집은, 유대교와 기독교에서처럼, 계시, 마르크스의 젊은 시절과 노년 시절. 그리고 일련의 해석자라는 연속적 단계로 구축되었다. 그런데 해석자들 중에 오직 몇 사람만이 그 자료집에 삽입된다. 예를 들어 레닌은 신성한 텍스트의 일부를 이룬다. 다른 주석가들은 보편적으로 인지되지 못했다. 그래서 그들은 코란 같은 유일한 책, 유일한 기록물로부터 나오는 권위를 갖지 못한다.

23) '신성한 책'은 『자본론』에 대해 언급하면서 솔제니친(Soljenitsyne)이 특별히 사용한 용어다. "그는 이 신성한 책을 읽는 것을 열망했다.…"(『크레체토브카에서 생긴 일』)

지 않았다. 이 '성스러운 기록'은 모든 신도들이 알아야만 한다. 또 그것은 인민 전체에게 강요되고, 공통된 집단적 사고를 구성한다. 그리고 '성스러운 기록' 안에는 오류가 있을 수 없다. 이 기록이 담고 있는 최악의 진부함과 평범함이 경건하게 수집되는데, 이것이 신으로부터 나오기 때문에 수집은 어리석은 짓일 수 없다. 따라서 인민은 거기서 깊은 의미를 발견해야만 한다. 사실 사람들은 놀라운 의미를 찾기까지 기록을 끝없이 깊이 파고든다. "권력은 총신銃身으로부터 나온다." 이 '성스런 기록'은 계시해 주고, 밝혀주는 힘을 소유하고 있다. 그러나 그 힘을 이용하기 위해서는 쉬지 않고 거기에 전념해야만 한다. "우리는 매일 영도자 마오쩌둥의 저서들을 연구해야만 한다. 만약 우리가 단 하루라도 멈춘다면, 문제들이 쌓인다. 만약 우리가 이틀을 멈춘다면, 우리는 퇴보한다. 우리가 사흘을 멈춘다면 우리는 더는 살수 없다." 이것은 마오쩌둥주의의 영웅 호민Ho Min의 말이다. 그리고 라이펑 Lei Feng은 "우리가 이해하지 못하는 경우, 우리는 그것을 말해야 한다"고 덧붙인다. 모든 질문들에 대한 답을 담고 있는 '성스런 기록'을 통해 모든 어려움은 해결될 수 있다. 어떤 어려움에 의해서 멈추어질 경우, 마르크스 혹 레닌 혹은 마오쩌둥의 저서들 속에서 그 해결책을 찾아야 한다. 즉 어떤 대목을 읽음으로써 "계시"24가 생겨나고, 어떻게 장애물을 극복하는가를 이해한다. 심지어 화재와 조난 같은 대단히 구체적인 사건의 경우에도 적용된다. 구원해 주는 것은 바로 마오쩌둥의 사상이다. 그래서 모든 기록물의 경우처럼, 이 '성스런 기록'은 인용 체계 속에 구현되는 권위 체계에 의해 특징 지어진다. 진리가 무엇인지 알기 위해서는 신성한 책의 한 마디로도 충분하다. 따라서 각 문제에 있어서 적당한 텍스트를 발견하는 것이 적절하다. 하지만, 고찰하고 분석하고 문제 제기하고 과학적 태도를 취하는 것은 쓸데없는 일이다. 말하자면 과학은 신성한 책에 대한 인식이고 적용일 뿐이다. 과학은

---

24) ▲ "계시"란 단어는 끊임없이 사용된다.

전부 신성한 책 속에 포함되어 있다. 한 번 인용하면, 당신은 진리를 안 것이다. 저자의 권위는 저자로부터 흘러나오는 사상의 진지함을 보장하는데 충분하다. 물론 권위에 대한 논증은 오직 신도에게만 가치가 있는데, 특히 신도에게는 절대적으로 가치가 있다. 그러나 '성스런 기록' 속으로 들어오지 않은 사람들에게는 이 논증은 전혀 가치가 없다. 그들은 완전히 진리 밖에 있기 때문에, 논증은 중요하지 않다. 그러므로 효율성과 진리임을 확신하기 위해서는, 반드시 필요한 주석과 함께, 서로 관련된 적합한 인용들을 구체적으로 설정하는 것이 좋다. 레닌에게서 그리고 스탈린에게서 경이롭게 찾아볼 수 있듯이, "사상은 어떤 인용으로부터 다른 인용으로 가는 가장 짧은 길이 된다." 이것은 가장 나쁜 스콜라철학의 되풀이이다.

메시아

'성스런 기록'은 메시아, 다시 말해 신의 의도 혹은 예지를 완벽히 실행하는 존재를 지목한다. 이와 동시에 이 메시아는 의미심장한 가능성을 자신에게 열면서 역사를 수립하고 성취한다. 그렇지만 이 역할을 하기로 되어 있는 것이 젊은이가 아니라면, 이런 메시아의 이미지는 마오쩌둥주의에는 이상한 듯이 보인다. 사실, 이것은 아주 깊은 유대-기독교적인 개념인 듯이 보인다. 그리고 이 개념은 중국인의 영적 과거와는 너무 생소하여 사람들은 이 개념이 중국인에게 부재하다는 것을 이해한다. 왜냐하면, 메시아는 아주 특별하기 때문이다. 즉 메시아는 심연 속으로 빠지는 존재인데, 그는 절망과 고통과 죽음의 가장 깊은 곳으로 가서, 다시 빛나고 영광스러우며 승리자의 모습으로 거기서 빠져나온다. 메시아는 이 지옥으로의 여행에 인류 전체를 자신과 함께 데려가는데, 지옥의 탈출구는 역사와 인류의 열림이다. 신의 뜻을 지닌 자의 완전한 굴욕과 수치가 없을 때, 메시아는 존재하지 않는다. 그런데 이 이미지가 정확하게 프롤레타리아와 함께 마르크스에 의해 주어지고, 인종과 더불어 히틀러에 의해 주어진다. 프롤레타리아에 관한 마르크스의 대단한 텍스트가 알려져 있다. "프롤레타리아는 자신의 보편적 고통으로 인해 보편적인 특성을 지닌 영역이고, 사람들이 그에게 특별한 피해를 주는 것이 아니라 절대적 피해를 주었기 때문에, 어떤 특별한 권리도 요구하지 않는 영역이다. 프롤레타리아는 더 이상 역사적 칭호를 내세울 수 있는 것이 아니라, 단지 인간적 칭호를 내세울 수 있는 영역이다. 결국 프롤레타리아는 사회의 다른 모든 영역들로부터 해방되지 않고서는 해방될 수 없는 영역이다. 따라서 그 영역들 모두를 해방시키지 않고서는 해방될 수 없는 영역이다. 한마디로 이것은 인간의 전적인 패배인 영역이고, 그래서 인간에 대한 전적인 재정복을 통해서만 영역 자체가 정복될 수 있는 영역이다. 프롤레타리아가 현재 세상의 해체를 선언할 때, 프롤레타리아는 자기 고유의 존재적 신비를 표현하기만 하면 된다. 왜냐하면, 프롤레타리아는 이 세상의 실제적인 해체이기 때문이다."[25]

그런데, 히틀러에게서도 고귀하고 성스러운 아리아 종족에 대한 동일한 묘사가 발견된다. 즉 아리안 종족은, 투기꾼들에 의해, 돈에 의해, 부패에 의해, 민주주의에 의해 타락하고 굴종되었고, 유대인에 의해 부패 속에 빠졌으며, 아리아 종족을 약화시키는 비열한 강제조약에 의해 타락했고, 완전히 적대적인 세상에 의해 둘러싸여 있으며, 영적 심오함 속에 있지만 과학과 합리주의로 인해 부인되었고, 아리아 종족을 착취하는 민족들 속에 흩어졌으며, 영속적인 음모를 통해 쇠약해졌고, 극도로 피해를 본 소외된 종족이라는 것이다. 사람들은 히틀러 사상의 이런 측면을 너무 자주 잊었다. 히틀러는 아리아 종족과 민족의 부활에 대해 끊임없이 이야기했다. 아리아 종족은 운명을 성취하는 도구가 되는 동시에, 역사를 여는 도구가 된다. 바로 이것은 정확하게 마르크스의 프롤레타리아와 동일한 모형이다. 하지만 그리스도처럼

---

25) 『유작(遺作)』 (*Literarischer Nachlass*) 3권, Mehrㄴung Ⅰ, p.398

프롤레타리아 혹은 종족이 역사를 떠맡고 재상승을 시도하는 "순간"은 역사가 단절된 순간이라는 것은 명백하다. 과거 전체는 절대 악이어서,26 메시아 덕분에 절대적인 선이라는 특징을 갖게 될 미래의 단계에 이를 수 있다. 천년왕국이나 혹은 공산주의의 상위 단계로의 이행은 정확하게 메시아 일의 성취이고 궁극적인 심판을 포함한다.

새로운 인간과 유토피아

메시아는 구원의 소망과 역사의 완성을 담지하고 있다. 마르크스주의와 나치주의와 마오쩌둥주의를 지지하는 사람은 구원받은 인간임과 동시에 새로운 인간이다. 그가 메시아 집단에 속해 있든, 메시아 율법을 받아들이든 간에, 그는 이전의 전체 악으로부터 정화되었다. 즉 프롤레타리아와 이어서 역사의 이 운동 속에 들어온 사람들, 곧 프롤레타리아와 동일시될 사람들, 즉 "영예로운 아리아인들"은 전체 악으로부터 정화되었다.

신도는 완전히 평정심을 유지한다. 즉 신도는 더는 의심과 분열과 딜레마를 알지 못한다. 그는 선한 편에 속해 있음을 확신하는데, 이것은 모두의 지지를 통해 보장된다. 신도는 결국 완전하고 파괴될 수 없는 진리를 갖고 있다는 감정을 느낀다.27 이런 체계는 바로 사회적인 잘못들을 제거해버리는 경향이 있기 때문에, 신도는 지나간 자신의 모든 잘못들을 용서받는다. 신도가 대의명분 속에서 행하는 모든 것이 이제부터는 선과 일치하기 때문에, 신도는 다가올 모든 잘못들로부터 보호된다. 이것은 매우 특징적인 신도의 정황이다. 사람들은 오래전부터 보편적 종교들의 정화淨化 기능을 강조했다. 보편적 종교들이 사라질 경우에도, 어쨌든 이런 기능은 또 생겨나야만 한다. 왜냐하면, 인간은 정화되지 않고는 살 수 없기 때문이다. 정신분석요법은 이

26) ▲ 아주 멀리 떨어진 과거인 엥겔스의 '원시 꼬뮌'이나 혹은 바그너식의 전설적인 '중세 이전 시대'를 제외한다.
27) ▲ 또한 사람들은 진리를 갖는 것이 구원을 보장하는 것임을 안다.

런 역할을 수행하기에는 불충분하다.

그러나 정신분석요법은 시험과 희생을 통해 정화작용을 가져왔던 세속 종교들에 의해 대체되었고, 추월당했다. 정화된 인간은 진실로 새로운 인간이 된다. 아라공Aragon은 공산주의자들에 대한 자신의 훌륭한 텍스트에서 그것을 보여주려고 애썼다. 주목할 것은, 사람들이 그 어떤 것을 구체화하려고 시도할 때, 이 새로운 인간은 새로운 대단한 일을 행하지 않았다는 점을 알아차린다는 것이다. 그것은 노동에 대한 열정과, 집단에 대한 헌신과, 총통에 대한 희생과, 적에 대한 단호함과 관련된 것이다. 그런데 매우 진부한 이 모든 것은, 진실로 공산주의자 혹은 나치주의자가 새로운 인간이라는 일반적인 주장을 가로막지 않는다. 사람들은 절대성으로 넘어가고, 흑백으로 된 세계를 그린다. 한편에는 모든 악이 있고, 다른 한편에는 모든 선이 있는데, 선은 놀랍게도 해방자이다. 바로 거기에 종교와의 동일성이 있다. 더욱이 이 새로운 인간이 오직 기다리던 인간이라고 생각할 때 더욱더 유사한 동일성이다. 새로운 인간은 이미 새롭지만, 그렇다고 해서 완전히 새로운 것은 아니다. 왜냐하면, 모든 것은 오직 혁명의 끝에서 완성될 것이기 때문이다. 그때는 사람들이 상위 단계인, 완성되고 발전된 이상적인 공산주의 사회에 있게 되거나 혹은 천년왕국28 속에 있게 될 때이다. 왜냐하면, 새로워지는 것이 단지 신도일 뿐만이 아니라 세상 전체가 되는 순간을 사람들은 기다

---

28) ▲ '실현된 종말론'과 '일관된 종말론'간의 그리스도인의 긴장과 완전히 동일하다. [역주] '실현된 종말론'(eschatologie réalisé)은 C. H. 다드 (1884-1973)에 의해 널리 알려진 기독교 종말이론이다. 그는 신약 성경의 종말론적 본문들은 미래를 언급하는 것이 아니라, 오히려 예수님의 사역과 그의 마지막 유산에 관련된다고 한다. 따라서 종말론은 세계의 마지막 때와 관련된 것이 아니라, 예수에 의해서 세워진 하나님 나라의 시작과 제자들에 의해 지속되는 새로운 하나님 나라와 관련된다. 즉 종말론은 초월적 역사가 아닌 실제 인간 역사의 현상에 관한 것이다. 한편, '일관된 종말론'(eschatologie conséquente)은 알버트 슈바이처 (Schweitzer)가 처음 주장한 '철저한 종말론'을 의미한다. 요하네스 바이스(J. Weiβ)에 의해서도 주장된 이 종말론은 예수의 선포와 그의 행위 및 사역은 임박한 재림을 종말론적으로 기대하는 것에 의해 지배되었다고 본다. 이 철저한 종말론은 하나님의 나라가 미래에 있지 않고, 이미 예수 그리스도의 사역에서 완성되었다고 보는 '실현된 종말론'과 대조적인 개념이다.

리기 때문이다. 자연과 조화되고, 인간과 조화되며, 자기 자신과 조화된 인간인 마르크스의 유명한 예언의 성취 순간이 바로 이 순간이다. 혹은 인간의 모든 잠재성을 정점에 이르게 하는 인간이자, 만물에 군림하게 되는 초인超人을 결국 완성시키는 인간인 히틀러의 예언의 성취 순간이 이 순간이다. 이 두 가지 경우에서 국가 없는 사회나 관료주의가 없는 사회가 완성된다. 그리고 역사적 시대는 만료가 될 것이다. 이런 종말론적 기다림은 때로 유토피아에서, 때로 천년왕국에서, 경우와 때에 따라 나타난다.29 예를 들어 히틀러 천년왕국설과 중국 문화혁명의 천년왕국설, 그리고 소련과 소련에 의존하는 공산당들의 유토피아가 이에 해당한다. 모든 경우에서, 이것은 사물과 존재의 완전한 상태에 대한 표상과 관련된 것이다. 사람들은 전통적인 요한계시록의 주제들, 즉 심판과 불을 통과하기와 인간의 완성된 새로운 몸을 재발견한다. 또한 사람들은 역사를 인류의 원시시대에 통합시킴으로써, 또 원시시대를 역사 발전에서 비롯된 완성과 동일시함으로써, 원시시대의 완성으로서 회귀를 재발견하고, 동시에 그 차이를 제거함을 통해 단일성으로 회귀를 재발견한다.30 다시 말해 이것은 정확하게 가장 오래된 종교적 원형과 동일한 것이고, 동시에 유대-기독교적인 이미지를 재현하는 것이다.

신학적 체계화

이 신앙은 신학 속에서 표현되고 공식화된다. 신성한 텍스트에 대한 지적인 체계화와 끝없는 주석은 다른 식으로 지칭될 수 없는데, 지적 체계화와 주석은 반박에 대해 답하기로 되어 있고, 신도들을 완벽히 가르치기로 되어

---

29) 두 현상들에 대한 분석을 위해서 나는 세르비에(Servier)의 『유토피아의 역사』(Histoire de l'Utopie, 1966)를 권한다.

30) ▲ 이것은 원시 공동체로의 회귀하는 것이지만, 과학과 기술의 지식 전체를 가지고 되돌아가는 것이다. 또 중세 초기 게르만 종족으로 회귀하는 것도 역시 가장 발전된 기술들의 통합과 더불어 되돌아가는 것이다.

있으며, 범접할 수 없는 진리의 본체와 교조를 확립하는 것을 목적으로 한다. 교조와 신학이 문제라는 이런 생각은, 격렬한 반공산주의적인 정신이나 혹은 타락한 정신에 해당되는 것이 아니다. 그람시Gramsci의 다음과 같은 훌륭한 텍스트가 있다. "숙명적이고 기계적인 결정론적 요소는, 종교와 자극의 형태인 실천 철학의 이데올로기적이고 즉각적인 아로마 향이었다. 사람들이 투쟁의 주도권을 갖지 않을 때, 또 투쟁이 일련의 패배로 끝나버렸을 때, 결정론은 놀라운 도덕적 저항의 힘이 된다. 나는 일시적으로 패하지만, 결국 사물들의 힘은 나를 위해 작용한다. 실제적인 의지는 신앙의 행위로 가장되고, 역사의 어떤 합리성으로 가장되며, 열정적인 궁극목적론의 경험적 형태로 가장된다. 그런데 이 궁극목적론은 예정론과 섭리와 고백 종교들의 대체물로 보인다."알뛰세르,「마르크스를 위하여」 이것은 아주 정확하게 신학 연구이다. 우리는 세 가지 요소를 지적할 수 있다. 무엇보다 먼저, '절대성'으로의 이행이다. 물론, 마르크스와 마오쩌둥도 절대적 진리를 제시한다고 결코 주장하지 않았다. '절대성'으로 이행을 실행하는 것은 체계화와 숭배행위이다. 그런데, 체계화는 정확하게 이스라엘과 예수와 마호메트를 통해 체험된 사실로부터 시작된 신학 연구다. 즉 참된 것과 거짓된 것을 근본적으로 규정하면서, 참된 것과 거짓된 것에 대한 문제 자체를 제기하는 것을 아주 급속히 금지하는 절대적 이데올로기로 이행된다.

그러나 절대성은 절대적 선善인 목적과 관련되고, 정당 같은 이 목적의 수단과 관련되며, 역사적 모순들의 작용과 이 모순들 자체와도 관련된다. 이 총체적 신학 연구는 오직 절대성으로의 이행을 통한 신학 정립에서만 정체성이 확립될 수 있는데, 이것은 결국 '교의론'을 형성하고 만다. 말하자면, 통일적 방식으로 형성된 진리 총체는 서로 서로에 근거를 두고, 서로를 통해 입증되며, 인식과 계시의 장 전체를 포괄한다.31 이데올로기와 교의론의 절

---

31) ▲ 왜냐하면, 교의론은 오직 완전한 체계일 뿐이기 때문이다.

대화 메커니즘은 다음과 같은 점에서 동일하다. 즉 "어쨌든 이 메커니즘은, 신앙이 없다면 생겨나지 않았을 수도 있고, 교리가 됨으로써 일종의 자율적 힘을 얻고, 그 자체로서 존재하게 된 개념들을 객관화하는 것으로 구성된다"는 점에서 동일하다. 그런데 현대 다양한 마르크스주의의 어휘에서, 이것은 이론이라고 불린다. 마르크스 종교에서 이론은 기독교 종교에서 교의론과 동일한 것이다. 사실, 이 두 경우에서, 과학적이어야 한다는 매우 엄밀한 요구가 있다. 그러나 과학은 신앙의 토대 위에서 손댈 수 없는 기지旣知 사실이란 전제로부터만이 발전할 수 있는데, 사람들은 이 기지 사실을 명확히 하는 것에 그칠 따름이다. 한편, 모든 사실을 해석하고 설명할 수 있게 하며, 모든 사실을 서로서로 통일적으로 만들며, 모든 사실을 체계의 증거들로 변화시킬 수 있게 하는 것이 바로 체계화이다. 그러나 이 해석은 마르크스 이론과 기독교의 경우에서 완전히 합리적이지만, 오직 신앙 속에서만 수용될 수 있다. 결국, 교의론처럼 이론도 행동의 지침이 된다고 주장한다. 세상과 인간을 변화시키기 위하여, 어떻게 세상과 인간에게 영향을 끼쳐야 하는가? 이론과 교의론은 바로 이점에 부합한다. 그런데 이것은 결정적인 요소로서 혁명 혹은 회심이 필요한데, 이는 이론과 교의론에서 동일하다. 교조가 확립되자마자, 교조는 어떤 행동 노선을 내포한 판단으로서 제시된다. 교조를 부여받은 신도는 교조를 적용하고 실천하는 책임을 지닌다. 이점은 반드시 단순한 지시나 계율이나 혹은 행동지침으로 나타나지만, 거기에서부터 비타협성이 생겨나고, 이단이 형성된다. 즉 교조가 고정된 순간부터, 오직 하나의 진리만이 있을 수 있고, 진리를 명백히 밝히는 방식만이 있을 뿐이다. 말하자면 오직 진리가 참을 거짓으로부터 구분할 뿐만 아니라. 선과 악의 구분과 참과 거짓의 구분을 동일시한다. 달리 말하자면, 선과 악의 구분은 거짓과 악을 제거함으로써 적용될 수밖에 없다는 것이다. 한편, 지나간 종교들을 보수주의의 수단으로서 해석하는 것은 마르크스주의자들이 아연실색하는 오류이다. 반면에 어떤 종교도 단순히 천국으로 해결책을 삼는다고 주장하지 않았고, 언제나 지금의 세상과 인간을 변화시키려 했다고 이미 주장했다. 마르크스주의자들로 하여금 자신들이 세상을 변화시키길 바라는 첫 번째 사람들이라고 말하게끔 하는 것은[32] 믿을 수 없을 정도로 맹목적인 허영심이다. 이렇게 하면서, 그들은 부분적인 현실화와 종말론적인 해결책이라는 이분법을 가지고 모든 종교의 길을 다시 취한다. 그런데 이것은 장애물들과 적들을 제거함을 통해서 뿐만 아니라, 특히 이단자들을 제거함을 통해서만이 이루어질 수 있다. 즉 행동의 완전한 통일을 결정짓는 사고의 완전한 통일이 필요하다. 적과 이단자는 오류 속에 있는 인간들로만 여겨지지 않는니다. 그들은 절대적인 악이다. 몬로의 탁월한 지적에 따르면, "사람들은 교조를 토의하지 않고, 오직 교조에 대해 언쟁할 따름이다." 그리고 당연히 몬로는 자신의 합리성을 통해 자기 자신을 방어하는 과학적 명제와 교조를 대립시키는데, 이 교조는 무장되고 방어되는 것이 필요하고, 교조를 부인하는 자들에 대한 실제적인 승리를 통해 확증되는 것이 필요하다. 교조의 존재는 제로 지점에서부터 시작된 연구를 금지한다. 현재의 마르크스 교조는[33] 마르크스에게 그가 행했던 바를 행하는 것을 금지시킬 수도 있다. 예수에 대한 대제사장의 텍스트는 정확하게 마르크스와 관련하여 재현될 수도 있다. 따라서 교조나 종교적 사실을 진정으로 특징짓는 것은 내적 모순인데, 이 모순이 종교적 사실을 교조로서 구성하는 것이다. 이 모순에 따르면, 교조는 사람들에게 창시자가 행했던 것과 동일한 것을 행하는 것을 금지한다. 그런데 창시자가 없다면 교조 자체는 존재하지 않을 것이다. 아뭏튼 적이나 이단자는 단순히 제거되어야만 한다. 이점은 역사의 실현 혹은 하나님 나라의 근사

---

32) ▲ 마르크스의 유명한 말장난의 토대 위에서 그렇게 말한다!

33) ▲ 마르크스 교조는 소위 스탈린주의 포기와 명백한 수정주의에도 불구하고 언제나 확실히 현재적이고, 다양한 좌파의 흐름들 사이에서 극심한 토론들이 입증하듯이, 언제나 '현재'이다.

치를 보장한다는 교조의 진실성에 대한 부인할 수 없는 증거다. 하지만, 이런 교조적 주장들은 신도들에게만 확실하고, 신도들의 눈에서만 설정될 수 있기 때문에, 이 주장들은 비신도들을 제거함으로써만이 명백해진다. "과학은 오류만을 인식하고, 교조는 죄악만을 인식한다"라고 몬로는 정확하게 말한다. 그래서 세속 종교 속에서 이단자는 우연이 아니다. 공판과 숙청이 있었다면, 그것은 스탈린의 잘못이 아니다. 이단자가 없을 수는 없다. 사실 이단자는 시스템을 구성한다. 이단자는 스탈린적인 일탈이나 혹은 다른 일탈과 연결되어 있지 않고, 혹은 마르크스주의의 어떤 개념과도 연결되어 있지 않다. 설명적이고 과학적이 되고자 하는 이론과 절대적 지지를 함의하는 신앙 간의 결합이 존재하는 순간부터, 다시 말해 이런 종류의 종교가 존재하는 순간부터, 반드시 이단자들은 존재한다. 이단자들이 사형에 처해지거나 혹은 정신병동 속에 갇히거나[34] 혹은 인민재판에 넘겨지거나 혹은 홍위병의 복수심에 불타는 분노에 넘겨지는 것은 정확하게 동일한 것이다. 이단자는 체코슬로바키아 혹은 쿠바에서처럼, 마오쩌둥의 중국에서도 마찬가지 이유로 동일한 결과에 처하게 된다. 말하자면, 근본적으로 어떤 차이도 없다는 것이다. 물론 어디서든 자유는 주장된다. 그러나 에르베[Hervé]가 상기시키듯이, 이것은 오로지 "진리를 말하는 자유이다. 달리 말해 자유는 확정되고 인정된 진리를 말하는 것일 수도 있다." 종교재판은 역사적으로 결코 다른 것을 주장하지 않았다.

정당

모든 종교는 성직자를 내포한다. 성직자는 신과의 중개자이고, 메시아의 표현이며, 결정의 집행자이고, 신도들의 지도자이며, 종교를 지속시키는 조직자이다. 세속 종교에서 진정한 성직자는 정당인데, 이 성직자는 전통 종교

---

34) ▲ 왜냐하면, 마르크스주의의 진리를 받아들이지 않으려면 미쳐야 하기 때문이다.

에서 성직자의 기능과 역할을 모든 관점에서 정확하게 수행한다. 이점을 강조해야 한다. 그것은 가볍고 피상적인 비교가 아니다. 전통적인 성직자의 모든 기능들은 정당 속에 다시 존재한다. 역으로 정당의 모든 기능들은 이미 성직자 속에 있었다. 완벽한 일치가 있다. 성직자의 정점에 항상 과오를 범하지 않는 수장^{首長}, 즉 진정한 현실 신정정치의 수장이 언제나 있다면, 그는 이 신정정치의 살아 있는 하나님인 동시에, 교황과 황제이다. 사람들은 종종 정당의 관료주의에 대해 말한다. 사실 성직자는 중개적 혹은 신성한 성직자의 역할과 행정적 역할이라는 이중적 역할을 떠맡는다. 그런데 반대로 진정한 관료주의가 되는 것은 바로 국가 기구이다. 그것은 중국이나 혹은 나치 독일에서처럼, 소련에서도 확인되었다. 특히 강조해야 할 흥미로운 사실은 이 이원성이 동일한 문제와 딜레마를 가진 중세의 교회-국가라는 이원성과 정확하게 일치한다는 점이다. 정당처럼 교회는 국가가 적용할 수밖에 없는 진리를 보유한다. 교회는 통제하고 지도하며, 이데올로기적인 정당성을 검증하고 영감을 불어넣고 판단한다. 하지만 교회는 정치를 집행하고 정치를 실행하는 차원까지 낮아지지 않는다. 세속적 힘은 언제나 필요하다. 정당은 신도들만을 다스릴 수 있을 따름이다. 또 나라의 기관 전체와 관련해서, 기관은 다른 조직체에 의해 관리될 수밖에 없지만, 이 조직체는, 자신보다 물질적으로 뛰어난 것이 아니라, 영적으로 혹은 이데올로기적으로 뛰어난 상급기관에 의해 진리가 공포되는 것에서 벗어날 수 없다. 히틀러와 스탈린과 마오쩌둥의 국가들은 크리스텐덤의 권위 관계의 도식을 정확하게 재현한다. 더욱이 교회처럼 정당은 실제적 존재로서 고려되어야만 했다. 왜냐하면, 모든 구성원 사이에 존재하는 합일적 관계는 실제적이고 집단적인 심리학적 에너지를 생산하기 때문이다. 이 에너지는 정당을 구성하는 구성원 중 어떤 구성원에게도 속하지 않는다. 하지만 이 에너지는 모두의 결집된 에너지의 결과물이다. 정당은 자신의 모든 신도들에게서 심리적 에너지를 이끌어내는데, 이 심리적 에너지는 정당에게 현실성을 부여하고, 이 현실성을 외부로 향하는 적극적인 힘으로 변화시킨다. 이것은 정확하게 교회 안에서도 일어나는 것에 대한 묘사이기도 하다. 이 '정당-교회' 개념, 즉 정당에서 예전 교회까지 동일시하는 것은,35 사르트르가 공산당 존재의 특이성을 명백히 밝히는 데에 있어서 가질 수 있는 어려움들을 거의 완벽히 설명한다. 그는 정당 속에 있는 자발성과 민주주의에 관한 혼돈의 문제를 다루었는데, 그는 교회의 공동체적 특성과 제도를 받아들이지 않기 때문에 그 혼돈으로부터 빠져나올 수 없었다. 달리 말해, 정당과 교회를 동일시함으로써, 정당의 특성들과 정당에 대해 제기된 문제들의 거의 전부가 설명된다. 하지만 이런 동일시가 거부된다면, 문제 자체를 결코 설명하지 못하게 된다. 성직자의 기능 중 하나는 구체적인 성례전에 따라서 예배의식을 거행하는 것이다. 그런데, 장중한 성례전 속에 수천 명의 사람들이 모이는 장엄한 예식으로부터 진지하고 설득력 있는 가족적이고 친밀한 모임까지, 우리는 모든 종교에서처럼 정당에서도 예배의 위계를 발견한다. 그래서 사람들은 나치의 모임과 종교예식을 종종 비교했다. 뮌헨과 뉘른베르크의 큰 축제는 교묘하게 짜인 프로그램을 가지고 있는데, 이 프로그램은, 오직 신의 현존 자체에만이 만족할 수 있는 열광으로까지, 종교적 열광을 점진적으로 끌어 올리도록 되어 있다. 즉 기나긴 의식, 성례의 명시성, 찬양, 상호 참여, 음악, 성스러운 텍스트 낭독, 연설자의 노련한 진행이, 총통이 절정과 답례로서 등장하는 마지막 순간까지 이루어진다. 하지만 그때 강력한 말과 긴 연설은 흥분된 군중 위로 떨어지고, 절정 이후에는 아주 짧은 단절이 발생한다.36 이 모든 것은 자신의 조직에서 예배에 상응하는 것을 복원한 것이다. 중국의 천안문 집회들은 약간 다르지만 같은 특성을 지니고 있다. 하지만 이 집회에서 구상은 아주 다

---

35) ▲ 이것을 주장하는 것은 내가 처음이 아니다.
36) 이 단절은 교회 미사에서 활용된 것을 재현하는 것인데, 이것으로 미사의 심리적 효과와 순간적 침묵을 내포한 미사의 구조를 설명할 수 있다.

른 듯이 보인다. 때로 홍위병에게서처럼, 이것은 단지 앞서 열광한 군중 앞에 나타나는 것과 관련된 문제인데, 군중은 '지금 여기서' 신이 출현하는 것에 대한 심리적 준비가 필요하지 않다. 중국인이 바라는 유일한 것은 멀리서 우상을 보는 것이라고 주장하는 텍스트가 얼마나 많은가. 이것은 나치주의의 축제와 전혀 다른 방식으로 놀랍게 조정된 축제들이다. 실제로 참가자들이 아주 오랜 기간 준비했던 것처럼 보인다. 예를 들어, 참가자들은 살아 있는 놀라운 카드섹션 그림들과 인간 모자이크에서 자신의 역할을 정확하게 배우기 위해서 연습했고, 기계적인 정확성을 가지고 신을 찬양하는 그들의 예배를 수행한다. 스탈린 치하에서 동일한 문화 현상이 신들 사이에 자리 잡는데, 이 문화 현상은 "살아 있는 신을 찬양하고, 성스러운 책에 주석을 달며, 신도들에게 새로운 희생을 부추기고, 자본주의 지옥과 대립이 되는 소비에트 천국을 찬미하며, 마법 주문으로 세워진 사회통념을 토대로 한 새로운 예배의식의 언어로 모든 것을 예찬한다. 소련의 실제 생활에서 종교예식은 기술보다 우위에 섰다."37 그리고 모든 경우에서 찬가는 상당한 위치를 차지한다. 찬가가 가장 증가한 곳은 마오쩌둥주의의 중국에서이다. "붉은 동양", "원양에서 항해는 조타수에 달려 있다" 혹은 "영도자 마오쩌둥의 전사들은 당의 학습을 가장 잘 이해하는 자들이다"가 가장 유명하다. 그러나 찬가와 신도송信徒頌은 모든 핵심적 예식 속에 들어 있다. 사적으로 행해지거나, 작업 소모임이나 혹은 친구들의 모임에서 행해진 예배들은 대규모 공공 예배와 아주 다른데, 이 종교모임들은 히틀러나 혹은 스탈린 치하에서 결코 이렇지 않았으며, 마오쩌둥의 중국에서 훨씬 더 특징적인 듯이 보인다. 내가 체험한 사례인 시안타르Ciantar의 사례를 인용하는 것이 내가 할 수 있는 좋은 사례이다. 우선 1965년부터 1968년까지 중국에서 3년간의 그의 체류에 관

---

37) [역주] 미쉘 가르데(Michel Garder, 1916-1993)는 러시아 태생 프랑스 작가이며 2차 세계대전에 참전한 군인이다. 그는 전역 이후에 소비에트 연방과 공산주의에 대한 다양한 저서를 출간했다.

해서 말하자면, 그는 마오쩌둥 체제에 대해 전적으로 호의적이었고, 열광 속에 중국으로 갔다. 그러나 로빈Robin처럼 모든 종교에 적대적인 그를 가장 적대적으로 돌변하게 만든 것은 바로 마오쩌둥의 종교였다. "1968년 2월 21일. 흥미로운 것은 제2의 공자孔子인 마오쩌둥에 대한 숭배의식과 충성의식에 참여했던 것인데, 이 예식은 베이징과 다른 곳에서 거의 두 달 전부터 행해진다. 교수인 라오치Lao-Chi는 마오쩌둥 초상화를 향해 돌아서서 '충성서약' 선언문을 낭독했다. 그런 후에 그녀는 살아있는 신에게 절하기 위하여 참석자들에게 일어나도록 요청했는데, 그것은 각자가 땅을 향해 머리를 깊이 숙이면서 하는 것이었다. 그리고 나서, 다시 앉기 전에, 열렬한 숭배자인 듀엣 가수들은 영도자 마오쩌둥 송가를 노래했다. 이 예식은 공장에서 하루에 두 번씩 진행된다."38 그는 이 책의 다른 부분에서 비를 내리게 하거나 벼를 자라게 하기 위하여 마오쩌둥에게 하는 기도 의식을 언급하였고, 간혹 마오쩌둥의 초상화 앞에서 향 막대기를 태우는 행위도 마찬가지로 언급했다. 이것은 진짜 살아 있는 신과 관련된 문제이다. 이 현상의 가장 놀라운 측면은, 이것이 중국 민족과 관련된다는 것이다. 중국 민족은 지상에서 가장 덜 종교적이라고 말할 수 있고, 자신에게 영향을 미쳤던 모든 종교들을 "세속화"했다고 말할 수 있었던 민족인데, 이 민족이 종교적인 민족으로 변화되었다. 그런데 이번 경우에 종교가 되어 버린 것은 바로 정치이다.

세속 종교

우리는 일련의 현상을 방금 기술했다. 그런데 세속 종교가 진정한 종교이며, 바로 이 세속 종교들의 결집은, 우리가 어떠한 단어의 남용도 어떤 편의도 없다고 말할 수 있게 만든다. 만약 종교의식과 신성한 책과 조직만이 있

---

38) 『베이징에서 천 일』(Mille jours à Pékin, 1969). 이 3년의 체류 일기는 꾸밈없이 정직하고, 모든 일반화와 모든 수상쩍은 해석을 의심한다.

다면, 비록 이 특징이 확실히 종교적 요소들과 비교될 수 있더라도, 그것으로부터 일반적인 결론을 이끌어낼 수 없을 것이다. 반대로, 결정적인 것은 이 징후들의 결집이다. 왜냐하면, 다음 같은 사실이 결국 간파되기 때문이다. 즉 기독교의 외적 모습을 구성하는 모든 것은 나치주의나 공산주의 속에서 아무것도 망각되지 않은 채 재현되어 있다는 것이고, 역으로 나치주의나 공산주의 외적 모습을 구성한 모든 것은 이미 기독교 속에 있었다는 사실이다. 바로 이 완벽한 일치가 사람들이 진실로 종교에 직면해 있다고 말할 수밖에 없게 한다. 그람시는 여전히 다음과 같이 강조한다. "현시대에서 공산당은 원시 기독교 종교 공동체와 진정으로 비교할 수 있는 유일한 제도이다. 당이 국제적인 차원에서 이미 존재하는 한, 신의 도성을 위한 전사들과 인간의 도성을 위한 전사들 간에 비교를 시도할 수 있고, 일종의 관계를 설정할 수 있다." 결국 사람들은 메시지들을 비교하고, 기독교의 섭리주의와 혁명적 예언을 비교하며, 원죄로부터 구원에 이르는 길과 인간 착취로부터 계급 없는 사회로 가는 길을 비교하기를 좋아한다. 이와 더불어 사람들은 이 둘 간의 엄밀한 필연성을 비교하고, 종교재판의 화형과 강제수용소를 비교하며, 유심론적인 하나님의 자유의지와 사적 유물론의 엄밀한 필연성을 비교하기를 좋아한다. 이 모든 것을 통해 우리는 이런 동일시로 향한다. 정치인은 우리의 상황에서 전통적인 종교인과 완벽한 등가물이 되었고, 변함없는 대체물이 되었다.

III. 그리고 지금은?

인간의 욕구에 상응하는 세속 종교

그렇지만 사람들은 특히 스탈린주의와 히틀러주의에 대해 언급하면서,

우리에게 문제를 제기할 수밖에 없다. 즉 이 형태들은 결국 사라졌고, 독일은 민주적이 되었으며, 스탈린주의는 나쁜 기억이 되었다는 것이다.39 아마도 마오쩌둥주의도 그럴 것이다. 그런데 세속 종교에 대해서도 마찬가지로 사라질 것이라고 말할 수 있을까? 우리는 정상으로 돌아오고야 말고, 이 현상은 하나의 단계, 즉 극단적인 흥분의 발산은 아니었는가? 이 질문에 대답하기 전에, 나는 이 종교들이 우연히 세워진 것이 아니고, 갑작스런 변화로 만들어진 것이 아님을 상기시키고 싶다. 세속 종교들은 두 가지 필요성 간의 결합에 상응한 것이다. 하나는 사랑받고 숭배받는 한, 절대주의와 욕구와 총체성과 효율성의 극단에 도달할 수 있는 권력의 필요성이고,40 다른 하나는 절대적 명령을 수용하고 완전히 자신을 헌신하려는 종교적 욕구를 가진 평범한 사람의 필요성이다. 이처럼, 세속 종교들은 정치 권력의 힘과 그것의 충만함과 총체적 욕구와 인간적 힘이 정치를 통해 제시된 웅대한 과업 속으로의 이동과 모든 역경을 극복하기 위한 절대적 헌신에 필수적이기 때문에, 세속종교들이 형성되었다. 그런데 이 종교들은, 이성과 현실이 없어 보이는 곳에서 살 수 없는 인간의 근본적 욕구에 부합하기에 성공하고 있다. 인간은 의미를 소유하고, 초월적 빛을 조명받고, 인간을 초월한 일에 참여한다면 자신의 삶을 지탱할 수 있다. 따라서 독재자들을 종교적 노선 속으로 이끄는 것은 독재자들의 타고난 잔혹함이 아니라, 권력 강화의 필요성과 인간 욕구에 대한 응답이다. 이 인간의 욕구가 무질서 사회에서 방향을 잃었고, 공적인 종교 덕분으로 새로운 방향을 찾았다. 그렇기 때문에 이 종교들은 자발적임과 동시에, 만들어진 것이라는 사실을 확인할 수 있다. 즉 인간이 그 스스로 최고 수장과 아버지와 구원자와 주관자를 향해 경배할 것이기 때문에 자발적이라는 것이다. 또한 인간은 위대함와 진리와 정의와 선와 용서가 필요

---

39) ▲ 비록 우리가 늘 전체주의 국가를 직면하더라도 말이다.
40) ▲ 과거에는 결코 도달할 수 없었다.

하다. 인간이 이것들을 발견하는 곳이 유일하게 바로 세속 종교에서다.41 국가는 "모든 매정한 괴물들 중에서 가장 매정하게 되는 것"을 더는 받아들이지 못한다. 국가는 따뜻하고 친절하고 친근해지는 것이 필요하다. 이것은 스탈린의 관대한 아버지의 모습이고, 마오쩌둥의 유쾌하고 열려있고 너그러운 모습이다. 권력이 조직화되고 합리화되고 엄격해질수록, 더욱더 권력은 자신을 향한 인간의 비합리적이고 이성을 초월하는 행동이 필요하고 또 인간이 주는 사랑과 열기를 필요로 한다. 이것이 사회학적 해석의 진짜 법칙이다. 즉 "시스템이 합리적일수록, 더욱더 시스템은 종교를 발산한다." 만약 사정이 그렇지 않다면, 사랑과 개인의 종교적 감정은 가시적이고 파악할 수 있는 것으로 귀착되지 않는다. 그러나 역으로 사람들은 늘 인위적으로 또 일련의 "속임수"로 종교를 규정하지 않는다는 점을 항상 기억해야만 한다. 정치 권력이 모든 사람의 욕망과 열정과 기다림에 깊이 응답하지 않는다면, 그것이 제아무리 약삭빠를지라도, 새로운 종교를 만들 수 없을 것이다.

세속 종교의 확산

따라서 우리의 질문에 되돌아오자. 즉 세속 종교들은 종언을 고했는가? 가르데Garder 42는 소비에트 연방공화국의 세속 종교의 소멸을 분석했다. 더는 신도 없고, 교황도 없으며, 황제도 없다. 신성한 종교재판은 파괴되었다. 더는 절대적인 적으로 여기지 않는 자본주의 적대자에게 굴복했다. 교황적 기능은 비신성화되었다.43 그리고 종교적 속박에 견주어 과학과 기술의 해방을 목격하게 되었다. 그래서 학자들과 기술자들의 역할은 증대되었다. 후

---

41) 이것은 내가 『선전체제』(*Propagandes*)에서 연구한 동일한 현상이다. 선전들은 인간이 그것들을 수용하려고 준비하는 한, 또 선전가와 피선전자 간의 일종의 사전 묵인이 있는 한에서만이 성공한다.

42) ▲ 미셸 가르데(Michel Garder), 『소비에트 러시아체제의 종말』(*L'Agonie du régime en Russe soviétique*), 1965.

43) ▲ 스탈린의 무오류성에 대한 사후 문제 제기 같은 것이다.

르시초프는 도식적 요소들에 대해 문제 제기를 했고, 유고슬라비아 같은 이단자들과 접촉을 시도했다. 교리 해석의 다양성과 동시에 공산주의 최고 단계에 이르는 혁명이 가능한 길의 다양성을 용납하는 데에 이르렀다. 그 결과 선택의 자유가 생겼다. 동시에 꽤 자유로운 정보가 확장되었고, 원칙적으로 비판적 텍스트가 비밀스럽게 순환하는 새로운 가능성이 확장되었다. 손 댈 수 없게 된 유일한 것은 정당이다. 그러나 오직 정당에서는 종교를 만들지 못했다. 가르데는 "소비에트 연방공화국에서 실패한 것은, 바로 레닌-마르크스주의적 우상숭배와 이것을 내재화하는 공포스런 억압체제이지, 사회주의는 아니다"라고 결론지었다. 사실 소비에트 연방공화국과 그 위성 국가들에서 종교 현상의 퇴행이 있었다는 점은 인정한다. 그러나 이것이 정치적 세속 종교에 대한 문제 제기를 내포하는가? 모든 종교사에서 지리학적 이동이 있다는 것을 잊지 말아야만 한다. 즉 불교는 자기 요람에 머물지 않았고, 소아시아와 북아프리카에서 폭발적으로 성장한 기독교는 완전히 사라졌고, 서유럽 지역 같은 완전히 다른 지역에서 뿌리를 내렸으며, 지금 기독교는 서유럽에서는 쇠퇴하고, 놀랍게도 인도네시아, 라틴 아메리카에서 퍼지게 되었다. 달리 말해, 마르크스-레닌주의적 세속 종교가 소비에트 연방공화국에서 쇠퇴했을지라도[44], 그것은 전체적 쇠퇴가 아니다. 왜냐하면, 이 세속 종교는 우선 중국으로 이동되었다. 바로 여기서, 우리는 마르크스-레닌주의 종교가 갖춘 과도함과 큰 규모와 절대성이란 정황을 재발견하게 된다. 한편, 중국은 스탈린 체제에 대한 호의를 숨기지 않는다. 그러나 어떻게 정치종교 신도들의 모든 특성들을 정확하게 보여주는 좌파들을 회상하지 않을 수 있겠는가. 소비에트 연방공화국에 대한 그들의 원한과 적개심은 지금 정확하게 이점에 영향을 미친다. 즉 중국은 더는 종교적이 아니라는 것이다. 다음

---

44) ▲ 이점에 대해 나는 절대적으로 동의하지 않는다. 오히려 나는 냉각기, 재정비기로 보인다.

과 같은 이유로 중국은 배신했다는 것이다. 중국은 합리성 속으로 빠졌고, 혁명적 급진주의를 포기하였으며, 더는 이론을 적용하지 않았고, 관료화되었고, 이단들과 반사회주의자들과 타협하였다는 것이다. 중국은 더는 비의적인 열광 속이 있지 않았다. 사실 좌파들이 다시 만들어 내는 것은 그다지 "더 왼쪽을 향한 운동"이 아니다. 기이한 것은 이점이 좌파들을 굉장히 호감이 가도록 만든다는 것이다.45 좌파들은 약해진 종교의 비타협적인 예언자들이다. 그러나 모든 예언자들처럼 그들도 일관성이 없고 혼란스럽다. 진정한 세속 종교가 존재하기 위하여 부족한 것은, 모든 영적 에너지들을 한데 모으는, 주관하고 통일하는 권력의 개입이다. 더 앞에서 기본적 열정과 종교적 구조 간의 필수적인 결합이 분석되었는데, 이 결합에서 후자, 즉 종교적 구조가 좌파에게 부족하다. 이 좌파는 혼란스런 행동표현과 탈출구 없는 신비 속에서 고갈되고 있다 .

중국의 정치-종교

마오쩌둥 숭배를 통해 스탈린 숭배를 훌륭하게 대체한 후에, 중국은 이번에는 종교적 태도를 폐기할지도 모른다. 중국의 여러 기자들과 전문가들은, 중국은 인물 숭배 청산과 종교 기피와 노예적 복종 태도 비판 국면에 있다고 우리에게 증언했다. 그것은 거의 "탈마오쩌둥화"이다. "마오쩌둥 인물 숭배는 사라지고 있는 중이다. 더 주목할만한 것은 거기서 끝난 것은 마오쩌둥이란 것이다... 그는 극단적이고 성가신 이런 숭배 폐기를 통고했다. 오늘날 마오쩌둥 초상화 없는 공장들을 볼 수 있고, 작업복에 핀으로 달린 붉고 황금색 초상화 배지들은 사라졌다. 우리는 오직 한 사람만이 지난 일 년 동안 넘겼던 유명한 『붉은 소책자』*Petit Livre rouge*를 읽는 중인 것을 보았다. 그는

---

45) ▲ 좌파들은 기독교인들 매혹시켰다. 즉 그들은 좌파들의 좋은 종교적 분위기 속에 놓여 있다.

외국에서 온 방문 중인 중국인이었다.… 사람들은 『붉은 소책자』를 비판한
다. 더는 요약된 마르크스주의는 없다.…"46 그러나 이미 1971년 12월, 부크
A.Bouc는 『새로운 중국』*Chine nouvelle*에서 영웅들과 인물들에 대해 가한 비판을 적
었다. "영웅들과 황제들과 성인들은 역사를 만들지 않는다... 개인이 인민 대
중의 의지를 반영할 때만이 역사 속에서 적극적 역할을 행할 수 있다." "태
양조차도 흑점들을 가지고 있다.…" "권력을 비인간화하는 것과 관련된 문
제라고 부크는 말한다. 지도자의 초상화들은 공공 장소들에서 철거되었고,
그 어록들은 더 희귀해진다.…" 종교적 시대는 종결될 것이다. 에드가 스노
우Edgar Snow라는 "그의" 기자에게 한 유명한 선언에서 1970. 12. 종교적 시대를 비
판했던 사람이 바로 마오쩌둥이다. 중국을 인물 숭배 종교의 길로 잘못 향하
게 했던 악인은 바로 린 피아오Lin Piao였다. 소름이 끼치는 『붉은 소책자』의 제
작자는 린 피아오였다. 종교는 늘 마르크스주의 노선을 유지한 마오쩌둥주
의의 상황은 아니다. 그렇지만 우리는 에티앙블Etiemble 47이 제기한 질문을 할
수밖에 없다. 즉 마오쩌둥은 이 엄청난 종교적 촉발을 무시했는가? "우리는
영화와 텔레비전에서, 마오쩌둥 앞에서 행운의 부적符籍을 흔드는 수십만 군
중이 '위대한 조타수'le grand timonier 48에 박수갈채를 보내는 이 공포스런 장면
들을 우리는 보지 않는가?" 아주 엄청난 종교적 물결은 거기에 완벽하게 적
합한 마오쩌둥을 덮었다. 그는 오로지 열혈지지자의 종교적 열광 덕분에 의
해서 문화혁명의 성공을 거두었다. 이 혁명은 모두 종교적 상황이었다. 마오
쩌둥은 이점을 전혀 무시하지 않았다. 심지어 그는 그것을 원했다. 왜냐하

---

46) ▲ 기랭(Guillain), 르몽드, 1972년 8월.

47) [역주] 르네 에티앙블(René Etiemble, 1909-2002)은 중동 및 아시아 문화평론가이자 소설
가이며 소르본 누벨 파리3대학 교수이다. 대표적인 저서로는 『중국을 아십니까』(*Con-
naissez-vous la Chine*)이다(1964).

48) [역주] 문화대혁명의 절정기 때 마오쩌둥에 대한 개인숭배가 극심해지면서 그에게는 '위
대한 영수', '위대한 총사령관', '위대한 조타수', '위대한 교사'라는 네 가지 호칭이 한꺼번에
쓰였다.

면, 모든 전문가들은 1965년에서 1970년까지 늘 마오쩌둥은 선전기구 수장이었다는 점을 완전히 강조했기 때문이다. 그런 다음 문화혁명은 갑자기 끝이 났던 것 같다. 사람들은 비종교적이고 합리적인 상태로 돌아왔다. 그리고 틀림없이 진지한 증언들에도 불구하고 나는 감히 의심되기까지 한다! 무엇보다 먼저, 그래도 인간을 빵의 속살로 간주하지 말아야만 한다. 사람은 자신이 꾸몄던 것과 열광했던 것을 갑자기 파기하지 않는다. 수년 동안, 중국인들은 마오쩌둥의 종교적 열정을 경험했다. 그들에게 "지금은 끝났다. 더는 그것을 생각하지 말라"로 말할 수 없다. 그런 것은 역사 속에서 몇 차례 발생했으나,49 원하는 결과를 낳지 않았다. 즉 신은 그가 더는 신으로 존재하길 원하지 않더라도 신으로 남았다. 결국 이런 설득은 무의미하다. 반대로 수많은 다른 증언들이 있다. 줄리앵Cl.Julien은 악의 없이 우리에게 어떤 중국 여성의 통상적인 생각을 이야기해 주었는데50, 마오쩌둥 종교는51 여전히 살아 있다는 것이다. 그는 우리에게 자신의 조선소 방문을 이야기해 주었는데, 거기서 푸른 작업복을 입은 노동자들은 그들의 마음에 새겨진 『붉은 소책자』를 가지고 있었다. 그리고 "마오쩌둥의 사상 덕분에"라는 말의 흐름을 끊지 않은 채 고강도의 작업라인에서 일하는 이 노동자들의 놀라운 이야기를 그는 들려주었다. 즉 "마오쩌둥 사상 덕분에 전기라인은 종이호랑이가 되었습니다". 또 위험한 작업 동안, 각 단어를 또박또박 끊어 말하면서, 노동자들의 합창대가 마오쩌둥의 두 가지 사상을 낭송했다. "엔지니어"는 어떻게 마오쩌둥 사상이 전기의 속성을 변화시켰는지를 설명했다. 또한 줄리앵은 시골 조선소에서 마오쩌둥 사상을 재현한 20미터 높이의 한자 구호 플랭카드들을 보았다. 조선소의 작업반장들은 나무를 심기 위해서 이 사상 속에

---

49) ▲ 예를 들어 옥타비우스 아우구스투스의 경우에 해당한다.

50) ▲ 르몽드, 1972년 2월.

51) ▲ 그녀의 눈에는 물론 종교가 아니다.

서 영감을 끌어낸다고 설명했다. 마찬가지로 1971년 7월, 마게리뜨Magueritte는 곳곳에서 커다란 천과 구호들과 초상화들을 지속적으로 보았다. "여러 개의 마오쩌둥 동상은 부처 상들을 회상시킨다." 또한 그는 "기적적으로 치유된 자들"과 마주했다. 소경들과 농아들은 마오쩌둥의 유일 사상을 통해 문화 혁명 동안에 치료되었다. 글을 읽을 줄 모르는 3살짜리 아동들은 마오쩌둥 의 사상들을 암기했다. 이 모든 것이 1971년 7월에 일어났고, 1972년에는 모 든 것이 변화되길 진정으로 바랐다. 불행하게도 그것은 아주 명확하지 않다. 1972년 6월에 마오쩌둥 사상은 아직도 군사 신문에 의해 진리에 대한 절대 적이고 무비판적인 기준으로 여겨졌다. 만약 린 피아오가 잘못했다면, 그것 은 마오쩌둥 사상과 비교에 의해서 그런 것이다. 이 상황에서 더는 마법은 없 으나, 종교적 유형의 신앙에 근거한 그만큼의 교조주의가 있었다. 마오쩌둥 의 저작들은 늘 절대적 진리를 내포한 거룩한 책들이다. 그런데 강조해야 할 중요한 다른 사실도 있다. 말하자면, 오직 마오쩌둥, 그 자신만이 모든 것이 다. 1965년부터 중국에서는 더는 국회도, 헌법도, 공화국 대통령도, 공표되 고 명시된 경제 계획도, 조직화된 정부도 없었다. 다시 말해 마오쩌둥이 모 든 것이다. 이것은 매우 종교적 상황인 것이다. 사람들이 종교적 후퇴를 이 야기할 수 있는 것은, 내 눈에는 초상화들이 제거되었기 때문이 아니며, 붉 은 소책자 "선포식"이 더는 없기 때문이 아니다.

하지만 나는 하나의 가설을 제시하고 싶다. 즉 마오쩌둥이 마오쩌둥주의 의 종교적 양상과 투쟁에 들어간 것은 스노우와 인터뷰에서 시작되었다는 사실을 모든 사람이 언급한다. 사람들은 마오쩌둥의 아름다운 문장을 인용 하곤 한다. "내가 무엇일까? 단지 구멍 뚫린 작은 우산을 받쳐 들고 세계 도 처에 걸어서 떠도는 외로운 수도자이다." 사람들이 우리에게 말해주길, 그 는 "중국 동양화의 거지 순례자, 즉 현자賢者"를 만났다고 했다. 출판사들은 인간 마오쩌둥, 즉 죽음을 면할 수 없는 마오쩌둥을 소개했다. 무척이나 아름답다.… 결국.… 마오쩌둥, 오직 자기 자신만이 권력을 유지한다. 얼마나 절대적인가! 샤를르 5세Charles Quint 52가 자기 자신의 인생에 관해 이런 시각에 사로잡혔을 때, 그는 모든 것을 포기했고 수도원으로 칩거했다. 마오쩌둥은 절대 그렇지 않았다. 그런데 이점은, 물론 자신들의 수많은 부를 유지하면서, 부의 덧없음과 "당신은 부를 당신이 가지고 가지 못할 것이다"는 것에 대한 억만장자들의 성찰들에 대해 분명히 생각하도록 했다. 마오쩌둥은 인간이 되었다. 이는 종교적 영웅의 정상적인 진화이다. 우리는 영화 스타들도 동일한 변화를 겪는 것을 목격했다. 말 그대로 "스타"가 된 이후에, 그들은 비인간적으로 아름다워야만 했다. 여자들은 장신구들로 치장해야 하고, 남자들은 구리빛으로 그을려야만 했다. 사람들은 못생긴 여자 스타에게 다가오지만, 당신과 나와 같은 익숙하고 친근한 평범한 사람에게 잘 오지 않는다. 언제나 사람들은 많은 돈을 벌고, 많은 열정적인 숭배자들, 즉 팬들을 거느린 스타에게 온다. 광고에서도 마찬가지이다. 광고는 인간적이여야만 하고, 착한 아이, 상냥한 미소와 부드러운 손, 가까움, 친근감 등이 있어야만 한다. 그렇지만 언제나 소비 숭배 의식은 남는다. 또 이것은 동일한 미사를 위한 아바타다. 거기에는 더는 화려함이 없고 찬미는 없다. 모든 것은 수평적이고, 직접적이며 인간적이지만, 역시 종교적이다. 동일한 과정이 정확히 중국에서 일어났다. 웅장함과 거대함과 과장됨 이후에 그리고 열광과 신비 이후에, 신이 인간에 다가가는 시대, 자신의 전능함을 보유하면서도 우리와 같은 인간임을 선포하는 시대가 왔다. 또한 천둥과 번개 속에서 보다는, 신의 친절과 친근함과 겸손 속에서 더 칭송을 받는 시대가 왔다. 착함이 가

---

52) [역주] 샤를르 5세(카를 5세). 그는 1500년 2월에 출생한 신성로마제국의 황제이자, 스페인 국왕, 이탈리아의 군주 등 국경을 초월한 여러 직위를 갖고 있다. 어머니는 카스티아 왕국과 아라곤 왕국의 후아나 공주이고, 아버지는 신성로마제국 황제 막시밀리안 1세의 후계자이자 부르고뉴 공국의 공작이 필리페 1세이다. 이처럼 화려한 친외조부모님 덕분에 그는 중유럽과 서유럽 그리고 남유럽을 넘어 아메리카 대륙과 필리핀 제도까지 포함한 광대한 영토를 다스렸다.

득한 웃는 놀라운 모습은, 내가 저항할 수 없을 정도로 온화하게 미소짓는 큰 턱수염을 가지신 아버지와 같은 다른 놀라운 모습을 생각하게 만든다. 즉 아동들이 자신의 운명을 의탁할 수 있는 전형적인 선한 할아버지 말이다. 정확하게 그것은 복제품이다. 마오쩌둥 죽음 이후에 사람들은 그가 냉혈한이었다는 것을 알아차렸고, 그의 겸손은 더 심한 인물 숭배의 도구였다는 것을 간파했다. 마오쩌둥은 언제나 붉은 태양이고 종교는 동양에서도 죽지 않는다!

세속 종교의 영속성

레이몽 아롱Raymond Aron 역시도 동일한 문제를 제기한다.53 계급 혹은 인종을 통한 집단적 구원 교리들은 지난 몇 해 전부터 쇠퇴하고 있다. "우리는, 지적 가치에 있어서 또 더 영적인 가치에 있어서 매우 빈약한 교조적敎條的 이데올로기들이 어떻게 실행되었는지 이해하기 힘들고, 또한 그것들이 이따금 최고의 지성인들에게 이토록 영향력을 행사하는지를 이해하기가 힘들다." 그는 이런 퇴행의 원인들과 징후들을 길게 분석했다. 즉 국민정신의 발전, 너무 긴 일상적 적용의 약화, 산업 문명의 증대, 공산주의 체제의 경험은 선전체제 그리고 정치·경제학과 사회학의 발전된 과학적 적용을 통해 완전히 은폐될 수 없었다. 그런데 정치·경제학과 사회학의 적용은 교조의 위반을 전제한다. 즉 "정신적 명예의 관점"에서 그리고 "위계적이고 국가적 차원의 보편주의적이고 평등주의적인 관점에서", 모든 종교적 이데올로기 과정에 따른 마르크스-레닌주의 이데올로기 상실이 전제된다. 이 모든 것은 상당한 회의주의에 물들게 하고, 종교적 보편주의를 거부하게 했다. 1925년 ~1955년 기간에 큰 세속 종교들은 습관적 무미건조함과 일상적 틀과 열정의 상실 속에 빠졌다. 그럼에도 불구하고, 아롱은 "우리는 현 상황과 관련하

---

53) ▲『진보에 대한 환멸』 1969.

여 거리를 두지 않는 것은 잘못된 일일 것이다. 20년 전 서구인들은 세속 종교들의 역사적 의미를 과대평가하는 경향이 있었다. 아마도 오늘날은 그들이 그것을 과소평가하는 경향이 있다"라고 상기시킨다. 또 그는 이 종교들의 어떤 영속적 측면들을 제시했다. 특히 그는 변형 사실을 주장한다. 1세기 이후 기독교도 역시 열정과 절대주의를 잃었지만 이것은 구체적으로 종교로서 자리를 잡기 위한 것이었고, 세상을 변화시키기를 열망하기 위한 것이었으며, 교리의 통합 속에서 새로운 열정을 되찾기 위한 것이었다. 거기에 세속 종교들에게서 발생하는 경향이 있지 않을까?

한편, 마르크스주의는 세상과 역사에 대한 하나의 시각을 부여하고, 소유와 관리 양식을 신성화하며, 단지 사회조직과 행정의 문제인 것을, 선과 악 간의 사생결단의 투쟁으로 변모시킨다. 또한, 마르크스주의는 현실과 부조화를 피할 수 없다. 사람들은 이런 점에서 그리고 형성된 체제 속에서, 공산주의가 종교적 특성을 잃었다고 생각할 수 있다. 영예로운 목적은 각각의 구체적 진보에서 뒤로 후퇴한다. 교조는 기존 질서를 정당화하는 데에 사용되고, 도식적인 열광과 엄격함은 쇠약해지며, 공통적 믿음을 통해 획득된 신비로운 연합은 끊어진다. 이 모든 것은 세속 종교의 후퇴로서 보일 수 있다. 나치 체제는 이 후퇴를 알기에는 너무 짧게 경험된 것이었다. 마오쩌둥이 문화혁명과 같은 시도들을 통해서 필사적으로 싸운 대상이 바로 이것이다. 하지만, 실제로 출현하는 것은 바로 새로운 종교적 국면이다. 교리와 실천과 교회는 기존 질서의 보증인들이 된다. "질서에 대한 존중은 찬란한 미래에 대한 기대를 요구하지 않는다." 종교는 도덕을 생성하고, 바로 이것이 사회에서 중대한 사실이 된다. 동시에, 이 신심은 암묵적이지만 필수적인 체제의 토대가 되고, 권력의 정당성과 사회적 응집력의 원리가 된다. 이것은 여전히 종교의 다른 기능이다. 중세에서 누구나 세례를 받고, 신자가 되고, 문제없이 그리스도인이 된 것처럼, 누구나 마르크스주의-레닌주의에서 쉽게 신자가 된다. 따라서 우리 시대에 정치적 세속 종교는 어떤 퇴보도 없다. 단지 정지가 있을 뿐이고, 모든 종교 역사의 고전 시대를 통과하는 것만이 있을 뿐이다.

정치 활동으로의 종교의 확장

정치적 세속 종교의 이런 영속성은 우연이 아니라 현대성을 구성하는 현상이다. 그리고 이것은 확인된 사실을 더 확장시킬 것이다. 즉, 우리가 지금 목격하고 있는 변화는, 지금까지 연구했던 종교들의54 후퇴가 아니라, 종교적 특성을 지닌 모든 정치 활동 형태들로 확장된 것이다. 달리 말해, 사회주의와 공산주의에서 종교적 긴장이 낮아짐과 동시에55, 자유 민주주의 국가, 부르주아 자본주의 국가들에서는 모든 정치적 활동들의 신성화가 발생한다. 그런데 이런 신성화 때문에 이 국가들은 진짜 자유가 정지되었다. 10년 전부터 미국을 변화시키는 냉정한 논쟁은 이 "종교화"로 경련이 일어난 모습이다. 또한 사회적 대립을 점점 감당하지 못하고, 점점 더 독재적인 수단을 사용하는 국가는 오직 정치종교에 기초를 두는 경우만 정당화될 수 있다. 더는 민주적 방식을 수용하지 않고, 폭력을 통해 표현하는 대립은, 정치적 결정으로 **궁극적인 목적**을 만들고, 정치적 행동을 가지고 선과 악의 기준을 만든다. 젊은이는 각 정치적 행동을 위해 가장 극단적인 표현방식을 가지고 헌신하거나 혐오한다. 우리는 파시즘의 등장을 목격하지는 않지만, 정치적 상대성이 종교적 절대성으로 변화하는 것을 목격한다. 새로운 국가들에서, 특히 아프리카에서 동일한 사건이 발생한다. 말하자면, 레닌주의-스탈린주의는 우리에게 길을 보여주었던 선구적 현상들이었다. 일반화된 정치종교는 국가 신성화의 표현이라는 것이다.

---

54) ▲ 마르크스주의, 레닌주의, 나치주의, 마오쩌둥주의.
55) ▲ 더 앞에서 밝혔던 의미의 맥락에서 그렇다.

현대 시민들의 정치 행동은 국가의 신성함을 표현하고, 참여하는 시민은 고귀한 열정을 쏟는다. 정치는 최후의 진리와 절대적 진지함과 인간의 근본적 분리와 선과 악의 구분 장소가 되었다. 고전적이고 신학적인 종교적 대립은 아주 최소화되었다.56 하지만 진짜 단절이 정치 영역 속에 있기 때문에, 궁극적으로 그리고 오직 정치 영역에서, 인간은 모두가 참여했다는 가장 내적인 확신을 가진다. 그런데 정치 활동은 모든 것을 요구한다. 그리고 결국은 국가 수준에서만 아니라, 조금이라도 진지하다면 정당 수준에서도, 정치 활동은 삶을 요구한다. 만약 그렇다고 한다면, 이는 정치 활동이 삶 이상을 촉구하기 때문이다. 사실 정치는 모든 것이 자신을 위해 희생되어야 하는 고통을 가져온다. 정치가 이 신성한 영역으로 들어왔다는 것을 어떻게 더 잘 이야기할 수 있겠는가? 전사자의 죽음처럼 전쟁에서 군인이 죽는 것은 더는 우연적 사건이 아니다. 이것은 하나의 희생이고, 신성성 속으로의 진입이다. 이들은 "헌신자"들이다. 그들이 궁극적으로 희생을 받아들였다면, 이는 실제로 그들의 신심이 평판이나 그들의 개인적인 삶보다 더욱 중요했기 때문이다. 즉, 신심은 그들의 삶에 의미를 주고, 그들의 생각에 색을 입히며, 그들의 존재에 일치를 주는 절대적인 것과 관계된 문제이다. 이것은 전부 아니면 전무全無라는 인생 게임과 관련된 문제이다. 즉 나의 대의가 승리한다면, 모든 것을 획득한 것이고, 그렇지 않으면 모든 것을 잃게 된 것이다. 하지만 이런 진지함과 절대화와 열정과 가차없는 판단은 이성의 영역에 속한 것이 아니고, 정치의 영역에 속한 것도 아니다. 또 이것은 단순히 감정적인 영역에 속한 것이 아니고, 더구나 진실에 대한 고통스런 추구에 속한 것도 아니다. 이것은 소유의 영역에 속한 것이다. 이러한 토대 위에서, 비로소 사람들은 실제로 신성한 것에서부터 갑자기 모든 것이 출현하는 것을 본다. 한편, 막연하고 이름이 없지만, 깊게 체험되고 느껴진 가치들과 사람들이 윤리

---

56) ▲ 바로 이것이 우리 세계 교회의 유쾌한 합의를 수월하게 한다.

라고 부를 수 있는 판단들과 어떤 진리에 이르게 하는 강제적 요청들과 금기 사항들은 "도덕"이 아니라, 긍정적인 신성한 것 혹은 부정적인 신성한 것 속에 위치한 존재와 행위와 사물에 대한 더 심오한 분류이다. 따라서 사람들은 전체적 신앙 변화라는 이상한 상황을 목격하는데, 이 변화는 엘리트들의 적극적인 허무주의, 대중들의 수동적 허무주의 같은 완전한 허무주의, 즉 모든 종교들의 특징을 내포하고 있다. 이 허무주의의 표현이 "참여"이고, 참여는 전통적 종교 언어에서의 회심과 동등한 것이다. 개인적 사회참여는 지성인들의 허무주의의 대응물이고 가시적 모습이다. 사람들은 아무것도 의미가 없고 가장 참을 수 없는 불확실함이 지배하기 때문에, 진리 속으로 내달리면서 진행 중인 승리와 효율적인 행동 같은 존재하는 어떤 것에 집착한다. 즉 사람들은 "강한 어떤 것에 집착하는데, 이것은 새로운 참여자들이 자기 자신에게 영향을 끼치는 암묵적인 부정적 판단을 회피하게 한다." 사람들이 기억하지만, 본질적으로 정치적인 모든 국가 지도에 참여하는 행렬은 국가 사회주의를 알렸다. 이것은 종교적 대체물이다. 이 참여자들에게 시간이란 까다로운 문제가 언급될 경우에, 사람들은 즉각적으로 자신들이 말하고 싶은 것에 대한 의사소통불능을 실감한다. 그와 동시에, 자기 자신이 절대적 필요 때문에 비이성적이고 전능한 영역 속으로 통합되었다는 점도 실감한다.

왕이 제거된 이후에 정치적 진지함이 제도 속으로 들어왔다고 우리는 이야기했다. 그러나 이것은 지속될 수 없었다. 이 세상과 다른 세상 간의 매개적인 구현체가 인간에게 제시되는 것이 정치를 깊게 느끼는 인간에게 아주 빠르게 불가피하게 되었다. 그런데 소위 독재적 체제의 특징이었던 것이 지금 거의 모든 정치 체제들의 특징이 되었다. 더는 상대성과 "평온한 분위기"의 선거와 합리적인 토론은 존재하지 않는다. 정치는 매번 인간의 모든 것을 거는 문제이다. 그래서 모든 것이 정치적이고, 인간에게 진지한 유일한 활동이 정치가 된다. 인류의 운명이 정치에 달려 있다고 할 수 있다. 철학적 진리 혹은 고전적, 종교적 진리는 오직 그 진리가 정치적 행동 속에서 구현된다면, 그 의미를 갖게 된다. 이점에 대해서 기독교인들은 본보기이다. 그들은 기독교가 정치적 참여 속에서만이 의미가 있다고 주장하면서, 정치종교가 있음을 확인하고 난 후에야 행동한다. 사실 그들을 속인 것은 바로 그들의 종교적 사고방식이다. 종교로서 기독교가 무너지는 한, 그들은 그들 시대의 종교적인 것이 어디에서 구현되는가를 두려워하며 찾는데, 물론 무의식적으로 찾는다. 그들은 종교적이기 때문에 자석에 끌리는 철가루처럼, 정치 영역 즉 완벽한 대체물에 자동적으로 이끌린다. 물론 그들은 명시화된 거친 교리들을 믿지 않는다. 그들은 골비처Gollwitzer 57처럼 공산주의의 종교적 특성에 대한 통찰력을 갖춘 사람일 수 있다. 하지만 그들은 인물 숭배 혹은 실천의 신비주의를 부인했기 때문에, 자신들이 종교적인 것을 벗어났다고 믿는다. 그리고는 그들은 오직 지금 지나간 공산주의의 종교적 국면을 비판했다. 그들은 사람들이 정치적 행동 자체로 확장된 정치종교의 새로운 국면 속에 있다는 사실을 보지 못한다. 정치 참여에 대한 적극적인 지지자, 골비치는 신新종교적인 것에 대한 이러한 기독교적 집착의 좋은 사례이다. 한편, 기독교인들은 정치가 주도적인 정당화 수단이 되었다는 것을 간파했다. 기독교는 더는 대단한 것이 아니지만, 기독교인들이 정치를 한다면, 기독교는 다시 새로워지고 활력을 되찾게 될 것이다. 기독교가 현재 이런 식으로 승인된다는 것이 정당화된다. 왜냐하면, 정치적 메시지를 담고 있는 모든 것과 정치적 참여에서 표현된 모든 것이 지금 정당화되고 승인되기 때문이다. 이것은 새로운 구원론이다. 책들과 예술 작품들과 사상을 검토해 보라. 근거가 없고, 중복되며, 진부하고, 유치한 어떤 "사상"일지라도, 그것이 정치적 "메

---

57) ▲ 골비처, 『마르크스주의 무신론과 기독교 신앙』(*Athéisme marxiste et Foi chrétienne*), 1965.

시지"를 담고 있다면 성공한다. 어떤 예술이나 공연이나 그림도 정치적 메시지 덕분에 인정받게 된다. 이런 공연작품들과 영화들이 오늘날 우리의 일상적인 양식이다. 우리는 거기서 정치적 열광과 베트남전 저항 요청, 체 게바라 이름으로 혁명 독려 등이 발견된다는 이유로만이 그것들을 진지하게 다룬다. 이 모든 뒤범벅 작품들은 혁명의 시기1973-1979의 가장 기괴한 작품들과 아르노 브레커58조각상과 데루레드59의 시와 같은 차원에 놓여 있다. 하지만 우리는 이 우스꽝스러운 것에 의해 상처를 입지는 않았다. 왜냐하면, 이런 영화들과 공연 작품들은 우리의 정치종교 맥락 속에 놓여 있기 때문이고, 정치적 메시지가 존재하는 순간부터 자동적으로 작품은 관심을 받기 때문이다.60

기술과 종교

정치가 종교로 접근하는 것을 마주하면서, 내가 시도했던 현상에 대한 묘사와 역사적 설명을 넘어서 근본적 설명이 탐구될 수 있다. 시몽동Simondon의 설명은 아마도 나에게 가장 명확한 설명들 중의 하나처럼 보이고, 나는 그것에 기꺼이 동의한다. 그는 인간이 우선 자연 세계와 일체라고 말하지는 않지만, 포괄적 관계를 갖는다고 생각한다. 자연 세계는 그가 마법적 초기 세계라는 용어로 규정한 시기인데, 거기서 인간은 "마법적 그물망"을 실행한다. 그러나 이 초기 단위는 자연 세계에 대한 제작 기술들의 발견과 적용을 통해

---

58) [역주] 아르노 브레커(Arno Breker, 1900~1991)는 승리, 애국심, 투쟁, 혁명 등의 기념적 성격의 작품을 제작한 제3제국 조각가이자 판화가다, 특히 그는 독일군의 강인한 모습을 찬양하고, 아리안 남녀의 인체에 대한 아름다움, 게르만 민족의 위대함, 자연과 농촌 그리고 노동자 가족의 모습 등을 신고전주의 기법으로 표현했다.

59) [역주] 폴 데루레드(Paul Déroulède, 1846~1914)는 프랑스의 작가이자 정치인으로, 프랑스 우파 민족주의 지도자이다.

60) 예를 들어, 다른 많은 것들 중에서, 사상으로서 실제적으로 아무것도 아니고, 정치적 성찰의 관점에서는 유치한, 영화 '순응주의자'가 언급될 수 있다. 하지만 영화는 충분히 정치적 순응주의를 담고 있어서, 대성공을 거두었다. 사람들은 여기서 순응주의자가 연출자이라는 점을 생각하는 것을 놓치고 있다.

단절되었다. 그런데 인간은 기술적 작동자라는 역할로 축소될 수 없었다. 인간은 세계에 대한 포괄적 시각을 분명히 유지해야만 했다. 세계에 의미를 주고, 인간의 운명에 대한 사유를 제공하는 종교들이 형성되는 것은 바로 이 순간에서이다. 따라서 첫 마법적 단위를 대신하는 종교와 기술 간의 한 쌍이 구성된다. 그런데, 두 가지 활동들, 즉 두 가지 사고들은 분리될 수 없다. 이 두 가지는 각자가 자신의 영역 속에서 그 만큼씩 인간을 위해 필수불가결하다. 이것은 "기술과 종교의 자율적 발전 속에 내포된 확산의 힘"으로부터 야기된 이중분열과 관련된다. 이 사실로 인해, "종교는 기술보다 더 마법적이지 않다. 즉 종교는 이중분열 결과의 주관적인 측면인 반면에, 기술은 이 동일한 이중분열의 객관적 측면이다. 기술과 종교는 서로 동시대적이다." 그러나 기술도 종교도 손상된 형태나 혹은 마법의 잔재가 아니다. 그런데 이런 진화의 두 번째 단계가 존재한다. 기술들은 구체적으로 물질적 세계만을 공략했다. 그러나 기술적 사고는 인간 세계를 행하여 돌아섰고, 인간과 그의 사회적 조직을 향했다. 기술적 사고가 자연환경에 대해서 했던 것처럼, 기술적 사고는 인간을 대상으로 행했는데, 말하자면 인간을 데이터 혹은 기본 과정으로 분석하고 분해하였다. 또 시몽동이 언급하였듯이, "기술적 사고는 도형적 구조들을 유지하고 별도로 특질과 기본적인 힘을 부여하면서, 인간을 작동 도식들에 따라 재구성하였다."[61] 이 작동의 대단히 좋은 사례는 경제 기술이다. 경제 기술은 실제적으로 그 출발점을 인간 세계의 기술로 삼는다. 따라서 사람들은 단일한 세계가 폭발한 때와 같은 상황에 직면하고 있다. 그런데 인간은 이런 분할된 상황에 만족할 수 없다. 그래서 인간은, 인간 세계에 대한 사상들, 특히 인간 세계를 총체적으로 파악하는 사상들을 내포한 여러 유형의 사고들을 구축한다. 이것은 정치사상과 관련된 문제이다. 그런데 종교가 초기 기술들과 연관된 것처럼, 정치사상은 새로운 기술들과 관

---

61) ▲ 정확히 물질적 기술들과 같다.

계를 맺는다. 이것은 현대를 위한 정치와 종교 사이의 불가피하고 진정한 동의 관계이다. 즉 정치는 기술에 대해 예전에 종교가 했던 동일한 역할을 완수한다. "인간의 기술들이 인간 세상과 관련된 이 망상화網狀化를 단절한 순간부터, 그리고 인간을 기술의 질료로서 여기고 또 형상-배경 관계의 이 새로운 단절의 질료로서 여긴 순간부터, 구성단위 아래 차원에서 인간 존재들을 파악한 사고들과,62 구성 단위 위에서 인간 존재들을 파악한 다른 사고들이63 상관적으로 갑자기 나타났다. 그리고 예전에 종교가 자연 세계에 대해 했던 것처럼, 정치는 인간을 분열하도록 행동한다. 정치는 인간을 범주 속으로 들어가도록 하면서 인간을 분류하고 판단하는데, 이 범주들은 예전에 순수한 것과 불순한 것 등의 범주들과 비교할 수 있다. 물론 사람들은 이 사고에 종교의 이름을 부여하지 않았다. 왜냐하면, 전통은 "세계의 제작 기술들에 대한 동시대적 사고 방식들에게 종교의 이름을 부여하기 때문이다. 그렇지만 사고 방식은 인간 세계에 적용된 기술들과 대립을 통해 총체성 기능을 담당하고 있다. 또한 사고 방식은 정치적 거대운동들인데, 그것은 종교들의 기능적 유사물이다." 이 주목할 만한 분석으로부터, 시몽동은 어떻게 국가사회주의와 마르크스 공산주의와 미국 민주주의가 사실은 동일한 역할을 하고, 동일한 특성들을 제시하는가를 보여주었고, 또 이들이 정치종교로서, 적용 형태들과 각각의 특수한 편입지점에 있어서, 서로서로 유사할 수 있는지를 보였다. 나는 시몽동의 이런 해석이 유일하게 가능한 것이라고 말할 수 없다. 나에게 이 해석은 이 시대의 정치적 상황에 상응하는 듯이 보임과 동시에, 현상이 나타나는 분야의 기술적 결정에 상응하는 듯이 보인다. 그러므로 이런 해석은 내 눈에는 가장 좋은 연구 가설이다.64

---

62) ▲ 예를 들어 인간 관리 기술 같은 것이다.

63) ▲ 정치·사회적 사상 같은 것이다.

64) 시몽동, 『기술적 대상들의 존재 양식에 대하여』(*Du mode d'existence des objets techniques*), 1958.

에필로그

현대인의 세 가지 경험

우리는 가장 종교적인 세상 속에 있고, 기술 세계의 신성한 중심부에 있다. 하지만 어떻게 다르게 존재할 수 있을 것인가? 인간을, 보다 정확히 말해, 인간의 상황을 생각해 보자. 우리 자신을 생각해 보자. 우리는 앞뒤가 막히고, 모순 상황에 놓여 있는 세 가지 경험들 사이에서 이러지도 저러지도 못하고 있다. 첫째 분명한 경험은, 인간이 이전에 결코 알지 못했던 가장 경이롭고, 흥분케 하는 모험적 경험이다. 왜냐하면, 불의 사용과 동물 길들이기와 해양 운송의 시작 같은 인간의 원시적 시도들은 아마도 의식되지도 않고 생각나지도 않기 때문이다. 또한 인간은 아마도 그 순간에 자기 자신을 성찰할 수가 없었고 자화자찬할 수도 없었기 때문이다.

그런데 지금 우리는 초인적인 것에 접근할 것이고, 접근하고 있는 중이라고 생각된다. 또한 우리는 자부심으로 가득 차지 않을 수 없다. 만물과 세계와 다른 것들에 대한 우리의 지배는 거의 한계가 없다. 우리는 우주를 뚫고 있고, 물질의 궁극적인 것을 계측하며, 미지의 것을 형식화한다. 우리는 우리의 뇌의 가능성들을 무한한 것까지 확대하고, 매일 우리의 에너지 소비를 증가시키며, 생명의 근원에 접근하고 죽음의 경계선을 후퇴하게 만들고 있다. 더 흥분되고, 더 경탄할만하며, 더 놀라운 것이 무엇이 있는가? 나는 어원적 의미와 강한 의미 그대로 이 형용사들을 선택한다. 즉 우리 자신이 행한 것 앞에서, 이런 결과는 두려움으로 충격스러운 것이고, 보이고 알려진 그 거대함으로 인해 매혹적이며, 우리 자신 위로 올라 서 있는 것이다. 또 이것은 우리를 기쁨과 소망으로 가득 채운 감정을 야기하고, 매우 원하던 미래를 알고자 하는 갈망 앞으로 우리를 분출하게 하는 감정을 야기한다. 하지만 동시에, 같은 사람들인 우리는, 같은 장소에서 다른 두 번째 경험, 즉 경험의 절정에서 인간의 잔인성을 경험한다. 그것은 단순히, 우리를 당황하게 하고, 우리에게 불안감을 가득하게 남기며, 우리에게 깊이 충격을 주는 "미래 충격"이 아니다. 이것은 변함없는 세상에서 가장 참혹한 광경이다.

1945년에 우리는 공포에 종지부를 찍었다. 우리가 결코 히틀러식 강제수용소와 히로시마 홀로코스트를 더는 보지 않을 것이라고 여겼다. 하지만, 우리가 전쟁을 끝냈다고 믿은 후에도, 학살들은 일상화되었다. 우리는 소비에트 공화국의 강제수용소를 보았고, 인도의 학살들을 목격했으며, 그후 콩고와 비아프라Biafra와 쿠르드족과 벵골인들의 학살을 목격했다. 우리는 한 가지 실수가 모든 것을 날려버린다는 의식을 가지고, 위험지역에서 일반화된 전쟁의 세상 속에서 살고 있고, 기근의 세상으로 둘러싸여 있다. 우리는 우리의 선조들과 다르게, 이 모든 것을 알고 있고, 보고 있다. 아마도 우리 선조의 주변 사람들은 더는 기쁘지 않았고 안심하지 못했지만, 그들은 모든 정황을 알지 못했고, 심지어 공포가 지나가고 난 후에 그 정황을 알았다.

하지만 우리는 공포를 일상적으로 의식하는 동시대인들이다. 한편, 우리의 총체적 경험의 세 번째 요소는, 우리가 명백히 풀 수 없는 문제들과 극복할 수 없는 어려움에 직면하고 있다는 확신이 증가하는 것이다. 우리를 위로하는 것은 진보에 대한 좋은 전도자들의 용기가 아니다. 사실 거대한 문제들이 우리 모두와 관련되는데, 우리가 기아 문제에서부터 인구과잉문제와 공해문제까지, 다른 문제들에 해결책을 제시할 수 없을지라도, 우리는 그 문제들을 안다.[65] 그런데, 모든 것이 믿을 수 없을 정도의 속도로 변하면 할수록, 그리고 우리에게 어떤 쉼도 주지 않는 정보의 물결에 의해 우리가 잠기면 잠길수록, 또 우리가 우리의 전통적 토지로부터 뿌리째 뽑히고, 익히 알고 있는 모든 길에서 이탈될수록, 나아가 날마다 진실로 형성되는 경험하지 못한 나라에서 우리가 기준 없이 나아가면 갈수록, 상황은 더욱더 어렵다. 우리는 길을 나서기 위하여 그곳으로 정찰병들을 보낼 수 없다. 우리는 인도자로서 토착민들을 택할 수 없다. 왜냐하면, 우리가 나아가는 이 나라는 아직 존재하지 않기 때문이다. 그러면 이러한 조건에서 어떻게 현대인이 신성한 것과 신화와 종교적인 것으로 다시 뛰어들지 않을 수 있겠는가? 인간을 그곳으로 밀어붙이는 것은 인간의 "종교적 본성"이 아니다. 그것은 인간이 오늘날 처한 상황 그 자체이다. 인간 앞에, 알지 못하는 땅 한가운데에서, 인간은 어떤 것을 의지할 수 있겠는가? 우리의 경험 속에서 경탄할만한 것은 신화와 종교로 변형된다. 역사의 달과 과학의 태양은 우리의 유일한 무기들이고 우리의 기준들이다.

국가의 수수께끼와 돈의 신비는 우리에게 초인간적 힘을 부여한다. 이 세 가지 지배적 요소들의 결합 속에서 인간은 다시 한번 종교적이 될 수 있을 것인가? 그러나 왜 종교적이냐? 왜 그러한 반응이 생긴 것이며 다른 것은 안 되는가? 글쎄, 나는 이것이 인류의 오랜 습관과 관련이 있고, 역사 초기부터 전해 내려온 습관, 즉 과시와 회피라는 고대의 반사적 행동, 인식과 의지의 거부, 변명과 설명 추구와 관련되어 있다고 생각한다. 적어도 종교적인 것과 신성한 것을 재창조하면서, 인간은 고대 경험을 다시 회복하고, 알려진 움직임 속으로 다시 끌려들어 간다. 모든 것이 새롭다. 하지만 그래도 '아리안느의 실'의 끝, 즉 실마리를 다시 발견할 가능성이 있다. 또한 원시적 방식에 따

---

65) 내가 간략하게 묘사하고 있는 이런 상황의 모든 요소들을, 나는 나의 다른 저서들 속에서 상세하게 다루었다. 물론 나는 그 문제들이 해결될 수 없다고 말하는 것은 아니다. 나는 그것들이 현대인의 눈에 이렇게 보인다고 말하고 있는 것이다.

라 희망하는 가능성이 있고, 패권 숭배를 통해 해결할 수 없는 것을 해결하는 가능성도 있고, 기꺼이 돕게 될 신성성에 드리는 희생을 통해 공포를 일시적으로 완화시키는 가능성도 있다.

약해진 현대인의 탈출구

손에 자신의 운명을 쥐고 합리적인 성인成人들로 가득찬 성숙한 세상을 믿는 사람들의 처음 실수는, 인간 혹은 완전히 지적인 인간이 궁극적으로 지적인 시각을 소유했다는 것이다. 경제인Homo oeconomicus이 완벽하게 자신의 이윤에 복종하는 메커니즘인 것과 마찬가지로, 성인은 완벽하게 자신의 의식과 자신의 이성에 복종하는 유기체라는 것이다. 하지만 무-종교적이라는 것은 단순히 지성과 지식과 실용주의와 방법의 일이 아니다. 그것은 덕과 영웅주의와 위대한 영혼의 일이다. 무-종교적이 되기 위해서 특별한 개인적 금욕이 필요하다. 우리 모두는 신으로 혼동스러워 하지 않은 무신론 대가들, 진실한 자들, 엄격한 자들을 알았는데, 그들에게 무신론은 영예였고, 인간적 용기의 최고 형태였다. 또 그들은 오직 고통과 죽음에 대항하여, 언제나 극단으로 참아낸 새로운 의지의 훈련을 통해서만이 이러한 고지에 있을 수 있었다. 하지만 이것이 오늘날에 더 쉬워진 것이 아니다. 우리가 무신론자이고, 무관심하며, 비종교적이라고 판단하는 현대 평범한 사람이 이 고지에 도달했다고 간주할 수 있을까? 안일함과 도덕적 무기력과 나약성과 가치하락이란 사회적 흐름 속에서, 인간은 무신론의 냉정한 정신에 오르기 위해 무엇을 준비할 것인가? 무종교가 늘 전제하는 자신과 세상에 대한 준엄한 통찰력을 그가 갖추도록 무엇이 준비하게 하는가? 어디에서 우리는 영적이고 도덕적인 위대함과 엄격함과 신화에 대한 비판과 신성한 것에 대한 기피가 항상 뿌리내리는 준엄함을 볼 것인가? 거기서는 과학적 방법론과 축복된 물질주의로 충분한 것이 아니다! 견고하고 강한 인간들이 필요한 것이다.

하지만 나는 그런 인간들을 발견하지 못했다. 역으로 모든 것은 우리를, 정반대 인간 즉 던롭필로 침대에 누운 인간으로 만든다. 말하자면, 그들은 다른 사람들을 위한 행복으로서 그것만을 원할 뿐이고, 아주 작은 위험과 극히 작은 고통에도 훌쩍거린다.66 성인과 비종교적인 사회가 되기 위해서는 물러터진 회의주의와 극도의 무관심으로 안 된다. 반대로 다음과 같은 점이 확인된다. 즉 이런 심리적 성향과 엄청난 진보와 극심한 고난에 대처하기에 성격상의 준비 부족과 지적인 독점을 향한 인간 에너지의 이동과 상상적인 것에 유리한 의지 박약과 모든 금욕의 거부, 이 모든 것들 속에서는 오직 사회적인 것과 종교적인 것만이 탈출구가 된다. 베르그송부터 모든 사람들은 영혼의 보충이 필요하다고 주장했다. 글쎄, 사람들은 새로운 종교들 속에서 그것을 얻을 수 있을 것 같다.

이성의 상실과 환상

그러나 이렇게 하면서, 인간은 자신의 세계를 참을 수 있게 만들고, 거기서 살 수 있다는 감정을 스스로에게 주입한다. 그런데 그는 자기 자신에 대한 올가미를 제거하고, 확실히 원하지 않지만, 종교 현상에 대한 마르크스주의 분석에 결코 속하지 않은 것을 가장 완벽히 확증한다. 마르크스가 매우 놀랍게 기술했던 것은 역사적인 것이 아니라 예언적인 것이다. 즉 그는 실제적으로 초기 종교들에 대해 설명한 것이 아니라 후기 종교들에 대해 설명했고, 이슬람 혹은 유대교 혹은 기독교에 대해 설명한 것이 아니라 발전된 자본주의 국가와 사회주의 국가와 저개발 세계 속에 있는 현대 종교에 대해 설명했다. 인간이 종교적 과정을 통해 사물들과 다른 사람들의 노예가 되는 것은, 그 어느 때보다 바로 지금이다. 우리를 노예로 만드는 것은 기술이 아니라, 기술에 전가된 신성성이다. 이 신성한 것이 우리가 비판적 기능을 갖는

---

66) ▲ 좌파들을 보라!

것을 막고 있고, 또한 비판적 기능을 인간 발전에 사용하게 하는 것을 막는다. 우리를 노예로 만드는 것은 국가가 아니다, 심지어 경찰국가나 중앙집권적 국가도 아니다. 우리가 사무적인 기술과 국가의 혼합을 숭배하는 데에 뛰어들게 하는 것이 바로 신성화로의 변화이다.[67]

우리를 타락하게 하는 나쁜 것은 섹스가 아니다. 섹스는 늘 그렇듯이 억압의 이데올로기, 즉 섹스에 의한 인간 자유에 대한 억압의 이데올로기이다. 그렇게 해서 인간은 언제나 생산적이지 못한 신비한 것으로 들어간다. 이처럼 우리가 처한 상황에 놓인 인간은 종교적인 것을 생성할 수밖에 없는데, 이 종교적인 것은 인간 이성 상실의 가장 확실한 주체이고, 인간을 굴종시키는 권력 수용의 가장 확실한 주체가 되며, 인간을 자기 자신으로부터 벗어나게 하는 모든 것에 대해 찬사를 보내는 가장 확실한 주체가 된다. 그런데 종교적인 것은, 늘 모든 종교들처럼, 자기 자신으로부터의 벗어남이 궁극적으로 자기 자신을 더 크게 만든다고 약속한다. 마약도 마찬가지이다. 언제나 그렇듯이, 이러한 이성 상실 과정은, 꿈과 상상계와 이미지 세계 속으로의 전이와 결합된다. "원시" 신비 세계와, 그다음 대중매체를 통해 확산된 정보와 표상의 세계, 그리고 공연 사회와 헛된 이미지 세계인 우리들의 세계 간의 관계와 대립에 대해 상세히 분석해야 할 것이다. 기술 장치로부터 발생되어 인간을 침투하고 있는 이미지 세계는, 인간이 실제적으로 활동하는 것을 막으면서도, 인간을 빨아들이고, 인간을 만족시킨다. 아마도 신비 세계는 내부에서부터 만들어졌고, 자연적 환경에 대한 설명과 일관성을 목표로 하는 전환 장치로서 형성되었다. 그러나 이성의 상실과 환상이라는 이 두 요소들은 우리 시대의 신화들에게도 더는 이상하지 않다! 가능한 곳에서, 세상과 삶을 바꾸겠다는 환상을 유발하면서 진짜 행동해야만 한다. 우리에게 금지된 모든 것과 우리가 아마도 결코 잡을 수 없는 모든 것을 유토피아 하늘 속

---

67) ▲ 기술의 변모와 같은 불가피한 변모이다.

으로 진짜 투사해야만 한다.

모순 속에 있는 현대인

이성의 상실과 환상, 이것은 현대 종교적인 것이다. 따라서 그것을 파괴해야만 하는가? 아! 이것이 인간과 관련된 문제가 아니었다면 이것은 얼마나 간단한가! 하지만 인간을 살도록 하고, 인간이 이런 사회 속에서 자신의 어려운 조건을 감당하도록 하는 것이 바로 이것이라는 점을 어떻게 잊겠는가! 신중해야만 한다! 인간이 또다시 이런 신비로운 표류물과 신성한 지형을 만든 것은 타락에 의해서가 아니다. 또한 그것은 어리석음에 의해서가 아니라, 이런 긴장과 이런 대결 속에서 사는 것이 불가능하다는 사실에 의해서이다. 비굴한 인간을 정죄하는 것은 쉽다. 그런데 그 정죄는 어떤 것도 해결하지 못한다. 왜냐하면, 모든 것은 자유 의지와 의식의 경계 밖에서 작용하기 때문이다. 인간은, 원시 종교들처럼, 자신에 대한 위협과 궁지에 몰린 것과 모든 것을 변화시켜야만 한다는 요구를 겪는다. 이와 동시에 인간은 자신의 약점과 수단의 부재를 경험한다. 그때 그는 피할 길과 보호와 해결책을 찾는다. 하지만 모든 것은 지식이 부재하다. 이런 도피처들을 파괴하고, 이 출구들을 막는 것은 엄청난 다수의 인간을 광기 혹은 자살로 몰아넣는 것이다. 가장 지성적이고 명석한 자들과 가장 원기 왕성한 사람들만이 생존할 것이다. 또한 궁지에 몰려서도 대응을 해야만 하고, 난관을 부수어야만 하며, 문제를 절단해야만 하는 기질을 가진 사람들만이 생존할 것이다. 그들은 숫자가 적다. 그렇다면, 탈신성화의 일환으로 우리가 거의 인간 전체를 종교적인 것에 빠져 있다고 정죄를 할 수 있는가? 다만 탈신성화와 동시에 우리가 만족스럽고 실제적으로 살도록 하는 삶의 이유를 제시한다면, 그리고 만족스럽고 실제적으로 명확한 해결책을 제시한다면, 정죄할 수도 있을 것이다. 해결책과 삶의 이유는 결합되어야만 하기 때문이다. 그렇지 않으면, 중국인이든 서구인이든, 이 빛들을 가져올 수 없는 자가, 문명화되었고 현대적이며 과학적인 나머지 인류를 그의 종교적 공상 속에서 평화롭게 잠들도록 내버려 둔다.

그리스도인들을 위한 에필로그

"정신착란과 자아포기에 예정된 징벌,
그것은 구체적으로 정신착란이다"

- 스피노자 -

기독교의 재종교화

현재 기독교와 서구 기술 사회와 대면하는 것은 확실히 가치있고 교육적이다. 17세기 이후로 퇴화된 기독교가 일종의 문화적 혁명이 필요했다는 것은 사실이다. 하지만 진실한 문화적 혁명은 칼 바르트K.Barth 신학으로부터 유래했고, 현재의 경건한 노력으로부터 유래하지 않는다. 기독교는 불같은 환란을 겪고 정화되어, 이 역경으로부터 빠져나온다는 것은 가능하지만, 결코 확실하지 않다. 특히 사람들이 기독교가 정치로 전향하는 것을 우리에게 부추길 때, 또한 기독교가 예전에 왕정주의자들 혹은 자본주의자들과의 연합한 것처럼, 사람들이 우리에게 예를 들어 공산주의자들과도 연합하도록 부추길 때, 역경을 통해 정화된다는 것은 확실하지 않다, 더구나 진리의 유일성이라는 엄격한 반대 관점을 전제하지 않은 채, 사람들이 기독교의 유일한 가능성이 기독교 다원주의라고 주장할 때, 그리고 사람들이 무신론을 신앙의 하나의 구성요소로서 제시하거나 혹은 기독교 신앙을 무신론의 하나의 구성요소로 제시할 때, 환란을 통해 정화된다는 것은 확실하지 않다. 그런데 나는 우리가 처한 상태는 세속 종교가 기독교 속으로 완전히 재통합된 상태이고, 세속 종교가 기독교를 흡수한 상태라고 생각한다. 왜냐하면 이런 불확실한 상황이 바람직하고, 좋은 것이며, 어떤 심각한 긴급성도 야기하지 않고, 신앙을 경험하는 것에 있어서 우리의 무기력을 증언하기 때문이다. 사람들이 20세기부터 기독교를 혼잡하게 만든 종교적 뒤범벅으로부터 기독교를 되찾았다고 주장하는 순간조차도 종교는 재도입되었다. 또한 기적으로 가득찬 신앙 혹은 성경의 무조건적 권위 혹은 하나님의 이름으로 된 공적 선포 등 이런 종교적 오류들로부터 기독교를 되찾았다고 주장하는 순간조차 종교는 재도입되었다. 그런데 종교의 재도입은 더는 전통적인 형태가 아니라, 늘 했던 것처럼, 현재 형태를 띠고 있다. 따라서 '신의 죽음' 신학은, 무엇보다도 기독교의 현대적 재종교화 신학이다. 이 신학은 실제로, 진실한 명제로서 검증되고 간주되지도 않고, 평가받지도 않은 주장들로 취급된 여러 신심들로부터 시작한다. 이런 식으로 이 세상은 세속화되었고, 현대인은 어른이 되었으며, 모든 것은 "문화" 속에 통합되었다. 나머지 모든 것에 대한 문화적인 것의 우위와, 과거와 현재 문화에 대한 기독교의 의존은 '역사' 신화의 아주 적절한 표현이다. 그런데 희한한 반전이 일어났다. 역사를 "고안했던" 것이 유태교이고, 역사에 의미를 부여할 수 있는 것이 그리스도에 대한 신앙인데, 우리는 '역사' 신화에 완전히 사로잡혀서, 모든 것이 역사 속에 통합되었고 편입되었다고 생각하게 이르렀다. 그리고 기독교 진리와 계시가 실은 역사에 달려 있다고 생각하게 되었다. 이어서, 이 '신의 죽음' 신학의 둘째 기둥은 현대인의 대중적 신심과 열정 위에 세워진다. 인간이 더는 성경적 하나님을 믿지 않기 때문에, 이 하나님은 인간의 단순한 구성물이었다고 생각하는 데에 이른 것은, 바로 이런 신심을 참조기준으로 여기기 때문이다. 이것은 현대 종교에게 자유로운 지위를 부여하기 위한 놀라운 핑계이다. 계시된 것이 종교적인 것과 섞였다는1 핑계로, 우리는 계시된 것을 제거한다. 하지만 이렇게 하면서, 우리는 온갖 현실적 신심들에 대문을 열고 있고, 이 모든 신심들을 받아들인다. 그런데 우리가 제거했던 것은 단지 종교적인 것이 아니라, 절대적 계시였다. 기독 지성인들은 이토록 모든 현대 신화들에 배어들었다. 그들은 이토록 오늘의 신성한 것 속에서 살고 있다. 또 그들은 이토록 모든 예식들과 모든 신심들과 특히 정치종교에 참여하고 있다. 물론 그들은 그것이 종교와 관련된 문제인지 구별하지 못한다. 그러나 이것은 구체적으로 신화 속에서 사는 모든 사람들의 운명이다. 진실로 그들은 그것을 신화로서 분석할 수조차 없다.

'사신신학'신의 죽음 신학 비판

신화의 대상을 뒤로 물러나게 하는 시간과 신심을 마멸시키는 시간을 통해서든지, 또 당신을 다른 성찰과 해석과 신심의 궤도에 올려놓는 연속적 충격을 통해서든지, 당신은 거기서 빠져나와야만 한다. 기독교의 충격은 고대 신화들과 종교들에 대해서 그런 것을 일으켰다. 하지만 오늘날 오히려 기독교 궤도에서 우리를 떠나게 하는 것은 과학의 충격이다. 이 과학의 충격은 마치 우리가 종교적 우주에서 벗어난 것처럼 유대-기독교의 신화와 종교를 비판한다. 사실상, 실제 현재 상황에 대한 정당화로서 또 현대화의 돛으로서, '신의 죽음' 신학은 종교적인 것을 기독교 속으로 재통합하기 위한 가장 좋은 도구이다. 왜냐하면, 이 신학자들은 폐기된 종교적인 것에 대한 비판에 집중하는데, 이런 비판을 하기 위하여 그들은 현재 종교적인 것으로부터 출발했다. 이런 식으로 그들은 신성한 것과 신심들에 의해 지배되었다. 사실 그들의 유일한 문제는 어떻게 기독교 안으로 신성한 것과 신심들을 들어오게 하는지 아는 것이다. 이것을 위해, 그들은 바르트가 했었던 바, 종교

---

1) ▲이것은 사실이다.

에 대한 신학적 비판을 지속하거나, 혹은 내가 시도할 수 있었던 바, 사회학적 검토를 지속한다고 주장하고 있다. "바르트는 도중에 그만두었다" 혹은 나에 대해서는, "엘륄의 사회학적 비평에서 벗어난 영역들이 있다"는 말을 우리는 종종 들었다. 내가 우유부단함에 의해 도중에 멈추었던 것일 수도 있겠다. 하지만 현대 용감한 신학자들은 끝까지 가길 원한다. 그런데 끝가지 간다는 것은 기독교의 "종교 과잉"을 부수는 것에 있는 것이 아니라, 종교 비판을 가능하게 하는 중심을 부수는 것에 있다. 이 중심은 계시의 핵심이고 초월적이기 때문에, 이 지점으로부터 나머지 모든 것을 볼 수 있는 "특별한" 지점이며, 판단 받지도 않고 위치하지 않지만, 나머지를 위치시키는 장소이다. 그리고 이 중심은 결코 도달한 적이 없는 전망 지점이지만, 거기서부터 모든 것은 자기 위치를 설정한다. 만약 초월적인 지점이 없다면, 현실 종교에 대한 어떤 진지한 논의도 형성될 수 없다. 왜냐하면, 사람들이 초월적 지점이 없는 종교 안에 있는 경우, 모든 종교는 반드시 현대인과 현대 기독교인이 아주 분명하게 경험했던 것을 순수하고 단순한 진리로서 받아들이기 때문이다. 그런데 현대 기독교인은 기독교의 중심적 특수성을 제거하면서 평범한 인간의 상태로 축소되고 있다. 또한, 초월적 지점이 없는 종교에 대해 논의가 불가능한 이유는 다음 사례에서 볼 수 있다. 그리스도가 자신을 비우신다는 케노시스, 이 유일한 핵심 교리로부터 나머지 계시를 포함하여 모든 것을 판단해야 하는데, 이 유일한 교리는 모든 것을 소유하지 않는 것이 기독교의 특수성임을 정확히 주장하는 것이고, 또 이 세상 속으로의 강림을 전하는 것이다. 그런데 만약 이 세상이 종교적이라면, 그것은 세상의 종교들 중에서 선택한다는 것이 된다. 물론 그러면 내가 말하지 않은 다음과 같은 내용을 언급할 필요가 없다. 즉 빌립보서 2장의 위대한 텍스트는2 다른

---

2) [역주] 빌립보서 2장에는 케노시스 교리에 해당하는 내용이 있다. "6. 그는 근본 하나님의 본체시나 하나님과 동등됨을 취할 것으로 여기지 아니하시고 7. 오히려 자기를 비워 종의 형체를 가지사 사람들과 같이 되셨고 8. 사람의 모양으로 나타나사 자기를 낮추시고

중심 텍스트들 중의 하나가 되고, 그것이 **성육신**과 **십자가**의 가장 완벽한 표현이지만, 그 자신만 혼자서 남기 때문에, 계시의 중심과 핵심이지만 그 자신 홀로 취급된 십계명만큼이나 거짓된 계시의 양상을 띠게 된다. '신의 죽음' 신학은 하나님에 대한 성경적 계시의 다른 특성을 보기를 원하지 않으며3, 모든 다른 종교들이 하나님에 대해 이야기할 수 있는 모든 것을 보는 것을 원하지 않는다. 그런데 케리그마의 전달과 하나님에 대한 증언을 어렵게 만드는 것은 바로 이러한 완고함 때문이지, 다른 문화적 맥락 속에 있는 하나님 개념의 케케묵은 성격 때문이 전혀 아니다. 하지만 구체적으로 현대 신학이 본질적으로 환원을 통해 실현되기 때문에, 현대 신학 흐름은 환원되지 못하는 것을 제거한다. 이것이 현대신학의 주요 방법론이며 방향성이다. 즉 성서 텍스트의 다양한 측면들을 구조들로 환원하거나 혹은 메시지의 복합성을 하나의 주제로 환원하거나, 계시의 다양한 모습들을 하나의 작용으로 환원하거나, 계시를 문화로 환원하거나, 문화를 정치로 환원하거나, 두 가지 차원들을 유일한 동일 층위로 환원한다.그런데 환원의 방법은 반反계시적이다 언제나 그 방식은 하나님에 속한 실현불가능한 것을 제거하면서 우리에게 적절한 것을 우선시하는 것으로 구성된다. 하지만, 이 사실로 사람들은 진실로 탈신성화하는 것을 거부하고, 종교를 심각하게 파괴하는 것을 거부한다. 모든 환원은 신성한 것과 종교적인 것을 받아들이는 것과 동시에 일어난다. 왜냐하면, 살아계신 하나님의 계시는 탈신성하다는 사실과 하나님이 개입하는 경우, 하나님은 인간의 신성한 것을 파괴한다는 사실은 진실로 사실이기 때문이다. 즉 진실로 하나님이 세속화한다.4 하지만 사람들은 세속화하는 것이 철학이나 과학 혹은 기술이 아니라, 하나님의 말씀이라는 점

죽기까지 복종하셨으니 곧 십자가에 죽으심이라"
3) ▲ 그러나 하나님은 **전능하신 창조자** 등으로서 존재하지만, 오로지 굴욕당하고, 십자가에 못 박힌 인간만으로는 존재하지 않는다.
4) ▲ 물론 하나님은 속화된 자연에 대한 인간의 행위에 문을 연 것도 사실이다.

을 잊는다. 또 하나님의 말씀은 우리의 분석과 무관하다는 사실과 심지어 하나님의 말씀은 우리의 상상력이라는 사실을 잊는다. 그리고 하나님의 말씀 속에, 인간의 죄의 증거와 인간과 하나님 사이의 단절의 증거와 악의 내부에 놓인 인간의 처지의 증거가 있다는 점을 사람들은 잊는다. 이것을 제거하는 것과 이를 환원하는 것은, 한편으로는 나머지 계시를 완벽히 무의미하게 만드는 것이고, 다른 한편으로는 인간에 의한 신성화를 더는 보지 못하도록 하는 것이다. 왜냐하면, 인간은 신성한 것을 창조하지 못하고, 오직 그런 상황에 대비하기 위해서만 종교를 고안하기 때문이다. 이러한 상황을 부정하는 것은, 상황을 보지 않고 비판적이지 않는 방식으로 인간이 고안한 종교를 수용하는 것이다. 왜냐하면, 이런 비판은, 더는 인간들에게 아무것도 가져다주지 않기 때문에 인간이 버렸던 과거의 종교들과 사라진 종교들에게만 행할 수 있기 때문이다. 따라서 우리가 말할 수 있는 것은, 계시된 진리의 거부 혹은 환원에서 기인한 "세속화"는, 만물과 세계의 비신성화와 정반대가 되고, 계시된 진리에 기인한 종교들의 비신성화와 정반대가 된다는 것이다. 이 세속화는 오직 새로운 종교의 확립일 따름이다. 우리는 콕스가 과학적 엑소시즘을 큰 소리로 찬미할 때, 한 번 더 그의 유치함을 발견하게 된다. "엑소시즘은, 인간의 사회의식이 고착되었던 부족사회의 과거 잔재로부터 깨끗하게 되고, 청소되는 과정이다. 그리고 이 과정을 통해 직면한 세계를 긍정적 방식으로 바라보는 것이 자유롭다." 물론 구마驅魔 의식의 가장 큰 조력자는 과학이다. 하지만, 이것은 마치 청소된 집의 비유5를 이해하지 못한 듯이 보인다. 사실 정신분석학처럼, 과학적 엑소시즘은 인간의 정신과 마음이 청소되고 환기되는 매우 놀라운 활동이다. 그리고 나서 집이 비어있고 열려있기 때문에, 하나의 귀신 대신 일곱 귀신이 그 장소를 점령하러 들어온다. 말하자면, 과학적 활동에 이어서, 현대인은 더욱더 종교적이 되었고, 더욱더 의

---

5) [역주] 마태복음 12장 43절~45절 참조

존적이 되었으며, 이전보다 극도로 신성화되었다. 즉, 더 기만적이 되었다. 그런데 우리가 세속화/탈세속화에 대해 이야기했던 것은 종교에 관해 같은 말을 되풀이하는 것일 수도 있다. 예수 그리스도 안의 계시와 종교 사이의 대립에 대해 언급된 모든 것은 정확하다. 하지만 종교를 부수는 것은 계시이지, 과학과 이성과 현대문화가 아니다. 종교와 계시, 두 작용 간에는 어떤 일치도 없다. 엄정한 모순이 있을 뿐이다. 현대 문화에 의해 전통적 종교를 없애는 것은 새로운 종교를 창안하는 활동이다. 그것뿐이다.

세상 해석에 대한 세 가지 오류

달리 말하면, 현대 기독 지성인들, 신학자들, 기자들 그리고 목사들은 현 세상에 대한 엄청난 해석적 오류를 범했다. 이것은 그리스도인과 교회의 행동의 방향성에 대한 엄청난 오류를 야기하고 있다.

나는 교회사 전체에서 세 가지 현상적 오류가 존재한다고 생각하는데, 나머지 모든 것은 이 세 가지 오류와 엮여 있다. 나는 계시된 것에 대한 이해와 설명의 차이를 보이는 이단異端보다 더 근본적인 오류들에 대해서 말하는 것이다. 이것은 교회와 세상 간의 관계에 대한 오류 그리고 세상에서 교회의 상황에 대한 오류와 관련된 문제이다. 이단과 교회 방향의 오류 간의 차이는 다음과 같다. 즉 배에서는 현재 위치를 측정해야만 하고, 방위각과 편류각을 계산해야만 하며, 변함없는 해도海圖를 제작해야만 하고, 나침반을 읽어야만 한다. 만약 나침반이 잘못된다면, 나머지 모든 것이 잘못된다. 이것은 방향성의 오류이다. 그러나 사람들은 범선으로 혹은 동력선으로 항해하는 것을 선호할 수 있다. 그런데 이것은 더는 중요하지 않다. 어쨌든 사람들은 이단처럼 뱃길을 만들려는 의도를 가진 것이 아니다. 내가 보기에, 방향성의 오류와 이단 간의 차이가 이렇다. 방향성의 오류들 중 첫째 오류는 콘스탄틴주의로서 분류될 수 있다. 콘스탄틴주의에서 국가의 수용 여부를 고려하지 않더라도, 기독교가 부자들, 권세가들, 지도층들을 사로잡길 원하는 기존 방향성과 권력과의 협약은 새로운 기독교를 만드는 것에 필요했다. 둘째 오류는 문화적 오류로 간주될 수 있다, 즉 모든 문화적 가치들을 기독교 안으로 통합하려는 오류이다. 기독교가 과거 문명들의 집합소와 문화 창설자가 되고, 철학들을 통합하려는 것은, 또 다른 새로운 기독교를 만드는 것에 필요했다. 그리고 셋째 오류는 현재 우리가 범하고 있는 오류인데, 즉 우리는 종교와 무관하고, 세속화되었고, 과학적이고 합리적인 세상 속에 있어야만 하고, 또 이런 것에 따라, 새로운 기독교를 건설해야만 한다고 믿는 오류이다.6

---

6) 이 오류의 결과들 중 한 가지 예는 '예수 현상'과 '예수 혁명'에 대한 판단하는 것이 불확실하다는 것이다. 좋은 의도를 가진 그리스도인들에게서, 우리는 두 가지 종류의 긍정적인 평가들을 종종 만난다. 하나는 이것이다. "여기서 한 번 더 밝히는데, 실제로 예수인 것을 증명해 온 것은 '세상'과 '비기독교인들'일 것이다. 교회가 예수를 미라로 만들고 복음을 교조주의화 했던 반면에, 기독교인들의 모든 뒤범벅을 넘어서 말씀이 무엇인지를 발견하게 한 것은 비기독교인들이다. 그들은 자신들의 열정적인 경험 속에서 말씀을 되살아나게 한다. 기독교인들은 이교도들에 의해 교육을 받는 것을 내버려 두어야만 했다. 기독교인들은 이런 시도들에 대해 모든 판단을 하는 것을 경계해야만 했다. 왜냐하면, 그들의 판단들은 경직화된 그들의 이데올로기적 정의들과 교리들의 편협성에 의해 강요되었다. 이 진실의 재발견을 통해 당신이 흔들리도록 내버려두라." 다른 하나는 이것이다. "결국 이런 성찰과 과장됨이 우리에게 약간 이상하고, 가끔 고통스럽게 할지라도, 그래도 전파된 것은 복음이고, 복음이 선포되었으며, 그것은 예수 이름이다. 교회에 낯선 사람들이 그것을 하는 것은 매우 좋다. 가스펠(Gospel) 무대에서 직접적으로 전파된 것은 결국 유일하게 마태복음이다. 거기서 어떻게 '간증'을 보지 않을 수 있는가. 하나님은 자신의 말을 듣게 하기 위하여 모든 것을 사용한다. 따라서 이 곡들을 듣고 또한 하나님의 말씀을 들은 사람을 비판하지 맙시다."

나는 이 두 가지 논거들이 대단히 진지하게 수용되어야 한다고 말할 수밖에 없다. 왜냐하면, 그것들, 두 가지 모두 진리를 표현하기 때문이다. 하지만 사람들은 모든 상황에서 있는 그대로 그것들을 받아들일 수 없다. 왜냐하면, 결국 사람들은 언제나 예수와 복음의 이름으로 만들어진 바로크식의 시도들을 직면하면서 기독교 역사의 흐름에 있기 때문이다. 예를 들어 사람들은 '증언하는 것'을 감당했던 창기들의 손님 곁에서 복음을 확산시키기 위하여 매춘 행위들을 목격했고 다른 많은 것들을 목격했다. 하나의 증언에 이르기 위해서는, 즉 세상의 가장 작은 것이 진리에 이르기 위해서는 예수 이름이 언급되고, 복음이 인용되는 것으로 충분하지 않다. 나는 새로운 방식의 소개와 새로운 언어를 듣는 것에 완전히 동의한다. 나는 나의 신학과 전통적 교회를 다시 문제 삼는 것에 동의한다. 그러나 나는 아무런 식의 작품이라든지 아무런 선언을 마주하게 하는 것은 근본적으로 거부한다. 그런데, 이 시도들의 정당성이 어떤 점에 있는지를 나에게 보장해 주는 것이, 그 시도들이 비기독교인으로부터 기인한다는 사실은 아니다. 사실 나무와 열매들에 대한 작은 문제가 있다. 주요 열매들이 복음의 부산물로서 한편으로 마약과 범성욕주의이

본 회퍼의 오류

그러나 우리 시대의 이런 무지한 판단 오류에 관한 첫째 질문은 그것의

고, 다른 한편으로 엄청난 돈벌이와 자본주의적 무역회사 설립이라는 사실을 내가 볼 때, 그것들의 목적과 결과로 인하여 나는 이 담화들의 내용을 거부한다고 말할 수밖에 없다. 모든 것이 초현대적인 광고에 기초를 두고, 광고를 사용하는 사람들에 의한 관능성과 불안의 활용 위에 세워진다는 것을 내가 확인할 때, 나는 근본적으로 이 사이비 메시지에 대해 '아니오'라고 말할 것이다. 기독교인들이 복음에서 종교로의 변형을 가져온 예언자, 빌리 그래함(Billy Graham)에 대해 문제를 제기했을 때, 그가 가장 현대적인 선전 방법들을 사용하기 때문에, 나도 '아니오'라고 말할 것이다. 그의 모든 간증은 선전의 기술적 수단들이라는 사실로 말미암아 왜곡되었고, 오염되었으며, 변질되었다. 이것은 동일한 문제이다. 나는 사람들이 우연히 잡지와 포스터를 통해 감동받을 수 있기를 진짜 바란다. 왜냐하면, 하나님은 모든 것을 사용할 수 있기 때문이다. 하지만 히틀러가 자신의 연설에서 대단히 자주 전능자에게 호소를 했을 때, 나는 아주 자주 다음과 같이 말하는 것을 들었다. 즉 "그가 그다지 나쁘지 않다는 것을 알지요? 그는 신께 기도했고, 아마도 그가 신으로부터 보냄을 받았다는 것이 사실이지요." 신이 그를 사용했다는 것이 가능하다. 사람들은 히틀러의 연설에서 신의 말씀을 들었다는 것이 가능하다. 내가 말해야만 하는 것은, 이것이 나에게 결코 충분하지 않다는 것이다! 신을 향한 그의 간청에도 불구하고, 그 간청이 진지했을지라도, 히틀러는 악마 같은 사람이다. 그리고 여기서 나는 정확하게 같은 것을 말할 것이다. 즉 단호하게 '예수 혁명'과 예수 퍼레이드에 저항해야만 한다고 말이다.

영화 '모두가 아름답다. 모두가 좋다'에서 보여준 실랄한 비판은 사실상 복음과 예수의 이름에 대한 이 비열한 농담이란 것을 충분히 보여준 것이다. 다시 말하지만, 내가 이로운 '새로움'을 거부하도록 만드는 것은 예수 그리스도의 교리적 모형 혹은 고정된 교리문답적 진리가 아니다. 이것은 진실할 수 없다고 말하게 하는 것은 돈과 포르노물과의 혼합이다. 만약 이것이 진실이 아니라면, 결국 이것은 악마적이다. 왜냐하면, 악마는 인간을 실족하도록 하나님의 말씀을 부패시키기 때문이다. 마귀는 인간에게 하나님이 기대한 것과 정반대의 것을 하도록 만들거나 혹은 인식하도록 만들기 위해 하나님의 말씀을 사용한다. 마귀는 하나님의 영광과 완전히 다른 것을 위해 계시와 이 계시의 모방을 사용한다. (내가 이 내용을 쓸 때, 물론 나는 교회에서도 역시 마귀적인 것이 있다고 생각했다) 그리스도인들의 우유부단함과 나쁜 양심은 이러한 종류의 현상들 앞에서 멈추어야만 한다. 마귀적인 것은 마귀적이라고 말할 수 있게 되어야만 한다. 물론 늘 마귀가 교회와 그리스도인들에게 말하는 비판 또한 들을 준비를 하면서 말이다. 왜냐하면, 마귀는 이 주제에 대해 매우 현명하다. 하지만 마귀는 마귀로 남는다. 예수 현상의 상업적·정치적 이런 엄청난 시도가 사실 우리에게 다음과 같은 점에 대해 어떤 것도 말해주지 않는다. 즉 우리가 예수 그리스도를 제도화된 교회의 포로로 만들 권리가 없고, 수많은 **계시**의 진리들이 우리에게 은폐되었고, '보잘 것 없는 자들'에게 드러날 수 있다는 점이다. (하지만 공연 기획자들과 베스트셀러 출판사들은 보잘 것 없는 사람들이 아니다!) 또한 우리 전통과 다른 완전히 새로운 복음의 소식은 우리가 결국 복음을 받아들일 것이고, 복음을 검토할 것이며, 복음의 정신을 구별하게 하고, 복음 앞에서 복음의 비판과 동시에 우리의 비판을 행하게 할 것이라는 점이다. 하지만 이점이 실행되면서, 우리는 예수 현상 앞에서 아주 조용히 다음 결론을 내릴 수 있다. 즉 죽은 자들로 하여금 죽은 자들과 즐기게 내버려 두라.

근원에 관한 것이다. 확실히 심리적·지적 영역은 준비되었다. 정치적, 과학적, 기술적 압박과 우리 사회의 다양한 종류의 격변과 비기독교화, 이 모든 것은 그리스도인들을 이와 같은 길로 들어서도록 준비시켰다. 동시에 동일한 흐름을 따르는 것을 정당화하는 데에 사용한 기동 장치와 "이론"은 모아비트Moabit와 본회퍼Bonhoeffer의 편지들의 확산을 통해 이루어졌다. 분명히 편지 텍스트에서는 그들이 명시적으로 말하는 것보다 더 많은 것이 언급되었다. 또한 사람들은 이 편지들을 본회퍼의 저서 전체에서 분리했지만, 아마도 정반대로 그 편지들은 그의 저서에 의해 해석될 필요가 있는 것이다. 편지들이 저서와 분리될 경우에, 그것들은 자신의 영향력의 한 부분을 잃는다. 하지만 결국 이 편지들은 분리되었고, 내가 보기에 근본적으로 잘못된 기독교 방향성에 대한 진단과 우리 사회의 진단을 충분히 제공하고 있다. 만일 우리 서구세계가 신성화되었고, 현대인의 사고가 신화에 의하여 구성되었으며, 세속 종교들이 승리했다는 사실들이 증명되었다면, 본회퍼의 거대한 오류가 어디에서 유래될 수 있는 것인지 질문해야만 한다. 그는 현대세계가 종교적이지 않고, 인간이 성인成人이 되었고, 합리적이 되었다고 어떻게 말할 수 있었을까? 그는, 우리가 3세기 전부터 경험했던 신비적이고, 종교적이며, 비합리적인 것이 가장 놀랍게 폭발하는 시대 한가운데에서 살았다. 그에게는 맹목盲目적 신비가 있다. 정치적 활동에 자신의 인생을 거는 인간에 대해 사람들이 가지는 존경이 어떤 것이든지[7], 또 가장 중요한 신학 연구에 대해 사람들이 가지고 있는 찬사가 어떤 것이든지, 그리고 기독 지성인들이 논의의 여지가 없는 것으로 여기는 권력 기관에 대해 말하기 위해 지녀야만 하는 신중함이 어떠하든지 간에, 그가 잘못했다고 말하는 것을 피할 수 없고, 믿을 수 없는 이런 맹신에 대해 문제 제기하는 것을 피할 수 없다. 나에게 그의 오류에 대해 세 가지 설명적 가정들이 있을 수 있는 것처럼 보인다. 심지어 본

---

7) ▲ 물론 정치 활동은 실행되어야만 한다.

회퍼는 자신의 체포와 수감과 심문으로 말미암아 심각하게 불안했고, 충격을 받았다. 그런 상황에서는 부당하다는 개념이 없었을 것이다. 그의 영적인 위대함에도 불구하고, 그는 낙심과 불안함과 아마도 공황상태의 위기를 겪었을 수 있다. 결국 감옥에 있는 세례 요한의 관점과 같다. 그때 그의 유명한 "문제 제기", 재검토, 새로운 신학적 문제의식은 그의 신앙과 특별한 명석함으로부터 기인된 것이 아니고, 죄수로서 불안과 잠재적 사형 선고라는 상황으로부터 야기된 것일 것이다. 그리고 이것은 부차적으로 세상에 대한 잘못된 시선을 유발했을 것이다.

그런데 본회퍼는 명석하게도 나치주의와 그가 살던 시대는 단순히 우연한 일이라고 생각했다. 여기서 나는 단순히 정치적이고 사회적인 평가 차원에 있는 것이다. 격노한 저항의 물결은, 단지 정반대 방향으로 가는 파도의 총체적인 움직임 속에 있는 하나의 물결일 따름이다. 히틀러주의는 단지 특별한 의미가 없는 부대^{附帶} 현상일 뿐이다. 이 분노가 지나가도록 하는 것으로 충분했고, 이어서 심오한 속성이 있는 현대 세상으로 되돌아왔어야 했을 것이다. 그렇지만 이러한 오류들은 용서할 만한 것이다. 개인적으로 나도, 우리가 1944년에 생각해냈던 구호, 즉 '저항에서 혁명으로'라는 구호를 전심으로 믿으면서 비교될 수 있는 오류를 저질렀다. 그렇다고 해도 이것은 대단히 이해될 수 없는 것이다. 비슷한 오류 위에 구축된 텍스트들로부터 어떤 것도 끌어낼 수 없다. 용서할 수 없는 사람들은 10년, 20년 뒤, 새로운 신학과 세상에서 그리스도인의 새로운 존재함과 새로운 교회론을 구성하기 위해서, 이런 잘못된 성찰들을 토대로 하는 사람들이다.

결국 본회퍼의 태도는 예언적이었다. 즉 이것은 현실에 저항하는 신앙의 주장이고, 사건을 무릅쓰고, 즉 "~에도 불구하고"라는 메시지 선포이다. 이것은 예언적 선포인데, 이때 신앙적 토대는 모든 명확성에 저항하는 신앙으로 귀착된다. 히틀러주의의 종교적 특성을 부정하는 것과, 심지어 아주 단순하게 종교적 특성을 보는 것을 거부하는 것은 오직 신앙을 통해 상황을 초월한 것일 뿐이다.

"정황이 이렇다는 것을 생각해 보십시오. 아, 아닙니다. 실제로 정황은 아주 다르고, 여기에 그 정황이 있습니다.…" 물론 본회퍼의 열렬한 칭송자들은 이러한 해석을 수용하려고 시도할 것이다. 하지만 나에게 거북한 것은, 무엇보다 먼저, 예언적 태도가 일반적으로 확고한 계시에 대한 표명이고, 명확한 정치적 상황에 저항하는 신앙적 확신에 대한 표명이며, 혹은 사건들을 통한 문제 제기에 대한 표명이라는 것이다. 만약 본회퍼가 반대 방향으로 나아갔다면, 그 방향은 사회의 새로운 어떤 현실이라는 이름으로 신앙과 신학과 교회에 대해 문제 제기였을 것이다.[8] 나는 예언자들이 이러한 방식으로 행하지 않았던 것을 보지 못했다.[9] 이어서 나를 불편하게 하는 것은, 예언자들이 일반적으로 그들의 정치적 명석함으로 인한 어떤 확신을 받아들인다는 점이다. 즉 그들은 외적 모습을 넘어서 다른 사람들보다 더 깊이 보았고, 그들의 해석은 10년, 20년 뒤에 증명되었다.[10] 반면에 현재 상황에서, 우리 사회에 관해 본회퍼가 말한 것 중 어떤 것도 확인되지 않았다. 이런 이유로 나는 본회퍼의 아마도 우연적인 이런 태도의 원인에 대해 매우 의아하게 생각한다. 또한 이런 이유로 의심스러운 토대 위에 무엇을 구축하는 것은 나에게는 잘못된 것처럼 보인다.

세상에 대한 그리스도인의 해석에 관한 질문

현대 세상에 대한 그리스도인의 해석의 오류에 대해 깊이 논의하지 않은 채, 나는 적어도 세 가지 질문을 제기하겠다. 첫째, 주요 세상에 대한 진술의

---

8) ▲ 이것은 완벽히 예언자적일 수 있다.
9) ▲ 특히 자신의 시대의 예식들과 종교를 독하게 공격했을 때 그렇다.
10) ▲ 이것은 **사건 이후** 예언에 대한 역사학자들의 모든 합리주의적 설명을 야기한다.

개념적 모호성과 불확실성이다. '세상'이라는 말이 뜻하는 것은 정말 무엇인가? 그리고 '주요'는 무엇을 의미하는가? 세속 도시와 관련하여 우리는 이미 이 용어들의 불명확함과 동시에 무의미를 보았다. 콕스가 파악한 몇 가지 특성들을 통해 우리 사회가 규정될 수 있다는 것은 믿을 수 없다.

"세상"이 사회인가? 이것은 성인이 된 인간인가? 이것은 그 자체로 인간인가? 나는 세상이 무엇과 관련될 수 있을지 모른다. 만약 실제적으로 살아 있는 인간들이 언급된다면, 그러면 적어도 인간들의 행태들과 의견들 등에 관한 진지한 분석적 연구가 필요할 것이다. 하지만, 세상은 일반적 선언으로 그친다. 그다음, 성인이란 무엇인가? 이것에 대해서는 좀 더 신속히 말할 수 있는데, "하나님 아버지를 죽인 사람" 혹은 그 자신이 자신의 운명을 감당하는 사람이라고 할 수 있다. 미친 자는 이와 다르게 행동하지 않고, 이와 다른 어떤 것을 주장하지 않는다.

나의 둘째 질문은 소위 이 세속화의 미래에 관한 것이다. 사람들은 역사상 다른 세속화 순간들이 있었다는 사실을 너무 신속히 잊는다. 중국은 적어도 긴 세속화 시간을 경험했다. 로마도 마찬가지다. 이것이 이상하게 보일 수 있는데, 우리는 차분히 진정시키는 로마 판테온 신전의 광경에 익숙해져 있다. 사실 예수 그리스도 이전, 기원전 5세기, 왕정에서 공화정으로 이행 시기에 로마에서 강력한 정교분리의 흐름이 있었다. 물론 이것은 과학적 지식에 근거를 둔 세속화는 아니지만, 그것은 매우 실제적이었다. 이처럼 우리가 열광한 이 세속화와 정교분리는 처음이 아니다. 오직 우리의 역사적 무지가 처음이라고 믿게 만든다. 그런데 매번, 이런 세속화의 물결은 빠르게 약화되었다. 이 물결은 모래 속에서 자취를 감추었다. 바람 속으로 흩어진 약간의 거품만이 남았다. 하지만 불가피하게 이 세속화된 사회들은 다시 종교적인 것으로 돌아왔는데, 이는 이전과 다른 종교적인 것이다. 오직 역사적 융합과 오만한 무지와 간략한 훑어보기가, 18세기까지 인간의 모든 역사를 종교적인 것으로 규정하도록 만들었다. 3천 년의 인간을 성찰하는 것에 있어서, 정교분리와 세속화 시기로 여기는 때가 거의 1880년과 1930년 사이의 시기라는 것에 충분히 의문을 제기할 수 있다.[11] 즉 우리 경험이 유일하지 않다는 것이다. 세속화는 항상 완성된 종교 사회와 새로운 종교적 구조화의 출현 사이의 중간적 국면이다.

나의 셋째 질문은 다시 신의 죽음에 관한 것이다. 지적 영역에서 "신 존재 증명"을 포기한 것을 완전히 받아들일 수 있다. 과학적 정직함과 지적인 엄정성으로 인해, 오늘날 사람들은 신에 대해 더는 이야기하지 않는 것을 원한다.[12] 따라서 적어도 다음과 같은 점을 아는가에 대한 문제 제기가 있어야만 할 것이다. 즉 이런 지적인 전제들의 변화와 과학적 가정들은 필연적으로, 계시된 신과 관계의 변형, 신앙과 다른 명시적 표명, 전제된 주요 세계에 기독교가 적응할 필요성, 그리고 결국 이전에 겪었던 것과 공통의 기준이 없는 기독교 신앙의 삶의 양식을 내포한다. 나는 피할 수 없는 어떤 관계도 보지 못하고, 서로서로 영역에서 어떤 논리적인 결과도 보지 못한다. 틸리히와 본회퍼와 불트만에서 기인한, 다양한 "새로운 신학"의 흐름에 있는 신학자들은 나에게 특히 공황상태에 굴복한 것처럼 보인다.

기독교의 종교화

그런데 이러한 엄청난 오류와 공황상태는 역시 크나큰 결과를 야기했다. 만약 우리가 실제로 세속화되고 탈신성화된 사회와 탈신화화된 성숙된 인간을 마주하고 있다면, 성경적 메시지와 신앙의 명시적 표명과 교회의 현존과 이 현존을 통한 기독교 윤리는 변화되어야만 한다. 그러나 만약 세상에

---

11) ▲ 만약 우리 사회가 진실로 신(新)종교적 국면에 참여했다면 이런 질문을 할 수 있다.

12) ▲ 이것은 진실로 과학적 요구인가? 아니면 갈릴레이처럼 과학적 방법을 표방한 결과인가? 이것은 단순하지 않아서 과학이 발전할수록 자신의 영역에서 배제된 "틈새의 신"을 제거하는 경멸자들이 그렇게 생각한다!

대한 이런 시각이 잘못된 것이라면 어떻게 되는 것인가? 우리의 눈앞에서 건설되는 것을 우리가 보고 있는 이 가슴 아픈 구성물은 바람에 기초를 두고 있다. 왜냐하면, 시도했던 재해석은, 사실들 그 자체로부터 결과된 것이 아니라, 사실들에 대한 우리의 해석으로부터 결과된 것이기 때문이다. 사회적 사실들과 역사적 사건들은 결코 그것들에 의해서 움직이는 것이 아니라, 오직 해석에 의해서 움직인다는 것을 잘 의식해야만 한다. 만약 해석이 근본적으로 잘못되었다면, 그것은 반응과 말과 적응을 초래하고, 마찬가지로 조화가 깨지고 부적합한 잘못된 간섭을 초래한다. 이처럼 사건들을 부정확한 방식으로 해석했던 집단에게 이것은 언제나 재앙적이고 종종 치명적이다. 만약 우리의 세상이 실제로 뜻밖에 세속화되지 않았고, 정교분리가 되지 않았으며, 성숙된 것이 아니라, 신성화되었고 종교적이라면, 우리의 기독교적인 적응 노력의 효력은 어떻게 될 것인가? 무엇보다 먼저, 그리스도인들이 다른 종교들이 발전하도록 내버려 둔 것은 확실하다. 다른 종교들은, 기술과 경제성장과 정치권력 및 국가기관의 발전과 함께, 인간들이 구체적으로 체험하는 것에 대한 "환상적인 해석"일 따름이기 때문에, 인간들은 점점 기독교로부터 떨어져 나갈 것이고, 새로운 신성한 것으로 개종할 것이라는 점은 명백하다. 탈기독교화 현상은 지속되지만, 이것은 더는 과학과 세속화를 통해 유발된 탈기독교화가 아니라, 세속화된 고대 세계를 지배하는 세상 종교의 제2기 발전에 의해 유발된 탈기독교화이다.

그런데 이 순간에 기독교는 자신은 영향력을 두 배로 잃어버린다. 그 이유는, 첫째, 기독교가 새롭게 신성화된 것에 대한 투쟁 속으로 진입할 수 있다는 사실조차 상상하지 못하기 때문이다. 기독교는 현대인을 유혹하고, 사로잡고, 소외시키며, 매료시키고, 정신을 빼앗는 것과 싸우지 않는다. 반대로 기독교는 포기를 통해 자신의 게임 속으로 들어간다. 왜냐하면, 기독교는 한편으로 기술적 또는 정치적 사실들을 수용하고 축복하며 정당화하기 때문인데, 이런 사실들 속에서 신화들과 종교들은 피어난다. 다른 한편으로, 기독교는 이러한 "이데올로기들"을 상실하는 권력을 전혀 인정하지 않기 때문이다. 기독교는 정확하게 돌출부에서 자신의 싸움을 시행하게 하고, 물레방아에 대한 대대적 공격에 전념한다. 현대 기독교는 이미 죽은 어제의 영적 권세를 공격하는 것을 선호하기 때문에, 현재의 거짓되고 유혹하는 권세에 맞설 수 없다. 둘째로, 기독교는 끝없이 자기비판을 행하는데, 자기 공격만큼 거짓된 자기비판을 행하기 때문에 영향력을 잃었다. 사실, 사람들은 현대사회의 현실이라고 사람들이 생각하는 것에서 출발하여, 교구와 도덕과 신학과 언어 등에 대해 비판하는 것을 멈추지 않는다. 그러나 그 현실에 대해 사람들이 착각하듯이, 이 모든 엄청난 작업은 정확하게 아무것도 의미하지 않는다. 비록 방법이 정당했을지라도[13], 적어도 이 세상과 이 사회에 대한 정확한 시각을 가져야 할 필요가 있을 것이다. 그러나 만약 이 관점이 비기독교적 신화 혹은 비기독교적 종교의 관점임을 사람들이 의식했다면, 그리스도인들은 이 관점으로부터 자신들의 죄의 고백mea culpa과 자신들의 자기비판을 하는 것을 받아들이지 않을 것은 분명하다. 그러나 그들은 오직 자신들에게 정당하게 보이는 바로 비종교적인 시각을 보장받았다는 이유만으로 자기비판을 하는 것을 받아들인다. 달리 말해서, 과학과 역사와 사회학을 이용한 기독교의 자기비판은 완전히 정당할 수 있다. 하지만 이렇게 하면서, 그리스도인들이 우리 서구사회 문화 속으로 그렇게 진입된다고 생각하지 않아야만 하고, 아주 조금이더라도 이 사회에서 사는 평범한 인간과 일치된다고 생각지 말아야만 한다. 평범한 인간은 과학적 담론에서 아무것도 이해하지 못하고, 과학 이데올로기를 믿는다. 따라서 결과로서 이것은, 교회의 근대화에 놓인 그리스도인들의 모든 허세와 허풍과 과장에 대한 비기독

---

13) ▲ 진실이라고 간주된 세계관으로부터 기독교와 교회를 비판하는 방법이 정당했을지라도.

교인들의 전적인 관심 부재를 전제한다. 기독교인들은 피임약, 혁명, 낙태, 내연內緣관계, 성직자들의 결혼, 제국주의에 대한 저항, 그리고 불평등한 성장 등에 대해 투표할 수 있다. 그들은 이것이 다른 그리스도인들 외에는 누구도 관심을 갖지 않는다는 점을 이해해야만 한다. 그리스도인들은 자기들끼리 만족해한다. 하지만 보통사람은 약간씩 비웃으며 절대적으로 교회에 들어가려고 더는 시도하지 않으며, 기독교 용어로 더는 믿으려고 하지 않는다. 물론 활동가는 이런 동맹을 받아들일 것이지만, 기독교적일 수 있는 것에 전혀 관심이 없을 것이다. 따라서 이런 평가의 오류는 통상적으로 그리스도인들이 전혀 이해하지 못하는 변화를 통해 역겨운 전통적 그리스도인들이 사라지는 것으로 귀착될 것이고, 새로운 그리스도인들의 도래가 부재不在하는 것으로 귀결될 것이다. 기독교가 현대적이 되면 될수록, 더욱더 기독교는 자신의 위상을 잃을 것이고, 마지막 그리스도인들은 고립될 것이다. 주석가들과 신新그리스도인들은 즉시 우리 사회에서 모든 인간들 중 가장 외로운 자들이 될 것이다. "비그리스도인들과 대화'에 대해 환상을 품지 말아야만 한다. 누가 해당 비그리스도인들인가? 만약 프랑스에서 찾아본다면, 우리가 확인한 인물은 뮈리G.Mury 혹은 가로디R.Garaudy 14 같은 예전 그리스도인들이다. 만약 그들이 대화에 준비가 되었고, 교회 안에서 일어나는 것에 관심을 가졌다면, 그것은 그들이 훌륭하고 단단한 기독교 교육을 받았기 때문이고, 그들이 젊은 시기부터 이 문제들에 대해 경계했고 예고했기 때문이다. 하지만 다른 사람들은 이런 대화를 완전히 비웃었다. 그런데 기독교가 종교가 되어 버린 한, 기독교는 다른 종교들의 수준에 놓인 것이다. 즉 기독교는 다른 종교들과 동등하게 말하고, 종교적 동기들로 사람들을 유인한다. 오

---

14) [역주] 로저 가로디(Roger Garaudy)는 마르크스주의를 보급하면서 사르트르 등 비마르크스주의자와 르베르트 등 수정주의자들을 비판하였다. 그는 마르크스와 기독교 간의 대화를 주도하였으나, 서구사회의 삶의 방식 속에 생겨는 불평등과 인도주의적 체계 부재에 대한 반응으로 1982년 가톨릭에서 이슬람교로 개종하였다.

늘날 기독교는 다른 종교들과 마찬가지가 된 것이다. 고뇌와 두려움과 과학의 위엄과 전능함의 현혹과 소비의 광기에 휩싸인 현現시대의 서구인들에게, 만약 기독교가 서구인들이 존재하는 곳에서 다른 종교와 연결되고, 종교간의 대화를 찾는다면, 기독교는 과거에 보였던 것보다도 더 종교적이 될 것이다. 즉 기독교는 자신의 원래 축제들과 신비적인 황홀경들, 신비들, 성사聖事예식들,15 신성한 성직, 이론의 여지가 없는 최고 권위, 기적들, 영원한 삶의 양식을 되찾을 것이다. 그리고 기독교는 토론과 신학과 비판과 민주주의와 익명은 몰아낼 것이다. 이렇게 하면서, 기독교는 현재 다른 종교들과의 경주에서 경쟁자로 나설 것이다. 또 기독교는 적지 않은 승리를 거머쥘 기회들을 가질 것이다. 다시 기독교는 풍성한 회심자들을 수확할 것이다. 하지만 그것에 대해 착각하지 말아야만 한다. 이것은 새로운 종교적인 것과 관련된 문제일 뿐이다. 나는 앞에서 "새로운 신학"의 어떤 담대한 시도들이 무의식적으로 이것을 지향했다는 사실을 밝히려고 했다.

그리스도인의 투쟁

만약 기독교가 종교화의 길에 참여하지 않는다면, 기독교가 항상 세상과 단절되었던 것처럼, 세상의 한 양상인 우리 사회와 단절된다는 점을 이해할 필요가 있다. 하지만 상황은 복잡하다. 즉 교회와 기독교가 비판을 받아야만 하는 문화적 과거 속에 살고 있다는 것은 사실이다. 이런 비판은 과학 혹은 대부분의 현대인의 절대적 필요성에 따른 것이 아니라, 기독교 고유의 비판적 요구에 따른 것이고, 또 계시를 품고 있는 힘, 즉 기독교에 부과된 교회적이고 신학적인 치장을 정기적으로 깨뜨리게 만드는 힘에 따른 것이다. 그러나 역으로 만약 기독교가 앞에서 지적했던 종교화의 길로 들어선다면, 우리 사회와 동시대인들과의 합의와 상호적 이해에 도달하는 데에 어려움이

---

15) ▲ 그러나 나는 동일한 예식들과 신비들을 유지하는 것이라고 말하지 않겠다.

없다. 하지만 자신의 원천으로 되돌아가는 기독교는16 정반대로 타협과 이해가 잘 되지 않을 것이다. 왜냐하면, 기독교의 자기비판은, 인간에게 전적으로 가장 불완전한 것을 동일하게 기독교 안에서 재발견하게 하고, 곧바로 고대인과 마찬가지로 현대인의 종교적 길에 대한 비판과 거부를 다시 발견하게 하는 것을 전제하고 있기 때문이다.

우리 시대가 주님의 약속들의 새벽, 즉 지금은 인간 자신이 담당하고 이행한 약속들의 새벽이라고 여기는 어떤 이성적 존재도 없고, 그렇지 않으면 절충과 포기로 화난 영혼도 없다. 인간이 구성한 종교들에 맞서서, 유일하게 가능한 기독교적 태도는 투쟁과 배제의 태도이다. 그러나 이것은 다른 종교들을 기독교 종교로 대체하기 위한 투쟁과 배제가 아니다. 즉 이 투쟁은 빠져나오기가 매우 어려운 종교적 덫에서 인간을 빼어내기 위한 투쟁이다! 다르게 말하면, 이것은 예언자들과 초기 기독교인들의 투쟁을 되풀이하는 것이다. 투쟁은 무엇인가? 탈신성화? 탈신비화? 탈신화화? 탈종교화? 이것은 정확하게 오늘날 모든 기독 지성인들이 말하는 것이 아닌가? 내가 이 주제에 관해 30년 전에 저술했던 것들은 이제 평범한 것, 잘 자리잡은 견해, 자명한 이치, 흔해 빠진 생각이 되지 않았는가? 모든 사람들이 이 연구들을 하는데, 이것은 더는 큰 관심을 제공하지 않는다. 그런데 반대로 나는 거기에 상당한 오해가 있다고 주장한다. 내가 탈신성화와 탈신비화의 필요성을 설파했을 때, 나는 복음의 진리로부터 세상의 실재들을 보았다. 그러나 이제 사람들이 취한 길은 세상의 진리들로부터 성경을 탈신비화하고, 교회를 탈종교화하는 것으로 구성되었다. 정치적이고 사회적인 현실들과 관련하여, 그것은 매우 단순하다. 매일 매일 탈신성화를 뒤치다꺼리할 뿐이다. 바로 세상 자신이 자신의 고유한 힘을 통해 탈신성화된다. 또한 예언자의 메시지도 거의 변화되었다. 즉 "우리 야훼는 우리 유대인의 꿈과 우리 욕망과 우리 소망

---

16) ▲ 이것은 필연적으로 현대적 주석을 통해 입증된 원천들은 아니다!

의 집결점이다. 행복하게도, 칼데아의 전차들과 이집트의 농업기술들과 티르의 상업이 우리에게 그것들을 일깨워준다. 이것들 때문에, 우리는 우리 야훼가 그만큼 거짓되지 않다는 것을 입증할 수 있다." 초기 기독교인들의 메시지도 다음과 같이 유사하다. 즉 "부활하신 그리스도에 대한 우리의 경험은 세상의 통일 덕분에 증명될 수 있을 것이다.[17] 그리고 주님에 대한 우리 경험의 보편성은 결국 의사소통 수단과 대중매체 덕분으로 구체적으로 실현될 것이다. 만약 예수가 하나님의 아들이라면, 그것은 이 새로운 세계에서 우리가 모든 민족들 쉽게 연결할 수 있기 때문이고, 예수의 부활이 신의 계획을 이행하는 어거스틴적 정체성의 상징일 따름이기 때문이다." 하지만 이것은 정확하게 모든 성경적 메시지가 우리에게 소리치고 있는 것과 정반대 메시지이다. 탈신성화의 힘은 유일하고 단 하나밖에 없으며, 그것은 배타적인 복음의 힘이고, 성서 안에 담긴 하나님의 말의 힘이다. 그리고 이 힘은 하나님의 텍스트 안에 보관된 말씀의 힘이고, 우리가 탈신비화하지 말아야 하고, 분석하지 말아야 하며, 힘들게 만들지 말아야 하는 말씀의 힘이다. 왜냐하면, 말씀은 자기의 본질과 분리할 수 없는 형식 속에서, 하나님의 구체화된 결정을 통해 유일하게 가능한 진리를 지니고 있기 때문이다.[18] 모든 것을 탈신비화하는 것은 바로 이 말씀인데, 그것은 말씀을 완전함 속에 두고, 어떤 이름으로든 말씀을 탈신비화할 것을 바라지 않는다는 조건에서 그런 것이다. 또한 신성한 것이 재현됨에 따라 교회를 탈신성화하는 것도 바로 말씀이다. 바로 말씀이, 그리스도인들 안에 있는 믿음과 계시를 질식시키는 종교를 죽이는 것이다. 그러나 말씀이 종교를 죽이는 조건은 말씀에 자유를 부여한다는 조건이고, 또 말씀을 미라로 만들면서 전통과 신학과 도덕과 예식이란 붕대로 휘어감지 않는다는 조건이며, 그리고 말씀을 실험용 시체를 만들

---

17) ▲ 로마에 의한 것처럼 말이다.
18) ▲ 나는 극단적인 고전적 관점을 띠는데, 그 이유는 이 고전주의가 이 세상의 신들에 맞서서 가능한 유일한 출구이기 때문이다.

면서, 오르페우스의 "찢긴 사지"membra disjecta처럼 말씀을 삭제하거나 분할하거나 분산시키거나 하지 않는다는 조건이다. 진실로 있는 그대로 포착된 이 말씀의 폭발적 힘이 작동하도록 내버려 두는 것으로 충분하다. 그러면 곧바로 교회와 그리스도인들의 자기 정화가 발생한다. 그러나 이것은 사람들이 바로 이 길에 접어든다는 조건에서 일어난다. 그리고 이것에는 오직 현세상의 신들에 저항하는 세속화와 탈신성화의 작업이 동반될 따름이다. 우리가 바라는 것은, 기술적 대상들이 오직 유용성으로 귀착되고, 냉정한 눈으로 평가되며, 언제나 비루한 활용으로 인해 경멸을 받는 대상이 되는 것이고, 그것들이 생명의 의미를 조금도 주지 않는 것이다. 또한 우리가 바라는 것은, 기술이 오직 수단들의 총체가 되는 것인데, 물론 이 수단들은 진리와 실용적 방식을 통해 엄청난 검증을 통과해야만 한다. 하지만 수단들은 생명을 풍성하게 하지 않고, 어떤 영적 비약도 제공하지 않으며, 인간을 조금도 특징짓지 않는다. 또한 우리는 과학이 우리가 사는 세상의 가능한 다른 것들 가운데에서 하나의 표현이길 바라고, 그것이 진리의 열쇠를 제공하지 않기를 바란다. 그리고 국가가 엄격하게 비종교적이되고 세속화되어서, 결과적으로 국가에 의해 촉진된 어떤 정치적 이데올로기, 즉 드골주의나 공산주의나 민주주의나 어떤 것도 수용하지 않기를 바란다. 물론 국가를 유용한 관리자로 간주할 수 있고, 행정가로 수용할 수 있다. 그러나 "신발장이는 신발을 넘어서지 말라."19 우리는 국가가 어떤 방식으로든 숭배와 신뢰와 소망의 대상이 되는 것을 거부한다. 즉 우리는 국민-국가 구조와 국가-구세주 역할을 거

---

19) [역주] *ne sutor ultra crepidam*. 라틴어 격언인 이 문구는 그리스 화가 아펠레스(Apelles)가 자신의 그림에 왈가왈부하는 신발장이에게 한 말을 로마의 유명한 학자이자 정치가인 플리니우스(Gaius Plinius Secundus)가 라틴어로 옮긴 것이다. '신발장이야, 가죽 샌들을 넘어서서 판단하지마' 정도의 뜻이 된다. 에라스무스에 따르면, 이는 '자신의 기술이나 직업과 전혀 상관없는 일에 관해 왈가왈부해서는 안 된다'는 의미이다. 결국, 여기서 이 표현의 의미는, 국가는 관리기관과 행정기관으로만 그 역할을 하는 것이며, 그것을 넘어서서 영향력을 행사해서는 안 된다는 것이다.

부한다. 우리는 역사가 인간이 겪은 일에 대한 재미있는 소설이 되는 것을 원한다. 그 이상 아무것도 없다. 정말 더는 아무것도 없다. 역사는 우리를 살도록 만드는 여신이 아니다. 따라서 우리는 우상파괴자가 되어야만 한다. 그러나 이는 예수 그리스도 혹은 하나님의 성상을 파괴하는 것이 아니다. 예수와 하나님의 형상에는 결합된 힘들이 작동하고 있다. 우리가 말할 수 있는 것은, 한편으로 하나님의 말씀이 그 힘을 적재하고 있고, 다른 한편으로 세상도 그 힘을 공격하고 있다는 점이다. 우리는 기독교 반역자들 즉 니체 혹은 바쿠닌을 통해 만들어진 신적 우상을 파괴하는 것에 오직 박수갈채만을 할 수 있다. 그러나 우리는 그들의 고발을 되풀이하지 말아야 하고, 예수 그리스도의 진정한 하나님 주위에서 인디언 식의 머리가죽 춤을 추지 말아야 한다. 볼테르의 신과 바쿠닌의 신이 죽었다는 것, 이것은 잘된 것이지만, 이 신이 우주를 창조한 하나님, 기도를 들어주는 기적들로 가득찬 하나님, 시나이 산[20]의 하나님, 성부 하나님이 전혀 아니고, 전능한 하나님, 초월하신 하나님, 주권을 가진 하나님이 전혀 아니라는 것을 깨달아야만 한다. 니체의 비판을 명분으로 이 하나님을 제거한다고 주장하는 것은, 니체가 비판을 가하지 않았던 대상에게 이 비판을 가하는 것이고, 또 이것은 예수 그리스도의 하나님인 이 하나님을, 기독교적 미지근함으로 합리화된 우상과 혼동하는 것이다. 우상파괴론은, 사실상 기독교인들이 비록 직접 보지 못하지만 매력적인 임금으로 여기면서, 그들 앞에 우뚝 서 있는 세상의 환경들을 파괴하는 것과 관련된 문제이다. 이것들은 권력, 스타디움, 속도, 소비, 유용성, 돈, 효율성, 지식, 정신착란, 섹스, 광기, 혁명, 불가지론의 지식, 정치, 이데올로기, 정신분석, 계층, 인종의 신들이고, 상상을 초월하는 희생제물을 요구하는 세상의 신들이다. 그들의 신성성을 공격하는 대신에 성경적 하나님을 탈신비화하고, 탈신성화하기 위하여 성경적 하나님을 공격하는 자는 죽음에 처하

---

20) [역주] 모세가 하나님에게 십계명을 받은 곳.

게 되는데, 이것은 영적 죽음 뿐만 아니라 수백만의 인간들의 육체적 죽음을 야기한다. 바로 거기에 기독교의 책임성이 존재한다.

왜냐하면, 기아로 고통받는 수백만 명이 있고, 정치적 이데올로기의 신적 권세로 죽는 수백만 명이 있기 때문이다. 인간이 더는 착취당하지 않기 위해서 또는 더는 전쟁의 희생자가 되지 않기 위해서, 인간을 구원하기 위한 정치적 길에 들어선 사람, 바로 이 사람이 미래의 착취와 차후의 전쟁들을 가장 확실하게 보장하는 자이다. 왜냐하면, 그는 정치적 신을 숭배하는 것에 헌신되었기 때문이다. 만약 그가 그리스도인이 아니라면, 그는 다르게 행할 수 없고, 그는 책임을 질 수도 없다. 만약 그가 그리스도인이라면, 그는 책임을 져야 한다. 스탈린 치하의 수백만 명의 희생자들, 즉 정치적 신에 바쳐진 희생제물에 대해 책임져야 하는 자들은 1944년 공산주의자들의 그리스도인 공모자들과 동반자들이라고 나는 언급했다. 마오쩌둥의 경우도 마찬가지이다. 그것은 정치적 선택의 일이 아니다. 그것은 신성한 신과 소명을 숭배하는 일이다. 단지 브룅J.Brun이 정확하게 강조한 것처럼, 탈신화화작용은 "구체적으로 사람들이 일반적으로 공격하는 신화에 행사되는 것이 아니라, 신화에서 우리를 해방시킨다고 강변하는 시도들 그 자체에 작용한다." 왜냐하면, 사람들은 고대 신화들을 알기 때문이다. 사람들은 고대 신화들을 그 자체로 구별했고, 그것들은 더는 위험하지 않다. 신화로 알려졌기 때문에, 이 신화는 더는 아무것도 아니다. 기독교 지성인들의 유치함이, 실재하지 않게 된 신화들과 성서 신화들과 관련해서 승전가에 맞추어 춤을 추게 한다. 그러나 살아있는 신화는 어떤 사람에게도 알려지지 않은 것이다. 그런데 바로 이 순간에 성령으로부터 기인한 예언적 통찰력이 그리스도인들에게 신화들을 주목하게 만들고, 신화들을 지정하게 한다. 물론, 먼저 성령의 능력을 거부하지 말아야만 하고, 해석학을 통해 성서를 실재하게 만들고, 살아있게 만든다고 주장하지 말아야만 한다. 그런데, 만약 그리스도인이 이 역할을 이행하지 않는다면, 아무도 그것을 이행할 수 없을 것이다. 하지만 사람들은 이 오래된 계시가 우리 시대의 새로움을 위해 아무 구실도 할 수 없다고 말한다. 그런데 현대성은 성서의 시간과 아무런 상관이 없다. 따라서 그리스도인의 역할을 이행하기 위하여, 어떻게 성서의 메시지가 새롭게 손질되고, 젊어지며, 현대성으로 쇄신되는 것이 필요하지 않을 수 있겠는가? 이것은 정말 문제이다. 우선 성경의 메시지를 개혁해야 하지 않을까? 혹은 성서의 메시지는 있는 그대로 의미가 있을까? 나는 현시대의 모든 새로움을 확실히 안다. 하지만 곧바로 나는 성서의 선포의 현대성에 충격을 받는다. 특히 성서가 우리에게 다음과 같이 말할 때 그렇다. 즉 성서는, 인간이 권력과 정복의 영에 의해 그리고 자율성과 자존성의 영에 의해 지배되고, 하나님을 배제하고 오직 자신이 스스로 세상을 건설하기를 바란다고 우리에게 말하고 있다. 또한 인간은 자기를 위해 이 세상을 개발하고, "그래서 하나님이 어디에 존재하는가? 실효성이 없고 보이지 않으며 일관성이 없는 이 하나님은 무엇을 할 수 있단 말인가"라고 선언한다고 말한다. 이것이 정말로 탈신화화해야만 하는 시대에 뒤진 담화인가? 성서는 틀림없이 이런 태도를 오만함, 죄, 하나님과의 단절 그리고 저주라고 부른다. 이와 정반대로 현대 세상은, 바로 이와 같은 방식으로 인간은 자기를 실현하고, 능력을 발휘하며, 성인과 어른이 되고, 자신의 운명을 손에 쥔다고 생각한다. 그러나 성서는 다른 것을 말하지 않았는가? 즉 인간 자신을 위해 자기의 고유한 법을 제정할 때, 인간이 신을 죽일 때, 그리고 인간을 위해 인간이 "우리 앞에서 작용하는" 자기 기준의 신들을 제작할 때, 인간은 실제로 자신의 운명을 손에 쥔다고 생각한다고 성서는 말했다.

확실히 지금 그리스도인은, 인간의 이런 시도에 대한 성서의 판단을 보존하는 대신에, 인간적 시도에 동조하고 있고, 또 인간에 대해 그리고 인간을 향해 책임져야 하는 의기양양한 인간과 세속 도시를 인정한다. 이런 그리스도인들이 결국 대다수에 이르렀다. 그러나 성서는 다른 것을 말하지 않았던가? 성서가 언급한 것은, 이스라엘 민족이 끊임없이 인간에 의한 인간의 정복에 동조하는 것에 이르렀다는 것이고, 인간은 거의 필연적으로 정치적 힘과 부의 증가와 지혜^{과학}의 발전을 찬성했다는 것이며, 인간이 자신의 성공을 규정하는 지점이 바로 거기라는 것이다. 인간은 인간 정복에 참여한다. 실로 나는 성경의 설명과 관련하여 새로운 것을 보지 못했고, 과학과 기술과 현재 정치의 엄청난 비상에서 새로운 것을 보지 못했으며, 이 찬탄할만한 성공들을 향한 그리스도인들의 동조 속에서도 새로운 것을 보지 못했다. 이런 인간적 시도와 실현에 대해 성서가 하고 있는 판단은, 신성하고 종교적인 환경과 인간의 모든 정복에 대한 불신에서 유래한 문화적 분위기에서 야기된 것이 전혀 아니다. 반대로 그 판단은, 신성하고 종교적인 환경으로서 또한 인간적 힘의 의지의 표현으로서, 이런 문화적 환경의 거부에서 야기된 것이다. 신성한 것들의 형태들은 변했고, 문제는 동일하다. 인간적 성공의 규모는 이집트인들과 칼데아 사람들의 작은 성공들과 비교하여 측량할 수 없이 대단한 것이다. 하지만, 기본적 판단의 방향은 동일하다. 인간이 관여하는 어려움도 동일하다. 하지만 해결책으로 탈신화화와 신의 죽음을 통과할 필요는 없다. 해결책에 즉각적으로 접근할 수 있기 때문이다. 내가 불트만의 유명한 표명에 동의함과 동시에 반대하는 이유가 바로 이 때문이다. 즉 "예전에 하나님의 말씀은 우상숭배에서 하나님이란 단어를 끌어내야만 했다면, 오늘날 하나님의 말씀은 익명과 가명에서 하나님을 **빼어내야만 한다.**"[21] 불트만이 아주 정확하기 때문에, 또 현대 신들이 어휘 차원에서 더는 하나님이란 명확한 이름을 지니지 않기 때문에, 그리고 이런 혼동으로부터 하나님을 **빼어낼 필요가 없기 때문에, 나는 그에게 동의한다. 또한 정반대로 하나님의 이름의 특수성을 익명의 무관심 속에서 재현하고, 우상들 가운데서 예수 그

---

21) 「신앙과 말씀」(Foi et Parole)

리스도의 하나님의 유일성을 다시 주장하는 것과 관련되는 문제이기 때문에 나는 동의한다. 하지만, 이것은 우상숭배에 대항하는 명시적이고 분명한 전쟁을 통해 수행될 수 있기 때문에, 나는 그에게 동의하지 않는다. 우상숭배는 사라지지 않았고, 정반대로 지속되고 있다. 만약 우상숭배의 혼돈에서 하나님이란 단어를 **빼어낼** 필요가 없다면, 이 단어에 의미를 다시 부여할 필요가 있다. 그런데 이런 의미 부여는 가려졌고 숨겨졌으며 비밀스런 다른 신들에 대한 고발과 거부와 규탄을 통해서 가능하다. 그런데 다른 신들은 자기 자신들이 논증적으로 신들임을 선언하지 않을수록 더욱더 확실하게 사람들을 포위하고 매혹시킨다. 하지만 사람들은, 자신들이 세속적이고 사회적이며 비종교적이고 성숙된 세상 속에 있고, 또 탈신화화되었고, 합리화되었으며, 밝히 드러났고, 인간화된 복음을 수용하고 듣는 것에 준비가 된 세상 속에 있다고 생각한다. 따라서 사람들은 그리스도인과 교회의 임무가 완전히 다르다는 것을 안다. 하지만 세상과 복음, 두 가지 모두가 비종교적인 상태에 존재할 것이기 때문에, 완전히 일치한다. 또한, 사람들은 숨겨진 신들로 가득찬 세상 속에 있고, 또 비합리적 충동으로 떨고, 신비에서 신비로 오가는 신화와 환상이 떠나지 않는 세상 속에 있다고 생각한다. 이에따라 그들은 그리스도인과 교회의 임무가 완전히 다르다는 것을 안다. 그런데 인간의 해방을 위하여, 그리고 악령들이 바라는 인간이 아니라, 성부가 원하는 인간에 이르기 위하여, 이 세상 속에서 기독교 계시는, 한 번 더 부정하는 자의 역할, 즉 신성화된 강박관념의 파괴자, 종교적 몽환의 파괴자의 역할을 담당해야 할 것이다.

자유를 위한 투쟁

그러나 현대 우상들, 진짜 우상들에 대한 믿음의 전투를 떠올리고, 나는 다음과 같은 격분한 항의의 목소리를 듣는다. "따라서, 이제 우리는 중세 사고방식 속으로 되돌아갔다. 엘륄은 우리를 이교도들에 대항해 싸운 십자군으로 초청하고, 최소한 완전히 시대에 뒤떨어진 기독교 호교론護敎論으로 초대한다." 그러나 여기에는 완전한 오해가 있다고 본다. 이는 단지 현실과 관련된 오해뿐만 아니다. 사실 십자군과 기독교 호교론은 크리스텐덤이 특별히 제정한 것이다. 오직 비기독교 세계와 대립된 기독교 세계가 있는 경우에만 십자군이 가능하다. 또 오직 비기독교인이 기독교인에 의해 제시된 명백한 문제에 포함되는 경우에만 기독교 호교론은 가능하다. 우리는 더는 이런 상황 속에 있지 않다. 십자군 혹은 기독교 호교론을 만드는 것이 아직도 가능하다고 생각하는 것은 꿈꾸는 것이다. 내가 여기서 말하려는 것은, 기독교 1세기, "케사르"를 거부하는 것에 관한 문제였을 때에만 십자군과 관계가 있을 수 있다는 것이다. 나는 고린도와 로마의 신자들이 세상 군주들의 군대에 대항하여 십자군에 뛰어드는 것을 거의 보지 못했다. 우리는 오늘날 시대에 있다. 신앙의 투쟁이 우리 앞에 있다. 성서 속에 명시된 계시, 즉 예수 그리스도 안의 하나님의 계시 속에 진리가 있다고 우리가 믿는다면, 이 신앙의 투쟁이 필연적이다. 이 투쟁은 종교들과 현대 신성한 것은 오류 혹은 거짓이라는 점을 확실히 전제한다. 우리가 오류와 진리 간의 모든 구별을 받아들이지 말아야만 한다고 확실히 생각한다면, 우리는 자유롭게 신앙의 투쟁을 하게 된다. 그런데 제발, 진리로서 지칭되었던 예수 그리스도에 대해 말하는 것을 중단하자. 엄밀히, 우리는 "이즘"으로서 "기독교"를 되찾을 수도 있고, 기독교에다가 아무것이나 친절하게 혼합할 수도 있다. 그러나 이런 기독교는 성서가 우리에게 말하는 기독교가 아니다.

　우리가 참여한 신앙의 투쟁은 인간에 대한 투쟁이 아니다. 신앙의 투쟁은 인간을 죽이는 것, 또 인간이 틀렸다고 그를 설득하려는 것과 관련된 문제가 아니다. 그것은 인간의 자유를 위한 투쟁이다. 즉 이 용감한 "현대인"이 신성한 것으로 재편입되었고, 인간 신화들의 포로가 되었기에, 그는 완전히 신흥 종교들 속에서 소외되었다. 왜냐하면, 모든 종교는 필연적임과 동시에 개인의 자주성을 박탈하기 때문이다. 이 우상들을 부수는 것과 이 신비들을 탈신성화하는 것과 종교들의 허위를 밝히는 것은, 궁극적으로 우리 시대 인간에게 없어서 안되는 유일한 것, 즉 자유를 시도하는 것이다.

엘륄의 저서(연대기순) 및 연구서

- *Étude sur l'évolution et la nature juridique du Mancipium*. Bordeaux: Delmas, 1936.
- *Le fondement théologique du droit*. Neuchâtel: Delachaux & Niestlé, 1946.
  → 『자연법의 신학적 의미』, 강만원 옮김(대장간, 2013)
- *Présence au monde moderne: Problèmes de la civilisation post-chrétienne*. Geneva: Roulet, 1948.
  → 『세상 속의 그리스도인』, 박동열 옮김(대장간, 1992, 2010(불어완역))
- *Le Livre de Jonas*. Paris: Cahiers Bibliques de Foi et Vie, 1952.
  → 『요나의 심판과 구원』, 신기호 옮김(대장간, 2010)
- *L'homme et l'argent* (Nova et vetera). Neuchâtel: Delachaux & Niestlé, 1954.
  → 『하나님이냐 돈이냐』, 양명수 옮김(대장간. 1991, 2011)
- *La technique ou l'enjeu du siècle*. Paris: Armand Colin, 1954. Paris: Économica, 1990.
- (E)*The Technological Society*. New York: Knopf, 1964.
  → 『기술, 세기의 쟁점』(대장간 출간 예정)
- *Histoire des institutions*. Paris: Presses Universitaires de France, plusieurs éditions (dates données pour les premières éditions);. Tomes 1–2, L'Antiquité (1955); Tome 3, Le Moyen Age (1956); Tome 4, Les XVIe–XVIIIe siècle (1956); Tome 5, Le XIXe siècle (1789–1914) (1956).
  → 『제도의 역사』, (대장간, 출간 예정)
- *Propagandes*. Paris: A. Colin, 1962. Paris: Économica, 1990
  → 『선전』, 하태환 옮김(대장간, 2012)
- *Fausse présence au monde moderne*. Paris: Les Bergers et Les Mages, 1963.
  → (대장간 출간 예정)

- *Le vouloir et le faire: Recherches éthiques pour les chrétiens*: Introduction (première partie). Geneva: Labor et Fides, 1964.

  →『원함과 행함』, 김치수 옮김(대장간, 2018)

- *L'illusion politique*. Paris: Robert Laffont, 1965. Rev. ed.: Paris: Librairie Générale Française, 1977.

  →『정치적 착각』, 하태환 옮김(대장간, 2011)

- *Exégèse des nouveaux lieux communs*. Paris: Calmann−Lévy, 1966. Paris: La Table Ronde, 1994.

  → (대장간, 출간 예정)

- *Politique de Dieu, politiques de l'homme*. Paris: Éditions Universitaires, 1966.

  →『하나님의 정치와 인간의 정치』, 김은경 옮김(대장간, 2012)

- *Histoire de la propagande*. Paris: Presses Universitaires de France, 1967, 1976.

  →『선전의 역사』(대장간, 출간 예정)

- *Métamorphose du bourgeois*. Paris: Calmann−Lévy, 1967. Paris: La Table Ronde, 1998.

  →『부르주아와 변신』(대장간, 출간 예정)

- *Autopsie de la révolution*. Paris: Calmann−Lévy, 1969.

  →『혁명의 해부』, 황종대 옮김(대장간, 2013)

- *Contre les violents*. Paris: Centurion, 1972.

  →『폭력에 맞서』, 이창헌 옮김(대장간, 2012)

- *Sans feu ni lieu: Signification biblique de la Grande Ville*. Paris: Gallimard, 1975.

  →『머리 둘 곳 없던 예수−대도시의 성서적 의미』, 황종대 옮김(대장간, 2013).

- *L'impossible prière*. Paris: Centurion, 1971, 1977.

  →『우리의 기도』, 김치수 옮김(대장간, 2015)

- *Jeunesse délinquante: Une expérience en province*. Avec Yves Charrier. Paris: Mercure de France, 1971.

- *De la révolution aux révoltes*. Paris: Calmann−Lévy, 1972.

  →『혁명에서 반란으로』, 안성헌 옮김(대장간, 2020)

- *L'espérance oubliée, Paris*: Gallimard, 1972.

  →『잊혀진 소망』, 이상민 옮김(대장간, 2009)

- *Éthique de la liberté*,. 2 vols. Geneva: Labor et Fides, I:1973, II:1974.
  → 『자유의 윤리』, (대장간, 2018), 『자유의 윤리2』, (대장간, 2019)
- *Les nouveaux possédés*, Paris: Arthème Fayard, 1973.
- (E)*The New Demons*. New York: Seabury, 1975. London: Mowbrays, 1975.
  → 『새로운 신화에 사로잡힌 사람들』, 박동열 옮김(대장간, 2021)
- *L'Apocalypse: Architecture en mouvement*, Paris. Desclée 1975.
- (E)*Apocalypse: The Book of Revelation*. New York: Seabury, 1977.
  → 『요한계시록』(대장간, 출간 예정)
- *Trahison de l'Occident*. Paris: Calmann-Lévy, 1975.
- (E)*The Betrayal of the West*. New York: Seabury,1978.
  → 『서구의 배반』(대장간, 출간 예정)
- *Le système technicien*. Paris: Calmann-Lévy, 1977.
  → 『기술 체계』, 이상민 옮김(대장간, 2013)
- *L'idéologie marxiste chrétienne*. Paris: Centurion, 1979.
  → 『기독교와 마르크스주의』, 곽노경 옮김(대장간, 2011)
- *L'empire du non-sens: L'art et la société technicienne*. Paris: Press Universitaires de France, 1980.
  → 『무의미의 제국』, 하태환 옮김(대장간, 2013)
- *La foi au prix du doute*: "*Encore quarante jours..*". Paris: Hachette, 1980.
  → 『의심을 거친 믿음』, 임형권 옮김 (대장간, 2013)
- *La Parole humiliée*. Paris: Seuil, 1981.
  → 『굴욕당한 말』, 박동열 이상민 공역(대장간, 2014년)
- *Changer de révolution: L'inéluctable prolétariat*. Paris: Seuil, 1982.
  → 『인간을 위한 혁명』, 하태환 옮김(대장간, 2012)
- *Les combats de la liberté*. (Tome 3, L' Ethique de la Liberté) Geneva: Labor et Fides, 1984. Paris: Centurion, 1984.
  → 『자유의 투쟁』(솔로몬, 2009)
- *La subversion du christianisme*. Paris: Seuil, 1984, 1994. [réédition en 2001, La Table Ronde]
  → 『뒤틀려진 기독교』,박동열 이상민 옮김(대장간, 1990 초판, 2012 불어 완역판 출간)

- *Conférence sur l'Apocalypse de Jean*. Nantes: AREFPPI, 1985.
- *Un chrétien pour Israël*. Monaco: Éditions du Rocher, 1986.
  →『이스라엘을 위한 그리스도인』(대장간, 출간 예정)
- *Ce que je crois*. Paris: Grasset and Fasquelle, 1987.
  →『개인과 역사와 하나님』, 김치수 옮김(대장간, 2015)
- *La raison d'être: Méditation sur l'Ecclésiaste*. Paris: Seuil, 1987
  →『존재의 이유』(대장간. 2016)
- *Anarchie et christianisme*. Lyon: Atelier de Création Libertaire, 1988. Paris: La Table Ronde, 1998
  →『무정부주의와 기독교』, 이창헌 옮김(대장간, 2011)
- *Le bluff technologique*. Paris: Hachette, 1988.
  →『기술담론의 허세』, 안성헌 옮김(대장간, 2021)
- *Ce Dieu injuste..?: Théologie chrétienne pour le peuple d'Israël*. Paris: Arléa, 1991, 1999.
  →『하나님은 불의한가?』, 이상민 옮김(대장간, 2010)
- *Si tu es le Fils de Dieu: Souffrances et tentations de Jésus*. Paris: Centurion, 1991.
  →『네가 하나님의 아들이라면』, 김은경 옮김(대장간, 2010)
- *Déviances et déviants dans notre societé intolérante*. Toulouse: Érés, 1992.
- *Silences: Poèmes*. Bordeaux: Opales, 1995. → (대장간, 출간 예정)
- *Oratorio: Les quatre cavaliers de l'Apocalypse*. Bordeaux: Opales, 1997.
- (E)*Sources and Trajectories: Eight Early Articles by Jacques Ellul that Set the Stage*. Grand Rapids: Eerdmans, 1997.
- *Islam et judéo-christianisme*. Paris: Presses universitaires de France, 2004.
  →『이슬람과 기독교』, 이상민 옮김(대장간, 2009)
- *La pensée marxiste*: Cours professé à l' Institut d' études politiques de Bordeaux de 1947 à 1979 Edited by Michel Hourcade, Jean-Pierre Jézéuel and Gérard Paul. Paris: La Table Ronde, 2003.
  →『마르크스 사상』, 안성헌 옮김(대장간, 2013)
- *Les successeurs de Marx*: Cours professé à l' Institut d' études politiques de Bordeaux Edited by Michel Hourcade, Jean-Pierre Jézéquel and Gérard Paul. Paris: La Table Ronde, 2007.

→ 『마르크스의 후계자』 안성헌 옮김(대장간, 2014)

· *Les sources de l'éthique chrétienne*. Geneve: Labor et Fides, 2014.

→ 『원함과 행함 2』, 김치수 옮김(대장간, 2021)

· *Théologie et Technique. Pour une éthique de la non-puissance*. Textes édités par Yves Ellul et Frédéric Rognon, Genève, Labor et Fides, 2014.

→ 『기술과 신학』, (대장간, 출간 예정)

· *Nous sommes des révolutionnaires malgré nous. Textes pionniers de l'écologie politique*. Paris: Seuil, 2014. → 『정치생태학의 혁명적 힘: 인격주의, 자연 감성, 기술 비판』, 자끄 엘륄 · 베르나르 샤르보노 공저, 안성헌 옮김(대장간, 2021)

기타 연구서

· 『세계적으로 사고하고 지역적으로 행동하라』(*Perspectives on Our Age: Jacques Ellul Speaks on His Life and Work*), 빌렘 반더버그, 김재현, 신광은 옮김(대장간, 1995, 2010)

· 『자끄 엘륄 ‒대화의 사상』(Jacques Ellul, *une pensée en dialogue*. Genève), 프레데릭 호농(Frédéric Rognon)저, 임형권 옮김(대장간, 2011)

대장간 **자끄 엘륄 총서**는 중역(영어번역)으로 인한 오류를 가능한 줄이려고, 프랑스어에서 직접 번역을 하거나, 영역을 하더라도 원서 대조 감수를 원칙으로 하고 있습니다.
이 일은 한국자끄엘륄협회(회장 박동열)의 협력으로 이루어지고 있으며, 총서를 통해서 엘륄의 사상이 굴절되거나 왜곡되지 않고 그의 삶처럼 철저하고 급진적으로 전해지길 바라는 마음을 가득 담아 진행되고 있습니다.